加賀藩の社会と政治

髙澤裕一 著

吉川弘文館

刊行にあたって

見瀬和雄

1　刊行にあたって

金沢大学名誉教授、高澤裕一氏は、二〇一五年一二月八日、八三歳の生涯を閉じられた。

氏は、京都大学文学部、同大学院に在学中、堀江英一氏から経済史学を学ばれ、越後国における地主制に関する研究を精力的に進められた。その後、金沢大学に赴任されてからは、加賀藩における農村社会構造の研究に取り組まれ、『史林』誌上に発表された「多肥集約化と小農民経営の自立（上・下）」（一九六七年）などを通して、加賀藩社会における小農自立の問題について重要な主張をつぎつぎと示された。とくに『史林』論文では、小農の満面開花論を批判され、自立を果たしたとみるやすぐに分解し、地主小作関係の中に取り込まれていく小農の姿を緻密に実証された。「具体的状況の具体的分析」というモットーをよく話されたように、「草高百石入用図り」の分析は具体性に富んで緻密であり、他の追随を許さなかった。また近世社会の中で、支配されるものの歴史を明らかにしようとする視点で一貫していた。その後「近世中・後期の改作方農政」（『金沢大学法文学部論集』史学篇二三号、一九七六年）を発表され、上記『史林』論文の延長線上に、一八・一九世紀における加賀藩農村社会構造の変化を位置づけられた。

その後、氏は『岩波講座日本歴史』の「日本史研究の現状」で「近世の政治経済Ⅰ」（一九七七年）を執筆し、並行して「幕藩制構造論の軌跡―佐々木説を中心に―」(『歴史評論』三二三号、一九七七年)を執筆され、一九六〇年代以降に展開してきた幕藩制構造論を跡付け、その総括を行った。そして、この論文を境に、研究対象は政治史へと展開していったのである。

その取り組みは、科学研究費補助金を受け、「北陸における近世的支配体制形成期の基礎研究」をテーマに、北陸における近世史研究者との共同研究を展開することから始まった。このとき、氏は、『加賀藩史料』の近世初期の部分を丹念に読み込まれ、新しい加賀藩政治史像を示されたのである。その成果が「前田利長の進退」(高澤裕一編『北陸社会の歴史的展開』能登印刷出版部、一九九二年)であり、「「前田利長の進退」補説」(『文化財論考』創刊号、二〇〇一年)であった。いずれも、後年の編纂物記載内容の禁欲的なまでの史料批判を基礎に展開された前田利長論は新鮮であった。

これらの研究に並行して、氏の研究は被差別民の有り様についても向けられ、『部落の歴史』(東国編)「石川・富山」(部落問題研究所、一九八三年)、「加賀藩における賤民支配」(『部落問題研究』八三号、一九八五年)を執筆された。社会の最も底辺に位置づけられた人々の歴史を、氏は閑却できなかったのである。そして、研究の途上で知り得た史料をどうしても翻刻しておきたいとする情熱から、ごく最近「加賀国浅野村領皮多文書」(上・下)を『部落問題研究』(一九九・二〇〇号、二〇一二年)誌上に掲載された。これらの論文や史料は、将来、この分野の研究に大いに裨益する成果であるといえよう。

氏について忘れることができないのは、『金沢市史』の編纂事業である。編さん委員会委員長として編さん事業全体を統括するとともに、近世第一部会長を務めた氏は、それぞれ各分野で活躍している気鋭の部会員をまとめ、資料編と通史編の刊行を成し遂げた。加賀藩と城下町金沢の研究を基礎に編まれた『金沢市史』は、近世史の確たる見通しをもった人でなければまとめられないものであり、加賀藩の政治・経済史研究を進めてこられた氏をもって初めて可能であったといえよう。

氏は、金沢大学に赴任されてから、日を置かず北陸歴史科学研究会を創設され、北陸三県の研究者を集めて研究会活動を展開される一方、一九八九年から九四年にかけて北陸史学会委員長、一九九七年から二〇〇二年にかけて北陸都市史学会の会長を務められた。

氏は一方で、北陸三県における古文書の調査・目録刊行にも深く携わられ、金沢市立図書館加越能文庫、城端善徳寺文書、井波町肝煎文書、高樹文庫などの目録刊行を主導してこられた。たんに整理された文書を使って研究成果を挙げるだけでなく、歴史学の基礎である歴史史料の調査・整理・目録刊行まで自ら行われ、歴史研究者の社会的使命の一つを果たされたといえよう。今日、加越能文庫の加賀藩政史料を使って多くの成果が生み出されていることを考えれば、その功績の大きさが知られよう。

二〇〇〇年、新版『石川県の歴史』（山川出版社）が刊行された。この書は、石川県の歴史を原始・古代、中世、近世、近・現代の各専門研究者が協働して一書にまとめたもので、二〇一三年に第二版が出ているが、氏は、近世を分担執筆され、加賀藩および大聖寺藩の歴史の展開を跡づけられた。これによって、吉川弘文館から依頼されていた『金沢藩』の骨格はできていたはずであるが、先行研究と個々の史料に自ら当たらなければならないと考えられ、そのため作業はおくれた。

そこで、氏に、執筆途上の『金沢藩』の原稿と、既発表論文をまとめて一書として刊行されてはいかがかとお勧めしたところ、氏もそのようにお考えになり、準備を進めておられた。しかし、ご自身の闘病生活と奥様の介護に努める日々を過ごしておられ、準備はなかなか進まないうちに亡くなられたのである。

このようなことから、氏の薫陶を受けたものたちで氏の思いを形にしようと相談し、ご遺族の了解を得て刊行にこぎ着けたのが、本書である。したがって、この書は高澤裕一氏ご自身の構想に基づくものではなく、あくまでも見瀬と木越隆三氏の合議によるものである。氏から異議を唱えられるかもしれないが、氏の業績から改めて学ぼうとする場合、今日では入手することがなかなか困難な著作も多くあり、その構成の是非はともかくも、加賀藩に関する研究を一書にまとめさせていただく意義は大きい。この書によって氏の業績を改めて広く社会に知ってもらうとともに、私たちが氏の業績から学ぶよすがにさせていただきたいと考えている。この書が多くの方々の手に渡ることを願っている。

目次

凡　例

一、本書は、著者によって発表された加賀藩に関する論考を精選して収録したものである。
二、論文の選択・編成は、見瀬和雄（金沢学院大学文学部教授）と木越隆三（石川県金沢城調査研究所所長）の協議によるものであり、両者による解説を巻末に掲載した。
三、校正は、見瀬和雄・木越隆三・室山孝（元石川県立図書館史料編さん室職員）・竹松幸香（前田土佐守家資料館学芸員）・堀井美里（合同会社 AMANE 業務執行社員）の五人で行った。
四、各論文の掲載にあたっては、
①原著を尊重しつつ、常用漢字、現代仮名使いを優先的に使い、読みやすくした。ただし、論旨に変更が生じるような訂正・補訂はしなかった。また、人名の肩書も原著通りとした。
②本文については、長文には適宜、読点・並列点を加えて読みやすくした。また、必要なところには送り仮名をつけた。送り仮名の付け方は、各章のなかで統一した。
③本文中の史料名表記には、原著になくても「　」を付した。
④原著の史料名表記に省略がある場合や混乱がある場合は、適宜補正・注記を施した。
⑤本文や注記に引用された史料翻刻文については、原則、原著に拠るが、適宜、読点・並列点を施した。また変体仮名などを級数落としとした表記も原著に従ったが、不統一な場合はできるだけ各章のなかで統一させた。
⑥原著のルビ、人名表記、年月日などに、明らかな間違いのある場合は、訂正した。
⑦注記については、引用書物・論文に、刊行年（西暦）、出版社をできるだけ補記した。「同右」は、「『加賀藩史料』二編……頁」などのように具体的表記に直した。「前掲書」も具体的な著書名・論文名を再度掲げた。

第一部　近世的支配と村落社会

第一章　天正期年貢算用状の考察
——能登国前田領における——

はじめに

本章は、前田利家が能登国を領知した当初の、天正十年（一五八二）から二十年に至る年貢算用状を考察することを直接の目的とし、それによって近世的貢租制度初発の内容と状況をとらえる基礎作業の一つとしたい。

周知のごとく、利家は天正九年三月に織田信長の武将として菅屋長頼・福富行清とともに能登国へ配置され、同年八月に至って能登国を一職に知行を申し付けられた。その後、所領は加賀国、越中国へも拡大するが、能登国は文禄二年（一五九三）から次子利政に与えられた(1)。ここで素材とする年貢算用状は利家の所領であった期間のもので、いずれも利家の押印があって、御台所入地に関するものに限られている。またいずれも惣算用のさいに発給された算用状である（後述）。

この算用状は、本年貢の割付と収納の内容を知ることができる史料である。加賀藩の年貢算用状の研究は、近年では坂井誠一氏(2)、田川捷一氏(3)、木越隆三氏(4)によって進められており、本章はそれに触発されている。とくに田川・木越両氏は、ここで検討する能登の事例を直接に扱っており、史料は博捜されている。田川氏は四二例を、ついで木越氏は七七例を採取しており、今回追加しえたのは天正十二年分岩坂村の一例だけである(5)。それだけに内容の解明も一応はなされているが、その上にさらに本章を試みたのは、田川氏の挙例の限り、木越氏の検地と村、高と免への関心の限りでは、算用状の分析・考察は全面的把握に至っておらず、またいくつかの点で両氏の理解に不満と疑問を感じたことにある。とくに収納方の算用部分の検討が不十分であって、そこにも指摘すべき問題があると思われる。なお、坂井氏の研究は越中の史料を扱って、近年における加賀藩貢租の本格的研究の先駆をなした点で評価できる。しかしいくつかの疑念もあるので論旨にかかわる限りで触れたい。

なお、三氏とも対象とする史料を「皆済状」と呼んでいるが、「算用状」と名付けるのが適当であると考える(後述)。

本章では、算用状の項目ごとの検討と年次変化の把握をからめて行うこととし、まず、①算用状の記載内容を確かめて、この史料の性格を考え、ついで項目別の検討に移って、②主に天正十年分、十一年分の算用状によって「高」をめぐって考えた上、③割付方と④収納方の内容を考察することにしよう。なお、先学によって確かめられている諸点は、行論に必要な限度で触れるにとどめる。

しかし、本章にあっても、筆者の知見では解釈しつくせず、今後の解明作業の方向性を考えるにとどまる点もある。また、元来、領主的土地所有の経済的実現形態である封建地代の研究は、貢租自体の内容とともに、それを生産と流通、また農民支配の諸側面との関連の中で把握して総合的に理解すべきものであろうから、本章のように本年貢の算用状を主に分析することで足りるものではありえない。現在の貢租研究の水準も、その意味で基礎的な研究を固めている段階にあるとみられる。ここでは、基礎的作業の一つとして算用状の分析を試みるとともに、析出された点について問題提起的に考察を加えたいと思う。

一　算用状の記載形式

本章で分析の対象とする天正期の前田利家年貢算用状は七九例ある(6)。それらの記載形式を知るために、まずさしあたり、珠洲市域所在の村で、刊本に未収載の文書として、天正十三年分折戸村算用状（写）(7)を例示し、同時に他の村、他の年次の場合も指摘しながら記載事項を調べ、その上で文書形式の面から考察を試みよう。

この例では、まず「高」が俵数で示される。一俵は三斗入りの計算である（ただし、天正十六年分以降は五斗入りとなる）。つぎに百姓刀禰への「扶持」および「荒」が差し引かれる。この九七俵余の荒は高から扶持を差し引いた残りの分に含まれる荒であり、扶持のうちには別に三俵余の「荒」が含まれている。すなわち「高」のうちに二つの荒が含まれている。その合計の「高」に対する比率（荒率）は二八・二％である。

扶持と荒を差し引いた「残高」から「四ツ免ニ引」として四〇％に当たる高が除かれて（損免―後述）、残りが

天正十三年分
正院之内　折戸村
一、弐百六十四俵二斗八升七合五勺　高
此内十俵　刀禰ニふち
此荒三俵二斗四升
九十七俵壱斗壱升　荒
残高百五十七俵壱斗七升七合五勺
此内六十三俵壱升壱合　四ツ免ニ引
九十四俵壱斗六升六合五勺　定納
此内
五十弐俵　弥左衛門・藤内請取之面
廿三俵七升五合　金壱両三分三朱只今上申候
壱俵二斗五升　わた弐百め
合七十七俵弐升五合
残ル拾七俵壱斗四升壱合五勺　未進
此内
九俵　金三分今月廿日以前
八俵壱斗　塩
以上
天正十四
七月八日　印（印文・利家）
右請乞の金子相済候て皆済所也
天正十五
六月二日　印（印文・利家）

「定納」と定められている。これが納めるべく割り付けられた年貢量である。この「定納」の「高」に対する比率（定納率）は三五・七％となる。以上が算用状の前半部分で、内容は年貢割付の算用である。

割付方の項目で、他の年次に「新開」または「当開」の項目と「出来分」の項目が見られる。「新開」（「当開」）は「荒」のうちを開作した分で、反別が記載されており、俵高への換算は一反＝一俵または一反＝一俵一斗（ただし天正十六年分以降は一俵一六六合）のいずれかである。そして翌年には「高」に含み込まれ、その損免が適用される。「出来分」は「高」に含まれない新規の高で、反別の記載はなく、すべて「五免引」である。これは天正十六年分にだけ見える項目で、翌年分では「高」の中に組み込まれて、その損免が適用される。

定納のつぎの「此内」以下の後半部分は収納についての算用である。それは二つの部分に分かれ、この算用状の発給年月日までに請け取った分と、残りの「未進」分から成っている。請け取った分の内訳は、この算用状の場合、三項目に書き分けてある。すなわち、二人の役人がすでに収納して請取状を発給した分の合計量としての「請取之面」、金子で収納した分、および「わた」で収納した分の三つである。

実際に請け取った分の残りは「未進」分であるが、この内訳は納入期限を約束して金納する分と塩納の分とに書き分けてある。このように未進分の上納を約束することを「請乞」と称したことは末尾の文言からも知られる。なお、この折戸村算用状には見えないが、その他に「さしをき」（「閣」）と称して未進分の取立てを免除することもあった。したがって未進分は請乞とさしをきの二種に分けられ、請乞分について、金子、塩その他の代物で納めることが取り決められたのである。

定納に対する収納方の諸項目の比率を調べると、未進は一八・五％（未進率）、「請取之面」は五五・〇％（「請取之面」率）、請取分および請乞分の金納合計は三四・一％（金納率）、塩八・八％、「わた」一・九％である。なお米と金との換算は、この年の分は金一両＝米一二俵で計算されている。他に金何匁何分と秤量法で記す例があるが、対象とする年間を通じて金一両＝四匁四分であり、小葉田淳氏が京目について「元亀天正に至ると四匁四分」が「普通」であったと指摘されたのに一致している。(8)また金何枚と記す例もあり、金一枚＝一〇両である。代物納の米との換算については、今は説明を省く。

以上が年貢算用状に記載された計算項目の種類である。他に文書によっては特殊な項目や形式があるが、それらは必要が生ずれば説明することにしよう。

こうして、前田利家の天正期算用状の項目はつぎのようである。高―扶持―荒―新開―損免―定納―出来分―定納合―請取分内訳―未進分内訳（請乞・さしをき）―皆済。しかしこのうち、扶持、荒、新開、出来分、未進は各村、各年次を通じて必ずなくてはならぬ項目ではない。したがって、天正期年貢算用状の基本項目は、高―損免―定納―皆済（定納分を米で一度に皆済）である。この最も単純な記載で足りた事例が天正十七年分（推定）七尾古屋敷方算用状である。(9)これをさらに言えば、算用状の上では高と損免は定納を定める要因であるから、究極的には定納と皆済の二項目である。つまり、規定年貢量を定め、その収納を実現すること、これが年貢算用状に意図された領主の究極の目的、すなわち算用状の性格なのである。

ただし、右に調べたものとは形式の異なるものがある。一つは天正十年分の大沢村、西海、直郷《ただ》寺社分の三点と、それに準ずる天正十一年分の鰀目村で、収納方だけの算用状である。今一つは天正十一年分の大沢村、西海上・下浦の二点で、割付方だけの算用状である。この、ちがう形式の二種については次節で扱うことにする。

つぎに、算用状の末尾文言、発給年月日、利家印判の部分について検討しよう。

本章では、分析の対象とする文書群を、本年貢の「算用状」と名付けたが、坂井・田川・木越氏は「皆済状」と呼んでおり、見解を異にする。それは末尾文言の解釈にかかわる。未進がない場合は「右皆済所也」などと文言があって発給年月日・利家の押印があって終わるが、未進のある場合は「右請乞にて皆済所也」といった類の文言が記される例がある。これは請乞のことが決まった時点の文言であり、皆済時点のものではない。請乞分を請け取れば皆済になるという意に解される。また前掲折戸村のように末尾文言のないものは、算用しただけと解しうる。したがって折戸村では、天正十四年七月八日付の算用のあとに、翌十五年六月二日付で請乞分を請け取って皆済となったことを証する文言と印判が書き加えられるのである。こうして、この文書は一般にいう皆済状ではない。そしてこの文書自体に「算用状」「算用」と題している例がある。それは天正十年分、十一年分のものに限られているが、たとえば天正十一年分「西海下浦算用状」[10]のごとく、その後の年次と同じく割付方・収納方ともに記載した形式の場合にも「算用状」と自ら称している。したがってこれらの文書を「算用状」と名付けるのが適当であると考える。

発給年月日については、便宜のために表1を示した。大体は翌年分の収納以前に発給されていると読みとれるが、天正十七年分が翌々年の七月、天正十九年分（一例）は三年後の正月に発給されており、また天正十二年分は翌年十一月まで遅れ込んでいる。もちろん、これは算用状の発給日付のことであって、実際の収納は一度に、または何度かに分けて、それ以前から果たされている（「請取之面」）のであるが、ただ後年のように年内皆済の原則はなかったと言えよう[11]。

また、年によって発給の月次が変わり、時として二、三年後まで大きく遅れることがあるのはなぜか。その手掛りになると思われるものは、名護屋在陣中の利家から今井彦右衛門ら三人の代官に宛てた天正二十年九月十九日付書状[12]である。内容は、国元の代官が百姓に未進をさせて、その年の算用さえできないでいることを叱り、今年は未進がないように申し付けて「早々中勘定を仕、五郎兵衛（前田安勝）まて可上置候、帰陣候節遂惣算用」、また申付に違背して未進をさせた代官は急度成敗する、というものである。注意したいのは、「惣算用」は利家が帰陣後に利家自らが行うと述べている点である。事実、天正二十年分の算用状は、文禄二年十一月に利家が金

表1　算用状発給日付とその前後の利家の所在

年代	発給の月／日	年分(事例数)	発給日付前後の利家の所在
天正11	7／1～21，11／20～29	天正10(3)，11(2)	4月金沢入城，9月17日大坂登城，冬の初めまで滞在
12	6／11～15	天正11(6)	在国，8月28日佐々成政朝日山を攻める
13	7／27，11／16～26	天正12(4)	5月下旬上洛，すぐ帰国，8月18日秀吉を出迎，——
14	6／19～7／12	天正13(14)	3月上洛，5月末帰国・上杉景勝を歓迎，8月上洛
15	5／20～6／3，7／4	天正13(1)，14(13)	九州攻めの間京都守衛(秀吉7月14日凱旋)，——，7月23日上洛，8月半ばごろ帰国，9月上洛，10月北野大茶会出席
16	8／27～9／晦	天正15(11)	7月末在京，まもなく帰国
17	9／13～15	天正16(9)	4・5月在京，——，9月9日聚楽第重陽の礼に伺候——
18			2月関東征討へ出陣，11月帰国，同月上洛
19	7／20～26	天正17(5)，18(1)	6月在国，8月在国，——，11月帰国
20			2月下旬上洛，3月京より名護屋へ出陣
文禄2	12／27	天正20(1)	11月金沢へ凱旋
3	1／28	天正19(1)	金沢城で年賀を受ける，1月20日在城，2月21日伏見に在り

註　利家所在の参考文献は，岩沢愿彦『前田利家』，『石川県史』第2編，『加賀藩史料』第1編，『越登賀三州志』。

沢へ帰陣して後の十二月二十七日付で発給されている。また代官成敗の件も利家帰国後に吟味し、取込をした広瀬作内を誅したのは周知のことである。

このように本章で扱っている算用状は「惣算用」のさいに発給された文書であり、かつ利家が自ら裁許したものであると考えられる。そのゆえに利家の押印があると理解されるが、他の年次についても発給の日付とその前後の利家の所在を調べてみた。もっとも彼の行動は詳細には未知の点があり、この検討も試みとして行うものである。表1の記事にしたがって説明しよう。

さて、天正十一年七月の在国はまず確かで、十一月は「冬の初め」を過ぎた時期にあたろう。十二年は佐々成政との対戦に備える中で早めに惣算用を行ったと考えることもできる。十三年七月は在国とみられる。十一月は確かめられないが、成政征伐の秀吉を送ったあとも在国しており、九月十一日付の秀吉より「羽柴筑前守」（利家）宛の書状[13]があるから、九月も在国していたであろうことまで推測できる。その後、十四年、十六年、十九年、文禄二年、三年の発給日付のときも在国中とみることができる。また天正十八年、二十年は、とうてい惣算用を親裁するいとまのない行動で、発給の事例もない。こうして惣算用は国元で利家が親裁する原則であったらしいことはほぼ確かめられるが、残る天正十五年と十七年の場合が問題である。まず十七年は、九月九日に聚落第に在り、十三日に算用状を発給しており、その間に帰国したのかもしれないが、今一つ坂井氏の挙例中に越中新川郡日谷村算用状があって八月八日付になっている[14]。これは岩沢愿彦氏が「八月半ばまでは京都に滞在していた[15]」とみておられるのと抵触する。十五年は、発給の日付の五月二十日から七月四日のころは秀吉が九州征伐出陣の期間中で、利家は京都守衛の任にあった。その間、京都に滞在したとみるのが妥当であれば、この年は在国親裁の原則をくずしたことになり、さもなければ守衛任務中に一時帰国したことになる。

ともかく、利家の国政執務の状況がほとんど明らかにされていない現状に対して、こうした分析視角からも追究しうるのではないかと考え、今は算用状の分析の限りで、国元での親裁という原則（例外はあっても）があったと推測されることを指摘し、利家の他の印判物などについても検討が進められるよう提案しておきたい。

最後に、形式のちがう算用状（写）の例[16]をあげて考えよう。

免引物成八拾七俵壱斗八升ニ相定候上ハ相違有之間敷候者也、仍所定如件

天正拾四年三月拾七日　花押

まち村

この割付方算用状は羽咋郡町村へ宛てたものであるが、利家は、知られる限りで例外なく、年貢算用状には印文「利家」の印判を使用しているので、右の花押があるとされる文書は給人が発給したものであろう。書出しの

定納合	定納率	未進率	「請取之面」率	金納率	代物納その他の率(%)	さしをき率	金1両当たり米価	
							請取	請乞
貫文	%	%	%	%		%	俵合	俵合
①381.851		37.1	62.9			7.9		
俵合 1,619.1615	54.4							
貫文 160.810		19.8	66.8	18.7	まめ1.4，請乞13.1	6.7	10.	
俵合 575.169	53.4							
309.2345	28.7	25.2	60.3	39.7			9.	9.150
393.2535	36.5	22.2	27.8	21.3	わた2.8，御印有之38.1	10.0	12.	12.
445.0815	41.3	24.8	51.6	39.3		9.1	14.	14.
定請600俵	44.2	45.4	54.6	22.8	只今入22.6			17.
〃	〃	0.0	83.3	16.7			22.	
〃	〃	0.0	85.7	14.3			21.250	
843.1475	63.1	51.6	37.1	47.3	塩7.1	9.7	7.	7.180
635.269	47.5	38.4	38.4	31.5	塩3.4，請乞19.2	19.2	9.	
712.2095	53.3	45.6	34.4	43.8	塩7.0，わた7.0，三わり8.4	4.9	12.	12.
726.1345	54.3	38.5	61.5	19.3	塩4.1，三わた15.0			14.
745.1795	55.8	13.8	80.8	5.4			14.	⑥16.
34.055	36.6	62.0	38.0	51.7		10.3		7.120
41.130	36.2	63.8	36.2	29.0	塩10.5，三わり16.9	7.2		12.
43.063	37.8	32.9	34.7	56.7		8.6	14.	14.
139.1735	52.7	30.4	46.7	23.6	塩22.9	6.8		7.180
94.1665	35.7	18.5	55.0	34.1	塩8.8，わた1.9		12.	12.
105.0175	39.7	17.8	76.4	15.8	塩7.6		14.	14.
121.2005	45.9	17.8	82.2	アリ				⑦16.
⑧526.200		51.0	40.3	49.7				7.180
331.248	56.3	9.7	90.3		請乞3.6	6.0		
119.0685	48.9	11.5	75.9	8.4	塩12.6	3.1		7.180
135.2905	55.8	13.1	79.2	15.4	塩5.1		14.	14.
⑨42.110	40.7	37.4	26.4	62.0	大豆7.9	3.7	12.	12.
86.220	41.7	29.4	54.4	32.3	三わり13.3		14.	14.
⑩44.2255	51.7	42.0	37.2	50.8	大豆7.4	4.6	12.	12.
91.0435	52.6	32.8	51.8	34.5	三わり13.7		14.	14.
132.138	12.8	17.6	72.6	18.2	わた0.7，塩8.3		12.	12.
158.239	23.3	0.0	99.6	0.0				
912.240	65.2	12.9	75.7	13.2	大豆4.8，あさ時2.2，四わり3.3	0.8	12.	12.
1,013.259	72.4	0.7	94.5	4.8		0.7	14.	

表2　天正期年貢算用状の内容一覧

郷　村　名	年分（天正）	高	扶持高	荒　高	荒率	新開高	損免	出来分高
					%	俵　合	つ	俵　合
西　海	10							
西海上下	11	99町110歩	町　反 ②2 3 小	町 反 歩 19 5大35	22.1		3	
大沢村	10							
	11	35町9反半	5反	町 反 歩 8 1半29	22.7		3	
		俵　合	俵	俵　合				
	12	1,078.150	15.	③330.150	30.6		2半	
	13	〃	〃	541.2625	50.2		〃	
	15	〃	〃	388.	36.0	121.1825	3	
	16	④1,356.025						
	17	〃						
	20	〃						
西海下浦	11	1,337.1025	⑤30.	104.225	7.8		3	
	12	〃	〃	336.275	25.2		3半	
	13	〃	〃	215.235	16.1		〃	
	14	〃	〃	183.235	13.7	32.	〃	
	15	〃	〃	154.295	11.6	28.090	〃	
西方寺（直郷）	11	93.100	25.	25.250	27.7		3	
	13	114.1175	〃	38.1975	33.8		〃	
	14	〃	〃	33.0475	29.0	5.150	〃	
折戸村（正院）	11	264.2875	10.	1.	0.4		4	
	13	〃	〃	101.050	38.2		〃	
	14	〃	〃	94.250	35.8	6.100	3半	
	15	〃	〃	47.050	17.8	△45.280	〃	
鰀目村（嶋之内）	11							
	12	589.250		78.250	13.4		3半	
高井村（正院）	11	243.2125	15.	31.2725	13.1		4	
	14	〃	〃	18.250	7.7	6.	3半	
渋田村（南志見）	13	208.0625		67.005	32.2		4	
	14	〃		62.155	30.0	4.150	〃	
寺家分（南志見）	13	173.1125		24.128	14.1		4	
	14	〃		20.128	11.8	4.	〃	
蛸島村（正院）	13	1,031.	25.	810.260	78.6		4	
	15	〃	〃	531.082	51.5	243.128	3半	
八幡下村原田分	13	1,400.		96.	6.9		3	
	15	〃		29.200	2.1	△33.100	2半	

定納合	定納率	未進率	「請取之面」率	金納率	代物納その他の率(%)	さしをき率	金1両当たり米価	
							請取	請乞
俵　合	%	%	%	%		%	俵	俵　合
⑪60.172	56.7	38.5	40.3	42.5	大豆0.9，三わり11.8	4.5	12.	12.
92.102	57.7	20.6	71.8	22.8	三わり5.4		14.	14.
102.056	63.8	2.9	69.7	27.4		2.9	14.	
130.3355	66.2	17.1	82.9	7.4	只今入6.9	2.8		17.
28.162	65.0	1.9	66.6	31.5			12.	
30.219	69.3	0.0	100.0	0.0				
30.219	69.3	0.0	77.2	22.8			14.	
36.005	66.0	2.9	97.2	0.0		2.9		
958.0855	60.6	38.5	34.1	27.4			11.·12.	
975.0525	61.7	28.3	53.7	18.0			14.	
1,200.1905	61.2	20.5	79.5	8.5	只今入8.8	3.2		17.
1,239.0312	63.2	0.0	91.8	8.2			22.	
733.0175	47.2	37.3	51.3	33.8	三わり9.4		12.	12.
757.2575	48.8	33.4	38.7	61.2			14.	14.
452.075	71.2	18.2	81.8	9.2	こかいあさ時4.4，三わり2.8	1.8		14.
465.217	73.7	8.1	91.9	アリ				
79.1975	52.1	5.7	77.6	8.8	板6.8，炭1.1		14.	
83.2845	54.9	5.2	78.3	12.5	板3.1，炭1.1，請乞5.2		14.	
108.003	56.9	17.8	81.4	7.2	板0.8，只今入7.2	3.4		17.
111.481	59.0	0.0	88.5	11.5			22.	
294.2035	61.3	0.0	88.0	4.8	板3.3，炭3.9		14.	
364.137	61.1	15.7	83.3	6.3	板1.0，只今入6.2	3.2		17.
405.086	67.9	0.0	91.3	8.7			22.	
906.200	52.2	0.0	92.6	7.4			21.	
1,198.267	69.0	0.0	100.0	0.0				
⑬46貫500文		⑭26.7	64.4	アリ	御印有之8.9，請乞23.4			
1,090.0105	59.1	65.5	22.9	57.7	塩7.7	11.7	7.	7.180 7.210
157.261	14.6	⑮68.2	11.2	19.8	塩0.8		9.	
35.032	37.3	6.0	51.3	42.7		6.0	12.	
⑯9.1265	44.3	34.9	33.0	40.1	大豆11.8，三わり10.6	4.5	12.	11.120 12.120
540.1175	42.3	⑰21.0	67.9	24.4			12.	12.
(後　欠)								
15.250	49.4	(後欠)	62.7	33.2	(後欠)		14.	
144.0385	60.5	0.3	82.6	17.1		0.3	14.	
312.2225	75.3	15.1	65.7	0.0	かなめ19.2，三わり15.1			
1,504.1795	54.6	9.2	81.5	18.5			14.	㉑16.

郷　村　名	年分（天正）	高	扶持高	荒　高	荒率	新開高	損免	出来分高
		俵　合	俵	俵　合	%	俵　合	つ	俵　合
栗蔵鈴屋（下町野）	13	160.037		30.097	18.9	3.097	3	
	14	〃		27.	16.9	△27.	〃	
	15	〃			0.0		〃	
	16	160.0615			0.0		〃	37.084
鰀目村之内（嶋之内）	13	43.270			0.0		3半	
	14	〃			0.0		3	
	15	〃			0.0		〃	
	16	43.450			0.0		〃	10.280
諸橋村	13	1,581.2175	20.	195.075	12.3		3	
	14	〃	〃	157.075	9.9	38.	〃	
	16	1,581.3625	〃	77.091	4.9	△78.	〃	379.300
	17	1,961.1625	〃	171.118	8.8		〃	
志津良	14	1,552.2375	⑫20.	543.030	35.0	42.270	2半	
	15	1,552.1375	〃	399.200	26.1	138.	3	
国衙村	14	632.050		20.050	3.2	9.	2半	
	15	〃			0.0	△20.050	〃	
木炭村（諸橋山田）	14	153.0125		19.100	12.6	3.200	4	
	15	〃		8.050	5.3	△11.050	〃	
	16	153.021			0.0	△ 8.083	〃	36.358
	17	189.375		17.250	9.2		3半	
院内村（諸橋山田）	15	480.2725		19.	4.0	△17.175	3半	
	16	480.454			0.0	△19.	〃	
	18	596.1585		17.250	2.9		3	115.2005
八幡下村	17	1,736.		603.	34.7		2	
	19	〃		179.250	10.3	△100.	〃	
寺社分（直郷）	10							
鵜島馬渡（直郷）	11	1,845.1075	20.	271.	14.7		3	
岩坂村（正院）	12	1,078.0225		814.2875	75.6		4	
金峰寺（直郷）	13	94.070	20.	30.175	32.5		3	
牛尾（下町野）	13	31.275		10.0535	31.9		3半	
大田村	13	1,278.150	30.	534.175	41.8	115.1535	2	
川島（穴水）	13	371.1675	⑱25.	（後欠）				
時国村（下町野）	14	510.250		73.2525	14.5	⑲10.150	2半	
野田村（南志見）	14	32.025		5.131	16.9	1.	4	
曽羅村（諸橋）	14	233.2875	3.	23.	9.8	5.200	3	
中井村	14	415.0275	⑳24.050		0.0		2	
若山延武方	15	2,687.1525	25.	325.012	12.1	81.243	3半	

定納合	定納率	未進率	「請取之面」率	金納率	代物納その他の率(%)	さしをき率	金1両当たり米価	
							請取	請乞
俵　合	%	%	%	%		%	俵	俵
350.123	63.6	0.0	79.7	20.3			14.	
164.248	77.3	18.2	81.8	7.8	只今入7.3	3.1		17.
137.187	62.2	17.1	82.5	（後	欠）			
181.1745	48.2	2.8	97.2	0.0		2.8		
446.2165	66.1	7.8	92.2	2.3	只今入2.5	3.0		17.
589.466	67.6	0.0	94.1	5.9			21.	
356.2248	71.8	0.0	92.0	8.0			21.	
161.2188	75.1	0.0	100.0	0.0				

項目も省いた。新開高の△印は年貢率が反当たり１俵であることを示す。
未進率，「請取之面」率，金納率（請取・請乞合計），代物納その他の率（同），さしをき率は，定納合に対する

137合５勺（高の30.3％）がある。④うち，山畑高277俵275合を含む。⑤扶持人２人分。⑥⑦惣未進の場合であ
扶持人２人分。⑬他に「不作」７貫140文（13.3％）があり，年貢高合計は53貫640文。⑭うち，3.3％（５俵）
３日付で未進の請乞を決めているので，これを含めた。⑱扶持人２人分。⑲後欠のため年貢率不明。⑳扶持人２

巻，第３巻，『奥能登時国家文書』第１巻，若林喜三郎『加賀藩農政史の研究』上巻，『能登島の近世文書』㈠，
なお曽羅村の分は木越隆三氏より借用。

「免引物成」は、後述の考察から、損免を指し引いた残りに当たる「物成」（定納）という意に解すべきである。すなわち、物成が損免制を用い、高も前提されていることは明白である。つまり、年貢割付が高―損免―物成の計算を経ていることは利家算用状と同じである。ただ、利家はその計算過程を明示し、このおそらく給人は物成だけを確定しているという形式上のちがいがある。

　では、給人はなぜ彼の算用状に高・荒・損免を記載する必要がなかったのであろうか。その手掛りとして次の四つの利家算用状がある。[17] 天正十三年分南志見之内渋田村の算用状は、高より荒を指し引き、残り高から損免四つを引いて定納を計算した上で、その半分を「清六殿分」、残り半分を「台所入」に分けている。そして収納方は台所入についてだけ算用している。また同年分南志見之内寺家分も定納を「清六殿分」と「蔵所《ママ》入」に折半し、同年分下町野之内粟蔵

郷村名	年分（天正）	高	扶持高	荒高	荒率	新開高	損免	出来分高
		俵　合	俵　合	俵　合	%	俵　合	つ	俵　合
川西村（下町野）	15	550.275		46.	8.3	11.260	3	
佐野村（中町野）	16	209.271		7.366	3.7	7.250	3	50.146
栗蔵鈴屋江尻（下町野）	16	179.055			0.0		3半	41.440
岩屋村（嶋）	16	221.0835			0.0		3	53.032
野崎・大浦村之内（〃）	16	544.2765			0.0		3	130.244
飯川村	17	872.208		135.	15.5		2	
たね・ころさ村	17	496.133		21.	4.2		2半	
七尾古屋敷方	17	215.125			0.0		2半	

註 ・新開の反別と年貢量，出来分の年貢量，また請取方と未進方のすべての実数は記載を省いた。また特殊な
・荒率と定納率は高に対する百分比。ただし相給の場合は定納に表示しなかった給人分も含めて計算した。
百分比。端数切捨て等の項目化されていない分は省いたので表示上は100%にならない場合もある。
・「請取之面」率の天正11年分，12年分の大沢村は「御蔵へ入」「在所ニ有米」の項目を充てた。
・①他に直納分25貫文があり，年貢高合計は406貫851文。②扶持人５人分の合計，③他に「ちくてん」326俵
る。⑧他に「長崎分ちくてん」526俵200合がある。⑨⑩⑪「定納合」以下は「台所入」分だけの算用。⑫
は扶持分。⑮内訳を記さず。⑯「定納合」以下は「台所入」分だけの算用。⑰発給は７月８日付だが９月
人分。㉑惣未進の場合である。
・出典は『加能古文書』，『輪島市史』資料編第１巻，第２巻，『珠洲市史』第３巻，『七尾市史』資料編第２
金沢市立玉川図書館加越能文庫「能登国文書」，「能登古文書」，「国初遺文」，「当摩氏文書」，「諸橋文書」。

鈴屋および牛尾の算用状も定納のうち三分の一を「長意分」、三分の二を「台所入」に分け、渋田村と全く同じ計算の仕方を行っている。すなわち、この四村は給人（清六、長意）と前田氏台所入との相給の村であるが、定納を決めるための割付方算用は給人分、台所入とも共通である点に注意すべきである。つまり高、荒、損免の項目（したがって定納量）は給人分も前田氏の手で決定されていると考えられるのである(18)。すなわち、台所入と相給の事例では給人の年貢徴収権は収納方に限られている。この点で給人知行権は当初から制約されたものであったと言える。

以上、本節では、天正期利家の算用状の記載項目を調べ、基本項目が高、損免、定納、皆済であると考えた。この項目構成は、損免が免に変われば後年の年貢算用状と基本的に同じである。また天正期算用状に三種があり、それは割付方算用状、収納方算用状および割付・収納共

に記載する算用状であることを指摘した。そして、末尾文言の検討からもこの文書群を「算用状」と名付けるべきこと、各年次の発給年月日の考察から算用状は利家が国元で親裁する原則であったろうこと、台所入と相給の給人知の場合は前田氏が高、荒、損免、したがって定納＝物成を決定しており、給人の年貢徴収権は当初から制約を受けていたと考えた。

しかし考察は右の基本項目だけでなく、その他の項目にこそ及ぶべきである。そこに天正期の特徴が示されるからである。形式上からみても荒が大多数の村にみられ、新開や出来分が或る年次から記載され、収納に金納、代物納があり、未進が多く請乞制があるなど。これらの内容について次節以下で検討しよう。そのために、採取した七九例の諸項目を一覧した表2を掲げた。

二　高について――天正十・十一年分算用状

天正十年分に収納方算用状、十一年分に割付方算用状があることは前節で指摘した。そこで、これらの事例を検討しながら、本節では主に「高」について考えたい。

まず、十年分の事例をみるために、やはり刊本に収載されていない大沢村算用状（写）[19]を例示しよう。

この算用状の特徴は、収納方だけの算用であり、したがって「高」は年貢高であり、かつ、それが貫高で表示されて、俵高に換算されていることである[20]。貫高は利家入国以前の制を継いだものであるが[21]、ここでは換算は一貫＝一石、一俵＝三斗である。こうして、年貢は米納の原則に統一されたと考えられる。

また一俵三斗入りは、この年以降（十五年分まで）どの例でもそうであるから、このときに量制の統一（基準桝の制定）がなされたと考えるべきである。それがどのような桝であったか、直接の史料はないが、後述のごとく天正十二年の年記のある「胴張升」が知られている。

なお、十年分直郷寺社分算用状に特殊な記事がみえる。一つは年貢高のうちから「不作」（荒）を差し引いているが、これは中世の損免と同じである（後述）。二つは、不作を差し引いた残高の下に但書して「百姓かたへ上成分も加候也」とある。上成は中世の銭納年貢の一つであるが、これを年貢に含めず百姓得分に加えたのであろう。今一つは未進のうちから妙厳寺へ五俵を扶持に与えていることである。妙厳寺は十三年分では高のうちから二五俵を与えられているから、それ以前の臨時的な措置であったと言えよう。ここには制度改変の過程での利家入国以前の方式との関連が窺えるが、まずは制度改変の第一として、十年分の算用で米納制への統一がなされたといえよう。

つぎに、天正十一年分の割付方算用状を分析しよう。二例[22]とも刊本に収載されているので引用を省くが、西海上・下浦の場合は「惣高」反別から五人分の扶持反別を指し引き、さらに荒反別を指し引いて「残本高」反別を算出し、それを一反＝三俵で「此米」（俵高）に換算し、そこから損免分を指し引いて「定納」を定めている。また大沢村の場合は最初の反別が田方、畠方に書き分けられ、それぞれに荒が指し引かれている点がちがうだけで、記載形式は基本的に同じである。

この割付方算用状の特徴は、まず反別が記され、一反＝三俵で俵高に換算されていることである。また損免の初出であることも留意したい。なお、この反別から求めた高の名称は不明であるが、

大沢算用状　天正十年分
一、百六拾貫八百拾文　高
　此米
　五百卅六俵壱升
　　此内
　参百弐拾弐俵五升七合　御蔵へ入
　七俵弐斗壱升壱合　まめ
　百俵　金子壱枚
　合四百弐拾九俵弐斗七升八合
残而百六俵三升弐合　未進
　此内卅六俵三升弐合　さしをき候也
　残分うけこい状有之
天正十一
　七月廿一日　御印（印文・利家）

仮に「本高」と呼んでおこう。[23]

まず反別表示について考えよう。天正十一年九月二十二日付の諸橋村検地帳（写）[24]があり、その反別合計は五二町七反八七歩となっている。これを一反＝三俵で換算すると、同村の天正十三年分算用状の本高と全く等しくなる。すなわち諸橋村算用状の本高は検地に基づいて定められた高であることがわかる。これから、大沢、西海（上・下浦）の反別＝本高も検地またはそれに準ずる方法で決められたように推定されてくる。

そこで、天正十年分の年貢高と十一年分の本高を比べると、大沢村は本高が年貢高の二・〇一倍、西海（上・下浦）が二・二〇倍である。この量的比較から、貫高による年貢高に対して反別による本高は新しい基準による高を結んだものであろうと考えられる。[25]

つぎに一反＝三俵の換算について、別の史料がある。[26]天正十年九月の気多神社「正大宮司領知坪付」および同年十月の「気多社坪付帳」でも、一律に一反＝三俵で算用されている。たとえば利家入封以前の天正五年「桜井基盛知行目録」の中の「正大宮司職知行納帳」などでは、そうした画一性はみられないから、利家によって統一的な本高把握が入部当初に果たされたと考えねばならない。そして注意すべきは、一反＝三俵の制は明治維新を迎えるまで加賀藩領能登で一貫して行われたことである。もっとも、後述のごとく一俵三斗入りは天正十六年分から五斗入りになって一反＝九斗が一反＝一石五斗に変わるが、後者は能登における斗代として旧藩時代を通して維持されつづけた。

以上から、天正十一年分の新しい高＝本高は、生産高ないしそれに相応する基準高であると考えられる。あるいは後述のごとく、この本高の中に含まれる荒は新開すべきものという意味をもっていたと考えられるから、〝生産高であるべき高〟とも言えるであろう。そして、この本高は一、二の例外[27]を除いて年々変更しない原則であったと思われる（ただし天正十六年分以降については後述）。こうして天正十一年分の割付方算用状は「高」を確定した点で画期的である。

加えて言えば、坂井・木越氏は利家の天正検地を指出方式のものと見なしているが、それは一揆国へ入国早々であったとか、検地帳の記載内容が太閤検地に比して大ざっぱであるとかの点からする推論である[28]。たしかに領域のすべてにわたる総検地ではなかったろうし、したがって指出の事例がないとは断言できないが、しかし検地帳はわずかでも現存しており[29]、それにみるような、太閤検地に比して大ざっぱな検地方法も近世においてありえたとすれば、成り立たぬ推論である。実際、加賀藩では太閤検地の方式を完全に採用することはなかったのであり、反当たり歩数や斗代を国ないし郡単位で一律化してしまって村ごとの差は無視しており、また地目差による斗代・分米の決定も行わないまま最後まで押し通したのである。

また、この大ざっぱな検地＝指出論は、一揆国へ進駐した利家が扶持百姓制を採るなど、当初は在地農民勢力を懐柔し、妥協的な在地支配を行ったとする通説に添う理解にあたると思われる。しかし、検地が農民側の自主申告による、または納得した内容を有すると理解しうるならば、つぎの事実はなぜであろうか。

大沢村の天正十二年分算用状[30]では、本高のうち「にか木村」と「あか崎」分三〇・三％高が「ちくてん」として定納の対象高からはずされており、さらに日焼のため荒率も三〇・六％に及んでいる。十一年分に比べて大変な荒廃ぶりであるが、にもかかわらず損免は五分下りの増徴になっている。翌十三年分では、この逐電分のうちの一二・六％は「開分[31]」となったが残りは荒として書載せられた。すなわち逐電分は居残った農民がもつ高となった。このため、「大沢ノ荒分」も含めて荒率は五〇・一％にのぼっている。そして、この荒率は翌々十五年分で三六・〇％に減少するまでの回復をみせたが、十六年分に至って「定請」という特別の手立てが講ぜられ、「本高並ニ山畑共ニ六百俵」に定納が固定されることになり[32]、定納高は前年より三五％増えた。それは、他村にみられる出来分がない代わりに「山畑高」（二七七俵二七五合）が高に加えられたためである。これは、天正十五年二月十三日付「定」(33)の第二条が適用されたものであろう。その文言はつぎのごとくである。

一、在々山畑を新儀に開、なはの内之田畠を荒置候条、所詮山畠ニ年貢を可取候、但先規之田畠を不荒においてハ者可免之者也

条文は、荒の増加、無年貢の山畑新開が農民の抵抗行為であったことを語っている。つまり大沢村は、処罰的な措置として山畑に年貢を課せられたと理解できるであろう。また「定請」は高と免の変化の追求を放棄した徴租方法であるが、この時期では、これ以上の荒を認めないという意味合いが強かったのではなかろうか。たしかに「ちくてん」「定請」の現象は特殊例であるが、その大沢村に対する呵責のない強権的収奪の姿勢を知った以上、天正十一年分の本高設定についても、農民の指出や納得ずくのものと推測してすむであろうか。この指出検地説への疑問は、本章の以下の分析からも結論的にイメージされるところの、天正期における年貢収奪の厳しさという点からも提起されるのである。

最後に、天正十六年分から一俵＝五斗に改まった点に触れておく必要がある。俵高表示であるから俵数は変わらず、一俵未満の数値が三分の五倍になっている。木越氏は、このため「実質的な収奪強化となったものと思われる」(34)と説明している。しかし三斗から五斗への六七％の増徴とすれば、後述のごとく二四％の増高が農民に多大の影響を与えたのに、この〝増徴〟にはなんらの影響が生じた形跡はないのである。そこで、これは量制の改変によるものと推察する。

まず『口米考』(35)によると、「胴張升」について「凡壱升量」、「積九九一八七四余」、「此升の形方孤台也、故に真積は容易に得かたし」、「方板に天正十二年と彫付てあり」、「是は天正年中の壱升量なるべし」などの説明がある。また「菊判升」について「壱升量」、「積六二五」、「三壺記に慶長十五年出来とある量是なるべし、世に京の古升といふ」などの説明がある。しかし別の箇所では「慶長拾年より以前は京升と相見え五斗弐升俵也」とあっ

て、慶長十五年出来という説明とくいちがっている。

つぎに、小葉田淳氏の研究[36]によれば、京都の妙心寺や大徳寺塔頭真珠庵では天正十五年から京枡（菊判枡）の使用または京枡換算が行われたことを指摘し、そうした社会的要請が生じた事情を、天正十四年に秀吉が大和一国に京番（判）使用を命じたことに関連させて説明されている。

これらのことから、菊判枡（京の古枡）の使用は慶長十五年ではなく天正十五年からと考えるべきではなかろうか。胴張枡と菊判枡の「積」（体積）を比べると、前者は一・五八七倍になる。これは三斗から五斗への一・六七倍に近い。正確に一致しないが、胴張枡の真積は容易に測りがたいと注記があり、また枡の変更に正確に比例して一俵を五斗と定めたとも限らない大ざっぱさもありえたろう。およそ一・六倍程度を目途として調整したもので、結局、一俵の内容量に大差はなく、したがって増徴にはあたらないと推察する。そして、京枡（菊判枡）の採用は織田氏取立大名前田氏への農政面での豊臣統一権力の浸透を示す一例といえよう。

以上、本節では、天正十年分収納方算用状と十一年分割付方算用状の分析を通じて「高」をめぐって考えた。天正十年分は貫高表示の年貢高を継承しながら、それを俵高に換算して米納の原則を採り、また基準枡の指定もなされたと推定した。十一年分では、検地またはそれに準ずる方法で生産高ないし相応の基準高として一反＝三俵の計算で本高が設定され、それゆえに損免制が採られたと考えた。また大沢村の荒廃状況も指摘して、従来の前田氏天正検地指出説・農民懐柔説に疑問を呈してみた。こうして十年分と十一年分との間に差異は認められるが、両年分はともに、利家入国以前の年貢制度に対して新たな統一化をはかったものであり、その画期的な制度化を果たしたものと見なすことができよう。さらに天正十六年分の段階には、おそらく京枡への統一（一俵五斗入り）が行われて豊臣統一権力下の大名前田氏の立場を徴租法の上にも反映させると言えるのである。

三　割付方の項目

割付方の項目には、高、扶持、荒、新開、損免、出来分、定納があった。このうち、高に関しては前節で調べた。扶持の項目は木越氏が検討されたが[37]、これについては第四節で少し触れたい。それで、荒以下の項目について考えよう。

1　荒と新開

荒は高のうちに含まれるが、年貢賦課の対象外であった。荒は検地によって決められた。その最も早い例は天正十年分直郷寺社分算用状に「七貫百四十文　不作　六右衛門尉検地」と記された例であろう[38]。普通には荒検地打渡状が交付された。荒の存在は当地はごく一般的で、表3の収納方算用状と不明分を除く七四例中、荒のないのは一七例にすぎない。この意味で天正期徴租法における荒検地の重要性を指摘できる。天正十一年、柴田勝家に加勢して在陣中であった利家の三月二十五日付の書状[39]は、第一項で、帰陣も近いので縄打のことは今少し待てと命じ、第二項で「あれ地のけん地には早々可被遣候」と述べているのは、荒分の確定がその年分の年貢収納に直接かかわるからにちがいない。

高に結ばれた荒は、そのゆえに本来再開発されるべく意味づけられていたと言えるが、佐々成政と対峙中ではあったが大局的に結着の見通しがついた時点で実施がはかられた。つぎの利家印物[40]がそれを示すと思われる。

在々荒地於有之ハ悉開作可申付候、若少ニ而も於荒置者、当村惣百姓中にかかり可取納候、成其意耕作専可申付候也

天正十三　六月日　　　利家　印

鳳至郡百姓中

他に同文で宛所をちがえたものが知られており、一斉に指令されたこと、また内容から強行的であったろうことが指摘できる。こうして十四年分算用状に一斉に本高以外の「当開」があらわれる(41)。もっとも一挙に開作することはできず、村によってその度合いもちがった。この新開は、一年だけの経過措置として一反＝一俵一斗（年貢率四四・四％）と一俵（三三・三％）の二種のいずれかの年貢率が適用され（天正十六年以降は五斗俵なので一俵一斗は一俵一六六合となる）、翌年には本高に組み入れられ、その損免を適用された。また一俵と一俵一斗の適用の

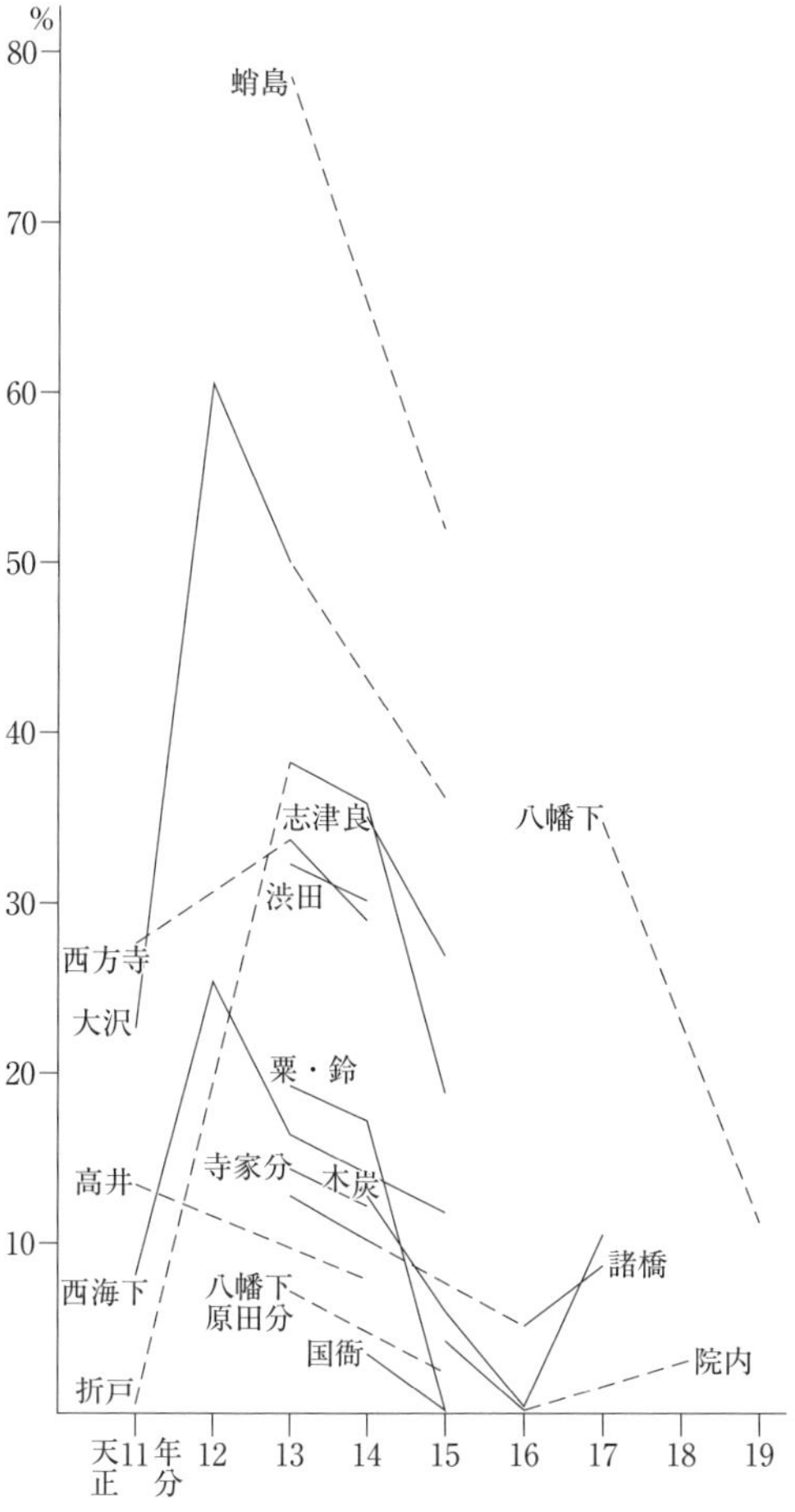

図1　荒率の推移

註　表2より作成，点線は翌年分が不明，天正12年分大沢村は「ちくてん」分を含む。

表3　荒率の年次分布（天正11〜20年分）　　（単位：例）

率＼年分	11	12	13	小計	14	15	小計	16	17	18	19	20	小計	合計
70%台		1	1	2										2
60 〃		1		1										1
50 〃			1	1		1	1							2
40 〃			1	1										1
30 〃			5	5	3	1	4		1				1	10
20 〃	3	1		4	1	1	2							6
10 〃	2	1	4	7	6	3	9		1		1		2	18
10%未満	2		1	3	4	4	8	2	3	1			6	17
0　%			1	1	2	3	5	8	2			1	11	17
合　計	7	4	14	25	16	13	29	10	7	1	1	1	20	74

註　表2より作成。天正10年分3例，11年分1例(鰀目村)，13年分川島村を除く。

仕方をみると新開三二例中、一俵の適用は一〇例で十五年分以降にみられ、十四年分はすべて一俵一斗である。そして同じ村で十五年分に一俵一斗から一俵へ軽減されたものが五例（うち一例は十四年分→十六年分）あるが、すべて前年より新開が大幅に増えている。したがって一俵の適用は新開促進のための軽減措置であったと考えられる。他に新開が大幅に増えて右の軽減措置のない場合（大沢・志津良）は損免の操作で軽減されている。こうして新開年貢率や損免操作で軽減しても荒の開発を強行しようとする領主の意図と、その下での抵抗として、農民の減租要求とがからみ争ったことが窺われる。なお、新開分は損免でなく、のちの「免」と同義であることが注目されるが、関連はわからない。

かくて、荒はしだいに減少する。図1に村ごとの荒率の推移を示したが、天正十二年分の荒率の増加は日焼があったらしく、また前述のごとく十一年分の本高設定に対する抵抗行為として生じた荒があったためであろう。しかし前述の天正十三年の荒地開作令によって十四年分以降の荒率は一斉に減少し、天正十六年分までに荒減少策は一応は実現されたようにみえる。図1でもその傾向が窺われるが、別に、七四例について荒率の年次別分布を示すと表3のごとくである。十三年分までの荒率のばらつきが、十四・十五年分の「新開」策によってしだいに低率化の方向へ収斂されてきて、十六年分では大部分は荒がなくなり、残りは一〇%未満になった。ここに荒解消策の一応の達成がみられたかに思われるが、ただし十七年分は逆に荒が増える。これは後述の二四％増徴問題の影響であると思われる。

2　損　免

算用状に「何つ免引」とあるものは、免の本来の語義としての免除、つまり「何つ」を百姓に与える意であろう。この点は坂井氏が指摘されたが、(42)すでに『高免考』で五十嵐篤好がつぎのように指摘している。(43)「草高壱石に収納壱石するを十成《トヲナリ》といふ。其内何つ何分免じ給はる也。たとへば六ツ免なれば四ツ収納する也」。また類似の説明は「改作方御定書」などにも(44)記されていて旧藩時代から知られていた。ただ、これを「損免」と呼ぶことを指摘した例はなかったと思うが、『珠洲市史』第三巻所収のつぎの文書(45)ではじめて、この用語が知られた。

直郷損免之事、三引ニ令算用可納所候、追而可算用者也

天正十一　十一月廿二日　利家（印）（印文・利家）

直郷惣百性中

そして、たしかに当時の直郷の村々は三免引であった。

この場合は直郷に属する村々が一括して同じ損免に定められたのであるが、嶋之内（能登島）では一四ヵ村について村柄を上中下に区別して損免が三通りに決められたことが、田川氏によって紹介されている。(46)また特定の村で年によって損免が変化することがあった。変化した一一例（一〇村）のうち損免増加（年貢軽減）三例、損免減少（増徴）八例。しかし、そのうち年次がつづいてわかるのは六例だけで、荒が増加しても増徴と軽減の両例があり、新開が多くて軽減の例がある反面、出来分の本高入りに加えて増徴されても未進がなくなるなど、損免変化の理由は判然としない。領主と農民と相対の上で複雑な事情が考慮されたのであろう。

損免制をめぐってさらに考えてみよう。「損免」の用語は能登・加賀でも中世に遡ってある。(47)たとえば、山城

賀茂雷社領河北郡金津庄の公用銭運上についての年不詳十二月八日付、社務竹内某宛の親景書状では、公用銭四七貫文を渡したことなどを記した上、百姓が「当年之儀も損免曳分過分之断候間、此方之儀者雖無足哉候、御懇示承候之条如此ニ候」と述べている。また、年不詳十一月十一日付の同様の書状でも「仍当年之儀も損免過分之由雖申候、種々涯分申付、四拾三貫文運上申候」と報告している。いずれも年貢（公用銭）の減納を「損免」と称している。また、天文六年（一五三七）十一月付の鳳至郡諸岡村常友名・国時名の百姓より同郡総持寺へ宛てた一札では、一〇貫五〇〇文の年貢のうち川成分一貫五〇〇文を除いて九貫文を寺納してきたところ、今度強く御尋があり「伍百文者定免ニ被仰付旨」なので、以後は毎年一〇貫文宛納所すると約束している。この「定免」は規定年貢量のうちからの定額用捨の意であり、「免」はもちろん免除の意である。つまり中世の損免は年貢量の減免を意味した。

これに対して天正十一年分からの「損免」は、免＝免除の本来の語義をもちながらも、年貢に対してでなく、本高に対しての意味に変わっている。つまり本高から年貢量（定納）を算用する過程の項目に位置を変えている。この点、脇田修氏は年貢高と損免、生産高と免（年貢率）を照応させて考えようとしているが[48]、本章では天正十一年以降の「高」を生産高相応の本高と考えたために理解が異なってくる。

つぎに「損免」から「物成」への変化について、坂井氏は、越中の場合、慶長二年（一五九七）から「物成」（率）で表すようになるとして、この年の越中検地において「免の意義が大きく転換した」[49]と述べている。しかし「物成」の用例は、坂井氏自身が紹介した文禄四年十一月十日付「定うれ村当物成の事」[50]に見られるし、別に同じ日付の越中国新川郡飯坂新村の事例も知られるので[51]、年貢率としての「物成」の用例が文禄四年まで遡ることを確認できる。この点、前記の脇田氏が畿内等で同じく文禄年間の史料を挙げておられるのに見合ってくる。

ところで、年貢率の意味でないなら「物成」の用語はもっと早くに例がある。第二節で引用した天正十四年三月の町村への割付算用状に見えた「免引物成」の「物成」は年貢量（定納）の意であった。さらにその前年七月二十四日付で利家から今井宗久・山上宗二に宛てた書状につぎの文言がある。[52]「能州鳳至郡之内興臨院領百石代官之儀、任両人異見、従此方所務等申付候、物成七十石宛毎年可運上候、当秋者七十石に金子十両代之由下々者申候条、其分上申候」。興臨院は大徳寺の塔頭で、利家から父利春の供養のために諸岡村のうち一〇〇石を寄進されたのであるが、この「物成」も年貢量の意で用いられている。したがって、「物成」は損免分（量）に対する意で、ついで損免（率）に対する意でも用いられた概念と推測しておきたい。[53]

3　出来分

「出来分」の項目は天正十六年分にだけ見え、本高の外の新高として俵高だけが記載され（反別の記載はない）、すべて「五免引」である。そして翌十七年分には本高に組み込まれ、その損免を適用される。天正十七年分の本高はそれだけ増加する。

出来分の記載は九例を数える。その本高に対する比率を調べると、粟蔵鈴屋が二三・二％、粟蔵鈴屋江尻分が二三・四％である以外はすべて二四・〇％になっている（諸橋、鯼目村之内、木炭、院内、佐野、岩屋、野崎大浦村之内）。すなわち、総じて本高の一律二四％増の出来分が、定請の大沢村を除く十六年分のすべてに生じたのである。この一律性は、村ごとの事情に基づく性質を持たない、また検地に基づかない、本高（したがって定納）増加への一途の追求を示すと見なされる。そして、そこには、なにか緊要・緊急な事情があったのではないかと思われる。

この一律二四％の出来分（増高）について、「二免四分」問題が注目される。史料を掲げよう。[54]

尚々、具儀者種善坊・今井彦右方ゟ懇ニ可被申付候、次ニ百姓共いつれもき丶、迷惑ちくてんのよし候

間、様子たてなおし可申候也

一筆遣候、仍今度在々百姓共はしり、相尋候処、前年之弐免四分之催促切々ニ付て百姓はしり候由申候間、其段京都へ申遣候条、一道（カ）御返事候間、催促一せつ有間敷候、次ニかし米之儀、其村々にしたかい書付を可上候、其随在米可相渡候、利平之儀も用しや候様ニ京都へ申上候間、成其心得、百姓に立帰かう作かん用候、将又給人幷代官・下代非義族申ニおゐて者急度可注進候、堅可申付候者也

天正十九　二月十七日　　五郎兵へ　御判

本郷くミ
浦上くミ
内保くミ
和田村組
在々百姓中

二免四分、すなわち二四％増高分の年貢催促が厳しいために百姓が走り（逐電し）、その対策として留守役の前田五郎兵衛安勝（利家の兄）は年貢催促を中止して在京中の利家に問い合わせるとともに、貸米、利平用捨（問合わせ中）、給人・代官以下の非分取締りの対策を講じて帰農を促している。なお、この文書の日付は天正十七年分算用状の発給より五ヵ月前にあたるから、直接には十七年分年貢の収納にかかわっているのであろうが、実際には十六年分での増徴も含む二免四分増高の全過程にかかわる問題であろう。後述のごとく十六年分に未進が一時的に増加する現象はこのためであり、したがって十七年分の年貢催促が厳しくされ、それが百姓の逐電＝耕作放棄を惹起し、前述のように十七年分における荒の逆増を招いたと理解するのが最も整合的である。

今一つの史料を挙げよう[55]。

二めん四分入候て高
なしミ惣高
（一ヵ村分略）
一、高卅九表三斗八升三合　のた
此内拾壱表　あれ分
（一ヵ村分略）
一、高弐百五十八表八升三合五夕　しふ田
此内九拾五表　あれ分
（七ヵ村分略）
合而南志見中之御帳之表
但、長殿様の御けんちニ者たりさかり御座候へ共、それ者たち不申候て、二めん四分ニ入候て如此候、又者二めん四分の無御座村者毛付打ニ被成候て、其上ニ不作迄御くわへ被成候て、本高ハ一円ニ御へらし無御座候、此書立之上壱升も壱合も出入御座候ハヽ、其村の者くせ事ニ可被成候、御水帳之儀者於給人衆御取候て二たひ御見せ無御座候儀一定にて御さ候、少も曲言にてハ無御座候、以上
七月十一日

これは領主に答えた百姓側の文書（控）で、この時期としてはめずらしい。「長殿様の御けんち」は鳳至郡では天正十九年のことといわれるが[56]確認はされていない。内容は南志見一一ヵ村の高書上で、野田村・渋田村の場合、天正十四年分に比べてちょうど二四％増になっている。末尾の但書はやや難解であるが、長氏が実施した検地の「たりさかり」分も二免四分増高に組み込まれたこと、また二免四分のない村もあったが、その村は毛付打

が行われ、本高を減らさぬために不作（荒）を認めなかった。そしてこのため長氏の検地は無意味（むしろ有害）になったのか、水帳を給人衆へ取り上げてしまったと証言している。その文言から百姓の強い不満を読みとることは容易であろう。この史料は前の史料とともに二免四分増高の苛酷さをよく示している。

では、荒の解消に一応の目処がついた時点で、結果的に荒の逆増・逐電をもたらすような二免四分増高をなぜ行ったのであろうか。ここには、荒の解消、ついで増高という段階的理解ですまない性急さ、強引さを感ずる。そこで十六年分（十七年九月発給）、十七年分（十九年七月発給）の時期をめぐる政治状況をみると、十五年ごろから北条氏は籠城態勢をとり、十六年には小田原征伐を秀吉が公言し、十七年十月に軍役割が発令されて十八年の出陣となり、利家は北国衆の総指揮をとった。また朝鮮侵略は天正十三年九月に秀吉が公言するが、十五年の九州征伐から関心が強まり小田原征伐の後に現実性を帯び、十九年九月に正式の準備命令が下された[57]。こうした大規模軍事行動に備えて、軍役（高）、軍事費（年貢）両方の増加を実現する方法をとったのではなかろうか。

4　定　納

定納は規定年貢量であって、以上の割付方諸項目の総合値である。同時に収納方諸項目の基準値である。その年次変化を追える例を図2に示した。十二年分の落込みは荒率の増加（先掲図1）に見合い、その後の総じての増加傾向は荒の減少（新開策）に見合う変化であるといえよう。この期間は荒の開発が農政の主要課題の一つであったと考えられる。また表4は定納率が知られる事例の年次別分布であるが、Ⅰ十三年分まで（「新開」策以前）、Ⅱ十四・十五年分、Ⅲ十六年分（「出来分」）以降に区切ってみると、Ⅱで七〇％台が生じ、一〇％台がなくなり、Ⅲでは四〇％未満がなくなって、六〇％台へ集中してくることがわかる（三二頁参照）。そして全体を通じて総じて定納率の上昇傾向が明らかに読みとれる。

また、十六年分での一斉の増加について、二免四分問題との関連でみると、十五年分（うち一例は十四年分）に対する十六年分の定納高増加指数を調べると五例（大沢村を除く）がわかるが、粟蔵鈴屋一二八、諸橋村一二三、鮭目の内一一七、木炭村一二九、院内村一二四である。このうち十五年分に対する十七年分の指数は三例がわかり、諸橋一二七、木住村一三三、院内村一三七である。そして、出来分以外の要因である荒・新開と損免の変化は、右の五例中、十六年分の新開は三例であるが量は少なく、十七年分の損免五分下り（増徴）一例だけなので、やはり出来分の影響が大きいとみられる。こうして、事例は少ないが、二免四分の増高による年貢増徴の

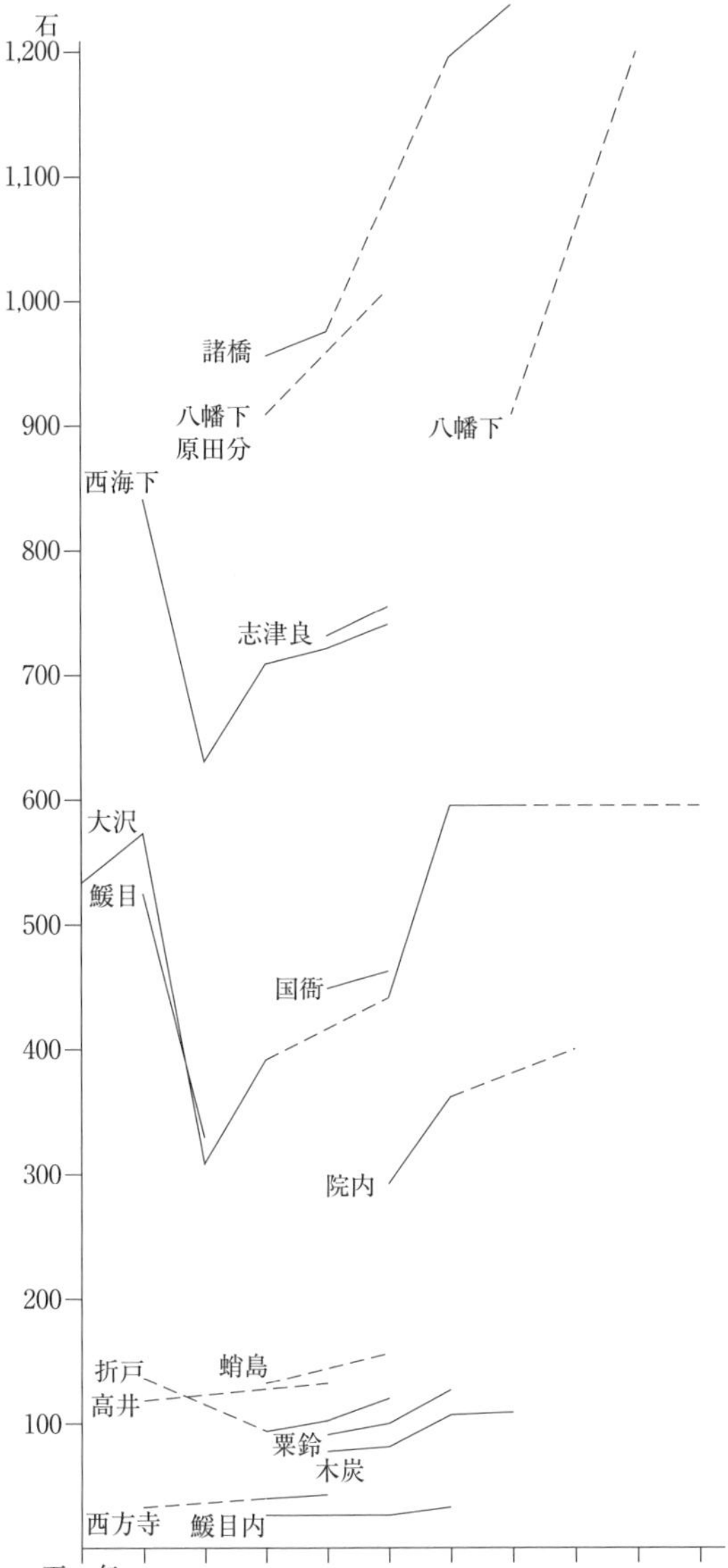

図2　定納高の推移

註　表2より作成。

表4　定納率の年次分布（天正11～19年分）　（単位：例）

率＼年分	11	12	13	小計	14	15	小計	16	17	18	19	小計	合計
70％台					2	2	4	1	2			3	7
60 〃	1		3	4	3	4	7	6	2	1	1	10	21
50 〃	4	1	3	8	5	3	8	1	2			3	19
40 〃	1	1	3	5	3	3	6	1				1	12
30 〃	1		4	5	2		2						7
20 〃		1		1		1	1						2
10 〃		1	1	2									2
合　計	7	4	14	25	15	13	28	9	6	1	1	17	70

註　表2より作成。天正10年分3例，11年分1例(鰀目村)，13年分川島村，14年分時国村，および大沢村定請の年分を除く。

意図は強行に実現がはかられたと言える。もっとも、そのために十七年分で荒が逆に増える傾向が生じた（先掲図1）と思われるし、後述のごとく十六年分で一時的に未進率が上昇した。これらの十六・十七年分における特殊な諸変化に二免四分問題をめぐる領主と農民の激しい押し合いの反映をみることができよう。

以上、本節は割付方の項目中、荒と新開、損免、出来分、定納について検討した。天正期十年代の、とくに前半は荒の多いことが特徴で、農政の主要課題の一つとして十三年の荒開作令によって十四年分の算用から新開策が一斉に強行され、十六年分のころには一応の程度まで達成したとみられる。そのさい、新開年貢率の軽減措置を伴った点に農民の抵抗があったことを推測できる。損免については用語例も調べて考え、中世には年貢分の減量の意であったが、天正十一年の本高設定によって、生産高相応の高からの百姓得分の意に実質的に変わったと推論した。関連して、物成については、はじめ年貢量を表す意味から年貢率を表す意味にも使われるようになったのではないかと推測し、率としての物成の初見は文禄四年であることを指摘した。出来分は一律二四％＝「二免四分」の増高策であり、おそらく小田原征伐から朝鮮出兵へかけての一大軍事行動勃発の状況下に緊急性をもって措置され、強行されたものと考えた。しかしそれは農民を逐電に追いやる結果を生じたので、貸米、利子用捨等を行ってくいとめをはからねばならなかったのである。

荒の解消策、二免四分増高策によって定納（規定年貢量）はしだいに増加した。その下で農民は疲弊し、しかし逐電、荒、未進、また年貢率をめぐって抵抗している。つぎに収納方について考察しなければならないが、もはや領主と農民の年貢をめぐる緊張関係が明らかである以上、前田氏入封当初の農民懐柔、妥協策を説く通説は不十分な理解であると言うべきではなかろうか。

四　収納方の項目

収納方の算用項目は請取済分と未進分に大別され、未進のうちでは請乞と「さしをき」に分けられる。そして請取分と請乞分は米、金、その他の代物納などに分けて記されている。以下、これらについて考察するが、順序は請取分と未進分、請乞と「さしをき」、米納・金納・代物納の順にみることにする。なお、この収納方算用の部分は先学の研究でもごく部分的にしか扱われていなかったし、本章においても説明しつくせない点があることを前もって断っておきたい。

1　請取分と未進分

収納方の内容を二分する請取分と未進分の関係をみるために、未進率を検討しよう（その逆は請取済分の率にあたる）。経年変化のわかる例を図3に、知りうる七四例の年次分布を表5に示した（三五頁参照）。図でも表でも、総じての未進率の低下傾向が読みとれる。とくに十四・十五年分は明確に低下を示す。しかし十六年分では逆に一時的に上昇し、翌十七年分以降は未進がなくなるという特殊な動きがみられる。これは、前節までの知見によって二免四分増高の影響であると理解することは容易である。また十七年分で未進の解消を果たした事情には、この年分の総算用が例年より一年も遅れ込んだことも考慮されるが、しかしその間、前掲史料にみたごとく「催

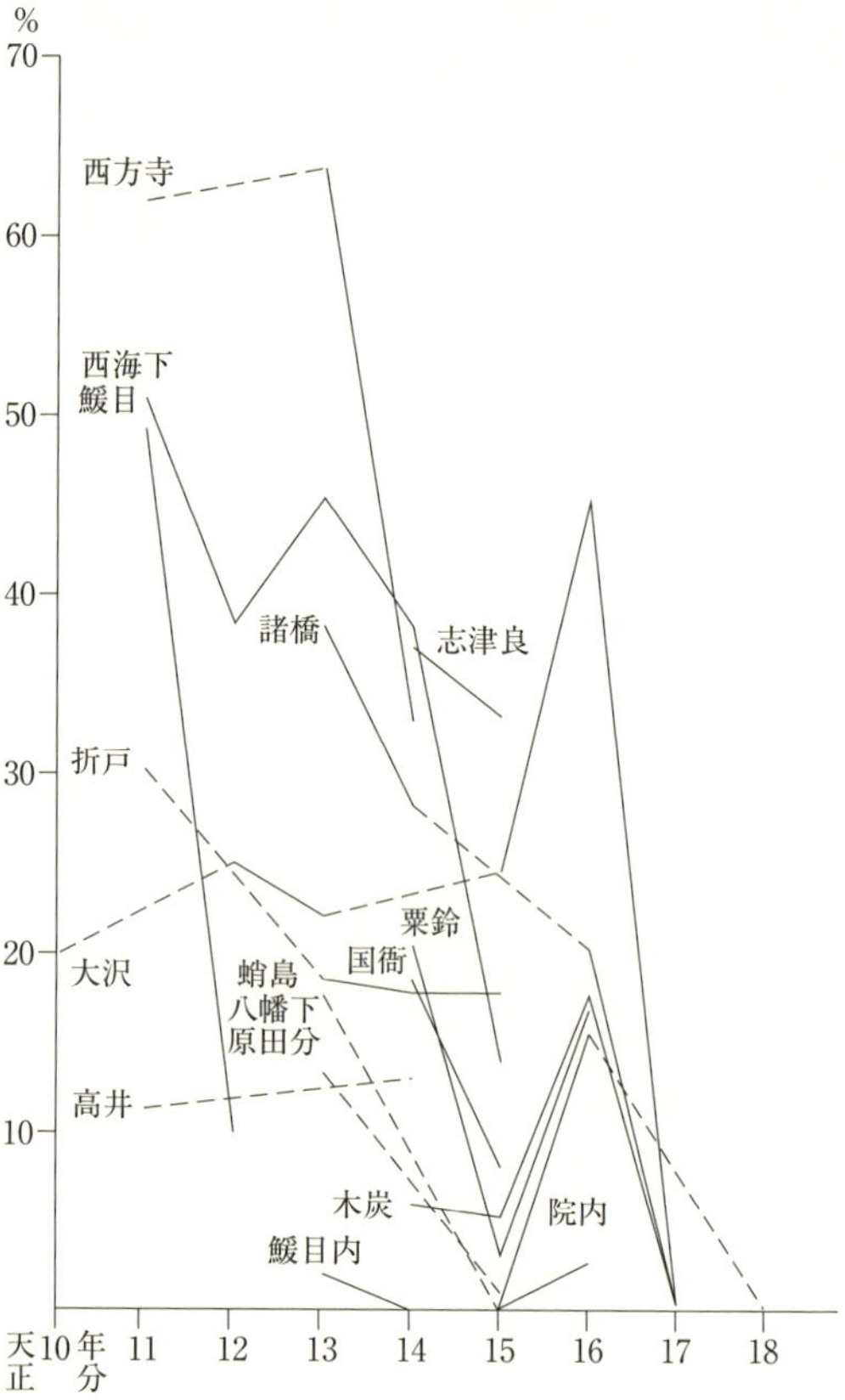

図3　未進率の推移

註　表2より作成。

促切々」という厳しい取立てがあってのことであった。

こうして未進の解消も、荒の解消とならんで天正期農政の主要課題の一つであったと言える。しかし、それが確実に維持できたとは思えない。算用状では十七年分以降に未進はないが、先述したように天正二十年九月の利家書状は、未進をさせた代官を叱り、成敗すると申し付けていた。

つぎに、年貢収納機関に関連させて、米の請取について少し触れたい。算用状に「請取之面」「請取之内」「請取候也」などと記された項目は、前掲折戸村算用状のごとく、多くはその肩に一人ないし複数の請け取った役人の名が書かれており、この役人がすでに請け取った分の合計額を惣算用に際して書きのせたものと解される。

表5　未進率の年次分布（天正10～20年分）

（単位：例）

率＼年分	10	11	12	13	14	15	16	17	18	19	20	合計
60%台		2	1	1								4
50 〃		2										2
40 〃				2			1					3
30 〃	1	1	1	4	4	1						12
20 〃	1		1	2	3	1	1					9
10 〃	1	1		3	4	2	5					16
10%未満			1	2	2	5	3					13
0　%					1	4		7	1	1	1	15
合　計	3	6	4	14	14	13	10	7	1	1	1	74

註　表2より作成。割付方算用状を除く。13年分1例と14年分2例は不明。

この「請取之面」は米納分であったと思われるが、ただ天正十年分・十一年分は書式にちがいがある。天正十年分の三例(58)について、米納と思われる項目をみると、大沢村は先掲のごとく「御蔵へ入」となっていた。西海は「御蔵へ入」と「在所之御蔵ニ有米」、直郷寺社分は「御蔵へ入」と「直郷ニ有米」であって、いずれにも「請取之面」という表現はみられない。ついで天正十一年分の六例(59)をみると、いずれにも「請取之面」（「請取候也」）の表現がみえるが、請取役人名は肩書されていない。また、うち四例は「在所ニ有米」の項目が並記されている。さらに天正十二年分の四例(60)では、大沢村は「御蔵へ入」とあるが、他は「請取之面」である。そのうち鰀目村だけに請取役人名が記され、しかし三項目に分記してある。

以上から推測すると、天正十年分は、米納分について御蔵入と在所有米とを書き分ける記載方法をとっていた。十一年分も同様であったが、しかし「御蔵入」にあたる項目が「請取之面」に変わった。つまり「請取」とは前田氏の御蔵に収納したことを指すと理解でき、これから、「請取之面」項目は米納分であることがわかる。なお鰀目村の請取役人名記載のことは、三項に分記したことと考え合わせて特殊例であって、請取の合計を記載する方法はまだ定まっていないとも理解できる。もっとも、請取役人は当然最初から派遣されているはずで、その名を記載するか否かは算用状の書式の整備の問題であろう。また、在所有米の項目は以後には見受けられなくなるが、御蔵が整備・充実されて在所に有米を残しておく必要がなくなったためでもあろうか、さらに究明されねばならない(61)。

ところで、請取役人名の肩書記載について、天正十九・二十年分（各一例）は「代官」とあって特定の人名が記されていない。また、天正十六年分から算用状の冒頭部分に記載される「代官」名と、この請取役人名とは、天正十七年分四例、十八年分一例が一致するが、他は一致しない。[62] 木越氏は、ここで言う請取役人を「請取代官」と名付けたが厳密には代官か下代かはまだ確定できないと言うべきであろう。以上のことは、木越氏が扶持百姓制―請取代官―代官所制と把握した[63]年貢収納機関の整備の問題に関して、さしあたり補足・修正しておきたい点である。

2　請乞と「さしをき」

算用状に未進分が記され、請乞か「さしをき」かを決めるという方法は天正期に特徴的である。それは年貢収納体制が充分に確立していないことの反映であろう。また請乞分に金納や代物納が多いが、そこに米納制の未貫徹を知るとともに、小物成制度の未成立という事情も考えられるのではなかろうか。今後の検討課題である。なお、「さしをき」は、十年分、十一年分では一〇%を超える例も見受けられるが、他の年分では比較的低率であり、端数切捨ての措置と思われる場合もある。またすべての事例にある項目ではない（表2）。

請乞について少し考えたい。木越氏は、天正十二年八月の直郷の請乞金子請取状が扶持百姓の組別に記載されていることから扶持百姓が請け負ったと推定し、さらに羽咋郡の荻谷村宗致が自分の賄分を請乞うた史料を挙げて、「中世小領主的構造をもっていた扶持百姓」に依存しつつ土地・年貢政策等を遂行せざるをえなかった点に、天正期前田氏領国支配の特徴を求めている。[64] これについて二点ほど言及したい。

直郷請乞金子請取状は扶持百姓請負いを直接に示す史料ではないから挙例として適当と言えない。それは算用状の末尾文言で検討できる。たとえば天正十五年分折戸村の場合、未進額を記載したあとに「正院組惣未進ニ金子弐枚弐両弐分、此米三百六十俵のうけこいにて相済所也」と記されている。つまり、未進は正院組として一括して請乞うたことがわかる。このため、十五年分折戸村としての未進分の内容は金納があったことまでしかわからない（表3参照）。この未進の惣請乞の事例は八例を数える。(65)言いかえれば、惣請乞の場合も一村請乞の場合もあったのであり、それは一つの村でも年によってちがっていた。

今一つ木越氏の理解に関して言えば、荻谷村宗致を「扶持百姓に準ずるような有力農民」とみているが、(66)やはり『志雄町史』に言うごとく「もっと上級の存在」(67)として扱われたと理解すべきであろう。彼の賄分を容認し、その「田畠之事いかやうニ申付候共、年貢の都合相候へハ不可有異儀者也」としているからである。しかしまた「脇百姓若無沙汰のもの有之候者急与可注進候」ともあって、(68)年貢請乞以上の百姓支配権は与えていない。したがって宗致はもはや「中世小領主」としての支配権を大きく剝奪されて利家の支配下に組み込まれた存在に転化していたとみるべきである。

もっとも、請乞の実際の主体はやはり扶持百姓や村を肝煎する者であったろう。利家が天正十二年十月二十七日付で「当村年貢米去年より無沙汰、如何之子細候哉、如前々肝煎候而納所可申付候（下略）」と宛てた先は中井村の扶持百姓三右衛門尉であった。(69)また一例だけであるが、十六年分院内村算用状には「きもいり甚吉方へさしをき也」(70)と特定個人名を記している。先述の十年分寺社分算用状で未進分を請乞と妙厳寺扶持に分けてあったのは、妙厳寺の請乞によるものかもしれない。いずれ、これらは当時の在地構造とのかかわりで解明されねばならないであろう。

3　米納・金納・代物納

請取分および請乞分の内訳項目は、先述の「請取之面」などのほか、金納がかなりあり、また代物納として塩

（一三件）、板（五件）、大豆（五件）、わた（四件）、炭（三件）、こかいあさ時（一件）、あさ時（一件）、まめ（一件）、かなめ（一件）、がある。さらに「三わり」「四わり」「御印有之」「只今入」とあるものや「請乞」とだけ記されたもの、また記入のないものもある。

代物納は、塩、板、炭などはそれぞれの村の産出物であった。「かなめ」は鋳物師で有名な中居村（中井村）の場合で、正確には「門ノかなく、まとしやうし四枚、手とり弐つ、大かま二つ、ことく三つ、炭共ニ、但此かなめ廿貫めニ付三俵あて也」と記してある。[71] なお、「わた」は生綿であろう。「こかい」は蚕である。「あさ時」の「あさ」は麻であろうがよくわからない。ともかく、これら代物納は天正十六年分までみえる。ただし木炭村と院内村の十六年分の板を除くと、他は十四年分までである。つまり代物納は解消される方向にあり、十七年分で達成されたと思われる。

「三わり」「四わり」の意味は不明である。右の中井村の場合は「三わりニのへ候也」と記してあるが、「わり」は三分割か三〇%か、「のへ」は延期の意か、換算の意か、今は判断できない。ただ、つぎの二点は指摘できる。全一二例（表2参照）は十三年分と十四年分の請乞分のうちにだけ見えること、今一つは、うち四例[72]から、これが米納分かと思われることである。たとえば、天正十三年分西方寺算用状は、未進を金、塩、三わり、さしをきに分けてあるが、その末尾文言は「右之未進金米いつれも相済候て皆済所也」とある。したがって「米」は「三わり」を指すのではないかと思われる。もっとも、請乞のさいの米、金、代物納の約束が上納のさいも守られたか否かは別問題である。

また「御印有之」「只今入」「請乞」も何で納めたかわからない。「只今入」は天正十六年分の未進方にだけ見られ、他は同年分まで見られ、十七年分以降にはない。

つまり、未進の解消とともに、代物納や内容不詳の項目が、少なくとも原則として解消されるのであり、この意味で天正十七年分は画期をなすといえる。言いかえれば天正十六年分までは大きな意味での過渡期、年貢収納体制の成立過程であったと考えることができる。

では金納分はどうか。表6に明確に金納されたと判断でき、その率がわかる六九例の年次分布、図4にそのうち経年変化のわかる例を示した。したがって金納のすべてではないが、図、表とも、上下のばらつきは比較的多いが、それでも総じて金納率低下の傾向を辿っており、とくに十四年分から傾向がはっきり出て、十七年分では二〇%未満へ収斂している。かくて、十七年分は、すでに代物納も内容不詳の内訳項目も解消し、未進もなくなっており、したがって金納の他は米納であるから、これらの傾向は十七年分において米納制の実現へ大きく進んだことを意味する。そこで念のため「請取之面」率の経年変化と年次分布を図5、表7に示した（四一・四二頁参照）。やはり米納のすべてとは限らないが、図でも表でもとくに十四年分から一途に近い上昇傾向を示し、十七年分ですべて八〇%以上に達している。もっとも十六年分も大沢村五四・六%を除けば、他は七九・五%以上になる。こうして、「請取之面」率は米納率の上昇を反映して、金納率と対照的な動きを示している。

表6　金納率の年次分布（天正10〜20年分）

（単位：例）

率＼年分	10	11	12	13	14	15	16	17	18	19	20	合計
60%台				1		1						2
50 〃		2		1	1							4
40 〃		2		4								6
30 〃			2	2	4	1						9
20 〃		1		4	1	3	1					10
10 〃	1		1	2	5	2		2			1	14
10%未満		1			3	2	6	4	1			17
0　%					2	1	2	1		1		7
合　計	1	6	3	14	16	10	9	7	1	1	1	69

註　表2より作成。率が不明のもの5例，後欠で不明のもの3例，割付方算用状2例を除く。

最後に、年貢収納における米と金の換算について触れておこう。表8のごとく、一一年間における米金比価は、とくに十七年分までの変動が激しい（四二頁参照）。天正十七〜二十年分と十年分の差は二倍強、十一年分とは三倍ほどの差をみせて、金価格の高騰ないし米価の下落現象が生じている。これについて本章では明確な結論を出せないが一定の推論を試み、考慮すべき事柄を指摘しておきたい。

まず、この米金換算は地元の相場変動を反映していると考えられる。先述の天正十三年七月二十四日付、興臨院領の物成の換算は「下々者申候」相場で行っていた。また荒検地に関して先に引用した天正十一年三月二十五日付の利家書状は、第三項でつぎのように指示している。

一、年貢方に金子御取候事、百俵がへニ如何之由候、拙子罷立候時も百俵がへに仕候間、次第〳〵にかはり候はんと令存候、但世上ていにより可然様ニ可被仰付候、但又、年貢の未進方などニは百俵にも其方次第候、

やはり、世上の体によってしだいに変わるものであったことがわかる。しかしまた、未進方は其方次第であると述べているように、正確に地域の相場に従うのでもなかったろう。いわば、年貢における米金換算は地域相場を基準としながら領主が決定したと理解すべきではなかろうか。ただし、より厳密な考察は後に俟たねばならない(73)。なお、未進分の金納は普通には算用状発給以前請取分と同じ換算であるが、それのちがうものが六例(74)あり、牛尾村の一項目を除いて、すべて金一両当たりの米の量は未進分の方が多い。当時は年々米価が下落したから、

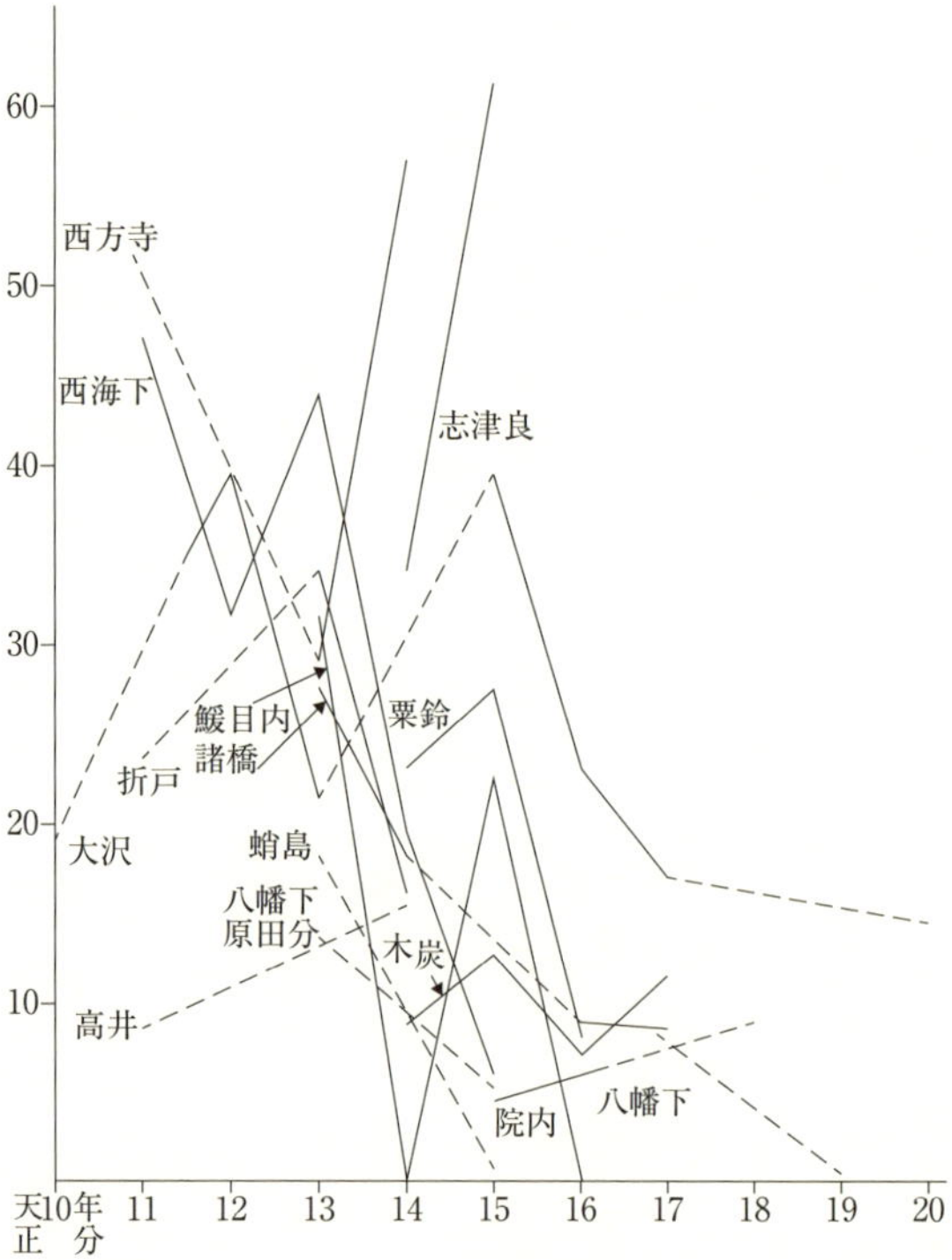

図4　金納率の推移

註　表2より作成。

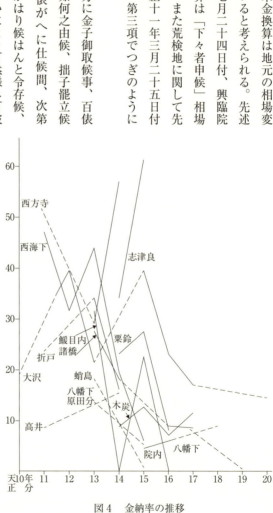

これが相場変動に従ったものなら百姓にとって未進を多くして金納する方が得になるが、領主の許すこととは思えない。年貢収納体制が不充分な段階で、「さしをき」と同様に、米銀換算でも年貢を負けることにより未進分の収取をせいぜい実現しようとしたものと理解すべきであろう。

さて、この地元相場に基づく天正十年代の金高米安化の急速な動きは、当時の長期的な金価格の変動傾向とは逆の動きにあたる。小葉田氏によれば[75]、天文年間後半以降に金・銀ともに著しく価格が低落したといわれ、とくに銀の下落が甚だしく、天文前期の金一対銀五の比率が天正年間には一対一〇になったとされる。したがって能

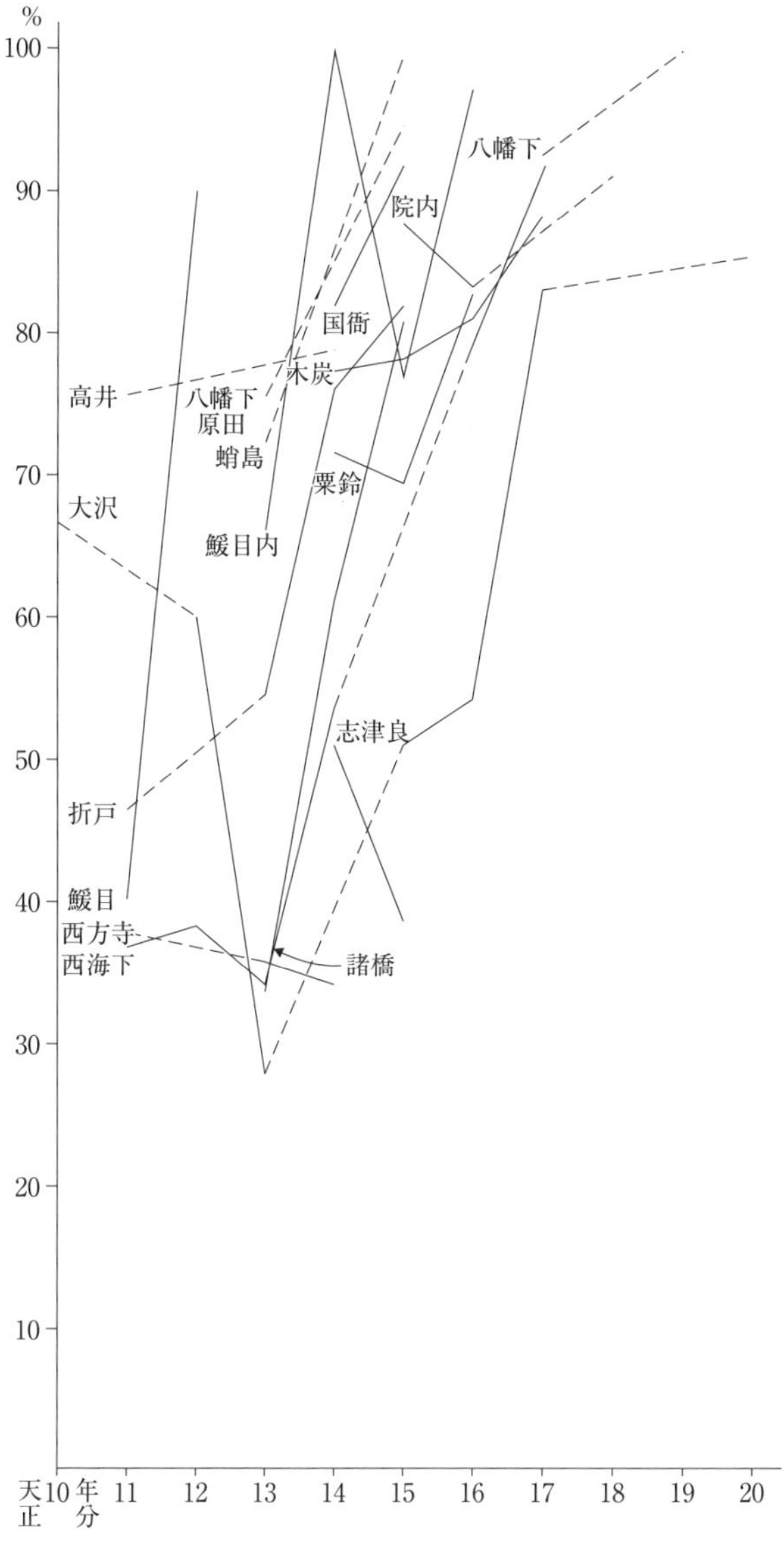

図5　「請取之面」率の推移

註　表2より作成。

表7　「請取之面」率の年次分布（天正10～20年分）　（単位：例）

率＼年分	10	11	12	13	14	15	16	17	18	19	20	合計
100　%					1			1		1		3
90%台			1			3	3	4	1			12
80　〃					2	4	5	2			1	14
70　〃		1		2	4	3	1					11
60　〃	3		1	2	3	1						10
50　〃				2	4	1	1					8
40　〃		2		1								3
30　〃		2	1	5	1	1						10
20　〃		1		2								3
10　〃			1									1
合　計	3	6	4	14	15	13	10	7	1	1	1	75

註　表2より作成。不明は13年分，14年分各1例，割付方算用状2例を除く。

表8　年貢における米・金換算（金1両当たり）

年　分	請　取　分	未　　進　　分
天正10年分	10俵（大沢）	—
11	7	7俵180合，7俵210合
12	9	9.150
13	12，11（諸橋）	12，11.120 / 12.120 （牛尾）
14	14，12（志津良）	14，12（志津良）
15	14	14，〔16（惣未進）〕
16	—	17
17	22，21	—
18	22	—
19	—	—
20	21俵250合	—

註　表2より作成。

登の米金比価の動きには特殊に短期的な要因が作用していると考えられてくる。また前田氏は入国当初から米納の原則を立てて十七年分までにほぼ実現に近づけたのであったから、本来米の取得を求めていたのであろうが、それが天正十年代前半に充分に果たしえなかった特殊な理由は何かという問いも可能であろう。金価格が下落傾向にあったのに一時期米との比価で金高騰に現象するというのは、米価に激しい変動があったとも考えられる。たとえば、天正十年代前半は米不足状況があって米価が異常に高騰したため、金一両で米一〇俵ほどしか買えなかったが、しだいに米価が落着きを取り戻して天正末年には一両で二十一、二俵ほどを買えるようになったというような。

しかし同時に、前田氏にとっての金の意味も問われるべきである。貫文制を廃して米納制に統一した上でなぜ代納に金を用いたのか、また金銀比価の上では京・大坂辺の銀・銭遣いに対して前田氏の金は有利なはずであるが、それと米納化との関係如何など。

それらを確かめるには貨幣、物価など流通史の広汎な問題がかかわってくることは言うまでもない。他方で右の論点は、なぜ米納制を採ったのかという点に基本的にかかわっていることも明白である。逆に言えば米納制さらに石高制の解明のためには、米を軸とする流通の問題がもっと具体的に深められねばならないであろう。

以上、この節では、従来ごく部分的にしか分析されていなかった算用状の収納方部分を検討した。未進（請乞とさしをき）の解消、代物納などの解消、金納分の大幅な減少といった傾向が天正十四年分より明確に進行し、十七年分で一応は達成したことがわかった。それは天正十年分から定まっていた米納制の原則がほぼ貫徹されるに至ったものと見なされる。この意味で天正十七年分の年貢収納体制における画期性が指摘でき、それまでは過渡期で成立過程であるといえよう。その中で十四年分をもって小区分することも可能である。割付方では二免四分問題によって十七年分で荒の逆増が生じたために画期がとらえにくかったが、十四年分はやはり小画期であったし、大体は照応していると言えよう。二免四分問題の収納方への影響は十六年分の未進の逆増にみられた。また「請取」制、代官所制など収納機関の整備がみられたが、充分言及するに至らなかった。今後に進めるべき課題であろう。

年貢における米金換算については、地元の相場を基準として領主が定めたと考えた。天正十年代の金高米安の激しい変動については、天正十年代前半の、たとえば米の不足による米価高騰というような、短期的特殊現象であろうと考えたが、もっと深い解明は米納制、石高制成立についての流通面の考察につながるであろう。

おわりに

以上、四節にわたって天正十年代前田利家発給の年貢算用状について一応の分析と考察を行った。その結果は各節ごとにまとめたので、ここではごく大筋だけの叙述を試みてまとめに代えよう。

天正九年の秋に能登を領知した利家は、天正十年分の年貢算用で米納制への統一を果たし、検地を行って生産高相応の高を設定し、それによって天正十一年分の算用を行った。このとき新しい損免制が生まれ、荒高の開発が課題となった。この両年分でつくられた画一的な年貢制度は、それ以前の制度を断ち切った点で画期的であった。荒の新開、未進の解消、米納化は、北陸の領有関係に大局的な結着がついた時点で、十四年分の算用から本格的に進められ、十七年分までに大体達成した。ここに制度を実現した画期をみることができる。しかし、ちょうど関東征伐から朝鮮侵略へ向けた天下統一の最終段階にあたっており、おそらく大規模な軍事行動の必要から、十六年分・十七年分で、検地なしに一律二四％増高という厳しい措置がとられ、強行された。

その下で農民は疲弊し、しかし抵抗した。十六年分で未進が増え、ついに逐電が生じて十七年分では荒が増えた。これに対して領主は未進の催促をやめ、貸米、利子用捨の措置で帰農を促したように、逐電、荒、未進は収奪に走る領主への痛烈な抵抗として作用した。また年貢地を荒らして無年貢の山畑を開く手段もあった。新開に対しては減租を要求して領主と押し合っている(76)。そこには領主も農民も互いの切迫した事情によって安易に妥協したり懐柔されたりすることを許されない対立の関係が厳しく横たわっていたと思われる。

以上の叙述は天正期年貢算用状から析出されることがらを考察して得られたものであるが、いくつかの推定も伴っており筆者なりのイメージと言ってもよい。それを確実にし、さらに豊かに描くことが今後の課題である。

そのためには本年貢の分析にとどまってはならないであろう。同時にまた、算用状の分析から得られた惣算用の親裁原則、年貢収納機構と在地構造、給人の年貢徴収権、量制、また米金比価の変動と米納制の関係などについても今後の課題として提起しておきたい。

註

(1)『加能古文書』二〇九五号。ただし利政がどれだけ実質的に支配したかはさらに考察を要する。
(2)坂井誠一『加賀藩改作法の研究』(清文堂出版、一九七八年)とくに第一編第一、二、三章(いずれも既発表論文を再録したものである。また同氏編『近世越中の社会経済構造』(名著出版、一九七五年)第一編第一、二、三章にも再録されている。
(3)田川捷一「加賀藩初期税制の一考察—天正期皆済状を中心として—」(『北陸史学』二四号、一九七五年)。
(4)木越隆三「前田初期検地と村落」(『北陸史学』二五号、一九七六年)。以下、木越第一論文と略記する。同「加賀藩成立期の石高と免」(『日本海文化』五号、一九七八年)。以下、木越第二論文と略記する。
(5)『珠洲市史』第三巻七四二頁。
(6)木越氏は採取七七例に七尾古屋敷方の事例を除いているが、これを加え(理由は註(9))、岩坂村を加えて七九例となる。
(7)「能登古文書」五(金沢市立玉川図書館加越能文庫)。
(8)小葉田淳著『日本貨幣流通史』(刀江書院、一九六九年)三四四・三八一頁。
(9)田川前掲論文五八頁に所引。田川氏はこれを略式の形態であると見なし(五八頁)、木越氏も特異な形式であるとして事例からも省いている(第一論文二八頁、第二論文一一〜一二頁)が、それは「荒」を基本項目と考えたために生じた誤りである。「荒」のない村や年次はいくつも知られる。
(10)『珠洲市史』第三巻六二七頁。
(11)荒検地は春三、四月に行われたようである。それが前年分算用に関してであることを示す史料に、田川前掲論文五四頁所引の荒検地打渡状がある。またつぎの史料も同様である(「能登古文書」八)。

羽咋郡五千石□荻谷村御検地之事
合壱町弐□□六拾壱歩　荒
右天正拾四年分打渡所如件

森河善右衛門（花押影）
沢崎東兵衛（花押影）
大井久兵衛尉（花押影）
桜田彦左衛門（花押影）
天正十五年
　三月十二日
　　荻谷村
　　　御百姓中

(12)『加賀藩史料』第一編四五七頁。ただし、「惣算用」の「惣」の文字が欠落している。なお、広瀬作内誅罰のことは四七六頁。以下、同一史料が他の刊本にも掲載されていても『加賀藩史料』のみを示す。
(13) 同書三二二～三二三頁。
(14) 坂井前掲『加賀藩改作法の研究』第二章三三～三四頁。
(15) 岩沢愿彦『前田利家』（吉川弘文館、一九六六年）一四六頁。
(16) 石川考古学研究会編『石川県羽咋郡旧福野潟周辺綜合調査報告書』（一九五五年）一三七頁。
(17)『輪島市史』資料編第一巻二二一、四五一頁。資料編第二巻四四三頁。常民文化研究所編『奥能登時国家文書』第一巻（一九五四年）四頁。
(18) 田川氏も引用している清六殿分の下町野荒検地打渡状（五四頁）は、給人知の荒を利家の代官が検地したことを示す史料である。
(19) 大沢村（金沢市立玉川図書館加越能文庫「能登国文書」一）、直郷寺社分（『珠洲市史』第三巻一〇四頁）、西海（同書六二六～六二七頁）。
(20) 他に「高」が年貢高である例に天正十一年分鯎目村の収納方算用状がある（田川前掲論文五三頁所引）。しかし貫高は記さず、俵高だけである。田川氏は、これを天正十一年分の一般例と見なしているが、天正十一年分算用状のなかでこれだけが特殊例である。
(21) 能登で利家入国以前に貫高が用いられた事例は、さしあたり『加能古文書』で知られる。たとえば天正五～九年に限っても一五九八、一五九九、一六八四～八七、一七〇五号の知行・扶持宛行、寄進関係文書。
(22) 西海上下（『珠洲市史』第三巻六二七頁）、大沢村（木越第一論文二二頁）。

(23)　本文に示した西海上下算用状には「惣高」とあるが、上浦・下浦を合わせた意味の惣高であろうから一般的に使えない。そこで「残本高」とあるのは、扶持と荒を引いた残りを本高と言うのか、本高の内の残りの意か不分明であるが、さしあたり説明に混乱を来さぬ限り、扶持・荒を含めた高も本高と呼ぶことにする。また後掲史料「二めん四分入候て高」に見える「本高」も同様に理解してよいと思われる。ただ、天正十年十一月二十日付の鹿島郡熊淵村検地帳の末尾合計に「合八町七段百五歩　田畠屋敷定高　此内六段小拾歩荒分」とある（若林喜三郎『加賀藩農政史の研究』上巻〈吉川弘文館、一九七〇年〉四〇二頁）ので「定高」かもしれないが、他に用例を見出せないので使用を差し控える。

(24)　「諸橋家文書」（穴水町沖波、諸橋家所蔵）。末尾集計の部分を引用しておく。

合五拾弐町七反八十七歩
　此内
壱町三段大四十九歩　　屋敷方
折テ拾町七反半四十歩　　畠方
四拾町五反大五十八歩　　田方
已上内
　弐町五反五十歩　田畠荒
天正十一年
　　九月廿二日
　　　　大屋助兵衛（印）
　　　　谷弥左衛門尉（花押）
　　　　神野善太郎（花押）
　　　　嶋崎市内（花押）
　　　　大窪一介（花押）
　渡かミ数
　　六まい
　　　惣百性中

(25)　なお鰀目村の天正十一年分年貢高と十二年分本高を比べると後者は一・一二倍にすぎない。ただ、天正十一年分で「ちくてん」になっていた「長崎分」が十二年分でどのように処置されたか不明であり、また十一年分未進率五一・〇％が十二年分で九・七％に下る理由も不明なので判断を控えておきたい。

(26) 史料纂集『気多神社文書』第一（続群書類従完成会、一九七七年）二二二頁以下、二四七頁以下、二五六頁以下。
(27) 例外として、西方寺の高は十一年分と十三年分がちがう。また志津良の十五年分は十四年分より一斗だけ少ないが、計算も合わない。
(28) 坂井前掲『加賀藩改作法の研究』第一章一一頁。木越第一論文二三頁。なお、坂井氏は「大屋敷御代官御指出之事」という史料を挙げているが（第三章五八～六一頁）、これは検地や年貢量決定のさいの文書ではなく、単なる書上であろうから、指出を実証しえない。指出の事例には、天正十年十月十日付利家の道下村護摩堂宛の寄進状があり、「拾俵如指出令寄進訖」の文言がある。しかし免除地としての寄進地は当時は竿入れをしなかったのであろう（『加能古文書』一七七一号）。
(29) 天正検地の事例については若林前掲『加賀藩農政史の研究』上巻、木越第一論文など参照。なお、下町野組粟蔵分について天正十年検地があったらしい。天正十九年下町野郷給人高分け目録の末尾但書中の「粟蔵分□年被打候水帳」云々（『輪島市史』資料編第二巻三〇五頁）の不明字は原本の写真によって拾と読みとれる。
(30) 前掲「能登国文書」一。
(31) この「開分」は、「新開」とはちがい、本高の損免を適用されている。
(32) 『加賀藩史料』第一編三八三頁。
(33) 『加賀藩史料』第一編三四七頁。これは利家より「鹿島郡在々百姓中」へ宛てたものであるが、鳳至郡に対しても定められたであろう。大沢村の例が、むしろそれを傍証しているといえよう。
(34) 木越第一論文二六頁。
(35) 高岡文化会『農政全集』所収。二頁、一一頁。ただし、本文には引用しなかったが「胴張升」の説明中に「深五寸一分三厘」とあるのは「深三寸一分三厘」が正しい（加賀藩農政経済史料「五考」）。なお本文に引用した文言中にある「五斗弐升俵也」について、同書は「弐升は、石に四升の口米なるべし」と説明している（一四頁）。
(36) 小葉田淳「通貨と量・権衡について」（京都大学近世物価史研究会『一五―一七世紀における物価変動の研究』）。
(37) 木越第一論文。ただ、木越氏の、算用状の上での扶持百姓の有無による村の類型区分は、方法上、本来なされるべき村落内部の経営や階層・身分構成の検討を伴っていないので、にわかに認めがたい。
(38) 『珠洲市史』第三巻一〇四頁。
(39) 『加能古文書』一七九一号。

(40) 『加賀藩史料』第一編三〇三〜三〇四頁に、この文書と他三点を載せている。
(41) ただし大田村だけは天正十三年分に「当開」がある。荒開作令は六月であるから、十三年分にあってもかまわない。
(42) 坂井前掲『加賀藩改作法の研究』第二章。
(43) 高岡文化会『農政全集』四八頁。
(44) 金沢文化協会『加賀藩御定書』（後編）四四二頁。また旧十村役文書の「旧記」類の中にも記録されているのを見受ける。
(45) 『珠洲市史』第三巻一四頁。
(46) 田川前掲論文五五頁。
(47) 以下に引用する三点の文書は『加能古文書』一二二七、一二二八、一二七四号。
(48) 脇田修『近世封建制成立史論　織豊政権の分析Ⅱ』（東京大学出版会、一九七七年）第一章第二節。
(49) 坂井前掲『加賀藩改作法の研究』第二章三五頁。
(50) 坂井前掲『加賀藩改作法の研究』第一章二六頁。
(51) 加賀藩治要資料『杉木旧記』。全文を掲げよう。

定上条之内飯坂之新村当物成之事

一、六拾五俵　毛付之高

高壱反ニ弐斗成ニメ

合八俵三斗三升三合四勺　定納

右定所如件

文禄四年

十一月十日

前田対馬守長福　判

武田宮内少輔矩清　判

横山大膳職長知　判

神尾図書秀□　判

なお旧藩時代の武部敏行「五十嵐五考補遺」に文禄三年の例を挙げているが、手習本の引用で、宛所がなく、文言も一部奇異な点があるので用いがたい（高岡文化会『農政全集』八九頁）。
(52) 『加賀藩史料』第一編三〇八頁。

(53) 損免に関連して二点ほど補足しておきたい。「物成」表示は、のちに「免」表示に変わるが、脇田氏（前掲『近世封建制成立史論　織豊政権の分析Ⅱ』）は徳川政権期になってからとみておられる。これは本章の範囲を越えるので後考に任せたいが、気がかりなのは、越中の例で坂井氏も例示しておられる慶長二年九月十五日付「蓑島村免定之事」（写）があり、その内容では「此物成百俵ニ付弐拾五俵也」とあるが、表題に「免定」とあることである（坂井前掲『加賀藩改作法の研究』第二章三五〜三六頁）。

今一つ気がかりな点は、本章で扱った七九例の限りでは損免は二つ〜四つであり、したがって年貢率は六つ〜八つになる。しかし後の「物成」「免」表示の下では、そのような高率は一般的ではない。たとえば諸橋組院内村は、慶長九年の高は天正十八年分と同じであるが、天正十八年分の損免三つに対して物成は四つ八分である（「能登国文書」二）。この年貢率の低下にみえる理由が問われるべきであるが、これも本章の範囲を越えている。おそらく荒の減少の他、本年貢以外の貢租も含めた年貢制度全体のなかで把握されるべきであろう。

(54) これは筆者が試みた読解である。この文書は『加賀藩史料』第一編四二四頁、『加能古文書』二〇五二号に収められており、いずれも出典は「能登古文書」とある。それは「能登国文書」にも載っているが、この文書を写したあとに朱字で「右前文難読継、依原書ノ行ヲ写ス」と注記してある。右の刊本はその著者の解読であるが文意がとりにくいので、筆者なりに尚々書を読み継ぎ、二、三の文字を変えて読んだ。ただし依拠したものが写本で、しかも転写の信頼度もとくに高くないものである。

(55) 石川県立図書館「能登輪島上梶家文書」（写真帳）C四一号。

(56) 天正十九年に長氏の検地があったとする後年の記録は、粟倉家文書「十村手帳」のうち「御検地之次第」（『輪島市史』資料編第一巻一五九頁）。大畑家文書明暦四年「覚」（同書資料編第二巻二九九頁）。加賀藩治要資料『御定書　改作上一』。

(57) さしあたり『天下一統』（中央公論社『日本の歴史』12、一九六六年）、『織田・豊臣政権』（小学館『日本の歴史』15、一九七五年）。

(58) 註(19)に同じ。

(59) 鵜島・馬渡、折戸村、西海下浦、高井村（『珠洲市史』第三巻一四、六〇四〜六〇五、六二七、七三六頁）、西方寺（『加能古文書』一八四四号）、鮾目村（田川、前掲論文五三頁）。なお「在所ニ有米」の項があるのは、右のうちはじめの四例である。

(60) 大沢村（「能登国文書」一）、西海下浦（若林前掲『加賀藩農政史の研究』上巻五五四頁）、鮾目村（田川前掲論文五四頁）、岩坂村（『珠洲市史』第三巻七四二頁）。

(61)　関連して言えば「蔵奉行」の名称が天正十一年から知られる（『加能古文書』補遺二九一号）が、天正十三年閏八月十三日付利家印物は、第三項で三崎・西海の百姓は宇出津に蔵を作り、そこへ年貢米を納めよ、三崎・西海・町野・宇出津・松波の蔵奉行に笠間与七、渡辺喜左衛門尉を命ずると指令している（同書一九一九号）。十三年ごろは、そうした収納機構の整備を進めていた時期にあたろうか。

(62)　木越第一論文三二～三三頁の表Ⅱ参照。

(63)　同論文。

(64)　同論文三八頁。なお直郷請乞金子請取状は『珠洲市史』第三巻一五頁にも収載されている。

(65)　天正十五年分西海下浦（『珠洲市史』第三巻六二九頁）、同年分折戸村（同書六〇五～六〇六頁）、同年分若山延武方（若林、前掲書上巻五五五頁）、同年分国衙村（『七尾市史』資料編第三巻一四六頁）、天正十三年分諸橋村（『加能古文書』一九四二号）、天正十四年分同村（「諸橋文書」）、同年分、十五年分木炭村（「能登国文書」二）。

(66)　木越第一論文三八頁。

(67)　『志雄町史』一三三頁。

(68)　同書一二九頁。なお、このときに宗致とともに荻谷村左近も同じくまかない分四二六俵の請乞を認められたらしい。「能登古文書」（八）の天正十六年十二月十一日付利家印物（写）に左近の請乞を認め、「わき百姓共堅申付可皆済候、若下々何と申輩有之候者急度可注進候」と宗致の場合と同様の文言が見える（ただ、それ以下の後半部分が読みとれていない写である）。

(69)　『加能古文書』一八七五号。

(70)　前掲「能登国文書」二。

(71)　中井村算用状は、若林前掲『加賀藩農政史の研究』上巻五四五頁。

(72)　いずれも天正十三年分で、西方寺（『珠洲市史』第三巻一〇五頁）、粟蔵・鈴屋（前掲『奥能登時国家文書』第一巻四頁）、牛尾村（『輪島市史』資料編第一巻二二一頁）、八幡下村原田分（『七尾市史』資料編第二巻四三九頁）。

(73)　本文前掲の天正十一年三月の百俵替（金一枚＝一〇両当り）に関する指示は、天正十年分が一両＝一〇俵で一致する。しかし註(61)所引の天正十三年閏八月の利家印物は第一項で「金子は百俵がへ二年貢いづれも可請取候事」と指示しているのに、表8のごとく天正十二年分も十三年分もそうではないことが気にかかる。

(74)　天正十一年分の西海下浦と鵜島・馬渡、十二年分大沢村、十三年分牛尾村、十五年分の西海下浦と若山延武方。なお天正十一年六月二十六日付の利家より直郷百姓中宛の十年分年貢の金子請取状は「一まい九十三俵かへ也」とあるが（『珠洲市史』第三巻一二頁）、十年分（一〇俵）は大沢村の一例だけなので比較考量を控える。

(75) 小葉田前掲『日本貨幣流通史』後編第二章第二節。

(76) 本年貢に限らなければ、駒や船材の徴発忌避という抵抗も知られる（『加賀藩史料』第一編三四五～三四六、四五八～四五九頁）。

〔付記〕 本章を草する過程で、北陸歴史科学研究会近世史部会は筆者に報告の機会を与えられ、種々討議を加えられた。記して感謝したい。

第二章　近世前期奥能登の村落類型

はじめに

奥能登とは、能登半島先端部の鳳至・珠洲両郡にあたる地域である。本章はこの地域を例にとって、十七世紀を中心とした村落構造の動向を検討しようとするものである。

奥能登は現在も後進的特徴が強いと言われる地域であるが、近世期にあっても、当面の問題に関していえば、中世名主らの在地土豪的勢力が残存して下人労働による経営を維持し、村落を支配しているなど、進展の停滞的特徴をみることができる。そうした特徴を生みだす要因は、まず奥能登地域の地理的条件に見出しうるように思われる。半島の先端部分であるという地理上の位置は、近世に至るまでの陸上交通の発達のなかでしだいに疎遠の地となりやすい。また、その地形は比較的低いが山地が多くかつ海に迫っていて小さな谷あいにわずかずつの田地が開けているため、耕地面積は絶対的に少なく、白米の千枚田が典型的に示すように一筆当たり面積が小さく耕作に多くの労力を要する。山が深くないため木材などはあまり産しない。ただ柴山を近くにもって海岸一帯に塩稼ぎが行われたが、気候条件にめぐまれておらず、加賀藩の専売類似の政策もあって近世を通じて営なまれた激しい労働であった。こうした地理的条件は、谷間ごとに近くに山と海をもって分散割拠する中世土豪にとっては好都合であったろうが、近世における新田開発その他の生産諸力の進歩、流通の発展、そしてそれに相応した社会構成への変化に対しては阻止的に作用する可能性をもったと思われる。

本章は、この強い停滞的特徴を示す奥能登について村落構成の近世化の動きを二、三の類型に区分する方法で具体的にとらえようとするものである。そのさい、土豪的勢力の強さとともに、それにもかかわらず奥能登なりの仕方で近世化の方向を進めた一般村民の運動を明らかにし、またそれに作用した近世領主の政策も考慮に入れなければならない。もっとも問題の全側面について触れる余裕はないので、以下の叙述は、まず村々の持高構成について三類型を析出して一般的なめやすをつけ（第一節）、つぎに一般農民、土豪的農民および近世領主の力がからみ合いながら村落構造が変化する状況を類型的にとらえ（第二節）、さらにそうした動きにかかわる主として経済的要因を調べる（第三節）ことにする。

なお史料的には時国家文書などを主とするが、他に先学の発表された研究や史料にも大きく負うことによって一般化を試みる。また、本章が成る過程で一九六三年北陸史学会大会、一九六四年読史会大会で部分的な報告を行ったが、そこでの会員の方からのご教示に感謝するものである。

一　持高構成の三類型

奥能登の村落について、大体のめやすをつける意味で、まず村落構成の基本要因の一つである持高構成を考察する。分析対象は、寛文期と推定される鳳至郡十村新四郎組に属する一九ヵ村である。ただ、史料が清水隆久氏「加賀藩初期における下百姓について」（『日本歴史』一四五号、一九六〇年）に掲載されている持高表によっているため、清水氏が表示に際して省いた詳細は知りえず、したがってここでの分析にも限度があり、また、この一九ヵ村は主として輪島近くの高洲山西・南に位置する片山方および奥山方の村であって、実際には田畑のほかに山の比重も大であったろうが、その史料を欠くため分析対象にできないことを断っておく（なお、本章末尾の補註を見られたい）。

まず一九ヵ村全体の持高構成をみよう。ここでは寛文期にはすでに下《した》百姓が存在し、その人数と持高が判明する。下百姓とは帳面の上では上百姓（下百姓を放出する本百姓）に内附記載されているが、多くは上百姓の血縁分家であり、時に下人等の従属民の独立したものもあるとされている。上百姓に対する従属度については詳しくは不明であるが、ここでは持高関係を数量的に調べるにとどめるので、一応下百姓を「事実上の」高持百姓と考えておく。

表9の1　寛文期（推定）十村新四郎組19ヵ村の持高構成

持高階層	本百姓数(%)	うち上百姓数	上百姓率	下百姓数(%)
	人	人	%	人
45石以上	4 (1.1)	1	25.0	
30石台	10 (2.8)	5	50.0	
20 〃	40 (11.2)	19	47.5	1 (1.3)
10 〃	154 (43.0)	30	19.5	13 (16.7)
5～10石	126 (35.2)	16	12.7	36 (46.2)
5石未満	24 (6.7)	3	12.5	28 (35.9)
計	358(100.0)	74	20.7	78(100.0)

註　・清水隆久氏「加賀藩初期における下百姓について」75頁の表を加工して作成。
・40石以上～45石未満層はなし。
・上百姓率は本百姓中の上百姓の割合を示す。

表9の1によって考察しよう。まず本百姓について。当時四五石以上の高持は四ヵ村に各一人存在し、最大のものは八〇石台で他は五〇石未満である。最も集中している階層は五石以上～二〇石未満で、全体の七八・二%に及んでいる（本百姓の持高平均は一三石二二六合）。

つぎに、本百姓のうち下百姓を特徴的に放出する階層を上百姓率で調べると、三〇石台が五〇・〇%、二〇石台四七・五%と比率が高い。それに対して四五石以上の最大高持層が二五・〇%にすぎないこと、および一〇石未満、とくに五石未満層が持高の少なさにもかかわらず一二%台の率を示すことが注意されてよい。他方、放出された下百姓の持高は一〇石未満に八二・〇%が集中している（下百姓の持高平均は六石九〇三合）。

つまり模型化していえば、二、三十石台の本百姓が、持高のうち一〇石に満たない高を分割して下百姓をつくり出している状況を読

表9の2　村落グループ別持高構成（十村新四郎組）

最大高持農民の持高別	本百姓（人）	上百姓（人）	持高階層別上百姓率(%)							
			45石以上	30石台	20石台	10石台	5石台	5石未満	合計	
A 45石以上の村（4ヵ村）	107	15	25.0	66.7	44.4	1.8	5.0	—	14.0	11.8
B 30石台の村（4 〃 ）	62	5		25.0	—	16.0	—	—	8.1	
C 20石台の村（7 〃 ）	137	36			68.8	32.8	6.3	—	26.3	28.6
D 10石台の村（4 〃 ）	52	18				60.0	37.5	20.0	34.6	
合　計(19ヵ村)	358	74	25.0	50.0	47.5	19.5	12.7	12.5	20.1	

註　典拠などは，表9の1に同じ。

みとることができる。その結果、「百姓」数は三五八人から四三六人へ約一・二倍に増え、また上百姓は下百姓放出によって持高を減ずるから、本百姓の「事実上の」持高構成は二、三十石台に属する数を減じて、より持高の少ない層にすでに移行しているはずである。したがって本百姓と下百姓とを含む全百姓の「事実上の」持高構成は、上百姓の持高減少と小高持の下百姓の出現との二重の変化によって一〇石未満の階層にかなりの高率を示すものになっているはずである（本百姓と下百姓の持高平均一〇石八六〇合）。

つぎに、この一九ヵ村を持高構成の特徴によってグループ別に分け、上百姓率を考察しよう。区分の基準を、その村の最大高持農民の規模に求め、当面ある程度機械的につぎのA、B、C、Dの四つのグループに分ける。A——最大高持農民が四五石以上層に属する村（四ヵ村）。B——同じく三〇石台層に属する村（四ヵ村）。C——同じく二〇石台層に属する村（七ヵ村）。D——同じく一〇石台層に属する村（四ヵ村）。

この四グループについてそれぞれ持高階層別に上百姓率をみると、表9の2のごとくである。まず表のうち、持高階層別上百姓率の合計欄から、Bグループを例外として、最大高持農民の属する持高階層が小規模なグループほど上百姓率が高いという点が指摘できる。とくにA・BグループとC・Dグループの差は画然としている。そこで、さらに持高階層別と組み合わせて内容的にみると、つぎの点が指摘できよう。①各グループの最大規模階層の上百姓率は、他の階層に比べて、Ｂ・Ｃ・Ｄグループは最高の率だがＡグループだけは二〇石台・三〇石台より低率である。②同一持高階層におけるグループ別上百姓率をみると、Ｂグループの五石台・二〇石台・三〇石台を別として最大高持農民の持高が小規模なグループほど各階層とも高率を示す。Ｃグループ最上層は一・五軒に一軒の割りで上百姓がおり（一一軒）、一〇石台は三軒に一軒の割り（二二軒）である。Ｄグループ一〇石台は一・七軒に一軒（三軒）、五石台は二・六軒に一軒（一二軒）の割り、さらにはわずか五石未満の持高にすぎないのに五軒に一軒の割り（三軒）で下百姓を放出している。③しかしＢグループは特殊な傾向を示し、三〇石台と一〇石台にその持高階層の平均以下の率で上百姓がいるだけである。

以上の点から、持高構成上の三つの類型を考えることができる。一つは、Ａグループのように中位（ここでは二、三十石台）の高持農民層が比較的高い上百姓率・持高減少による階層的下降を示して下層部に百姓数を増加せしめる一般的傾向をもちつつ、最上層高持の階層的下降が比較的少ないために、持高構成の上下の格差がかえって拡大したと考えられるものである。二つはＢグループの場合で、上百姓率が低く、下百姓放出による持高構成の変化が最も少ないものである。三つはＣ・Ｄグループにみるごとく、村内で最上層部にある比較的中・小規模高持農民の下百姓を出す率が高く、それによって持高はさらに細分化され百姓数も増加して、より小高持ばかりの村となるものである。

こうして、下百姓放出の過程で全体として上・中の高持層の事実上の持高減少と小高持層の数的増加という一般的傾向のなかで、それに抗して持高を縮小しないＡグループ最上層部とＢグループの村が注目される。持高平均七石弱の下百姓が成立でき、また本百姓と下百姓を合わせた持高平均が一〇石八六〇合であるこの新四郎組一九カ村にあって、Ａ・Ｂグループ上層の三〇石以上高持農民はかなり規模が大きいといわねばならない。こうした農民が下百姓を放出することは少なく、したがってその村の持高構成にも持高の小規模化と小百姓の増加の少ない理由が問われねばなるまい。そこで次節においては十七世紀における村落の動向をとくに比較的大規模な高持農民の動きとかかわらせて考えよう。

二　近世村落の成立類型

ここでは奥能登村落の動向を十七世紀を中心に考察する。この時期の動向は元和・寛永期と延宝期以降とに区別して考えることができるが、その基本方向は惣百姓より成る村＝近世村落の成立である。しかし、より具体的には村の特徴条件においてそれぞれ成立のしかたがちがい、基本方向をほぼ達成するものもあれば、一人百姓の村の構造を維持するものもある。そこで以下において奥能登の数ヵ村を対象にして考察を加えるが、前節の考察に見合っていえば、持高構成の類型に関連して近世村落の成立ないし村落の近世化の類型を考え、大高持農民の特殊な位置の問題を中世土豪的農民の動向においてとらえることにする。

すでにこうした視角で奥能登村落を考察したものに和島俊二氏の研究がある。氏は、仁江村を素材として「下人使役手作経営」から「下人小作経営」へ、下人・地内→作人→新村の誕生の動きを説明し、また浦上村・南山村・名舟村を例として各村の類型的差異を指摘しておられる。本節はそれに多くの教示をうけながら当面の論旨に必要なかぎりで考えてみたい。叙述は村ごとに必要な事実をごく簡略に記し要点を指摘することにしたい。

1　南山村——南山家（和島俊二氏「能登若山荘の土豪「南山氏」」『北陸史学』創刊号、一九五二年。同氏「近世本百姓の成立」『日本歴史』一二一号、一九五八年）

南山家は中世からの土豪で、寛永前期三〇〇石余の高をもち一八〇人ばかりの従属民を有していた。従属民のうち「地之者」と呼ばれる者は白滝・洲巻地内に住み、南山家持高の内で居屋敷・田畑・山を与えられ、その「御礼」として、はじめ一人一ヵ月一五日宛の「仕事」を提供していた。「仕事」はその後月五日に減り、さらに寛永七年（一六三〇）に「地之者」から訴えが出され扱い人が入って、分与高に二〇石余を増し「仕事」は月三日に取り決められた。ところが翌八年、奥郡肝煎が書付（内容不明）を上げたことから南山家も同類と見なされ「家諸道具下人百八拾三人牛馬田畠ニ至迄御闕所被成」、下人二八人が二四〇合から八石一三五合までの高持百姓として独立することになった。そしてさらに翌九年には「地之者」によって白滝・洲巻の両村が分立した。もっとも、寛永十一年に至って南山家は「堪忍分」として三五石だけの高所持を許されたが、十四年にその三五石を二分して分家一戸を出し、ごく普通の規模の高持百姓の姿になった。その後、延宝八年（一六八〇）に白滝村より南山村に対して山境争いを起こし、扱い人によって従来通りとなったが、そのさい、すでに白滝・洲巻村民の不従順によって確保されていなかった「仕事」は廃止することに決められた。

こうして南山家の中世土豪的経営は、「地之者」などの自立をめざす要求と領主前田氏の政策によって、田地分与＝経営縮小——賦役労働の減少——従属民の独立＝高持百姓化——新村の分立に結果するのである。なお、慶長二年（一五九七）には南山家はすでに下人労働力に不足しており、領主側がこれを善処しようとしたところ、下人どもがなかなか承知しなかったことが知られる。寛永期の高の分与・「仕事」の減量は、こうした従属民の抵抗による土豪経営の危機への対処であったと考えられ、そうした在地の動きの上に、領主は前述の闕所処分を行い、それが決定的に作用して新村分立にまで結果すると思われる(1)。

2　仁　江　村——友貞家（和島俊二氏「近世村落の成立」『北陸史学』四号、一九五五年）

友貞家は利家入国当初の天正十年に二〇俵の扶持を受けており、元和二年に七石五斗に改められたが、寛永六年（一六二九）には扶持の御印も十村役も召し上げられた。(2)また仁江村は、慶長二十年（一六一五）に九名の名主的百姓のうち七名が逐電して、その分の年貢諸役を居残った友貞家他一名が負担させられたため、下人を売ったりする状態であった。元来小さな土豪であった友貞家は、こうした状態のなかで元和七年（一六二一）に地之者（一人）・下人（四人）から要求されて田畑・塩浜を分与し、それに対して地之者は月に五日、下人は月一三日の「日おい」（=「仕事」）を定めた。そして扶持を没収された寛永六年、旧仁江村は仁江・清水・片岩の三ヵ村に分かれた。すなわち、ここでも土豪経営は、従属民の要求と領主の政治的淘汰をうけて解体の方向をたどり、下人・地之者の独立、分村を結果している。

延宝五年（一六七七）には、友貞家が山を勝手に処分したり田畑・塩浜を取り上げようとするのに対して訴訟が生じ、またそれに関連して、かつての下人・地之者であった村民の隷属問題が争われた。結果は、扱い人によって山は他村への御山・林山・かや山以外は入込と定められ、「日おい」は人によって多少の変更があったが廃止されなかった。(3)つまり友貞家は没落・縮小しながらも延宝期まで直営地経営を存続させ、塩稼ぎに必要な山林を有してその優位を保ってきたが、その体制の維持ないし「私共百姓ニ成立不申候様ニ被成候ニ付」と村民が訴えるような体制強化=反動は、かえって山の入会化を結果し、元禄七年（一六九四）には田地割の施行をもたらしたのである。

3　佐　野　村——下畠家（大畑武盛家文書）

寛永七年（一六三〇）の一通の文書からつぎのことがわかる。この村は、かつて下畠家が一人として開発した村であるが、その後高分けして百姓が創出され、同時にその「心付」として百姓一軒につき「壱ケ年ニ六日宛」の「日をい仕事」が定められた。それが寛永六年に村中の小算用について紛争が生じたことから、一九人の百姓は定めの「日をい仕事」をしないと言い出し、下畠家はこれに対して高を残らず引き上げると言い、結局扱い人が入って従来通りとなった。すなわち、この村では高分けは寛永六年以前に行われ、「日をい仕事」はその御礼の意味で定められたこと、寛永期の紛争では「日をい仕事」の拒否＝土豪直営地解体の方向が村民の抵抗のよりどころであること、百姓にとって分与された高の所有権は下畠家がそれを回収すると主張しうる程度にすぎず、したがって百姓の自立は当時は充分達成されていないことが知られる。

4　曾良村――坂東家（田中喜男氏「村落構造の一事例」『歴史教育』六―一一・一二、一九五八年）

坂東家は、かつて曾良村を一円支配していたと推測される土豪であるが、史料上明暦二年（一六五六）当時、すでに村のすべての権利を坂東家三分の一、村方三分の二に割り分けた状態になっており[4]、同年には村方から坂東家の権利を四分の一に引き下げる要求が出されている。坂東家の三分の一権利は以後も維持されるが、したがって村民の抵抗は坂東家の権利引下げ要求が中心であり、事実それは再三にわたって行われている。しかし享保期に入ると、単に権利引下げ要求だけでなく惣地地子米の不払・新開不加入・稲干場の独占・村寄合ボイコット等の抵抗形態に変化する。この権利割は形態として独特であるが、前三者における高分けと同質のものと考えるべきであろう。明暦以降の紛争は、いまだに五三石三五〇合の高をもつ坂東家への、より以上の高分け要求といえる[5]。

5　浦上村――泉家（和島俊二氏「近世本百姓の成立」『日本歴史』一二一号、一九五八年）

泉家は明暦元年まで十村役をつとめ、のちも山廻り役・御塩懸相見役などに就いて前田藩の扶持を受けていた大百姓である。明暦四年（一六五八）当時二〇〇石弱の村内持高（表10参照）は後述の上時国家にほぼ等しい規

表10　明暦4年浦上村持高構成

持高階層	百姓数
石 195.291	人 1
60石台	3
50 〃	
40 〃	1
30 〃	1
20 〃	7
10 〃	14
10石未満	7
合　計	34

註　和島俊二氏「近世本百姓の成立」11頁による。

模であり、承応三年（一六五四）当時三二人の「家来」をもっていた。浦上村は門前町から輪島寄りにある山村であるが、奥能登としては大村で半独立の状態の数個の集落から成っていた。つまり南山・仁江村のような分村は行われない状態のままであった。明暦四年の持高構成は表10のごとく、三四人の高持百姓を数えるが、貞享五年（一六八八）には小百姓が増加して六九人になっている。

ところで、この村では明暦三年と寛文六年に田地割が行われたが、貞享五年および翌元禄二年に田地割・山割りの要求が、明暦以降の新百姓と思われる三六人から出された。その訴状によれば、主要点は大体つぎの三つである。①以前の両度の田地割は「有様に」割り付けたものでないから持高に応じて割り付けてほしい。②貞享五年の要求のとき兵右衛門（泉家）は、田方だけは割り付けてよいが、従来割り付けてきた焼畠は誰もが所持しているから竿を入れないことにしようと申したが、明暦の御改作以来三〇年余も上納してきた高をとってしまうのはおかしい。③山は先年入会山にしたが、近年兵右衛門一家と一門が村中の山をみな自分の持山であると申し迷惑している。現在の山役高に応じて山割りしてもらいたい。

以上から、元禄初年段階の村民の闘争は田地割の公平化・山割り要求の形で重層的所有関係とそれにまつわる身分的従属の忌避＝自立の一層の徹底化要求として行われている。これに対して泉家は一定の譲歩を示しながら一族を結集して、この山村において経済的に大きな比重をもつ山——「田草・馬草・柴・薪」の山かせぎと、「小豆・大豆・粟・稗」および山漆の山作——の権利をにぎり、その用益権を〝恩恵〟として与える体制＝旧権の維持・回復へ持ち込もうとする反動が読みとれる。(6)

6　時国村――時国家（常民文化研究所『奥能登時国家文書』全五巻、一九五四～五八年。時国恒太郎家文書）

時国家は中世にこの地を開発して住んだといわれる旧家であるが、(7)前田領になってのち、時国四郎分と時国三十郎分＝庵室分に分かれて別々の給人に属していた。その後慶長十一年（一六〇六）土方氏が入封して時国村・時国家は前田領と土方領に分属し、そのためもあってか、寛永前期に時国家は完全に二つの家に分かれた。両者はともに時国姓、時国村名を称したが、ここでは区別の必要上、土方領（貞享元年より天領、享保七年より加賀藩預地）に属したもの（それ以前の時期も含めて）を「上時国家」、「土方領（天領・預所）時国村」と呼び、前田領に属したものを「下時国家」、「前田領時国村」と称しておこう。ただし行論中両者の区別が明らかなときは、たんに時国家、時国村とすることがある。もっとも、本章では土方領時国村――上時国家の場合を主に述べ、前田領時国村――下時国家については補足的に紹介することになる。以下の本文中〔　〕内の数字は『奥能登時国家文書』の史料番号である。

ところで、両時国村――両時国家は脇村――脇之者の曾々木を有していたが、分村・分家によって複雑に入り組んだかたちで人・土地とも両者に分属されていた。曾々木ははじめ時国村の水帳のうちに記されて村として成立しておらず〔二一三他〕、納所も「時国弁」とあって時国家の支配下にあり、上時国家の場合、年に一五日宛の「加勢」（＝日をい仕事）を提供していた。もっとも水帳一本とはいえ、実際には天正十一年検地で一三俵、(8)元和六年検地で二三俵〇二〇合の高が曾々木分と決められて、曾々木の事実上の土地占有権は認められていた〔五一〕。

さて、時国村における近世村落成立の動きは、特殊的に曾々木分村問題として現象する。土方領（天領）時国村――上時国家の場合についてみよう。

寛永七年（一六三〇）、曽々木の者は林四郎兵衛なる奉行が下向したさいに、上時国家が「か〻らさる義」を申しかけて在所をつぶしたと訴え出て〔二一三・二一四〕、検地を受け別の水帳に作成されることに成功した。しかし同時に上時国家の請書に、曽々木は「時国枝村」であるから年貢諸役を負担しかねる者には力をかし、また走り百姓を出さないようにすると記しており〔九〇〕、一応村として独立したものの、時国家の支配から完全にはなれたわけではなかった。同じく前田領時国村――下時国家では、前年の寛永六年に曽々木と高分けを行っている〔八四・八五〕。

その後寛永十六年（一六三九）土方領時国村では棟役増加と高の面付《つらつけ》（高持百姓設定）が行われた。棟数は五軒が新設されて一〇軒となり〔一四六〕、高は曽々木分九石五斗が一石一八七合五宛八人に平等配分された〔一四五〕(9)。なお前田領時国村は、その前年の寛永十五年に同様の面付が行われ、曽々木九人の者が一石一二〇合の平等高をもつことになった(10)。そのときの上時国家持高は一九一石、下時国家は九八石七七〇合であった。したがって、両時国村とも従来の一人百姓の村から一人の大高持と多くの小高持より成る村へ形式上の構成変化を示した点を重視しなければならないとともに、曽々木分を除外すれば依然として両時国家とも大高持一人百姓の構成を実際上維持していることも注意すべきであり、その支配下にある曽々木は実際には自立を獲得したとは言えない。だから曽々木分村運動はこれで終わらない。ちょうど面付けの行われた寛永十五・十六年に(11)、土方領曽々木の者は「別客」の村になろうとする動きを示し、上時国家の言うことには万事承引しないという抵抗方法をとった。このため上時国家は曽々木を別村にしてほしい旨の願いを出したが、奉行（吉田・入江姓）が反対の意向であったらしく吟味を加えることになった。そこで寛永十八年、曽々木では改めて一人一人の口がためをしたところ、今さら別客の村にならなくともよいという意見になり、このときの分村運動は内部的に挫折してしまった〔一四八〕。

しかし分村運動は、その後万治・天和・元禄と十七世紀末まで継起する。

万治二年（一六五九）に裁決のあった分村運動も、承応年中から曾々木が別村になると申して上時国家へ「加勢」をしなかったもので、裁決の結果、曾々木の肝煎は上時国家であること、「加勢」は従来通りとすること、また上時国家が公用で外出するときの遣銀の四分の一と宇出津までの人足一人を出すことが確認されたが、曾々木はこれに不満で請書を出そうとしなかった。しかし下代衆から村中を牢舎に申し付けるとおどかされて是非なく承知したという〔二一二～二一五・二一七〕。この出入りでの曾々木の言い分は、寛永十八年時国の組下に仰せ付けられて以後、二～三年してまた窮迫したが、方上儀左衛門が取立方代官として着任してから塩手米の貸付など便宜をはかってもらっている。この上はもはや時国殿を頼ることもないので加勢もしていないと述べている。これに対して上時国家は、私の裁許で塩手米を入れたために曾々木がつぶれたと言うが、それは曾々木が方々才覚したあげく手立てがつきて私に頼んだので七尾の商人から私の請判で借りてやったものであり、こうした言いがかりは迷惑である。また方上儀左衛門が着任して別村になったというのもまちがっている。なお曾々木の徳兵衛と申す者が在所の塩を自分の船で売り払い、その代銀で買った米を高値に売りつけており、また御払米代銀を貸して月三分の利足をとっているということであるが、塩は毎年三月より出来次第に渡すものだから、その月ごとに算用すれば利足はかからないものである。徳兵衛のあくどい商売こそ曾々木をつぶしているのである等、その他曾々木の者が時国家の用水山を伐り荒らすことも訴えている。

天和二年（一六八二）の出入りは、公用遣銀・人足の負担が規定より多く、「よない人足」（加勢のこと）[12]のため夏中の塩稼ぎに差し支えるから、別村にして人足を出さぬようにしてほしいと訴えたものである。結果は「よない人足」を春・夏・秋各四日、冬三日に分けて出すことが新しく定められただけで、他は従前通りに仰せ付けられた〔五一八・五二二～五二五〕。なお、この出入りのときにも上時国家は、徳兵衛が曾々木の者をそそのかしていると攻撃し、また年一五日の加勢が確保できないこと、用水山が盗伐されることを訴えている。ついで元禄六年（一六九三）――当時は天領――には上時国家が加勢を確保できないこと、用水山が盗伐されることを訴えて、やはり従前通りに申し付けられた〔七二三・七二四〕。

こうして曾々木分村運動は、十七世紀末まで執拗に続けられ、結局果たされなかったのであるが、その経過の中に、こうした運動の生ずる理由と成功しなかった理由の一端を窺うことができた。より詳しくは次節で改めて分析することとし、今までに知りえたことをまとめておこう。曾々木分村をめぐる紛争は曾々木の「在所ひしとつふれ申ニ付」という状況からの脱却をめざして生じたもので、それが上時国家によって与えられたものと考えるところから、時国組下の体制の否定＝加勢の拒否・分村要求としてあらわれた。ただしそのためには「時国殿ヲ頼申事無御座候ニ付」という条件が必要であった。知りえたところでは、寛永七年の林四郎兵衛や万治における方上儀左衛門のごとき領主側の一時的ないし個人的施策、また曾々木のうちに徳兵衛のごとき――時国家が敵として攻撃する――舟持・金融業者の出現がそれであったし、周辺村落における小百姓創出・分村の大勢もそれであったろう。しかし結局分村できなかったのは、紛争中にさえ上時国家の信用にすがって米銀を借りねばならないような曾々木の力の絶対的未熟さ、また領主側は奉行個人によって施政に若干の差があるとはいえ、結局旧体制の是認、加勢の公認の線を捨てなかったことにある。さらには紛争のたびごとに上時国家が用水山盗伐問題を持ち出しているのは、塩稼ぎを第一とする曾々木への有効ないわばいやがらせでもあったろう。こうして曾々木の自力不足、上時国家の経済的・社会的支配力の強大さとそれを認める領主の方針の下に、分村運動は結実することができなかったのである。

それでは本節を以下二つの点でまとめておこう。一つは村落の進展過程における十七世紀前期と後期の差異、今一つは基本的発展方向のなかでの類型区分についてである。まず、村落構成変質の動きは、一般に元和・寛永期と延宝〜元禄期に著しいようにみえた。元和・寛永期は小農民の自立と分村が、とくに近世領主の小土豪勢力排除策もあって、ある程度強引かつ斉一的に行われている。この時期は近世村落の一般的成立の画期と考えることができる。しかし「日をい仕事」は従属民の要求によって漸次減少しながらも廃止されるに至らず、むしろ高分けに対する御礼として再規定されたようである。したがって、その廃止要求は以後も農民の主要な要求としてあらわれる。つまり土豪的農民は事態に対してそれなりに順応しながら、一般にその経営を縮小しても放棄するに至らない時期である。しかし延宝〜元禄期になると「日をい仕事」は単に「合力」「余荷人足」と観念されるようになり、サボタージュは恒常化し、代米納される部分も生じ、ついには廃止されるようにもなる。土豪的経営は解体するか、重大な危機に陥ったと思われる。また分立村と親村の境争論が生じ、分村しない村でも田地割・山割要求（持高の実質的確保要求）が出されてくる。つまり小農民とその村が一定度まで実質上の自立性を有するに至ったと考えられる。曾良村農民の権利引下げ要求は享保ごろから土豪ボイコット戦術に変わった。時国村でも時国家を頼る必要がない状態がめばえてきた。「日をい仕事」のサボタージュもまた同質のものであろう。

こうして、十七世紀を通じてたたかわれてきた従属民の土豪支配体制拒否・自立運動は、ここに至って一段落し、変質していくのであるが、右の発展過程の基本方向は、中世名主的土豪が典型的には一人百姓として村を支配する体制がくずれて、従属から解放された多数の小農民から構成される、いわば惣百姓の村が成立する方向であり、十七世紀における一般農民の運動は、そうした近世化の徹底を要求するものであったと規定できよう。ただ、その方向への進展の度合いと仕方は、持高分与・分村要求、日をい仕事の忌避、また田地割・山割等を要求する農民の抵抗を基底として、それに対する土豪的農民の対応と近世領主の政策の関係によって、村落ごとに異なっており、特殊性がみられる。いま、本節で検討した例について大別すれば、二つの類型を考えてよかろう。一つは時国村——時国家、浦上村——泉家にみたように、土豪農民は日をい仕事、分村問題または田地割・山割りなどをめぐって従属民の抵抗を受けて、極小高の分与等によって村の構成を形式的に変えるなど、それなりに順応しながらも、実質的には支配体制を維持していくものである。今一つは南山村——南山家、仁江村——友貞家のように土豪農民が従属民の抵抗と近世領主の淘汰をうけて衰微しつつ残りながら、その過程で多くの小農民の自立、新村の分立が行われるものである。なお曾良村——坂東家の場合は両類型の中間に位置づけられよう。

こうして、近世村落成立過程のなかで二つの類型区分を考えたのであるが、今一つ、本節で直接考察対象としなかったとはいえ、基本的発展方向により進んだ類型が想定される。たとえば、口能登に属する鹿島郡池崎村では前田氏入封によって新規に入村した一七人の百姓が承応三年（一六五四）当時三三石八二三合宛の平等高をもち、村の納税を連帯し、社寺の役も分担していたと伝えられているし（小田吉之丈氏『加賀藩農政史考』刀江書院、一九二九年、三四一頁。有賀喜左衛門氏『日本家族制度と小作制度』河出書房、一九四三年、六一一頁以下）。また新開村落として和島俊二氏の紹介された鳳至郡名舟村の例があり（同氏前掲「近世村落の成立」）、前述の旧南山・仁江村から分立した新村も、前二類型に比して村落の近世的理念により近い構造をもっていたと推測できよう。つまり奥能登村落の成立は、中世的土豪の支配する村から惣百姓の村への基本的発展方向のなかで、発展構造としてすすみ・おくれの差をもつ三つの類型に分けられると考える。したがって、そこでの一般農民（従属民）の近世化の徹底をめざす運動は、より進んだ類型への転化を要求したものと解することができる。なお、右の三類型を前節での持高構成の三類型と考え合わせると、近世的理念により近い類型の村が数的には多かったと思われるが、しかし奥能登を特徴づける類型となれば、土豪的支配の強い遅れた類型を指摘しなければならないであろう。次節ではこうした特徴的類型成立の条件をさぐってみよう。

三　近世村落成立の諸条件

これまで奥能登村落の成立過程を検討して、一般農民（従属民）と土豪的農民および近世領主の力がからみ合いながら近世化する様相をとらえたが、ここではその社会的な動きを条件づけた要因について考えよう。ただ、今はそれを全部知る余裕がないので、最も奥能登的な類型に属する土方領＝天領時国村――上時国家の場合を中心として、とくに経済的要因に主点をおいて、十八世紀初期までについてみることにする。もっとも、そのために前田領に属する村の場合や、三類型の差をもたらす要因的差異にまで充分説き及ぶことができないことをお断りしておく。

前節で元和・寛永期の変化について近世領主の一部弱小土豪淘汰（→従属民自立・新村設立）・有力土豪保護政策を知ったが、それに関連して、まず農民統治の基本である封建貢租について調べよう。土方領時国村における年貢諸役の米納分と銀納分は表11のごとくである。米納分は村高に対して五〇％前後の額にのぼり、銀納分は慶長末年から寛永にかけて急速に増加していることがわかる[13]。また同時に奉行らの非分押領が甚だしく、私用の材木・柴薪の徴収、人足その他の労働力の徴用、種々の名目での米銀加重負担、高利貸付とその年貢納入前の徴収等の例が知られ、百姓の訴えるところとなっている〔二七・二八〕。

表11　時国村（土方領）の貢租量

年代(西暦)	米納分合計	銀納分合計	史料番号
	石	匁	
慶長13(1608)	106.539.9	99.953	28
17(1612)	106.539.9	259.543	28
寛永4(1627)	108.732.36	343.01	83
16(1639)	115.563.27	352.6525	145
明暦1(1655)	117.660.7	365.792	198,202
寛文2(1662)	117.660.7	337.092	228,231
延宝2(1674)	121.148.51	321.757	327,334
貞享1(1684)	109.353	上銀 285.3 丁銀 28.5	586

註　・新釜役塩納分を除く。
・ただし米納分は廻米の手数を省くため地払いされ，曾々木は，塩手米制度によって代塩納した。

前田領時国村についても、とぼしい史料から、元和六年米納分八一石三九六合三七、銀納分一六九匁三三五、また寛永六年米納分七九石七五四合、銀納分一〇一匁五が知られ、米納分だけでそれぞれ村高の七六・〇%、七一・六%に及んでいる〔四四・八四〕。

これらは明らかに過重負担と考えられる。他方で弱小土豪抑圧策につれて小農民自立策があるようにみえたが、しかしここでは一般小農民自立の可能性は大きく制約されていると言わねばならない。たとえば元和元年に、餓死者も出た不作のせいもあって、土方領伏戸村等六ヵ村は多額の未進とその利足（五割）を都合するために、領主側の「おやをうり子をうり可申候との御事」にしたがって人を売り、また多くの江戸武家奉公人を出すことにしている〔三三〕。また慶長十八年には真浦村百姓二五軒のうち二二軒が逐電し、残った三人は走り百姓の年貢諸役を納めるために時国家（分家以前）へ山を売った〔二五〇〕。慶長二十年には先述のごとく仁江村百姓九軒のうち七人が退転し、残った友貞家は時国家へ下人を売った〔三〇〕。時国村でも越後などへ走った例が知られるが〔三八・五三他〕そうした走り百姓阻止のため人代をとることが行われており〔三八・七〇他〕、困窮のなかで人身売買・質入（＝下人化）も当然みられた（後掲表13）。これは時国家など土豪経営維持の下人労働力を補充することになった。それだけでなく、小村や自立分村した村も立ち行かなくなる。承応元年（一六五二）真浦村は一村立困難につき何方の村へでも付けてほしいと願い、同二年には仁江・清水・片岩村が三ヵ村の肝煎を一人に仰せ付けられたいと願っている（和島俊二氏前掲「近世村落の成立」四五頁）。

領主は、重税によって、自ら招いたともいえる代官・給人の非行と走り百姓について、その禁止を農政の重点としているが[14]、こうした点にも土豪勢力を払拭できない面が考えられ、より完璧な近世村落成立の困難性が中世的土豪勢力の強さによるとともに領主側からも与えられていると言わねばならない。

しかし、このような一般農民の力を圧殺しゆがめる状況の下にも、わずかながら小農民の自立性に対して促進的な要因が寛永期からあらわれるようにみえる。その一つは塩浜の増加で、友貞家文書に「其時分（寛永初年）浜御てうほうニ付両御郡（珠洲・鳳至）ニも新浜あまた出来仕り候（中略）又ハなぎさのあれ地など新浜ニ仕り申候」とあるが（和島俊二氏前掲論文四一頁）、同じ傾向は土方領時国村でも知ることができる。土方領では塩稼ぎにかかる小物成に銀納（元は金納）の塩釜役と塩納で一年限りに定める新塩釜役とがあったが、寛永七年曾々木村が一時分村したとき、塩釜役二枚（銀六五匁）は曾々木分、新塩釜役三枚（一枚分三斗入塩一〇俵）のうち二枚は時国家、一枚は曾々木分であった〔九〇・九一〕。それが寛永十五年の高面付のときには、新釜役は六枚に増えて、うち二枚上時国家、一枚下時国家、三枚は曾々木新右衛門方＝土方領時国村となっている〔一二六〕。つまり曾々木の上納する新釜役が増加している。その曾々木分は、貞享二年（一六八五）の記録では、塩釜役銀二枚分は六人の本百姓が平等に分割負担し、新釜役三枚分は一一人の者が、うち四人は三俵半ずつ（内一人分は二人で分割）、六人はその半分を負担しており、全然上納しない者は本百姓一人と出合で一棟役をもつ五人の頭振であった〔五九五〕。このように寛永中期に塩浜が増え、その結果曾々木の大部分の者が小規模ながら自立して塩稼ぎを行うようになったと考えられ、時国家の塩業は絶対的には減少しないが、相対的に比重が小さくなったことがわかる。(15)

つぎに船稼ぎについてみよう。これは日本海沿岸の商内船で比較的大きな船は松前―酒田―新潟―敦賀間を上下し、小船は越後今町（直江津）―加賀宮腰（金石）あたりの間を上下していた〔四一・四二・一七六・二七八・四一三・六一八・六三三・八九四など〕。それに対して小物成の櫂役（械役とも）が課せられていた。櫂役の額は年ごとに櫂数を改め、その数に応じて定められるもので、表12の1・2はその年々の変化を示したものである。表12の1によれば、慶長期に比して元和・寛永期に櫂数が増加し三〇～四〇枚台の年が多いが、その後寛永末年から減少して寛文期まで一〇～二〇枚台を示し、寛文末年以後は一〇枚を超えなくなる。同時に表12の1の註記欄や

表12の2を参照しながらみると、寛永期までは時国家と柴草屋（太次兵衛）がかなりの櫂数をもち、船も比較的大きなものであったことが窺われる。それが櫂数の減少が著しくなるにつれて表12の2にみるごとく慶安～寛文二年の間に柴草屋が没落し、時国家もおそらく寛永末～明暦以降しだいに縮小して、寛文末年～延宝六年の間に他の船持に卓越する規模を失ってしまうに至る。延宝以後は、櫂数合計は少ないのにかえって船持人数が多くなり、小さな船を一艘ずつもつ何人もの船持たちの構成に変わってしまう。

こうして、塩稼ぎ・船稼ぎおよび前節でみた持高の、時国家諸経営[16]の絶対的あるいは相対的な停滞ないし衰退と曽々木の経済的比重の同様な高まりとがわかった。そうしたところに分村運動等の動きの可能性を考えることができる。

ところで、この十七世紀後期から上時国家は船稼ぎだけでなく全体的に土豪的経営の危機をむかえる。寛文十二年（一六七二）、未進三〇石ほど・借銀五貫目にのぼって困窮を訴え、「今程田地なともそこ〳〵に罷成、下人迄もちり〳〵に罷成、山なとも無御座」と述べている〔二九一〕。田地減少については史料的に確認できないが風水旱害を指すものであろうか。下人減少については元禄六年にも「今程下人不足ニ御座候ヘハ」と述べており〔七二三〕、これは表13[17]のごとく十七世紀末から十八世紀中期にかけてがそれ以降より下人数が少なく、また寛永期南山家下人数一八〇人ほど（先述）と比べても不足状態が窺われる（七四頁参照）。なお山については、慶長十八年に真浦村から買った六ヵ所の山（下時国家と入会）が寛文五・六年の出入り和済の結果三ヵ所だけを両時国家のものと認めることになったことを指すものと思われる〔二四七～二五一・二七九〕。上時国家の困窮は以後もつづき、延宝期の不作つづきに借銀・未進がたまり天和四年に一〇〇石の拝借米を受け、貞享元年、五年

宝暦11（1761）
（6）艘
うち， 左兵衛　（1） 八郎右衛門　（1） 善次郎　（1） 円右衛門　（1） 新右衛門　（1） 七左衛門　（1） （いずれも2人乗）

艘（櫂役用捨）が書き

表12の1　時国村（土方領・天領）の権役数　（単位：枚）

年代	権数	史料にあらわれた註記	年代	権数	史料にあらわれた註記
慶長16	17	時国・柴草屋共	寛永20	17	太次兵衛分
〃 17	17		〃 21	24	外15枚破損船2艘
〃 18	17		慶安1	20	外14枚大船破損
元和8	41		〃 5	27	
〃 10	46	柴草屋・曽々木・(時国)共	明暦1	29	
寛永2	36	時国・柴草屋弁	〃 2	14	外9枚時国大船破損，2枚太次兵衛船破損
〃 3	36				
〃 4	36		〃 3	20	
〃 5	36	柴草屋・曽々木・(時国)共	〃 4	22	
〃 7	23	外曽々木1枚	寛文2	22	外2枚半時国破損1艘，1枚八兵衛売船
〃 8	42				
〃 9	44	内曽々木2枚	〃 3	19.5	
〃 10	39	内曽々木2枚	〃 5	20.5	
〃 11	36	内12枚庵室分(曽々木を除く)	〃 9	12	
〃 13	29	内6枚柴草屋分(曽々木を除く)	〃 11	6	
〃 14	29	(曽々木を除く)	延宝6	9	外1枚甚七売船1艘，1枚長兵衛売船1艘，半枚長兵衛用捨
〃 15	29	内7枚半柴草屋分外曽々木1枚			
〃 16	45	曽々木共	〃 8	8	
〃 17	44		貞享2	7	
〃 18	26		〃 4	9	

註　・貞享元年以降天領，享和7年より加賀藩預地。
　　・史料番号は省略する。

表12の2　時国村（土方領・天領・預地）の権役持分

年代	慶安1(1648)	寛文2(1662)	寛文9(1669)	延宝6(1678)	貞享2(1685)
権数	合計20枚	22枚(9)艘	12枚(6)艘	9枚(8)艘	7枚
	うち，	うち，	うち，	うち，	うち，
	上時国家　8	上時国家　14.5(6)	上時国家　10(4)	上時国家　2　(1)	上時国家　1.5
	徳兵衛　2	徳兵衛　3　(1)	徳兵衛　1(1)	徳兵衛　1　(1)	徳兵衛　1.5
	太次兵衛　10	弥五兵衛　2.5(1)	七左衛門　1(1)	七左衛門　1　(1)	又五郎　1
		長兵衛　2　(1)		三郎兵衛　1　(1)	三郎兵衛　1
				弥二兵衛　1　(1)	弥次兵衛　1
				長兵衛　0.5(1)	八郎兵衛　1
				吉兵衛　1　(1)	
				甚七　1.5(1)	

註　・史料番号は，175・227・276・430・595・1063。他に慶安5・貞享4・元禄元年分がわかる。
　　・寛文2・9年，延宝6年には，外に塩木取舟（権役用捨）各2艘，寛文9年にさらにもかり舟5上げられている。

にその返納期限の延期を願っている〔五七一・五八五・六〇一・六〇二・六七八〕[18]。

こうした土豪的経営の窮乏化の背後には労働力形態・土地移動形式の変化といった経済事情の動きがあった。元来時国家など土豪経営の労働力は主として下人、地之者〔五八五〕、脇之者（曾々木など）、一季居奉公〔二六六・六〇四〕、また田畑塩浜の「一作仕作」＝小作人〔二七・四一・四二・一七九・二〇六・二二五他〕の形態で保持されていた。船頭・舟子も従属身分にあった〔四一・四二・一八九〕。それが十七世紀末に年季奉公人形態に変わってくる。表14は『奥能登時国家文書』に見える下人化と年季奉公人化の実例を十八世紀中期まで便宜上二五年ごとに区切って示したものである。下人化についてみると、その年代的下限は進上寛永十年、売買承応二年、質入寛永十八年、処罰明暦二年と一六五〇年代までである[19]。それに代わって年季奉公の初見は慶安四年であるが三八年季のもので特殊的である。ついで貞享五年の三件は三年季である。

表13　上時国家の下人数

年　代(西　暦)	下人数	史料番号
貞享1・2年(1684・85)	(73人以下)	582, 605
宝暦5・6年(1755・56)	126人	1027, 1039
宝暦8年(1758)	136	1058
天明1・2年(1781・82)	150余	1130, 1132
寛政7年(1795)	200程	1156

註　『奥能登時国家文書』による。

これらの件数は残された史料の限りにすぎないから実際をどこまで反映しているか問題がのこるが、たとえば前述元和元年の伏戸村等六ヵ村が未進解消のために人身を売ることにしたのに対し、元禄二年の天領大泊村他村々庄屋の口上書〔七一二〕では年貢代不足を「子共下人等年季一季居奉公為致、其上御田地過分ニ質入仕指上申候へ共」と述べており、奉公人化が一般的形態であることを窺わせる。また表14の「処罰」は過失・非行のために本人や子供が下人となったものであったが、延宝元年に時国船の船頭長兵衛に不都合があったさい、「下女ニ而も子共にても年記成共うり、請判銀急度相済可申候」と詫状を認めている〔三〇九〕。こうして延宝、元禄——十七世紀後期には年季奉公形態が一般的になっていたことがほぼ確かめられる。つまり、十七世紀後期に下人→年季奉公人への労働力の形態変化がみられたのである。

表14　上時国家文書にあらわれた下人化・年季奉公および質地件数

西暦年間(年号)	下人化					年季奉公	質地
	進上	売買	質入	処罰	計		
1601～1625(慶長６～寛永２)		5	2	3	10		
1626～1650(　～慶安３)	2		1	2	5		
1651～1675(　～延宝３)		1		1	2	1	
1676～1700(　～元禄13)						3	5
1701～1725(　～享保10)						1	13
1726～1750(　～寛延３)						1	22
1751～1775(　～安永４)							14

註　・件数はいずれも史料の件数であり，人数ではない。史料番号は省略。
・庄屋としての時国家の文書であるから，時国家関係にとどまらない。下人化・年季奉公はほとんど時国家関係である。
・年代不明なもの，下人化・年季奉公が予約・予定されただけのもの，寺への下人進上は省いた。

また、この十七世紀後期に質地関係の展開を指摘することができる（表14）。その初見は貞享五年の四件であるが、期限は四五年間となっている。以後宝永期からは大体五年季以下となり件数も多くみられる。

ところで、この貞享五年（元禄元）は注目すべき年である。この年は長雨があり、そのため塩稼ぎにさしつかえ、貢租や拝借返上銀を工面するあてのない六人の曾々木の者が、「私身を売可申も只今ハ買手無御座、家財売可申も本ゟ所持不仕候、此上ハ御高居屋敷塩浜釜屋共ニ右上銀之あしめニ可仕ゟ外ハ無御座候間」村の内外を問わず買手が見当たり次第に渡してほしいと村役人に願い出た〔六六九～六七四・六七六〕。その結果、うち四人が質入れし、二人と今一人が年季奉公人を出した〔六八二～六八八〕。質入主のうち二人は持高を半減し、一人は無高となり、また無高の一人は塩浜を渡した。質取主は村内無高の三人であったが、質取りによって耕作権も移行したので新たに面出しして高持が三人増加することになった。また質取主のうち二人は五分の一の棟役を納めていたのでその分を別の無役の二人に譲った〔六九四〕。こうして時国村にとって画期的な年季奉公・質地関係が展開し、同時に新しく小百姓が増え、村の持高構成は小高持層がより厚いものに変化した(20)。

なお質地関係による土地移動――質地を禁じていた前田領については当面問わないとして――が、当時一般にみられたことは先掲元禄二年大泊村等天領庄屋口上書にも窺われるが、その結果、延宝期から天領村々で「近年百姓共つふれ申ニ付」といった訴えがしきりに出され、元禄十三年には百姓どもが「御田地ニはなれ、無高之者過半御座候」という状態になる〔四四一・五一六・五七九・七七二他〕[21]。もっとも年季奉公・質地が円滑に進展したのではない。奉公先・質取主は容易に見つからなかったのである。それは先述貞享五年時国村の場合にも村役人に委嘱して買手を得ていることや、真脇村では延宝七年に、一〇年ほど前から百姓三六人中五人が田地にはなれたまま跡地主がないと述べていること〔四四一〕、また宝永六年曾々木与次兵衛が「質入仕度聞候へ共取人無之」と述べていること〔八一一〕からも知られ、また同時に金銀の借用も困難であった〔六三三〕。

こうした質地・年季奉公の展開とその困難性の両者には、つぎの要因が作用していると考えられる。それは、①断続して襲う凶作と、②貢租諸懸りの重さ、③農民余剰（萌芽的利潤）成立の不充分さ、④特殊には土方領＝天領が、質地を禁じている前田領に入り交じって一、二ヵ村ずつ点在したことである。④について、当面とくに説明は要しないが、展開に阻止的に作用したことは言うまでもない。③は、当時の質地が質取主の手で経営され、質地小作が成立していないことにもあらわれており、それは奥能登の生産性の低さに加えて[22]①、②が強く作用していることによると考えられる。その①、②については前述からも一部明らかであるが、以下に述べるように当時の農民一般が直面していた問題であった。

そこで最後に、延宝〜元禄期における貢租諸負担軽減の村々連判の訴願について考察しよう。もっとも歴史具体的には右の諸要因がからみ合った上で現象していることは言うまでもない。なおこれには土方領が貞享元年（一六八四）に上知され、代官・給人の支配をうけることになったことも関係している。まず土方領時代について。延宝九年の「百姓奉公人不残」よりの訴状案（ただし中欠文書）には、新規の役人が多く出来、種々の役が多くて困窮していることを述べて、正月遣銀・初尾料、下代・十村の賄料・人足等の入用が多くかかり、薪・炭・紙の安値な用達で商いが立たず、また奉行の屋敷普請人足徴用や下代のはね米・高利貸付で迷惑しており、十村が百姓よりの新開願を許可せずに有力農民に許可している等々を訴えている〔五〇六〕。また延宝七年真脇村では組頭が肝煎を訴えて村中諸算用の不審、魚・四十物売買の独占その他専横のことを述べている〔四四二〕。天和二年には村々連判で普請割賦銀が多く、小百姓は出しかねると訴えている〔五一六〕。つまり、ここでは諸役負担の重さとともに、前二例のごとく奉行以下村役人までの、いわば前近世的な専横が一般の百姓を圧迫しており、それが反発されている。

それが貞享元年天領となると、百姓の訴えはもっぱら貢租苛徴に向けられる。同年、時国村等九ヵ村より納所の三分の二を銀納、三分の一を米納地払い（曽々木は塩手米に貸しつけ来夏塩納）にしてほしいと願い〔五七八〕、また別に、延宝期のうちつづく不作を述べて御助米銀の貸付け、未進銀の用捨、定納米以外の口米・夫米ほか小物成等すべての免除を願っている〔五七九〕。このうち銀納願は許可されたが、しかしその相場値段は非常に高く定められた。貞享元年分の地売相場が石につき平均二六匁に対し銀納値段は三六匁五分で、このため能登の領分全体で小判一〇〇〇両余の百姓売損になった〔六三三〕。翌二年は地売相場二十四～二十六、七匁に対し四七匁四分と倍近い銀納値段であったし〔六三七〕、三年は四六匁二分、四年は四四匁二分五厘であった〔六三九・六六二他〕。しかも土方領時代は統治の乱れ、ないし前近世性があった反面、時に未進もでき御貸米銀もあったが、天領になるとその年々に皆済することが求められた〔六一〇〕。しかも貞享期は不作がつづいた。困窮した百姓は、ついに貞享四年に庄屋惣代一五名をくじで選び江戸へ訴えに行くことに決めた〔六三五〕。もっともこれは下代衆の慰留で歎願状を飛脚に托して届けるにとどまったが〔六三七〕、しかし苛徴は緩和されず、時国村でも多くの納所不足を生じており〔六四六・六六一・六八〇他〕、その結果が先述のごとき貞享五年の質地、年季奉公の一挙展開となり、上時国家の拝借願・返納延期願となったのである。そしてとくに給人知行になったとき〔元禄二

〜八年、同十一〜十三年〔九八四〕は万事に取立てが厳しく、かくて百姓過半が無高となるに至り〔先述七七二〕、さらに不作の年は、元禄十五年のごとく村々の水飲・百姓に飢人が生じ、水飲のうち「足達者ニ而近在乞食叶申者」を除いても、時国村では水飲二六人中一一人が夫食願の対象になるありさまであった〔七八四〕。

かくて、土方氏から幕府への領主の交代は前者にみられた前近世的な統治要素を一応払拭したようにみえるが、貢租は決して軽減されたわけでなく、むしろ不作のなかでも強行される年貢等の苛酷な徴収は農民全体を急速に窮迫・没落へ追いやったと考えられる(23)。それにつれて農民の直面する問題は、小百姓・奉公人が諸役人の非分押領に対するものから、惣百姓が苛酷なる貢租収奪に対するものへと主流を移すのである。そして、一般農民が寛永以降徐々に獲得した一定度の自立と土豪農民の相対的衰退の傾向のなかでつづけられてきた土豪支配体制排除の抗争は、この時期をもって一応とだえるのである。それは右の全般的困窮の中での惣百姓の対領主貢租軽減闘争の中に吸収され変質したものと考えられる。もっとも、土豪支配排除要求は達成されなかったのだから、土豪経営とその村落支配は依然として残されて、近世中期段階における奥能登のそれなりに特徴的な村落類型を形成するのである。それは本章が説く範囲を超えてはいるが、前述の十七世紀末以降の状況が、この近世中期的類型の成立過程に他ならないと考える。

おわりに

すでに与えられた紙数を超過しているので、まとめは各節ごとのそれにまかせ、さしあたり本章の趣旨を補足する意味で、わたしの主要な意図をごく簡略に述べるにとどめる。

まず、持高構成と近世的村落の成立を、方法的に当面三つの類型に分けて考えることによって、より具体的には、基本的発展方向に対して、村落構造として、より進んだものも遅れたものもあること、そのうちのより遅れた類型が、数少ない例であったとしても奥能登に後進的特徴づけを与えていること、および、それとても近世化の方向の中での特殊類型であることを指摘した。

そして各類型成立の特徴を、一般農民（従属民）・土豪的農民・近世領主の関係においてとらえて、いずれにも一般農民（従属民）の自立・新村分立をめざす土豪的支配体制拒否の運動が基底にあることを明らかにした。一方、近世領主は、弱小土豪勢力排除策として小農民自立・新村分立を一部行ったが、しかし全部的・徹底的に行わなかった。とくに過度の地代収奪が農民一般を窮迫・没落せしめたことによって、一般農民（従属民）の生産と社会的力は圧殺ないし歪曲され、それがかえって大高持農民＝旧土豪層の現実的な力を領主にとって必要なものとし、村落における古い従属関係をも温存する施策を必然化したと考えられる。この間にあって土豪的農民は、従属農民の闘争の前に一定の譲歩を与えながらも自己の支配体制を実質的に維持しようとし、時には復活を企てながらも、領主から政治的に一部は淘汰され一部は保護されて、当面二つのタイプに大別しえたようなかたちで、それなりに順応していくのである。

そしてこうした勢力のからみ合いの中で、小農民自立・近世村落成立の現実の過程は元和・寛永期に一つの画期をもったが、それが一定度まで実質的内容をもつに至るのは一般に延宝～元禄期と考えられた。だからその間の一般農民（従属民）の要求と運動は近世化の徹底、いわば類型変更をせまるものであったと解せられる。

しかし、奥能登を特徴づける遅れた類型が自ら示すように、村落の近世化の徹底＝類型変更は達成せぬまま十七世紀末期以降の新しい段階へ移行する。だからこの新段階においても類型は斉一化されず、各類型ごとにそれなりに特徴的な展開を示すであろう。わたしが村落の発展構造を類型的に区分して、より特殊具体的にとらえたのは、近世的進化の基本方向を同じくしながら、多様な発展コースが存在することを示し、そこにおける、より望ましいコースを求める運動とその可能性をとらえようとしたのである。もっとも右の意図にもかかわらず、本章は試論の域を出ず、多くの論証が欠除していることを認めるし、また誤解も犯しているかもしれない。読者のご教示とご批判をうけて今後の資としたい。

註

(1) 寛永八年南山家と同時に闕所になった附近の者に、北山家・吉ケ池四郎兵衛家が知られる。その後北山は寛永十一年に二〇石、四郎兵衛は同十三年に四石七斗だけの高を与えられた。
(2) 附近の土豪の真浦村孫右衛門・長橋村末光・馬緤村常俊は、すでに元和二年に扶持を没収された。
(3) かつての下人・地之者は「日おい」は単に頼まれて「合力」しているにすぎず下人ではないと主張しており、元和・寛永期との差を読みとることができる。また当時「日おい」の半分は代米納になっており、サボタージュもされていた。
(4) 権利割は田・畑・山林・惣地（新開田畠・草刈場・稲干場・樹木・惣地地子米）・漁業のすべてにわたっている。坂東家持高は五三石三五〇合、他の百姓一七人は、八石二〇七合六九が九人、その半分が六人、三分の一が一人、三分の二が一人で、他に水飲がいた。この八石余の階層に坂東家の分家が含まれており、坂東家は大きな持高と縁故関係によって村に支配力を維持していた。
(5) 日おい仕事の有無は不明である。
(6) 元禄の出入りの結果は不明であるが、その後浦上村には独特の「山小作」が行われていたという。
(7) 宮本常一氏は、時国家がこの地を開墾した時期は南北朝以前を考えておられる（九学会連合能登調査委員会『能登』一九五五年、復刊一九八九年、四〇八頁）。
(8) 天正検地による曾々木分の高が一三俵にすぎないのは、前年の天正十年に曾々木百姓が退転したので用捨されたためである〔五一〕。
(9) 棟数一〇軒に対して高持は時国家を合わせて九軒となり一軒の不明が生ずる。これは時国家持高の内に含まれているらしい。また、高面付の史料は同年に二種類あり、他の一つは四人へ二石三七五合宛平等配分するもので〔一四四〕、時国家を合せて五軒となり旧棟数に合致するが、この案は実現しなかったわけである。
(10) 時国恒太郎（下時国）家文書「我等と曾々木と高わけ帳」。昭和三十八年北国新聞社の能登学術綜合調査のさいに採取した新史料の一つである。関係各位に厚く御礼申し上げる。

(11)　寛永十八年の史料〔一四八〕に「弐三ケ年以前ゟ別客に罷可成与存知」とあり、寛永十五、六年であることがわかる。曾々木分の高面付と有機的に関連した動きであると考えてよかろう。

(12)　「加勢」は、ここでは余荷人足と呼ばれている。仁江村の場合の「合力」と同様に、単に余荷として理解されるように変化していることが注意される。

(13)　小物成急増の理由は、草高・役家数の漸増の他、慶長十六年の小物成の種類増加〔二八〕、寛永・慶安期の単価の引上げ〔六〇・六六・一〇一・一二二・一五七・一七五〕、櫂役数の増減（表12）などによるものであり、また慶長末年に塩釜役の金銀交換比率や塩手米の米銀交換比率を領主が恣意的に操作して増徴をはかり、百姓が迷惑していることも知られる〔二七・二八〕。

(14)　加賀藩の十村制度や改作法の施行が、このような農政問題と密接に関連していることはすでに指摘されているところである。土方領については史料は少ないが、寛永二年の法度請書がある〔五八〕。

(15)　なお享保八年の記録〔八九四〕では、塩畑は、曾々木中一七ヵ所一町一四歩、上時国家四ヵ所四反六歩、下時国家二ヵ所二反二歩とある。

(16)　他に山林についていえば、たとえば貞享二年当時、上時国家は用水山二万歩、柴山四万歩（下時国家と入会のうち）をもち、曾々木中は、柴山四万歩（真浦村と入会のうち）と三万歩（前田領曾々木と入会のうち）計七万歩をもっていた。上時国家の持山は多いが、山の経済性は主として塩焼き用柴の採取にあったから、塩稼ぎに従属して考えられる。ただし一般には、土豪的農民層が山林を所有しつづけることによって塩稼ぎ・山稼ぎを通じて支配力を維持した面を軽視できない。

(17)　宮本常一氏（「名田経営の実態」『社会経済史学』二〇―三、一九五四年）は貞享元、二年の上時国家下人数を七三人としているが、これは時国村全体の下人数である。曾々木の者で下人を有したものがいたことはほぼまちがいない。

(18)　さらにその困窮のなかで、貞享三年には当主長左衛門の後継問題が起っている〔六二二・六二三・六三〇・七八二〕。

(19)　下人の再生産は、表14の方法よりも、下人の子供によるものが主流であったろう。だから下人が消滅するとは限らない。現に上時国家では、下人不足状態にはなったが、なくなりはしなかった。

(20)　もっとも、持高の細分化と棟役数の増加は以前から徐々に展開していた。前述寛永十六年に比して、貞享四年土方領時国村の持高構成は、上時国家二〇八石九八五合の他、一石一二七合二四が八人、五六三合六二が二人、一〇〇合一人、無高六人となっており、棟役数は明暦元年以降一三軒に増えている。また百姓数は、正保四年百姓一〇人・水飲四人、万治二年百姓一一人・水飲六人、貞享四年百姓一二人・水飲六人であるが、その後享保八年百姓一七人・水飲七人、宝暦十一年百姓水飲共三四人、天保三年百姓四九人・水飲一三人に増える。貞享段階以降の急速な小高持増加と持高細分化が窺われる。

(21)　宝暦六年に、御預所村々が「別而近年過半質田地ニ罷成候ニ付」、「此度質取主共納得ニ而質代半減を以置主共江可相返」ことが令され、その代銀が貸し渡されている〔一一八四〕。

(22)　奥能登の生産性の低さについては、当面「能州之儀ハ米少キ所殊米悪敷御座候」〔六四三〕、「米少所ニ而飯米不自由妻子等育兼申候」〔六三三〕といった記事からも窺われ、また下掲付表1の天明四年「草高百石開作人馬中勘図」〔無表題冊子、金沢市立玉川図書館加越能文庫〕の草高一〇〇石の耕作に必要な人馬の平均数値でも、奥能登の労働生産性の低さは歴然としている（なお本章第一節、第二部第二章の二節「1　耕作人馬」参照）。

(23)　前近世的要素をもつ統治は、近世期にあっては非合理的で不正な乱れたものと観念されるであろう。ここではそれは、奉行・下代・村役人のなれ合いとしてあらわれていた。しかし、それが一応払拭されたとき、かえって収奪の姿が赤裸々にあらわれ、農民の没落に対して余裕を与えなかったと思われる。

付表1

地域	田畠	男	女	牛馬
能登奥二部	堅田	13人	6人	5疋
	沼田	12	5	4
	畠(無折)	27	9	2
同上を除く加越能三州	堅田	8〜10	4〜5	3〜5
	沼田	7〜 9	3〜4	2〜4
	畠(無折)	15〜25	6〜7	0〜2

〔補註〕　第二節において素材とした鳳至郡十村新四郎組村々の持高の原史料を、校正段階に入ってから、金沢大学教育学部若林喜三郎教授のご高配で閲覧することができた。その結果、いささか修正・補足の必要が生じたので余白を利用して簡単に述べておく。

　原史料は横帳程度の大きさの手帳で、表紙は欠け、内容も前後欠、また一部中欠で、作成年代を記した部分は見当たらない。本文で利用させていただいた清水隆久氏の論文では、これを明暦二年のものと推定されているが、原史料では一部の村について寛文二、三、四年の引免または新開高が計上されており、記載形式も小異はあるが品々帳類似のものである。若林教授とともに紙資・書体等も合わせ考えた結果、寛文十一年にはじめて品々帳が作成された前後のものと思われるので、本文ではとりあえず校正のさいに寛文期と推定することに改めた。

　また本文で予想したような下百姓放出による持高の階層的下降について、正確な数値で示しうるのであるが、もはや分析の時間的余裕がないので割愛し、つぎの機会にゆずることをご了解いただきたい。なお、わたしが予想したごとく、これらの村々が山稼ぎにかなりの比重を置いていたことは、その小物成が山役・漆役・蠟役・苦竹役・炭竈役ばかりであり、額も比較的に多いように見うけられることからも裏付けられると思う。またかなりの村について、村内の大部分の農民が平等高に近い高所持の関係を示していることが指摘できるようである。これについては近々に若林教授が詳しく発表されるであろう。

おかげで、ミスを避けえ、また一部補強しえたことについて、若林教授に厚く感謝するものである。

第三章　割地制度と近世的村落
——割地制度研究に関する覚書——

はじめに

近世の割地慣行に関する研究が、明治末期から大正中期にかけて、かなり活発に行われたことは一般に知られている。わたしの貧しい知識では、福田徳三氏がこの割地制度を大化以前の耕地共有の遺制とみる考えを述べたことに端を発し、中田薫氏と牧野信之助氏の論争を中心に、石田文次、内田銀蔵、小野武夫、栃内礼次、石井清吉、奥田彧、新渡戸稲造氏等々が関心を寄せて論議が交わされている。また当時の経済史、土地制度史、農政史などに関する著述には大抵一項を設けて割地慣行に触れている。その後この問題の研究はほとんど行われていないようであるが、戦後では古島敏雄氏の『割地制度と農地改革』（東京大学出版会、一九五三年）がある。こうした割地制度研究の結果、各地域における割地の存在と内容がかなり紹介されたのであるが、そのうち越後の例が、牧野・中田両氏の調査と石井清吉氏が新潟県内務部の名の下に調査した『新潟県における割地制度』によって最も詳細に知りうるし、当時の論議も越後の事例に関して行われたものが多い。また加賀藩領については栃内礼次氏『旧加賀藩田地割制度』その他があり、越前については牧野信之助氏が研究されている。その他尾張、土佐等についても研究があるが、ここではさしあたり越後の例を中心的素材とし、加賀藩領、越前の場合なども考え合わせて検討することにしよう。

ところで、この古い論議を再び取り上げる理由について簡単に述べよう。その一つは従来と異なった視点からアプローチしてみてはどうかと思われた点である。中田・牧野両氏を中心とする論争では、もっぱら割地制度の起源をさぐることに主要点がおかれ、割地制度が上古共有制の遺物でないとして、それが何であるかを解決しないままに終わっている。戦後、長野県新田地帯についての古島氏の研究も「近世的」性格を指摘したものの、近世的内容の解明は不十分なままのように思われる。この点を経済史的に明瞭にする試みが必要なように思われる。そのために、割地の基本原則を確かめ、旧来の割地起源についての三つの説を整理する必要があるが、その場合、従来はこの問題に関してまだ扱われていなかった日本近世の村落共同体概念を導入して説明すべきように思われた。言いかえれば、割地制度を幕藩体制下の農業生産関係、その社会的形態としての村落構造と関連させて性格づけを試みたいと考えた。もっとも、本章は従来の研究の整理を主要な目的としており、具体的分析をめざしたものではない。だから問題は提起的に述べても解決的には扱わないし、割地制度は一般的に把握されても特殊性を詳細に検討することはない。

本章を今の段階で草したもう一つの理由は、故鎌田久明教授が、わたしもその一つの章を分担執筆した堀江英一編著『幕末・維新の農業構造』（岩波書店、一九六三年）における寄生地主制論に対して与えられた批判である。教授は昨春「幕末期加賀藩領における地主制―能登鹿島郡古府村の史料を中心に―」（『金沢大学法文学部論集』法経篇一三号、一九六五年）によって、地主制が藩権力によって大きな抑制をうけていたことを「くじ替」慣行を通じての藩権力による「地主作徳米の規制」（一八二頁など）のなかに看取できると指摘された。これは、わたしたちがさしあたり幕藩領主的土地所有を捨象したことへの、とくに米作単作地帯の寄生地主制を扱ったわたしへの批判のうち、最も具体的な批判であった。幕藩領主権力ないし土地所有の論理構成への導入は、前掲論文以後直ちにわたし自身の課題であったが、鎌田教授によって割地制度と寄生地主制の問題として具体的に提起されたのである。本章は割地制度の基本的性格を確かめることを目的としており、近世における農業構造の変化を考慮して地主・小作関係との関連性にまで論及するに至っていないが、教授の問題提起に応えるためにも、わたしはこの作業を第一に行わなければならなかった。いささか私事にもわたるが、本章は一〇年前に作られた草案をとりあえず書き改めたものである。地主制との関連については「地主制形成期における小作経営」（京都大学読史会編『国史論集』下、一九五九年刊）で触れたところがあるが、部分的にすぎず、その後も課題として抱いていたものである。不敏にしてそれを教授の生前に果たしえなかった残念さは言うに余りある。本章は教授の提起に直接応えうるものでなく、また未熟なものであるが、そうしたわたしの気持ちを表わしたく、『金沢大学経済論集』に教授追悼の企画あるを知ってお願いし、寄稿させていただいた。ご快諾下さった編集委員のご厚意に感謝するものである。

以下、まず割地制度の一般的性格を知るためにその内容を調べ、つぎに三つの起源説を再検討してみよう。

一　割地制度の基本原則

ここでは割地制度の一般的内容を必要な限りで検討する。まず、割地は領主によって行われるものではなく、農民の間で施行される一つの慣行＝私法である。それは例外なく一個の村落を単位としており、したがって割地に関する諸規定は村掟である。もっとも、割地慣行はあらゆる国、あらゆる村落にみられたものではない。今日までの研究から存在が確認された国は、概して先進地域ではない、つぎの一七カ国である。すなわち、岩代、常陸、越後、越中、加賀、能登、越前、信濃、美濃、尾張、土佐、壱岐、対馬、肥前、豊後、日向、沖縄。(1) そしてそれらの国々でもすべての村落にみられたものではない。割地制度は近世における特殊慣行である。

割地の行われる村落でも、その全耕地が割地対象になるとは限らない。村落によってまったくまちまちであるが、おおむね社寺地、堤塘、道路等の公有地は対象外であり、史料の年代を問わぬなら加賀藩では苗代田、「名高」、蔭引地などの引地が、(2)また越後では旧居屋敷地、割地後の新開地、個人の開墾地、庄屋役に付せられた地、時には普通の田畑も「名持地」として除外されており、逆に新田だけが対象となっている場合もある。(3)このように種々さまざまで、また史料的制約もあって、どれが本来的か、または元来まちまちなのか確定できない。このことがかつて割地の起源をめぐって諸説を生ぜしめた大きな要因の一つであった。

つぎに、割地対象地における地割の実施要領についてみよう。これは細かな点では変化に富むとはいえ、基本的ないくつかの点では一致しており、経年的変化もほとんどないようである。ここでは、越後および加・越・能三州にわたる加賀藩領の例から知られたものについて整理しよう。(4)

割地施行上の基本作業は地割である。地割作業は、まず対象地の実面積と地力を測定する。したがって実面積と実収量が確定される。つぎにそれによって対象地を、定められたいくつかの持分単位（加賀藩領では「一割」、「一と分」、越後では多く「一軒前」と称する）(5)に分割するが、そのさい、同じ地力（ないし地質）の耕地をその数に区分して各級の耕地を組み合わせて一持分単位を構成する。したがって各持分単位は面積も収益も同一である。そしてその上で持分単位に区分された耕地は割地に参加した農民に対して、その持高に比例して分配される。分配方法は抽籤である。以上が地割施行上の必要不可欠な作業であり、どこでもいつでも貫徹する（ただし異質な例外は後述）基本的方法であると考えられる。

それ以上に具体的な諸点は村落ごとにヴァラエテイを生ずる。実面積の測定に際して用いる間竿の長さは、越後の例では六尺三寸とか六尺一寸といったものは使われず、おおむねそれより長く、なかには一丈以上に及ぶものがあり、時には大縄を使用する例もある。(6)おそらく、検地帳や持高帳など公式的面積と実面積との差（縄延び）などによるものであろう。また持分単位の数も村落ごとに異なっており、この点に関しては割地創始当時の百姓数に等しいとする中田・石井説と無関係とする牧野説とが対立している(7)。その分割方法も、割地全体を一筆ごとにばらばらにした上で組み合わせるもの、小字単位などでいくつかに区分した上で各区分間の耕地を組み合わせるもの、耕地の使用目的（苗代割、苧畑割、早稲田割、晩田割、大豆畑割等）で大別して組み合わせるもの、あるいは平坦地、水損地、新田地などでは従来と全く異なった一枚宛などの新区画を設定するもの等、多様である(8)。しかしそれらは先述の面積と収益の同一性に対して、精粗の差はあっても基本的に矛盾するものでなかったと思われる。使用目的による区分はそれ自体に地質（ここでは地力も含む、より総合的な概念）の差が考慮されており、平坦地・水損地・新田地はそれぞれ地力は同等とした上で別の基準で区分されたと考えられ、また小字別区分も一小字内が同一の地力を有すると判断されていると思われるからである。さらに分配＝抽籤に際しては、成員全部が籤（加賀藩では「鬮」）を引くものもあるが、多くはいくつかのグループ（「籤組」「札組」「軒組」）をつくり、その代表者（「籤親」「札親」「籤頭」「苗頭」）が籤を引き、その引き当てた分をグループ内へやはり抽籤で再分配（「仲間分け」）する方法がとられる。この「籤組」の存在について牧野氏は五人組制度と関係づけうると「推測」しているが(9)、断定は困難である。こうして個々の農民へ分配された耕地は一定期間継続して耕作されるが、その年限も一様ではない。加賀藩では二〇年以内が原則とされていたようだが、越後の実例では一年から二〇年で、普通には一〇年程度を一期としている(10)。この期限になると再抽籤（「籤替」「鬮替」「札替」）が行われる。なお、再地割（「割替」）は特に年限を定めない場合が多く、従来の地割にとくに不都合な事情、たとえば川欠、山崩、新開等による面積や地位の変化などが生じたさいに行われる。耕地事情の変化が少々ならば「余荷米（与荷米）」制度、すなわち割地の特定部分の損害を参加者全員で負担する制度によって調整される。

以上が、越後と加賀藩領の場合を通してみた割地制度の大まかな一般的内容であるが、わたしは、そこからつぎの三つの基本的原則を指摘できるように思う。

◦村落単位の原則

◦面積＝収益均分の原則

◦持高比例の原則

なお、この三原則の実現のために、さらに特殊的な原則が伴う。すなわち、地割にあたって村中として施行上の具体的細則を約定書の形にして取り決めること、分配するために耕地を持分単位に分け、それを抽籤方法で割り当てること、また近世後期になると崩れがちだが定期的に「くじ替」および「割替」をすることなど、実施上の具体的な、副次的な原則が認められる。しかしそれ以上に詳細な点になると、村によってまちまちであって、現在の研究段階では整理困難である。これはいわば村ごとの、したがって最も具体的な個別的原則である。最初に断ったように、今はこの具体的原則にまで立ち入ることはしない。以下で右の三つの基本原則をめぐって少しく考察しよう。

村落単位の原則。割地慣行の主体は村落である。この村落は割地問題に関しては割地組合という形で実存し、成員は高持百姓である。日本の近世村落は普通には、幕藩制的行政の最小単位としての「村」と、農業生産上の自然的集団としての「村」との二重の意味をもって存在しているが、本来的には後者の生産共同体として成立しており、それを領主が支配の基本的単位として把握したものと考えることに異存はあるまい。こうした近世村落は、特定の一個の人格や家に体現されるのではなく、一般に「惣百姓」「百姓一統」そのものとして、つまり個々の農民の相互関係として実存していたといえる。厳密な経済的規定は種々議論もあろうが、この村落と個別農民との関連は、村落の個々の農民が自主的経済主体で、村落共同体はそれらに媒介されたものとしてあらわれていると理解できる。(11)そのことは、割地制度が村落に所属する耕地を農民たちが分担耕作するのではなく、農民に所属する耕地（保有地）を村落＝惣百姓として割り当てること自体にもあらわれており、その共同体関係は割地という共同の目的のための割地組合（＝個別農民の現実的集会）として具体的に存在している。逆に、近世村落共同体―割地制度は、個別農民の相互関係として、彼らの存在に不可欠な前提となっている歴史的に独自な生産関係であったと理解される。そしてこのように村落共同体が近世的に独自な存在とその理由をもつゆえに、領主はこれを行政単位として把握した（または、しなければならなかった）のであり、その把握の仕方は、たとえば、貢租賦課は村単位に免状を与えながら、貢租決定のための検地では、各農民ごとに持高を確定し、その合計を村高としなければならなかった。同様のことが戸口や生産の統制、さらに生活上の諸統制における惣百姓＝村の連帯責任制度などから説明できることは多言を要しないであろう。

このように割地制度は村落単位の原則において近世的村落共同体に適合的なものであると考えられるが、それでは領主によるその行政的把握との関係はどうであったか。割地は実面積と実収量の確定作業と農民の持分決定を必要不可欠な内容としているが、領主による検地もそれと同一のことを行うものである。比喩的にいえば領主の公的な検地と村落の私的な検地の二重の検地が存在したのである。この両者の関係（それは、上述の行政村と自然村との関係でとらえたものの主要な一局面にあたる）はいかなるものか、なぜ二つの検地が必要であったか。その必要性は面積＝収益均分の原則にあらわれ、関連性は持高比例の原則にあらわれる。

面積＝収益均分の原則。この原則に関する前提知識を与える史料は石井清吉氏の調査に多いが、この点をある意味で片寄っているとはいえ、最も深く追究したのは牧野信之助氏であろう。牧野氏は越前国の例を検討して「内検（内見）」の存在を指摘し、それが内容的に割地と同一のものであることから、領主の検地と割地慣行とを関連づけようと試みている。「内検の発生は公定高と実際の高との間に懸隔を見たる時、一村として地主間の負担を公平にせんがための行為なれば……漸次その範囲を拡大して、或は水損に際し、若しくは特別の事情によりて減地せられたる場合の如きも同じく『内検』を行い、遂に一般的の慣習となるに至れり」[12]。氏は検地↓内検↓割地の関連、つまり検地の修正が内検で、これが割地の原型であり、内検の一般化が割地であると捉えたのである。そしてこれを農民の「均分思想」のあらわれであると説明している。つまり、いわば封建貢租の公平負担説である。わたしはこれを傾聴すべき見解とは思うが、しかし、それだけでは、領主が割地制度に干渉する理由は説明できても、地割制度が本来的に自然的生産共同体関係のあらわれであり、したがって村落の私的慣行であった意味は説明できないであろう。わたしはこの公私両者のからみ合いにおいて割地制度の存在理由と形態を説明したいと思うが、この問題は次節で割地起源説を検討するさいにあらためて考えることにしよう。

持高比例の原則。これもまた領主的土地所有と対立せず、それに従属して割地という私的慣行が存在していることを示すものに他ならない。ただ、この原則にはつぎに挙げるような例外が知られるので[13]、それを通じて考えておこう。

○越後国古志郡東中野俣村――「全村鍬前百挺とし、此うち十挺を庄屋前とし残部九十挺は各戸につき家族の多少に区別して割当て耕作せりと伝ふ」。

○同国同郡西中野俣村――「惣数百一挺七分五厘とし内十一分の一は社屋に割当て残りを家格に依り分配したるものなりと伝ふ」。

○壱岐国「享保八年の規定」――「一、庄屋二十石。一、筆取一割半。一、扐頭一割半。一、百姓、本役の者一割半。半役の者一割。無役者七歩。一、諸職人畑五歩。一、給人及寺社家来一割。一、老爺三歩。一、姥二歩。一、男寡三歩。一、女鰥二歩。一、十四才以下男子（親兄弟なき者）七歩。十五才以上の男子（養育せらるべき親兄弟なく、一家を構ふる者）一割三歩。十四才以下の娘三歩。一、庄屋、筆取、扐頭の子供別家せば一割」。

。常陸国行方郡潮来町二重谷――（二重谷は）「幕府天領の無民戸村落にして、而して水戸領たる潮来村の人民之を所有し……二重谷耕地は総て之を村持即ち村の共有とし、潮来村民には、浜一丁目の賤業者を除く外、毎戸平等に一割即ち一地宛を分配したるなり。一割即ち一地の面積は、凡そ三反にして……」。

。対馬藩――（寛文期の土地政策で）「対馬島にありては原則として一旦各村全体の土地を引上げ、更に之を百姓数に応じて割り与へたるなり」。

以上、いずれも特殊例であるが、これらは分配の基準が家と人で、持高でない点が共通しており、その上で家格、職業や年齢、性別を差別したり、しなかったりしている。今は家と人とが基準であるという一般的共通点で考えるが、それはやはり近世的な村落共同体の未成立ないし未成熟に帰せられるように思われる。近世初期にあっても、とくに後進地域には、小農民経営が成立しえず〝一人百姓〟の村が存在することがある。たとえばわたしのみた限りでも能登国鳳至郡の時国村では寛永十五年（加賀藩領時国村）、十六年（天領時国村）まで上・下時国家の一人百姓体制がみられ、南山村も寛永八年までは南山家だけが高を保有していた。また年代は確定できないが佐野村下畠家、曽良村坂東家も近世初期は一人百姓として君臨していた[14]。越後国についても頸城平野中央部に位置する下野田村・桐原村に同様の例が知られる。下野田村では佐藤家が慶長三年の堀秀治の検地まで「当村一棹」に支配していたが、その後天和の検地に際しても村中の者に対して再び一掉に受けると主張するほど在地土豪的勢力を有していた。桐原村は又八家が「開闢之一人百姓」で、慶長検地ではいまだ村民に田地を切り分けるに至らず、その後に「家来之者（を）名子・水呑の家持」とし（形式上の「無高」、事実上の小農民経営の成立）、天和検地に至ってようやく彼らに名請を承認している（名目上も独立農民化）[15]。

先述のように、割地制度が自主的な個別農民の相互関係の具現体であるとすれば、右のように所によっては近世初期までみられた、中世的土豪とそれに従属する所有権（保有権）のない農民との村落構成＝一人百姓の村にあっては割地の必要は生じえないはずである。またその従属農民が事実上経営的に独立していても公的に高持百姓となっていない間は、割地は行われうるが、持高基準はありえないわけである。三つの基本原則をすべて満足するためには、事実上も名目上も独立を獲得した小農民経営によって構成される村落が成立していなければならない。そしてそれが近世的に典型的な村落構造である。さきに掲げたいくつかの特殊例について推測すると、対馬の例は藩権力の介入によって創出された制度であって、そこに小農民保護ないし独立促進策が窺えるようにみえ、越後の二例と壱岐の場合は土豪的支配者がその所有地を小農民に分割するさいに家、人に平等に、または一定の差別を設けて配分したか、ないしは、常陸の例も含めて、百姓間に全く身分差がなく＝その村に過去がなく、いわば突然に与えられた耕地＝高が、一定の規準で平等に配分されたとも考えられる。東・西中野俣村は元来一つの村であったが、慶長年間の水害によって二分されたものであると伝えられている。また能登でも周知の鹿島郡池崎村では前田氏入封によって新規に入村した百姓が承応三年当時すべて平等の高を有していたし、寛文期の鳳至郡十村新四郎組に属する村にも、平等高のものが知られる。(16) こうした村で割地が行われるならば家別はすなわち持高別（平等高）である。また、土豪が所有地を従属民に分け与えるさいに持高に多少の差をつける例も鳳至郡南山村（先述）などで知られるが、このような場合には割地は家格とか家族数を基準とすることがありえてもよい。したがって先掲の特殊例は、一般に近世的村落共同体が未成熟な段階（事実上の小農民経営が名目上の自立を獲得しない段階か、名目上自立してもまだ持高の分化がみられない段階）、あるいは過去のない耕地・村においてみられたものと推測される。それは具体的検討をまたねば決定できないことであるが、いずれも後進地ないし特殊地域の例であることが右のような想像を可能にしている。

以上、割地制度の基本的性格について近世的村落との関連で考えてきたが、つぎに割地制度の起源をめぐる諸説を再検討しながらさらに考察を加えることにしよう。そこで面積＝収益均分の原則に関してもさらに触れることになろう。

二　割地起源説の再検討

割地の起源に関しては、従来、共同開墾説、水損均分負担説、徴税便宜説の三説がある。

まず、中田薫氏は共同開墾説と水損地保衛の二つを起因として挙げるが、重点は前者におかれている。「総ての割地制は皆悉く共同開墾に起因するものと主張するに非ず。猶此以外或は水損地保衛の為めに、或は其他の耕地整理の為めに行はれたるの事実を認識するものなり。唯此等の割地制は伝来的の者にして根原的の者に非ず。総て共同開墾に起因せる割地制の模倣に出でたる者となすなり」。共同開墾からこそ割地が必然化され、水損地保衛などのためにある割地は模倣された伝来的な制度であると理解するのである。中田氏の共同開墾説の根拠はつぎの四点である。㈠、割地の行われた地方は新開地である。㈡、割地の行われた地方は移住者の共同開墾地である（口碑による）。㈢、共同開墾地は必ず割地を行った実例がある（ただし、私人の開墾地は常に銘持とした）。㈣、私有地を割地に変更することはできない[17]。

これに対して牧野信之助氏は真っ向から反論し、中田氏の根拠㈠である信濃川沖積地はむしろ経済的変動（水損など）の激しい位置にあるためであり、根拠㈡は口碑に拠っていて不十分であり、また共同開墾地としても直ちに利益が均分されたと考えることは困難である。根拠㈢、㈣については銘持地が割地となったこと、単独開墾地はその五分の四が割地に編入されたことを指摘する[18]。牧野氏自身の主張は、明治四十四年には「割地慣行の起因は全然損害を均分に負担せんとする思想より出でたりと決定すべし[19]」と水損均分負担説に近似した説を述べるが、大正元年には、長岡藩領の例を検討して「即ち一の藩の制度として存在せるものと言ふを得べし」、「余輩は此点よりして越後に於ける割地制度は、領主が租税徴収の円滑を期せんが為めに土地利用の不公平を免れしめんとして案出したる調和策なりと謂はんとす」、また「要するに、土地の経済的状態の変動、村高の増減に対して執られたる調和策に外ならずして、領主より言へば全く徴税上の便宜なり」と、徴税便宜説を提唱する[20]。ただし、氏自身はこれを推定であると断り、長岡藩では慶長年間に大久保長安（石見守）が案出したとする『温古の栞』、『越後風土記』の記事を「信んぜんと欲す」と述べている。ところで、その後大正八年になると先述のごとく「内検」を割地の原型と考え、「割地の発生は検地とその高割付に由来するものなりと言はんとす」、「換言すれば検地の結果としての高の不当を地主間に均分したるなり[21]」と、農民の側からの説明を試みるのである。

その他、石井清吉氏は、新潟県の広汎な例によって徴税便宜説を源流と考え、水損均分負担説、共同開墾説は特殊的にしかあてはまらないから第二次的のものと考えてはどうかと、断定を避けながら提案している。石田文治氏は、古田には徴税便宜説、新田には共同開墾説を適用しようとし、また内田銀蔵氏は「各地それぞれ事情を異にし……所によりては共同開墾之が起因を為せるもあるべく、所によりては租税負担の苛重及不平均より起れるもあるべし、一概には言ふべからざるなり」とあいまいである[22]。

こうして割地制度の起源については見解は全くまちまちである。それは石井氏も言う通り、「明確なる資料なき限り、其三説の何方を肯定し何方を否認すべきかは頗る困難なる問題である[23]」。また資料の採取（操作方法も含めて）も今後かなり時間を要することであろう。だから今はいずれの説が正しいかを決めるのではなく、そのために右の三説を理論的に整理しておこう。

まず、共同開墾説について。中田氏は「共同開墾の結果は開墾地の共有を生じ、開墾地の共有は割地の新制を生じたり[24]」と言うが、これではあいまいである。共同開墾は共同耕作ももたらしうる。そうではなく割地を行うには私的個別経営の自主性——そうした経済的発達段階が前提されねばならない。中田氏の挙げる共同開墾例は口碑によったものにすぎず、実際には牧野氏の挙げる史料などから個人開墾地が多かったと思われるし、また共同開墾地がどうして持高基準で分配されうるのか説明しつくせない。さらに言えば中田氏の調査した信濃川沿いの新開地は江戸前・中期の比較的新しい時期にできた耕地であって（これは中田氏自身が述べている）、割地制度自体は、越後では江戸初期から存在している。西頸城郡名立村田ノ上は寛永二年以前、長岡領一帯は伝承では慶長期となっている[25]。総じて共同開墾説は根拠が弱く、その限りでは牧野氏の反論は成功している。

　では牧野氏の徴税便宜説についてはどうか。この場合まず注意すべきは、牧野氏は「領主より言えば全く徴税上の便宜なり」（前掲）としていることで、〝農民より言えば〟、氏の場合、持高の不公平を地主間で均分したものと考えるわけである。これは、割地（近世的生産共同体）と検地（そこにあらわれた近世領主的土地所有）との関係を指摘した点で秀れた見解といえるが、しかし内検や割地の原因は、検地結果と実際の耕地事情とに差点を生ぜしめた何物かにこそ求められるべきであろう。徴税上の便宜は、近世の割地制度の形態、あるいは一般化にとって大きな要因として作用したと言えても、領主的便宜の観点からとらえる限りは割地が私法＝村掟でしかなかった事情さえ説明できない。

　もっとも、幕藩的土地所有の下にあって、割地の私法が、その基本原則に関しても大きく制約されたものとしてあらわれ、幕藩的土地所有と対立しないものとなっていることは否定できない。とくに持高基準の分配原則はそれなしには説明できない。だから、こうした割地慣行に対して領主の慫慂はありえて当然である。加賀藩におけるそれは周知のところであり、長岡藩でもそのことを否定しきれないようにみえる[26]。また今一つ、中頸城郡所《しょ》山田村の場合も挙げられる。承応元年、代官所役人が新田見立てを行い、所山田村では荒地を高二〇石の畑新田に命じ、これを「村中にて割賦」した。翌二年、この用水の便もない土地を強引に田新田として村民に受けさせ、翌三年には検地が行われる。これに対し村はそれを再三拒否したが、ついに押しつけられ「今、村中にて七割に致し所持仕候」。そしてまた、明暦二年には「此年御領内御百姓など田地高下有之由御聞及之上、村方へ地割被仰付……此年より御百姓ハ半前・一前と申す割合に相定り申候」(27)。明らかに、この村の割地は領主によって創始されたといえる。また、領主の強引な新田開発策（貢租増徴策）が、その新田地を村中で分担負担する方向へ追しやったようにみえる。所山田村では、この両方の意味で〝徴税便宜説〟が妥当する。

しかしながら、わたしがここで問題にしているのは割地制度一般の基本的要因であって、個々の村における創始の事情でない。牧野氏の徴税便宜説は、創始の事情を説明するのに、たとえ大多数の個別的事例に妥当しても、基本的要因の説明たりうるかについては疑問がある（この点で、中田氏らと牧野氏らとの割地の「起源」についての用語理解ないし視角設定には相違がある）。右の所山田村についていえば、領主が割地を命じたのは「田地高下有之由御聞及」によるものであった。すなわち、耕地事情の変動が領主的利害からその政策へ反映したものである。そしてこの明暦二年の割地政策は、時期的にみて他所でみられた割地制度を、この村に政策的に適用したものと解することができる。同様に、加賀藩の場合についても、寛永十九年に藩によって創始されたとする説が普通であるが、そうではない。つぎの史料がそれを示す(28)。

利波郡之内太田村当春田畠こはん割之儀、慶長拾壱年ニ百姓中内輪之定書之通、今以早速可相究候、於延引者、十村肝煎・村肝煎可為越度者也、

慶安四年二月十八日

近藤新左衛門
長治（印）
小松
伊藤内膳
東保村十村肝煎
吉右衛門殿
太田村肝煎
宗右衛門
かたへ

太田村の碁盤割は「百姓中内輪」によってすでに慶長十一年に定められ（そして、おそらく実施され）ている。また領主は慶安四年に、その内輪の地割を延引せず行うようすすめている。

こうして割地制度は現実には領主的土地所有の下で村中の内輪の制度として成立し、領主の土地支配と対立せず、むしろ領主の内諾・慫慂をうけて存在しているが、それを領主の徴税便宜から説くことは明らかに一面的であり二次的説明でしかない。地味の変動等による弊害を村の制度として是正する点に割地発生の基本的要因を求めねばならない。その意味で水損均分負担説の一定の妥当性が想定できる。もちろんそれは単に水損だけでなく、一般に自然的災害による耕地事情の変化に対する、共同負担方式での危険回避の方法であったといえよう。そしてこの方式は惣百姓の村＝近世的村落の存在を前提としていたはずである。経済的発展段階でいえば、個別経営が成立しているが、また単独で自らの危険を回避しえず、彼ら相互の村落共同体を必要とするような、それ以前でも以後でもない段階に固有のものと推測できる。

しかし、この自然的災害なるもの自体が自然と人間との一定の関係のあらわれであるが、それ以外に人間が自然を克服する場合、たとえば縄延び、地味の上昇等の生産力的向上も、近世的村落共同体が必要な経済段階の限りで割地の要因たりうると考えられる。さらにそうした耕地の上下変動につれて、それと領主の検地による耕地把握＝貢租徴収との差異の発生もまた割地の一要因となりうることは否定できず、この点で牧野説は一定の有効性をもつと考えられる。つまり割地制度は、自然的および社会的な危険あるいは利益の均分負担を目的＝基本的要因としていると言えるように思われる。

おわりに

本章の目的は、かつての割地制度研究の成果をよりどころにしながら、それを整理するために、生産共同体および行政村の二重の意味をもつ近世的村落概念を導入して考えることであった。考察の過程のまとめは省くが、その結果、割地制度は、個別農民経営が彼らの相互関係としての近世的村落共同体＝惣百姓の村を媒介として、自然的・社会的な損害・利益を共同して均分に負担するという実際上の目的を実現する形態であると理解された。その意味内容において、割地制度は近世的段階に固有な制度であり、領主的土地所有と基本的に矛盾せず、むしろ、それもまた前提要因として具体的に実現されたものと考えられる。もっとも、本章はごく大ざっぱな検討にすぎず、叙述にも精粗のむらは蔽いえないが、それでもこの考えは、近世以前についてはいまのところ割地制度の存在は確認できず、また明治以降は、維新政府の禁止令（明治五年八月晦日、大蔵省布達第一一八号）もあるが、一般的に廃絶された事実に見合うものであり、また経済発展が進み農民経営間に競争関係の成立が予想される地域では維新を待たずに中絶し、逆に遅れた地域、とくに自然的災害の激しい地域の中には維新政権の禁令にもかかわらず存続した事情も大局的に説明できるのではないかと思う。

このように割地制度が近世的農業生産に固有な慣行であるとすれば、展望的に言ってそれは、近世的農民経営の近代的分解とは対立関係にあり、阻止的に作用すると言える。そして寄生地主制が、わたしが考えているような、近代的農民層分解の日本的に特殊な、反動的な実現形態であるとすれば、割地制度は基本的には寄生地主制と対立的でありながら、またそれなりに結合して歴史的に存在しうることも予想されてよかろう。割地制度の行われている村では小作料（加賀藩領では合盛米という）は「村」によって公定されている。もっともその「村」は高持百姓（寄生地主・自作・自小作）によって構成され、とくに大高持（おおむね寄生地主）の力が強いから「村」の意志は寄生地主的性質をもつが、それでも小作料収取は定徳小作、取逃小作形態であって、その収奪強化の可能性には基本的に大きな制約があったと思われる(29)。しかし、この寄生地主制との具体的関係については、最初に断ったように本章の及ぶところではない。故鎌田先生のご提起に応えるためにも今後を期したい。

註

（1）石井清吉『新潟県に於ける割地制度』（新潟県農地課編『新潟県農地改革史資料』四所収、一九五七年刊――以下、この復刻版の頁数を示す）二頁の一六ヵ国に信濃を加えた。

（2）栃内礼次『旧加賀藩田地割制度』（有斐閣書房、一九一一年初刊。壬生書院、一九三六年再刊）一四五頁。

（3）石井前掲書二八頁以下。

（4）割地ないし地割の名称は、地域によってさまざまである。たとえば、加賀藩領では田地割、田割、地割、碁盤割。越後では、西・南蒲原郡――割地、田地割、村並軒前割地、軒前割、軒前、地券割。古志郡――鍬前、鍬前割、割地、軒前割、割田、車作り、縄地、輪転地、車地。三島郡――割地、仲間地、軒前。中・西頸城郡――名割、苗割、前割、地割、車地、車竿、棟割、苗（石井前掲書六頁以下）。

（5）栃内前掲書一二九頁他。石井前掲書六頁以下。越後では、軒前のほかに挺前、丁前、丁、町、前、名、苗、貫地、戸前などの名称も使われるところがあった。

（6）越後の場合、石井前掲書三四頁。

（7）中田薫「越後国割地制度」（『法制史論集』第二巻、岩波書店、一九三八年）六二〇頁。牧野信之助「越後国地割制度の起源を論ず」（『武家時代社会の研究』刀江書院、一九二八年）二三四頁以下、石井前掲書五七頁。

（8）石井前掲書三三頁以下。

（9）牧野「割地と村落制の関係」（前掲書二六八頁）。

（10）栃内前掲書一〇五頁以下。石井前掲書四四頁以下。

（11）カール・マルクス『資本主義的生産に先行する諸形態』の解釈で、議論はあるが、ゲルマン的共同体概念を日本の近世的村落にあてはめる考えがある。

（12）牧野「割地の発生幷に発達についての考察」（前掲書二九一頁）。

（13）古志郡の二例は石井前掲書六二、六三頁。壱岐国は奥田或「壱岐国に於ける割地制度」（『経済論叢』一九二三年八月号）。常陸は内田銀蔵『日本経済史の研究』一九七頁。対馬は牧野信之助「対馬の土地制度について」（前掲書三〇二頁）。

(14)　拙稿「近世前期奥能登の村落類型」(『金沢大学法文学部論集』史学篇第一三号)八〇～八五頁。本書第一部第二章。
(15)　拙稿「米作単作地帯の農業構造」(堀江英一編『幕末・維新の農業構造』岩波書店、一九六三年)一四三頁。桐原村の史料は、下野田佐藤家文書、天和三年「一札相渡証文之事」。
(16)　拙稿「近世前期奥能登の村落類型」八九、一〇五頁。
(17)　前掲、中田論文第一章(前掲書六一四～六一七頁)。
(18)　牧野「越後国地割制度の起源を論ず」(前掲書二三二頁以下)。
(19)　牧野「割地起源論」(前掲書二二三頁)。
(20)　牧野「越後国地割制度の起源を論ず」(前掲書二五七、二六〇頁)。
(21)　牧野「割地の発生幷に発達についての考察」(前掲書二八六、二八九頁)。
(22)　石井前掲書七八頁。石田文次『土地総有権史論』(岩波書店、一九二七年)第四章第一節。内田前掲書二七九頁。
(23)　石井前掲書七八頁。
(24)　中田前掲論文(前掲書六一六頁)。
(25)　石井前掲書八〇頁以下。
(26)　参考までに牧野氏も引用した「越後風土記」の文言を掲げる。「支配職松平家(高田藩主松平忠輝)の検地入りと為り其地所の表裏取目の混雑且つ口数竿除の多寡より用水を論ずるなど甚し、此頃同家の執事大久保石見守の内意に従ひ村毎古来の銘持約束を結び検地水帳の名受は仮義と為し惣田畑を一名受と見做し名持を合せて割地と為し年限を以て持主を定む、果して便益なるより差支あらざる村は追々此儀に改むるところ多きものの如し」(括弧内は髙澤注記)。
(27)　「所山田農政年代記(仮題)」(『中頸城郡誌』巻三、三〇二～三〇三頁)。
(28)　『砺波市史』三七二頁。なお、ここでは『富山県　史料編Ⅲ(近世上)』に掲げるものを示した。
(29)　拙稿前掲「地主制形成期の小作地経営について」(京都大学読史会編『国史論集』一九五九年)はそうした事例に触れている。

第二部　農業生産と農政

第一章　改作仕法と農業生産

一

本章の意図は、加賀藩における十七世紀中期の農業生産上の二、三の問題点を検討し、それに対して改作仕法がいかなる客観的役割を果たしたかを考えることである。

改作仕法は、周知のごとく農業・税制・財政問題を中心として広汎かつ大規模に行われた加賀藩の農政改革で、一応の成功をおさめて、その後の農政展開の基調となり、さらには藩政確立の基礎となった。それゆえ、改作仕法自体についてはいくつもの先学の研究があるが、本章はそうした仕法の内容を検討するのではなく、わたしが先に加賀藩中期における農業の質的発展を検討した問題関心から発し、その前の時期にあたる改作仕法当時の農業生産を検討し、その角度から改作仕法の意義に触れたいと思う。

十七世紀後期から十八世紀後期へかけての加賀藩領（加賀・能登・越中の三国）における農業生産の発展は、地域差をもちながらも、基本的には新田開発による耕地拡大方式から多肥・集約化による反収増大方式へ生産力的基軸を転換し、それに照応して主力経営形態は下人雇傭手作経営から単婚家族労働小規模経営へ転換した。(1) したがって、改作仕法当時の農業生産力発展の基軸は新田開発であり、農業経営の主力経営は下人雇傭手作形態であると想定されるが、本章では、そうした質的転換への方向が萌芽的にも改作仕法当時から内包されていることを指摘し、それと改作仕法の施策との関連を考えようと思う。

そのために、まず新田開発について検討し、つぎに農業経営について検討することにしよう。

二

改作仕法のころは、農業生産力の向上にとって新田開発などの耕地拡大方式が第一義的であり、集約化による反収増大方式は副次的であった。

万治元年（一六五八）に加越能三州の十村一〇人余りが集まって改作仕法以後の農業発展を地域別に予想しあったときの記録を検討すると、予測の基準となっているものは土地の広狭ないし持高（経営規模）の大小、「土目」（耕地の良悪）と免相、および「稼ぎ」である。そしてこれらを順序づけて「第一百姓土過不足、第二免、第三かせぎにて御座候」と述べている(2)。これが当時の農業生産を主導し改作事業を推進した十村＝大百姓たちの評価基準であり、明らかに耕地拡大第一主義の考え方を示している。ここには農業経営の大小を述べても経営の性格については全くふれられておらず、また「稼ぎ」の内容は塩稼ぎ、山稼ぎ、ぬか・わらの売買などを指しており、そうした余業を専らとするのは百姓として「天理」に背くことであると論じられている。このように、その後間もなく発達する小農民経営や農民的商品生産を予測しえなかったことが当時の認識の限界であり、したがってその地域別発展の予想は、後世の実際と全くちがったものにならざるをえなかったのである。

領主も開発第一主義であった。右の記録中に、前田利常の万治元年十月二日の御夜話として、改作のことがすんだので百姓は安堵し、その上諸納所が永代定まったと思えば、昼夜精を出し「あぜを切広げ田を直し、くろを平にして野川原を可開、山方は林を立、其上事必定る(3)」と予想しているのもそれだが、寛文二年（一六六二）四月の改作奉行の令では、第一条に「百姓中面々持高、あぜくろをもひろげ、作徳取候様に可仕候（下略）」、第二条に「下畠に而耕作不出来之所は、桑・茶えん・かうず其外木苗を植、たそくに成候様に可仕事」、そして第三条に「何之村も家近所之田地之分は大形上田に候得者、手入を以、下田も上田に可成候様、手ずゑの田畠をも常々情（精）を出し可申事」とある。[4] すなわち、集約的方法はたしかに考慮されているが、第一、二条の耕地拡大方法に次ぐ順序で扱われている。今一つ例示すれば、明暦元年（一六五五）五月に、能美郡は百姓数が多い（つまり土地が狭い）ため作徳が少なく百姓が成り立たないので、いずれ他所の新開地か空地へ移すことが考えられており、事実また能美郡から新川郡今井村へ二〇戸が移植させられた例がある。[5]

以上の挙例からでも、耕地拡大と反収増大の二方式のうち、前者が第一義的であり、後者は追求しうる条件が未熟であったことが窺える。それではその耕地拡大はどんな状態であったかを新田開発についてみよう。

まず、土屋喬雄氏の示された高辻帳記載の加賀藩新田高[6]によって年平均増加高をみると、正保四（一六四七）〜寛文三年の期間では、五五六九石、寛文四〜貞享元年（一六八四）は二二四二石、貞享二〜正徳元年（一七一一）は二一一二石である。また改作仕法当時までの新田方は元和元年（一六一五）以降の新開のことなので、これによってみると元和元〜正保三年は一八八四石となる。すなわち新田の増加が最も多いのは、改作仕法の施行期、慶安四（一六五一）〜明暦元年を含む期間である。改作仕法は新田開発を著しく活潑化したようにみえる。

しかしそれは特殊な新田「開発」であった。すなわち手上高の方法であった。これは領主の命によって、百姓から自発的に高の増加を願い出る形式をとり、明暦二年には領国全体に申し付けられた。その結果、手上高合計はおよそ四万二、三千石にのぼったという。[7] 相当な数量であるといわねばならない。のちに述べる手上免とこの手上高は改作仕法の仕上げ段階でとられた特徴的な方法なのであるが、なぜそうした方法をとったのか。

そこで、さしあたり年代を遡って、寛永九年（一六三二）作成の砺波郡戸出組の物成帳を分析しよう。表題は「寛永六年・七年・八年分古高・御新開・指上高物成御帳」で、四二ヵ村について村ごとに知行人別の石高、給人名（公領は代官名）と三ヵ年の免相、引高などが記されている。(8) 当面の分析に必要な数値は表15に統計的に処理して掲げた。それによれば、高は惣高方と新開方に分けられ、総計一万三、四千石程度のうち新開方は一割前後であるが、惣高方（元和以前に結ばれた高）のほとんどは給人知行地であり、逆に新開方のほとんどは公領（加賀藩直轄地）である。このことは、藩自体が新開に関心と責任をもたざるをえないことを示すものである。

高の増減をみると、寛永六年は差し引きしてあまり変わらず、七年は減、八年は増で、結局三ヵ年を通じて三〇石九六七合増加したにすぎない。ここでの減高はすべて「川崩永引高」である。これらから、費用をつぎ込んで開発した耕地もたちまち川崩れによって元の荒地にもどることが多かったことが知られる。新田の土地はこの

表15　戸出組物成帳の分析表

項目			寛永6年 (1629)	寛永7年 (1630)	寛永8年 (1631)
高の構成	総計		13,709.319石	13,841.730石	13,924.039石
	惣高方（内，給人地率）		12,418.919 (95.0)%	12,418.919 (93.5)%	12,418.919 (97.5)%
	新開方（内，公領分率）		1,290.400 (96.3)	1,422.831 (92.7)	1,505.120 (79.7)
高の増減	新開方	増	35.542石	75.568石	82.259石
		減	34.480	124.172	3.750
		差引	+1.062	−48.604	+78.509
免の変動（前年比）	惣高方	上		15件	10件
		下		25	27
		合計		40	37
	新開方	上		30	6
		下		4	34
		合計		34	40
免平均	惣高方		2.6つ分	2.6つ分	2.7つ分
	新開方		2.3	2.5	2.4
新開方法	開		件(12) 石71.068	件(11) 石43.944	件 石 —
	畠直し		(4)10.050	(2) 4.500	(1) 0.940
	指上高		(1)15.000	(1) 1.500	(5)37.375

註　・石高は合未満を四捨五入した。
・新開方公領分率以外は直ちに給人地でない。その他を含む。
・惣高方では，寛永6年以前の永引高27石015がある。
・免の平均は，便宜的に免相を合計して件数で除して算出した。
・この3ヵ年には他の新開方法はない。

点で不安定なものであった。

つぎに免相の変化をみよう。知行人別の件数は惣高方は三ヵ年とも二九六件、新開方は、六年七六件、七年九○件、八年一○七件で、惣件数では新開方は惣高方の三分の一前後であるが、両方の免の変動件数にはあまり差がない。したがって新開方の免の変動率の方がずっと高いことがわかる。また免相の上がり・下がりの件数と免相平均をみると、惣高方は（給人と百姓の相対免で）下げ免が両年とも多いが、平均値は下がらず、むしろ上がり気味である。これに比べて新開方は、寛永七年に多く免を上げ全体として免相平均は二分上がったが、翌八年には下げ免が多くなり平均値も一分下がってしまう。これは寛永八年の下げ免の多くに「日焼免」あるいは「見立免」の注記があって、いくらか旱損があったためと考えられる。つまり新開方は地味の向上につれて免を上げうる可能性をもつと同時に、耕地としての未完成さのために下がる可能性もまた大きかったことがわかる。この点でも新田は不安定であった。

ところでこの史料では、新開方に「開」「畠直し」「指上高」「出分」「隠田」「訴人地」の区別がなされている。このうち開による新開高が六八・二％（寛永八年まで）を占めており、史料の上では寛永元年以来毎年この開の高が登録されているのだが、ただ寛永八年には存在しない。これはこの年三月十三日の農政に関する五八ヵ条の定によるものである。すなわちその第五十四条に、「一、新開、先五ヶ年御停止之旨被仰出候（下略）」、また第五十三条に「一、訴人地、先五ヶ年御停止之事」とあって「新開」＝開と訴人地の以後五ヵ年停止が令されている。(9)そしてこの寛永八年には指上高が異常に多い。これらのことから、新開五ヵ年停止令によって新田開発の主要方法が開から指上高に変わったと推測できる。この史料の題が「古高・御新開・指上高物成御帳」となっているのはそのためであろう。この変化の理由を詳しく追究することは史料的に困難であるが、ただ「新開之事、争を以法を御立被成候事故、後々迄大害と相成候事多し(10)」といわれるように、新開にはいろんな障害、紛争が伴ったと思われる。

以上、引高と免相の変動についてみた新田自体の不安定性と、開発に伴う紛争などのために、新田開発を第一義的としながらも五ヵ年停止令のごとく行きづまり状態が考えられるのである。新開方法の開から指上への移行が明確な政策意図であったかは不明であり、のちには開も訴人地も復活されるのであるが、それは「争を以」てする方法から生ずる弊害をいくらか回避できる方法、行きづまりの一定程度の打開方法であったといえよう。わたしは、これを政策上に実現したものが先述の明暦二年の手上高の方法であったと思う。もちろん、それに至るのは、改作仕法の諸々の施策によって農民と給人の困窮、両者の紛争の原因を一応処理した上でのことであった。

ところで、この同じ明暦二年には、三州全体へ平均五分の手上免が命ぜられた。部分的に改作仕法施行中から行われていたものが領内全体に適用されたのである。これは従来給人と百姓の相対免であったものを藩の手で一村一定の定免法に変えて給人・百姓間の紛糾を回避し領主側の収入を一定化した上でとられた増免の方法であった。この命は同年七月十三日の御夜詰のときに出されたが、そのさい、前田利常から改作奉行と十村に対して「改作ニ成忝存、田地ヲ作りこやし手上免仕度と申上候百姓方ゟ、免何つ之所何歩増上申度と断申様ニ可然候者(得)共、其上、上ケ申度申免ニ高下有之候へハ已来悪ク候、為其面々遣儀と被為仰出候」[11]とある。これについて二つのことを指摘したい。まず手上免は田地を作り肥やすことによって可能なことが領主自身から語られている。しかし、それは生産力発展の方式的・質的転換の認識ではない。だからこそ先に引用したように定免法で納所が定まれば、百姓は精励してあぜ・くろを広げて田を直し野川原を開くだろうといった予想を楽観的に立てるのである。つぎに、願い出た手上免の高下がないよう奉行が十村を伴って出張して定めたが、この免図《つも》りは実際には、当の十村たちが自認するように一日に二〇ヵ村も廻るような粗雑な仕方で、不平等の多いものであったし、無理な上げ免をした所も多かった。[12]だから百姓の抵抗も生じた。手上高について口達だけでは百姓が納得せず「一統気立候而致方も無之体」であったので、同年七月二十七日付の馬口労役（博労役）など四役免除の御印物に損毛時の引免のことを書き加えてようやく実施できたという。(13)

　手上免の増徴が百姓を衰微させるだろうことは先掲の十村物語りでもはっきり指摘されているが、その克服は農業集約化による反収増大の進行にかかることは言うまでもない。それは十七世紀後期の農民の疲弊・農村の荒廃の危機を経て十八世紀中期あるいは後期に至って歴史的に実現されるのであるが、その点から改作仕法は客観的に集約化への種を蒔いたといえる。改作仕法は年貢増徴という領主の目的を追求するなかで、第一義的に意図した耕地拡大方式を手上高の方法で一応果たし、同時にさらなる増徴のために手上免を行うことによって客観的には集約化への途を開く作用を果たしたといえる。しかしその方式転換の必然性を認識できず政策化できなかった点に、生産力発展の側面からみた改作仕法の限界が指摘されるのである。

三

　本節の問題は、耕地拡大が生産力発展の主軸でありながら、それなりに行きづまって方式的転換に直面していたとすれば、それに見合って農業経営形態において大手作経営が主力でありながら、それなりに行きづまって質的転換の期を迎えていたかどうかを検討することである。

　そこで、さしあたり具体例を改作仕法施行当時の砺波郡太田村にとって考えよう。史料は、年代順に慶安四年「あと目ゆつり書付御改之帳」（以下では「跡目譲り帳」と略記）、年代不詳「旧記」および承応三年（一

改　作 入用銀	入用銀用途別件数			
	給銀	馬	肥料	その他
匁	件			
320	4	3	2	—
338	3	3	1	2
299	1	7	—	—
223	1	8	2	—
1,180	9	21	5	2

銀は史料では合計1貫200匁。

1件，不明1件。

六五四）「高物成」の三種である。(14)

まず「旧記」についてみよう。表16はその分析表である。太田村の持高構成の時期別変遷については別に触れたことがあるので(15)詳述しないが、この「旧記」のデータでは百姓一人当たり平均持高は七一石七六〇合、最大は三三七石弱（石盛が一石五斗で二二町五反弱）、最小は二五石（一町七反弱）である。庄川沿いのこの村は川崩れ等による土地変動が多く、村の「ならし免」が一つ九分六厘と低いためもあってか持高の規模が大きい。労働力について表示を補足すれば、惣数一二八・五人のうち五一人（三九・七％）が下人である。とくに一〇〇石以上層五戸では家族労働力合計九・五人に対し下人労働力は三〇・五人に及んでいる。馬は最小高持百姓も含む二〇戸が所有し、とくに一〇〇石以上層は各二～六疋をもっている。この大規模経営は労働力一人当たり平均持高でみた生産性の高さからも村の経営的主力であることがわかる。それに次いでは七〇～一〇〇石未満層があげられるが、下人数・生産性において劣っている。

では、こうした大規模経営やそれに次ぐ中規模経営は発展の可能性をもっていたか。以下のことが、それに疑念をいだかせる。まず作食米についてみよう。各百姓に割り当てられた数量のうち、当時すでに借用されていたか借用を願っている分（消費率）を調べると、五〇石未満の小規模層が半分しかつかっていないのに、五〇～七〇石層が三分の二をつ

表16　太田村「旧記」の分析表

持高階層	戸数	持高合計	人数		労働力	労働力１人当たり持高	馬	作食米	作食米消費率
			家族	下人					
	戸	石	人	人	人	石	疋	石	%
300石台	1	336.946	5	14	13.5	24.959	6	34.500	58.0
100石台	4	507.631	18	28	26.5	19.156	10		
70～100石	6	489.775	36	18	31.5	15.548	9	34.200	55.4
50～70	9	470.435	45	8	31.0	15.175	4	31.800	68.6
25～50	9	276.256	38	3	26.0	10.625	7	18.500	50.7
合　計	29	2,081.043	142	71	128.5	16.195	36	119.000	58.9

註　・持高は他に「村中」10石，総計は史料では2,081石427。作食米合計は史料では120石。改作入用
・労働力は人数のうち，15～60歳。女子は２分の１労働力として計算した。
・改作入用銀は１人が１～３つの用途にあてるので，用途別件数は戸数より多い。その他は農具

かい、七〇石以上層でも半分以上つかっている。とくに五〇〜一〇〇石の中規模層は人数当たりの作食米がより多いのにそうなのである。村全体で「当年かり申間敷候」と断った者が小高持も含んで一二人もいて不作などでなかったと思われるのに、大高持経営も作食米を借りていること、とくに中規模高持層のことが注意を惹く。

つぎに改作入用銀をみると、一人を除いては全額を消費する予定になっており、その当年分の用途では大規模高持は「下人給分不足」に多く充てるのに対し、小規模層では「馬ノかいせん」「馬ノおいせん」に充てるものが多いことが特徴的に対比できる。七〇石以上の上層で馬と下人の両方をもつ者のうち、馬だけにつかおうとする者は一人もいない。同一経営費のうちで馬より給分にあてようとする意味は、おそらく経営費構成に占める給銀や下人飯米のウエイトが高く、(16)それが経営上の負担であったことを示すと思われる。また下人をもたぬ百姓が下人を抱えるために入用銀を要求した例がないのに対し、馬をもたぬ百姓九戸のうち用途を記さない一人を除いて全員が馬の購入を希望している。経営発展の展望は下人雇傭経営に向かっていないようにみえる。しかしまた、それは十八世紀段階のように肥料代になり上がっている状態(17)とも異なっていることも示している。

こうして、「旧記」は下人を雇傭する大手作経営が主力経営であったこととともに、作食米と入用銀の分析結果から、その経営に発展的展望が少ないことを推測させるのである。とくに中規模高持の経営にその影が濃いようにみえた。これをさらに検討する必要があるが、そのまえに、承応三年「高物成」について右の分析を補充しておこう。表17のごとく、この史料には未進と作配《さくはい》関係の記載がある。

まず、この年の未進はさほど多くはないが、持高階層別に定納口米に対する未進率をみると、大高持経営が低く、小高持経営が高いという傾向を一般的にみせながら、最も高率なのは五〇〜七〇石の中規模層なのである。

つぎに作配・被作配関係についてみよう。「作配」は一般に耕作の意であるが、直接耕作の意でも、また耕作の管理の意でも使われており、(18)この場合は持高所有者＝年貢納入者は被作配人であるので、作配人を直ちに直接耕

表17　太田村　承応３年（1654）「高物成」の分析表

持高階層	戸数	持高合計	定納・口米	未進米	未進率	作配高	被作配高
	戸	石	石	石	%	石	石
300石台	1	333.946	65.748	—	0.0	—	—
100石台	4	517.631	105.357	6.000	5.7	249.121	—
70～100石	4	316.657	68.738	5.669	8.2	50.000	65.000
50～70	10	532.425	110.807	13.804	12.5	43.750	214.533
20～50	12	370.838	74.977	7.032	9.4	—	88.338
合　計	31	2,071.497	425.627	32.505	7.6	342.871	367.871

註　・持高は他に「村中」10石。史料では持高合計2,081石427。定納・口米合計428石507。また未進米合計は29石435だが，ここでは馬，奉公人をもって納める分５石804を含む。
・未進率は定納・口米に対する比。
・作配高と被作配高の合計の差は村内に作配人該当者がいないためである。

作者とは断じがたい(19)。ところで、この村の作配人は四名、被作配人は九名であるが、表17にみるように持高五〇～七〇石層を中心とした百姓が、その各持高の全部または一部を持高一〇〇石台を中心とする百姓に作配されている。詳しくいえば、作配人たちの持高は六〇～一五〇石、被作配人たちの持高は四〇～八〇石である。すなわち被作配人は中規模層に特徴的なのである。そして作配人たちの家族・下人合計数は各八～一四人、馬は各二～四疋で未進はない。被作配人たちの家族・下人数は一戸が九人である他は二～四人の小家族で、馬は三戸だけが各一疋をもっている。未進は五戸にみられる。だから作配人は耕作能力の大きい百姓であり、被作配人はそれの劣る百姓と考えられる。おそらく改作事業の一環として手弱な百姓を余裕ある百姓の管理下に置いたものであろう。

以上、「旧記」の分析結果を補足して、承応三年の史料で未進と作配関係を検討して中規模高持層に手弱な百姓の多いことが知られた。こうした中規模層の傾向を充分に説明することは今は困難であるが、慶安四年の「跡目譲り帳」はその一因を示してくれるように思われる。以下に分析を試みよう。

慶安四年「跡目譲り帳」の記載戸数は二四戸であるが、そのうち「せがれ」を二人以上有する百姓は一二戸で、このうち惣領に単独相続する予定のもの六戸、二人に分割相続する予定のもの六戸である。単独相続予定者の持高は二〇〇石台一戸、一〇〇石台二戸、五〇石台二戸、四〇石台一戸である。これに対して分割相続予定者の持高は八〇石台三戸、七〇石台三戸である。すなわち持高七〇～八〇石台の百姓は分割相続を考え、それ以上およびそれ以下の高持は持高の分割を考えていない。各百姓ごとに家庭的特殊事情もあったろうが、持高階層からみてこうしたちがいがあることは注意される。そして、この分割相続は間もなく実際に行われた。六件のうち三件は「旧記」によって、一件は承応三年「高物成」によって確認できる。残り二件は確認できないが、石高の減少から考えて分家した形跡がある。

なお分家が確認される四件は、「旧記」の家族名の記載と照合して、「せがれ」といっても戸主の子供（二、三男）を分家させたのではないことがわかる。三件は戸主の弟夫婦、一件はおそらく兄夫婦とその子供夫婦を分家させている。すなわち確認される限りすべて複合家族の分裂なのである。[20]

そこで、今度は「旧記」について複合家族の百姓を調べると、二九戸のうち六戸がそれにあたる。六戸のうちには慶安四年以後に年上の弟が分家した上で、年下の弟夫婦二組を本家と分家で一組ずつ含んでいる例がある。そして六戸の持高は、右の分家が三四石弱である他は六五石余～九三石余と中規模層に集中している。これを言いかえれば持高が六五～一〇〇石未満の百姓七戸のうち五戸までが複合家族構成をとっている。[21] また、この複合家族六戸のうち下人を有するものは二戸で、三戸は六五石以上高持で下人を有しない百姓の全部である。三四石弱の一戸も下人をもたない。このことから、大規模高持を中心とする単婚家族で下人を雇傭する経営と中規模高持を中心とする複合家族で下人を雇傭しない経営とを異なったタイプと考え、これを対比することができるであろう。

さらにつぎに、「旧記」の複合家族の百姓六戸について承応三年「高物成」を照合すると、二戸だけが依然複合家族構成であることがわかり、一戸は慶安四年に予定した通りに分家している。のこり三戸は傍系家族が家族数に入っていない。理由は不明だが、やはり複合家族が分裂したと考える方が妥当であろう。このような分析の結果、慶安四年には少なくとも八戸以上が複合家族であったものが「旧記」では六戸となり、承応三年には二戸に減少したと推定される。こうした複合家族形態の減少の他面は、分家による持高分割＝経営の小規模化であり、また慶安四年二四戸、「旧記」の年二九戸、承応三年三二戸という村の百姓数の増加であった。こうした変化が改作法施行中の三〜四年間にみられたのである。

さて、これまで推定を交じえてさしあたりの史料を分析したが、ここでその結果を考え合わせてまとめることは、かなり困難なことである。とくにデータの不足はおおいがたい。いずれ補足することを予定した上で、大胆に推測を述べることにしよう。

四

改作仕法当時、十七世紀中葉における農業経営は典型的形態として複合家族労働手作経営、下人雇傭手作経営、単婚家族労働手作経営の三種を想定できる。このうち当時の主力経営は下人雇傭手作経営である。ところで、下人雇傭手作経営と複合家族手作経営を対比して考えると、両者の耕作規模が同一である場合、複合家族経営における傍系家族全員の再生産に必要な経費よりも下人給分が多くないならば、下人雇傭経営が能率的な経営形態であったろう。たとえば下人と傍系家族とを比べて、老幼の非生産人口の有無、生活水準の程度、必要労働力数の調節、労働力の男女別・年齢別あるいは個別的特性の選択などを考えると、それは実際上予想されうることである(22)。したがって、下人の労働市場が成立し、また傍系家族を分出する条件があれば単婚家族の下人雇傭経営へ移行できるであろう。この傍系家族の分出を農業内に限って考えれば(23)、経営分割＝規模縮小を伴う場合、大規模経営ほど容易である。経営の大きさによって経済的資力や社会的信用が大きければなお容易である。太田村でみた大規模経営は、こうした過程を経過して下人雇傭形態をとっているのではなかろうか。しかし、中規模経営ではそれができない条件があって複合家族形態を多くのこすに至った。その条件の一つは経営を分割すれば再生産が困難な規模に経営が縮小したからであろう。

しかし改作仕法の時期は、そうした経営規模の限界が克服されていく過程にみえる。最小持高は慶安四年の三五石から「旧記」の二五石、承応三年の二〇石へ下がり、寛文六年には一〇石台に七人の百姓が成立する。(24) こうした経営規模の下限の低下が中規模高持経営の傍系家族分出を当時に実現させた一要因であると思う。こうして当時はすでに複合家族経営は消滅しつつある形態となっていた。(25)

小規模経営は当時たしかに副次的経営形態であった。しかし未進率や作食米消費率からみて必ずしも経営的に展望のないものとは考えられず、事実、経営規模の下限の低下につれて数が増していたし、その後も増しつづける。(26) そして、これに対し下人雇傭経営は下人給分を経営費上の負担としているようにみえ、また複合または単婚家族の中・小規模経営が改作入用銀を馬の充実にあてても下人の補充にあてなかったように、下人雇傭経営への志向を示していなかった。これらから、単婚家族小規模経営発展の客観的方向づけはすでにみられたと思われる。

最後に、改作仕法が政策上で基礎とした農業経営形態について言えば、それは当然下人雇傭経営であったが、他の二形態に対してはどうであったか。大桑斉氏によれば、宗旨人別調査の上で、正保元年に複合家族基準から単婚家族基準へ農民把握の方法が変更されたという。(27) とすれば太田村における複合家族の急速な分裂・崩壊も政策的に容認されたものであったといえよう。これらに対し、単婚家族小規模経営について政策的に考慮された様子は見当たらない。複合家族を分解させる政策をとることによって客観的に単婚家族小規模経営への途を開く作用をしながら、下人雇傭経営の行き詰まりを認識できなかった点が、農業経営発達の視点から指摘できる改作仕法の限界である。それは生産力発達の視点からみて指摘された限界に照応したものであった。集約的単婚家族小農民経営の発展に対して、客観的に果たさざるをえなかった促進的作用と、それを政策の上に定置しえなかった認識の限界が、改作仕法の重大な矛盾であった。この改作仕法を以後の基調とする限り、加賀藩農政は基本的には農業生産の発達に対して反動的に作用することになるであろう。

註

(1) 拙稿「多肥集約化と小農民経営の自立」(『史林』五〇巻一・二号、一九六七年)。本書第二部第二章。
(2) 「加越能三州改作之初物語」(『日本農民史料聚粋』四、厳松堂書店、一九四一年、四二一頁)。
(3) 同右四二四頁。
(4) 『加賀藩史料』第二編九七二頁。
(5) 加賀藩農政経済史料「御改作始末聞書」下。
(6) 土屋喬雄『封建社会崩壊過程の研究』五四頁。
(7) 加賀藩農政経済史料「御郡方旧記」三。
(8) 富山大学中央図書館川合文書。なおこの四二ヵ村の分布は、大ざっぱにいって、庄川の東方、井波町上流の山方に十数ヵ村、戸出町周辺平野郡に十数ヵ村、福野町東方平野部に十数ヵ村である。
(9) 『加賀藩史料』第二編六三九頁。なお、この史料では訴人地は寛永四年にあるだけである。
(10) 前掲「御改作始末聞書」追加。また『近世地方経済史料』第一巻(吉川弘文館、一九五八年)一六六頁。なお新開についてではないが、先掲(註(2))の十村物語のなかに石川郡にはとくに訴人が多くあって、慶安三年の検地で地不足になった村が多かった。そこで翌年竿を入れ直したが、吟味が強く、あるがままには高を引かなかったと述べている(四二一頁)。
(11) 富山大学中央図書館川合文書「又兵衛日記」。
(12) 加賀藩農政経済史料「御改作御趣意考」所収の「御改作草創之節三州御扶持人十村物語覚書」。これは前掲(註(2))の異本である。
(13) 前掲「御改作始末聞書」下。また七月二十七日御印物の免切に関する文言は次のごとくである。「(前略)幷御公領知・諸給人知行所損亡有之於令免用捨ハ、免切之通応其納所高夫銀可遣旨被仰出候」(前掲「又兵衛日記」)。
(14) 砺波市金子家文書。この史料採取にあたって富山大学文理学部助教授楠瀬勝氏のご高配をうけた。なおここで使用する史料の説明は『砺波市史』二七九頁以下のそれに譲る。ただし「旧記」の年代を承応元年と推定しているが理由不明である。わたしの考証でも慶安四年以後、承応三年以前であることは確かである。おそらく承応元年または二年のものであろう。

(15) 前掲拙稿「多肥集約化と小農民経営の自立」下、四九頁（本書第二部第二章一七二頁の表25）。

(16) 前掲拙稿「多肥集約化と小農民経営の自立」上、八頁の「経営費の構成」表3（本書第二部第二章一二八・一二九頁の表20）がそれを示している。

(17) 前掲拙稿「多肥集約化と小農民経営の自立」上、八頁の「経営費の構成」表3（本書第二部第二章一二八・一二九頁の表20）。

(18) たとえば、天明五年「草高百石堅田・沼田・無折畠作配仕申里子中勘図」（川合文書「御用雑記・越中名所詠哥」所収）は、いわゆる開作入用図であるから、ここでの作配は明らかに直接耕作の意である。これに対し、たとえば、明暦元年砺波郡の御扶持人十村三人が扶持の加増代の意味合いで郡内の三ヵ村の無主地の高の「裁許」（才許とも）を命ぜられたので、村別に三人で分けて各々の「策配高」とし、「是以来私共支配被仰付可被下候」と届け出ている（川合文書「又兵衛日記」「永入覚書」）。分け持った村には十村居住村からかなり遠距離のものがあり、ここでの策配は才許・支配と同意に使われているが、後二者は管理・管轄の意である。

(19) 前掲拙稿「多肥集約化と小農民経営の自立」上、三三頁（本書第二部第二章一五四頁、表23）の承応三年太田村一人当たり耕作高の計算は、この意味で無理なことであった。

(20) なお、二人以上の「せがれ」をもち単独相続を予定している者（六戸）について、傍系家族を有することは確認できない。

(21) 付言すれば、持高五〇～七〇石層九戸は、この六五石余が一戸、五四石余一戸、五〇石余一戸、五〇石六戸となっており、六五石余の百姓は七〇石以上層に準じて扱いうる。

(22) 下人が家持下人の場合は、下人雇傭の有利性はより減ずる。太田村では承応三年の六五名の下人のうち二四名が家持下人である。

(23) 農業外への分出も当然考えられる。たとえば家中奉公人、また町方居住。寛文四年、石川郡の十村太兵衛家では次男市兵衛夫婦は金沢に居住している（『押野村史』四六六頁）。

(24) 前掲拙稿「多肥集約化と小農民経営の自立」下、表8（本書第二部第二章一七二頁の表25）。

(25) したがってこの時期の加賀藩領の基本的経営形態を複合家族構成のものとすることに疑問が生ずる（佐々木潤之介氏『幕藩

権力の基礎構造』の個別分析B)。なお、佐々木氏に限らず、農業経営の質の区別を、家族形態が複合か単婚かで区別するか、または労働力が家族か下人かで区別するか、この区別基準のちがいをあいまいにして適当に混用している場合が普通である。この点を今後さらに厳密化する必要があろう。本章の史料ではとくに下人の実態がよくつかめないので、これ以上言及できないが、すでにみたところでは、下人雇傭手作経営は複合か単婚かで分ける二つの経営タイプの間の歴史的に過渡的な形態であるように思われる。

(26)　前掲拙稿「多肥集約化と小農民経営の自立」下、表8（本書第二部第二章一七二頁の表25）。

(27)　大桑斉氏「宗門改・寺請と寺檀制度」（大谷中・高等学校『研究紀要』四、一九六六年）。

第二章　多肥集約化と小農民経営の自立

はじめに

本章は、加賀藩領における近世中期の生産力発展の内容を検討し、その意味を当時の小農民経営の成立と関連させて考えようとするものである。いいかえれば、小農民経営成立の問題については、その生産力的基底部分との関連面を検討するのである。

加賀・能登・越中三国にわたる加賀藩領の農業生産技術については、清水隆久氏の『近世北陸農業技術史』（石川県片山津町教育委員会、一九五七年）、安田健氏の「加賀藩の稲作」（『日本農業発達史』別巻上、中央公論社、一九七八年）の研究がある。両氏によって明らかにされたことがらは多いが、本章では両氏の研究成果に支えられ、また新しい史料も一部補って、小農民経営の成立との関連に主点をおいて生産諸力発展の特徴を指摘する。したがって生産力は全面的に検討されるのではないが、主要な諸変化を追求して得られた個々の事実から総合して、発展方向が多肥集約化であることを確かめる。そのためには、生産力の総合的指標である耕作方法の体系と農業生産性との検討を欠くことはできない。そしてまた、この生産力発展の意義の把握が生産力自体の検討だけでは不十分であり、生産諸関係との関連でとらえる必要があることを指摘するであろう。

小農民経営の成立については、加賀藩領の場合を佐々木潤之介氏が『幕藩権力の基礎構造』などで考究し(1)、鋭く問題を提起しておられる。本章もそれに刺激されたところが少なくない。佐々木氏は、ここでも取り扱う農業経営費計算の史料によって「農業生産力を具体的に農民の存在型態との関連において考察(2)」し、〝家父長制的複合家族経営〟が崩壊して〝小農〟経営が自立することの論理を追求しておられる。その意図においてはわたしも全く同じであるが、ただ史料の解釈と操作のちがいをはじめ、論理構成でも佐々木氏とは相違点があるように思われる。論理上の差異は細かな点で種々あるが、それをいちいち指摘することはさほど生産的な論議ではないと思う。というのは、細かな差異は史料の解釈・操作上の差異にかかわる点が多いし、また佐々木氏が「一七世紀における農業生産力発展の様相(3)」を分析されたのに対し、わたしはむしろ十七世紀後半から十八世紀末に至るそれを考察することに主点をおいていて、本章は佐々木氏批判のためだけに用意されたものでないからである。ただ比較的主要な相違点について言えば——それは本章の全体にかかわることであり、したがって結論ないし論理的展望を先に言うことになるが——、それは、小農民経営が、農民的商品経済に支えられて多肥集約化の方向性をもつ生産力発展を、とにもかくにもふまえて初めて〝自立〟しえたことを確認することから、その性格づけを考えているという、本章の構成自体にかかわる点である。切高仕法は〝小農自立〟の指標ではない。そしてまた、小農民経営の自立＝小農民経営の分解（農民層分解）であって、佐々木氏のように「『小農』経営の満面開花の状況をみる(4)」だけでは、以降の時期への展望としては不十分であろうと考える点である。

このような問題意識から、本章は具体的につぎのように構成される。まず、（第一節）農業生産について経営費をモデル計算した史料を使って十七世紀中期と十八世紀との全体的な構成の特徴をとらえ、生産諸力および農業経営上の主要な問題の所在を知る。つぎに、それを手がかりとして内容的な検討に入るが、最初に（第二節）農書類その他を使って生産力の変化の諸様相を、さしあたり耕作労働力数と耕作馬数、肥料、農具、耕作方法の体系、種籾と稲、農業生産性について順次検討する。こうして生産力的側面を一応確かめた上で、そのなかで提起されてきた商品経済の発達と小農民経営自立の問題へ進む。もっとも、本章の限りではこれらは不十分にしか扱わないが、（第三節）商品経済の発達については、菜種・たばこ・麻苧・野菜などの商品作物生産についてごく一般的に調べるとともに、とくに農村労働力の移動と農業奉公人不足現象に注意する。最後に（第四節）小農民経営については、大規模経営の没落＝小規模化の進行と切高仕法などの領主の政策に関連して、さしあたり必要な指摘を行い、それを止揚し転換させたところに多肥集約化を基底にふまえた小農民経営の自立とその新たな分解の進行があることを、全体のまとめと展望にかえて述べることにする。

一　農業経営費構成の変化

本節の目的は、明暦期から天明期までの農業経営費について、モデル計算した史料を使って全体的構成とその変化を調べることである。そして、それによって次節以下での生産諸力の発達や経営の性格の分析のための手掛りを得ることである。その意味でこの節は、本章の導入部にあたる。

最初に、ここで使用する史料について述べよう。まず明暦期の史料は、「草高百石改作入用図《つも》り」と名付けうるもので、草高一〇〇石当たりに、換算した農業経営の諸経営費がモデル的に示されている。この史料は改作法に際して免（定免）率を決めるための参考として作成されたものと考えられるが、そこにあらわされた数値は個別具体的にも抽象的にも草高一〇〇石規模の経営の費用を示すものではなく、経営規模の大小の差は考慮せずに、その地域に標準的・一般的な当時の経営諸費用を、ただ草高一〇〇石当たりの額に換算したにすぎないものであると考えられる。今のところ、この史料は三種あり、「能州四郡田地之図り」、「能美郡里方田所之図り」および地域名を記さない「草高百石改作入用図り」がそれである[5]。能州四郡のものは年代不詳であるが、形式、内容とも他の二種とほぼ同じ基準で作成されており、また、その末尾には「右者加越能三州共図り方也」とあって、加賀・越中と同じ基準で作成されたことが知られるから、これを同年代のものと推定してさしつかえない。あとの二種についてはすでに佐々木潤之介氏が紹介・分析しておられるが、ただ一部に誤りがあり、また、本章の以後の分析上必要なので、わたしが校訂したものを表形式に整理して掲げておく（表18）。

ところで、右のうち地域名を記してないものを佐々木氏は砺波郡のものと決めて分析を進めているが、(6)これは加越能三州全体（正確には加賀藩領全体）に共通する、それだけ一般化された「改作入用図り」と考える方が適当である。この史料は砺波郡以外の地域からも採取されているが、いずれも地域名を記さず、内容からも砺波と推定できるものは何もない。その末尾の文章も他の二種とは異なり、地域名を記さないこと自体に意味があると考えると、これはおそらく、能州四郡、能美郡で（また、その他の地域でも）、各地域のモデル計算を作成した上で、それらによって三州共通のものを作成し、藩へ提出して免ぎめの公的な計算基準ないし参考とされたものと推定される。末尾の文中に「向後此図りに心得、免究可仕旨被仰出候事」とあることが、この史料の性格を示している。(7)

つぎに、この三種の他に、同じく経営費構成のわかる十八世紀の史料三種が知られる。すなわち、宝永四年の「耕稼春秋」に「石川郡中の里、草高五百石計の中の村にて、草高五拾石所持の中百姓、高不残耕作するもの、農人男女・人馬里子給銀、糞入用の大図」（目次では「農人入用中勘」）としてあげているもの、(8)新開に際して草高一〇〇石当たりの入用を藩側で基準計算した安永九年の「開作内考」、(9)天明六年の砺波郡における平均的な経費を藩側へ報告した、草高一〇〇石「耕作入用平均之覚」(10)がそれである。後者は新発見の史料なので、校訂して表形式に整理したものを掲げておく（表19。一二六頁参照）。この三種はそれぞれ計算方法や書式が異なり、とくに「開作内考」は作成目的もちがっているなどのため、相互の比較は困難である。

本節では時期的変化をみるために明暦期と十八世紀との比較に重点をおくが、両者の間にも史料の性格と形式にちがいのあることは上述から明らかである。とくに注意すべきことは、明暦の能美郡と能州四郡では、まず出来米（実収量）を記載し、それを四公六民に分けた上で、百姓得分の限度内で経営費が見積られていることに、領主の貢租確保の意志が窺われ（表18）、しかもそれによって三州全体の免ぎめの基準計算が作成されたとすれば、そこに史料自体と現実の経営費とに一定の遊離が生じていることが考えられる。「改作入用図り」の経営費合計が百姓作徳分に余剰を残すことになっていても、これを直ちに農民的余剰とみることはできない。むしろ「改作入用図り」の作成自体が全剰余労働搾取をめざしてなされたものとみるべきである。(11) 同様に、改作奉行岡田是助へ提出した天明六年砺波郡の入用平均も、出来米を一〇八石にしか見積らず（この年が不作であったことも関係しているのか(12)）、それに合わせて耕作入用の合計が意外に少なく、当然耕作入用に含まれるべき事項を合計以外に多く付記し、男女の一日飯米量も少なく見積るなど作為を感ずることができる。こうして史料の形式に性格が反

能州四郡田地之図	
草高100石　此田数6町6反6畝20歩　但1反に付1石5斗代 此出来米130石上田1歩に6合5勺宛 内，52石　4歩当り　免にして可上分 78石　6歩当り　百姓作徳米	
内，改作入用之覚	
石 5.000	種籾10石代（1反に1斗5升）
10.000	屎代（1反に1斗5升）
625	鋤5から代12匁5分（1柄に2匁5分宛）
950	鍬7丁代（内4丁新鍬代米8斗，3丁さきかけ1斗5升）
140	鍬柄7丁代（1丁に2升宛）
400	真鍬5柄代（1柄に8升宛）
175	鎌7丁代（1丁に2升5合宛）
600	臼4柄代（1柄に1斗5升宛）
50	箕5つ代
20	籾通し籠2つ代
90	米通し3つ代
9.000	馬5疋飼料（3・4月1日1升5合，9月より明る2月迄5合宛，5月より8月迄は草にて飼也）
10.500	男7人給米（1人に1石5斗）
12.390	男7人年中飯米（2・3・4・8月は1人1升宛，残8ヵ月3合宛）
5.000	女5人給米
5.400	女5人年中飯米（4・8・9・10月1人5合宛，残8ヵ月2合宛）
750	塩1石5斗　〔他1〕
1.000	味噌代　〔他1〕
8.640	年寄・子供・浮人12人飯米（1人2合宛，但，25石高之百姓4人程之図り）　〔他1〕
5.400	男女12人うき人着類代　〔他1〕
1.860	十村鍬米，村肝煎・番頭給米，其他百姓4人之小遣米　〔他2〕
石 〆78.00（ママ） 「右者加越能三州共図り方也」	

表18　明暦期『草高百石改作入用図り』の内容

草高百石改作入用図り(三州全体)

草高100石分　堅田・沼田共平均

石	
3.500	種籾7石代(1反に1斗5合宛)
10.000	屎代(1反に1斗5升宛)
700	鋤4柄代(1柄1匁5分，身すき1匁，ねり棒4分，へらたゝら6分)
960	鍬8丁代(内，4丁新鍬2斗宛，4丁小さき4升宛)
200	鍬柄8丁代
200	まくわ4から代
200	かま8丁
400	すり臼2から代
100	箕5つ代
30	籾通し籠2つ代
100	米とをし3つ代
10.560	馬4疋分飼料(3・4月5合宛，5・6・7月3合宛，8月より明る2月迄7合)
16.000	男8人給米(1人2石宛)
17.280	男8人1年の飯米(1人1日6合宛)
4.000	女4人給米(1人1石宛)
4.320	女4人1年の飯米(1人3合宛)
750	塩1石5斗(1日4合宛)　〔他1〕
1.000	味噌代　〔他1〕
1.500	薪代(1月より7月迄)　〔他1〕

〆71.800石　但1反に1.077石宛

「外，馬飼料幷八月より暮迄の薪はぬか・わらを図り，ゆるこ・めらしは給物幷茶・酒・居屋敷地子に可仕分，米1石に付弐拾目宛」

「右，明暦三年三月十八日御夜詰に，中村久越御取次ニ而改作入用図り被召上，向後此図りに心得免究可仕旨被仰出候事」

能美郡里方田所之図り

草高100石　但1歩に付7合有米として

内，夫銀・口米引(中略)

109.600石出来米

内，43.840石　定納4歩の米

65.760　百姓作徳6歩の米(中略)

入用米の図り

石	
2.000	種(内1石5斗籾，5斗大豆・小豆・大角豆)
7.500	男6人給米(1人に1石250合)
2.100	女3人給米(1人に7斗)
16.740	男女9人飯米(12ヵ月分，但月により不同御座候，不足はざこく宛)
4.000	馬3疋飼料(9ヵ月分，5月より7月迄草飼料)
5.000	諸事培代
1.000	すき，其外馬の鞍諸事入用
1.000	鎌・鍬入用(6人分)
300	摺臼代
1.000	味噌大豆類代共　〔他1〕
2.000	菜・大根畠代　〔他1〕
1.000	塩代　〔他1〕
2.000	薪山代　〔他1〕
2.000	さつき又は遊日の入用　〔他1〕

外9人浮人・年寄・子供，高30石持の百姓3人分程の宛して

2.700	着類代　〔他1〕
500	茶代　〔他1〕
4.200	米出来不申，居屋敷培土仕る堀等，但30石高の百姓3人分の図にして　〔他2〕
1.000	肝煎・小走りの手間，鍬米その他小出(遣ヵ)等に可成分　〔他2〕

〆56.040石

「右図り上申候，以上

明暦三年三月十三日　埴田村五郎兵衛」

註　〔他1〕，〔他2〕は，のちに表20で統計的にまとめるさいの記号。

表19　天明6年（1786）「耕作入用平均之覚」（砺波郡）

108石　草高100石の出来米（1歩に4合5勺有米）（中略）

内，53.580石（上納分）
　　54.420（百姓作徳分）｝（詳細は省略）

此内

石		
1.400	諸郡打銀幷御郡用水打銀中勘70目（1石に50目買にして）	〔他2〕
420	御普請幷用水水下人足30人掛日用銀21匁（　〃　）	〔他2〕
400	御郡用水願村格銀20目（　〃　）	〔他2〕
70	馬下シ米御定賃銀ニ而持運ヒ不申ニ付御郡余荷銀3匁5分（　〃　）	〔他2〕
230	定作食返上米	〔他2〕
210	往還道作リ幷雪割人足賃米	〔他2〕
70	御蔵下敷米	〔他2〕
1.620	種籾3石240合代（1反に籾5升宛）	
9.600	男8人給米（1人に1石2斗宛）	
1.400	女2人給米（1人に7斗宛）	
1.500	馬3疋買申砌，追銀代見図り幷伯楽給米共	
1.000	鍬8丁追銀幷焼手間幷鍬から代	
1.000	鋤・まんくわ代幷鋤さし手間，馬のくら代等入用	
400	鎌3通り，24丁追銀幷焼手間	
550	摺臼・とうミとふし・箕・稲こき代等	
300	屎桶等修覆入用	
12.900	屎代銀，居屋敷畑引，残而1反に付10匁宛。干鰯3俵図り645匁（1石に50目買にして）其外土屎・馬屋屎相用候	
700	山草代	
6.200	用水仕込料米・木俵莚縄・江掘人足賃米幷井肝煎給米	〔他2〕
820	村肝煎給米	〔他2〕
250	走り給米	〔他2〕
900	塩6俵代45匁（1石に50目買にして）	〔他1〕
3.240	馬3疋の飼料（9ヵ月分1日4合宛の図り，5月より7月迄草飼料，其外稗等相用ヒ申候）	

〆45.180石

残而9.240石「一，跡々御貸米返上。一，殿様御通之砌転馬等余内銀幷組平均銀，御普請所自普請所銀等入用・鍬役米等。一，居屋敷幷菜大根畑等年貢米。一，開作方へ懸り候男八人女弐人〆拾人十二ケ月分飯米之義，平均男壱人一日四合女壱人一日三合図り仕候而も年中拾三石四斗五升程入申義ニ御座候得共，右余米之内其外雑穀給申候。一，家内老人子供掛り人飯米雑用幷油茶着類釜代。右上納銀等翌年夏中へ懸時々米売払申候，不足之分之所ハ男女農業之外稼ヲ以仕候。一，味噌大豆幷小豆ハ田之畦ニ而出来仕候。一，薪幷屋禰修覆ハ川畦幷藁相用ヒ申候」

映し、項目構成のちがいなどによって整理・比較はかなりの困難を伴うのである。しかし、一部に必要な註釈や操作を加えれば、現実からの一定の遊離を前提とした上での構成的・内容的差異の、主要なものの析出は可能であると考える。

そこで、全体的構成をみるために表20の1～3を作成した。これは各史料が示す経営費のうち数量化可能な分だけについて表示したものであり、表20の1の場合は数量化された範囲（項目構成）の差も考慮していないものである。しかしそれでも表20の1の限りで明暦期と十八世紀を比べて一般的傾向として指摘できる目立った差異は、第一には項目別構成のウエイトが給・飯米から肥料代へ移ったことである。給・飯米合計は明暦期の四二一・七～五八・〇％から、十八世紀には二一・九～三九・五％にまで大きく減少し、肥料代は明暦期の八・九～一三・九％が十八世紀には三〇・一～四五・四％へ大きく増大する。それによって全構成のあり方が単に量的な程度以上に大きく変わっている。その他、種籾代の量とその比率が減少傾向を示し、農具代は、修理代だけを記載している宝永四年「耕稼春秋」を別として、量・比率とも増大するようにみえる。馬飼料も減少傾向がみえるが、十八世紀には馬代が新しくあらわれている。

しかし、今少し数量的にはっきりみるために、史料的不整合性を取り除いてみよう。表20の1の「その他Ⅰ・Ⅱ」は、主に項目構成のちがいから数値にかなり差があるため、それ自体の間の比較が困難であるとともに、同時にそれが他の項目の構成比に影響を与えて詳細にわたる比較がしにくい一因になっている。そこで当面の処理として、「その他Ⅱ」を省き、「その他Ⅰ」のうち比較的共通して記載されている塩・味噌・薪代等以外を省いて（事実上、三州全体と「開作内考」に準じて）全体の構成比をみると表20の2のごとくである。表20の1に対して能美郡・能州四郡・砺波郡の比率が変わり、明暦期の三種間、また十八世紀の三種間の項目別比率の開きが一般に縮小する。その結果、表20の1でみた特徴的諸傾向が、よりはっきりあらわれている。今一つ、これらの史料の

天明6（1786）砺 波 郡
石 1.620　（3.6）
13.600（30.1）
3.250　（7.2）
1.500　（3.3）
3.240　（7.2）
11.000（24.3）
—
0.900　（2.0）
10.070（22.3）
45.180（100.0）

表20の２　（経営費の構成比率）

	三州全体	能美郡	能州四郡	耕稼春秋	開作内考	砺波郡
種籾代	% 4.9	4.4	8.1	—	3.2	4.6
肥料代	13.9	11.0	16.1	48.6	34.0	38.7
農具代	4.0	5.0	4.9	1.9	12.6	9.3
馬代・馬飼料	14.7	8.8	14.5	26.0	8.6	13.5
給・飯米	58.0	57.7	53.6	23.5	39.5	31.3
その他Ｉ'	4.5	13.1	2.8	—	2.1	2.6
合計（実数）	石 71.800	石 45.640	石 62.090	匁 1,279	匁 3,527.62	石 35.110

註　能美郡その他Ｉ'は，表20の１の「その他Ｉ」のうち，味噌，大豆類，菜・大根畠，塩，薪山代。能州四郡は，塩，味噌代，他は表20の１の「その他Ｉ」に同じ。

表20の３　（２万歩当たり改作入用）

	能美郡	砺波郡
種籾代	石 2.267	石 1.350
肥料代	5.667	11.333
農具代	2.607	2.708
馬飼料	4.533	3.950
給　米	10.880	9.167
飯　米	18.972	—
その他Ｉ	12.693	0.750
その他Ⅱ	5.893	8.392
合　計	63.512	37.650

註　その他は表20の１の数値に同じ。

実数を比較する場合、同じ草高一〇〇石といっても地域によってその歩数が異なることに注意しなければならない。能登の四郡と加賀の石川・河北郡は三〇〇歩一反で六町六反六畝二〇歩＝二万歩、斗代は一石五斗であるが、越中の各郡は三六〇歩一反の六町六反六畝二〇歩＝二万四〇〇〇歩、斗代一石五斗である。加賀の能美（・江沼）郡は斗代が一石七斗のため三〇〇歩一反で五町八反八畝七歩＝一万七六四七歩である。斗代のちがいを別にして単位面積当たりで比較するために、当面二万歩当たりに換算した実数は、能美郡と砺波郡が表20の3のごとくに変わる（ただし、三州全体は草高一〇〇石＝二万歩と仮定する）。その結果、能美郡は明暦の他の二種に比して経費が少なくみえたものが、かなり近い数値になってあらわれている。天明の砺波郡は数値の不自然な少なさが際立ってくる。

表20の１　経営費の構成

	明暦３(1657) 三州全体	明 暦 ３ 能 美 郡	年代不詳 能州四郡	宝永４(1707) 耕稼春秋(石川郡)	安永９(1780) 開作内考(三州)
	石　%	石	石	匁	匁
種籾代	3.500 (4.9)	2.000 (3.6)	5.000 (6.4)	—	112.5 (3.2)
肥料代	10.000 (13.9)	5.000 (8.9)	10.000 (12.8)	622 (45.4)	1,200 (34.0)
農具代	2.890 (4.0)	2.300 (4.1)	3.050 (3.9)	25 (1.8)	443.8 (12.6)
馬　代	—	—	—	170 (12.5)	200 (5.6)
馬飼料	10.560 (14.7)	4.000 (7.1)	9.000 (11.5)	162 (11.8)	105 (3.0)
給米(銀)	20.000 (27.9)	9.600 (17.1)	15.500 (19.9)	300 (21.9)	730 (20.7)
飯　米	21.600 (30.1)	16.740 (29.9)	17.790 (22.8)	—	661.5 (18.8)
その他Ⅰ	3.250 (4.5)	11.200 (20.0)	15.790 (20.3)	—	74.82 (2.1)
その他Ⅱ		5.200 (9.3)	1.860 (2.4)	90 (6.6)	—
合　計	71.800(100.0)	56.040(100.0)	77.990(100.0)	1,369(100.0)	3,527.62(100.0)

註　・草高100石当たり，ただし宝永４年は草高50石当たり。
・原史料では，能州四郡合計78石，開作内考合計3,547匁62。
・その他Ⅰは家計費，その他Ⅱはおおむね郡村費などの公費，詳細は表18，19参照。

以上、不十分ながら全体的構成とその変化をみた。補足的操作を加えても変化の特徴は表20の１の分析に大体同じものであった。それでは経営費構成にみられる質的な変化をもたらした内容的なものを以下でさぐることにしよう。

二　多肥集約化の進展

ここでは、前節で示した経営費計算の内容と農書類その他を検討して、生産力的基底部における変化とその方向をつきとめることにする。それは生産諸力の全面的検討をめざしたものではなく、史料的にも、与えられた紙数の上でもその余裕はない。当面の目的は、多肥・集約化への新たな進展の事実を最小限にでも指摘することにある。そこで、以下に便宜上、１耕作人馬、2肥料、３農具、４耕作体系、５種籾と稲、６農業生産性に分け、その順序で検討する。扱う史料には筆者の見出したものも一部にあるが、前述の清水隆久氏と安田健氏のすぐれた研究があり、筆者も可能な限りそこに引用された史料にあたったが、両氏に負うところは大である。

1　耕作人馬

男女労働力と馬の数について検討しよう。草高一〇〇石当たりの数については、前節であげた史料の他に、各郡単位に平均的な必要労働力数を計算して藩へ書き上げた、「草高百石開作人馬中勘図り」がある。[13]これには延宝四年と天明四年、同五年の日付をもつものがあるが、そのうち天明四年は延宝四年の数値をそのまま書き上げていると考えられる。[14]延宝四年の中勘図は砺波郡について算出の方法がわかる。「田畑大図り委仕り出之覚」[15]がそれで、堅田、沼田および畠別に各作業過程について一反当たりの所要労働力量を計算し、それを合計した上で草高一〇〇石当たりに「割かけ」ている。佐々木潤之介氏は、この計算過程の中間集計（人、草刈、下女、馬別）を用いているが、[16]他郡と比較するには男・女・馬別の最終的な集計結果を用いる方が適当である。また佐々木氏は、この一連のものの、基礎計算である一反当たり作業過程別労動力数と、右の中間集計とを別種の史料として扱い、両者を比較したために、「家父長制的複合家族経営の協業効果」[17]云々の不可解な理屈を展開する誤りをおかすことになった。「入用図」も、それ自体には経営規模の大小による質的差異や協業効果は無視されているのである。

「草高百石開作人馬中勘図り」の田方に関する数値は表21のごとくで

表21　「草高百石開作人馬中勘図り」

	延宝４年：新川郡		延宝４年：砺波・射水郡		延宝４年：口郡		天明５年：口郡		天明４年：奥郡		天明４年：石川・河北郡		延宝４年：能美郡	
	沼田	堅田	沼田	堅田	沼田	堅田	沼田	堅田	沼田	堅田	沼田	堅田	沼田	堅田
男	7	8	8	9	8	7	9	10	12	13	9	10	7	8
女	3	4	3	4	7	8	4	5	5	6	4	5	3	4
馬	3	4	3	4	5	4	4	5	4	5	2	5	2	3

註　・単位は男女は人，馬は疋。
・年代は史料のまま。
・畠については省略。
・他に新川・砺波・射水・能美について天明４年のものがあるが，いずれも延宝４年のその郡に同じなので省略。なお能美郡については，註(14)をみよ。

あり、それを各郡間の反当たり歩数の差、堅田・沼田比率の差を考慮して操作し、草高一〇〇石当たり（および二万歩当たり）堅田・沼田平均値を求めたものが表22である。もっとも、表22付表に記された以外の郡は堅田・沼田は同比率と仮定してあり、同時に表示した前節の史料の数値はすでになんらかの方法で堅田・沼田が平均化されているものである。また比較する史料が同一性格のものではないから、検討は厳密を期しがたい。

　最初に二万歩当たり男女労働力数についてみると、郡によって差異があり、地域差を考えて検討しなければならないし、各年代を通じてわかる郡は少ないが、能美郡・砺波郡・能登口郡の場

表22　草高100石当たり（2万歩当たり）沼田・堅田平均人馬入用

明暦3年				延宝4年				天明4～6年			
能州四郡	男	7	9.5	口　郡	男	7.2	10.3	天明5 口　郡	男	9.8	12.1
	女	5			女	6.1			女	4.6	
	馬	5			馬	4.2			馬	4.8	
能美郡	男	6	7.5	能美郡	男	7.1	8.65	（天明4）奥　郡	男	12.5	15.25
	女	3	〔8.5〕		女	3.1	〔9.8〕		女	5.5	
	馬	3	〔3.4〕		馬	2.1	〔2.4〕		馬	4.5	
三　州	男	8	10.0	砺波郡	男	8.4	10.1	天明6 砺波郡	男	8	9.0
	女	4			女	3.4	〔8.4〕		女	2	〔7.5〕
	馬	4			馬	3.4	〔2.8〕		馬	3	〔2.5〕
				射水郡	男	8.3	9.95	（天明4）石川・河北郡	男	9.5	11.75
					女	3.3	〔8.3〕		女	4.5	
					馬	3.3	〔2.75〕		馬	3.5	
				新川郡	男	7.5	9.25				
					女	3.5	〔7.71〕				
					馬	3.5	〔2.9〕				

註　・括弧中の数は2万歩当たり。記入のないものは草高100石＝2万歩。
・沼田と堅田の平均は，各人(疋)数に各比率を乗じて両者を加算し，沼田と堅田の比率合計で除して得た。比率不明のものは両者は同率と仮定した。また，明暦3年の3種と天明6年砺波郡は，史料自体で平均化されている。
・男女数の合計は，女を2分の1労働力として計算した。
・表示の他に，宝永4年「耕稼春秋」の入用図りは草高100石に直して男8，女4，合計10，馬2とした。また安永9年「開作内考」は男8，女2，合計9，馬1。いずれも堅田・沼田の差を記さず。

表22付表　各郡沼田・堅田比率

	沼田	堅田	畠
口　郡	2	6.5	1.5
能美郡	7	1	2
砺波郡	5	4	1
射水郡	6	2.5	1.5

註　郡全体を10としたときの内分比を示す。

合で大まかな傾向を知ることが可能であろう。能美郡は明暦～延宝年間に男女平均労働力数は一・三人増加している。砺波郡は延宝～天明間に減少するが、〇・九人であり、また史料が同一性格のものでないので、減少気味ないし停滞的な程度とみておこう。能登口郡の場合は、延宝～天明年間に一・八人増加し、また、労働力数の最も多い「天明四年」奥郡から推測して、明暦三年当時の口郡は、口・奥郡を平均した能州四郡の数値より多いことはなかったと思われるから、明暦～延宝年間にも労働力数の増加がみられたと考えられる。なお石川郡については、「天明四年」石川・河北郡は先述の理由から延宝期の数値と考える方が妥当であるから、宝永の「耕稼春秋」までの間に労働力数の減少傾向があったようにみえる。しかし、同じ「耕稼春秋」に「加州一国農人一人に沼田所は七反、堅田は五反作る、是大方也」云々ともあり、[18] これは三〇〇歩一反の草高一〇〇石（＝二万歩）当たり堅沼平均一一・四人で、延宝の能美郡九・八人と「天明四年」（＝延宝）の石川・河北郡との中間の値となって、延宝～宝永年間の差異は明瞭に指摘することができない。以上から、能美郡と能登口郡で明暦～延宝年間の労働力数の増大傾向を知ることができ、延宝～天明年間では労働力の増大する能登口郡と、減少気味、というより停滞気味の石川・砺波郡とを区別することができる。つまり、これを大胆にまとめれば、延宝期までは労働力数の増大傾向が一般的にみられ、その後、天明期までに逆に減少ないし停滞傾向に変わるものと、依然増大をつづけるものとの二つの型が考えられてくる。前者はいわば加越の型であり、後者は能登の型である。こうして能登型の析出によって、佐々木氏の砺波型対能美型に代わる対比が可能になる。

もっとも砺波と能美との差はみられる。表22で時期別に地域差をみて概言すると、労働力数は越中より加賀が多く、加賀より能登が多い傾向があるが、また、延宝期について砺波郡と能美郡の田地一反耕作に必要な労働力数がわかる。砺波郡は前述の延宝四年「田畑大図り委仕り出之覚」、能美郡は延宝六年「能美郡田植付、培図り」[19] である。一反当たり労働力数の合計は、砺波郡の沼田三一・五人（馬一七疋）、堅田三七人（馬二二疋）、能美郡は「中勘」して四〇人（馬不明）である。これを草高一〇〇石当たりにすれば、それぞれ二一〇〇人、二四六七人、二三五五人となり、二万歩当たりにすれば、それぞれ一七五〇人、二〇五六人、二六六七人となる。能美郡（沼田が多い）の方が労働力数が多いことがわかる。この傾向は「耕稼春秋」も農業が「加州は濃也、越中は粗し」と指摘している。[20]

それでは、さきの二つの型はいずれがその後の発展の方向に沿ったものであったか。幕末の史料を見よう。まず天保十三年砺波郡野尻組の「里子仕業等之御答書上申帳」[21]に、中田所は里子一人当たり三六〇歩一反で六反ばかり、沼所は八反ばかり開作するとあり、これは中田所草高一〇〇石当たり一一・一人、二万歩当たり九・三人、沼所草高一〇〇石当たり八・三人、二万歩当たり六・九人である。同郡の延宝、天明期に比べて労働力の減少はさらに進んでいると考えられる。能登口郡では、春木村について維新のころに水田一反当たり男二一人、女一二・五人、計三三・五人という調査があって[22]、草高一〇〇石当たりにして天明五年の口郡より少ない数になることは確かである。また安政六年、地域不明の「田地壱反開作仕立方」[23]では沼田所一反耕作の「人夫入用合」二一人と見積っており、これは六町六反六畝二四歩（草高一〇〇石）当たり一四〇〇人にすぎず、かなり少ない数である。こうして天明以降は、能登口郡の場合も含めて、総体的に労働力数減少、つまり一人当たり耕作反別増大の方向に進んだと推測することができ、したがって、延宝〜天明期における口郡の増大傾向は、明暦〜延宝期の継続、労働力数に関して地域的後進性を示すものと理解することができるように思われる。延宝〜天明期は一部（能登など）に例外を示しながらも、増大から減少への転換期であったのであり、停滞期にみえたものは静止ではなく、転換過程における動きの一現象であったと考えられてくる。このことは単に越中—加賀—能登の順の労働力数の多少だけが発達の指標ではないことを意味する。また、停滞期間が比較的長期であることについても考えるべき点があろう。

ところで今一つ表22から指摘できることは、延宝～天明期に女子労働力が目立って減少している点である。能登口郡は一・五人減、砺波郡は一・四人減、石川郡も延宝～宝永期に減少したようにみえ、安永の「開作内考」も女子数は少ない。なお、明暦～延宝期は能登でも能美でも減少したとは考えにくい。こうして、さきにみた労働力の全体的減少傾向は女子労働力においてとくに明瞭にあらわれており、延宝～天明期の能登口郡にあってもそうである。このように女子労働力を先頭に労働力数の減少が生ずるのは、のちに述べる農具の改良が脱穀・精製過程でとくに著しかったことなどに関連すると思われる。以上、農業所要労働力数についてみてきた。しかし、農業労働力については、以後に生産性の問題のなかで再考し、さらに経営面・流通面との関連のなかでも考えて、総合的に検討するであろう。

さてつぎに、史料が同一であることもあって、馬について述べておこう。

耕作に必要な馬数は一般に減少する。表22では、能登の場合はあまり変化がないが、能美郡は明暦～延宝期に一疋減、砺波郡では延宝期に二万歩当たり三疋弱を示し、天明期にはわずかに減少する。概して言えば、能登を除いて、加越地域では明暦期三～四疋台から延宝・天明期二～三疋台へ減少する。つまり、明暦～延宝期にすでに減少傾向があらわれたようにみえる。

また、農耕上の必要頭数と別に、飼育頭数の減少が十八世紀に入って一般的にみられたことがわかる。管見の限りでは、元禄九年に石川郡吉野村・佐良村より、牛馬がしだいに減少したので伝馬役に迷惑して願を出していることが知られるが[24]、享保八年二月には加賀三州の皮多肝煎どもより、なめし革値下げ令に関して出した願書中に[25]、「近年ハ御侍様方奉初、在々牛馬以之外減少仕、別而一両年ハ少ク罷成申候」、「其上加州之分猶以牛馬減少仕申ニ付、能州へ罷越皮取揚申候得者、遠方之義ニ御座候故、入用も多懸り……」、「越中かわた共義、私共より茂皮多ク取揚申候様承申候御事」、「越中ゟ取揚申皮夥敷御座候故、上方へ売払申候」といった文言がみえる。

つまり、まず加賀において牛馬数が減少し、製革業に問題をなげかけている。この地域差については「耕稼春秋」も「三州は能・越両国に牛馬多き故、大法馬をもって耕す(26)」と指摘している。

しかし、越中でも、おそくとも天明期までに馬数の減少がみられ、農業にも問題を生じている。「私家農業談」は「第一農家に持べきものは牛馬なり、近年当国の百姓古来より持来る数を減じたる故、牛馬を以て運びもふけし草屎・土糞自然と無数に及びて、鰯・油粕・灰などの買糞に価を費し……且植るにのぞみ牛馬を以て擺こなさざる田は土ねばらざる故、疇にある野鼠・螻蛄の穴も塞がらずして、未だ十日にみたざる旱魃にも旱損の愁あるものなり(27)」と述べて、牛馬数の減少とその農業への影響を指摘している。また能登では、寛政四年十月の駒見分に関する史料のなかで、「元来能州之義は、外御郡と違ひ、干鰯地味に応不申故、厩屎而已第一ニ相用ヒ、右屎可取ため女馬多所持仕候(28)」とあって、馬が多いことを述べており、これは、さきの耕作上の必要馬数が能登で最も多かったことと照応している。もっとも、能登でも金肥の使用がみられたことは後述するごとくであり、馬の多さも、全体として減少するなかで相対的なものであったのではないかと思われる。

このように加・越・能間の地域差を内包しながら、全体として馬数は減少していった。後述の寛延四年縮方請書の引用文に馬数が減少して肥料の準備に不自由することがあり、また安永六年には改作奉行より諸郡御扶持人・十村宛の申渡しの中に「近年百姓共開作牛馬相減、賃銭出し、外より馬等相雇開作仕候由相聞江候、此儀は馬飼料等雑用之所掛り、右之族と被存候、田地養之ため夏中山草等苅、馬屋こへ相仕立候処、馬減候而者其儀難成候得者、馬屋こへを以田地養之儀行届不申、おのつから一村之地味劣り申儀に候間、已来開作牛馬相減不申様可申渡候(29)」とある。こうして三州の馬数は減少するが、またここでは借馬慣行について述べており、それは飼育代などを節約するためであろうとしている。先掲の天明六年砺波郡の経営費計算史料には草高一〇石請作の入用平均が記されており、馬に関して、「三斗、荒起田植申砌馬雇賃銀拾五匁、石ニ付五拾目買」とあって零細な経営では借馬耕作が一般的であったことが窺われる(30)。

以上、耕作上の所要馬数と飼育馬数の減少を確かめたが、飼育馬数の減少によって、先掲の引用文から、厩肥ばかりではなく、他の自給肥料も運般上の理由から施用が減って金肥の使用が増大し、また耕耘作業にも行き届かぬ面が生じたことがわかる。借馬耕作による経営費の節約や、また、飼料採取や飼育の労働の省略による労働力数および耕作体系における労働力配分の変化も十分考えられる。つまり、それは農業生産・経営の変化に関係している。そして、時期的にみても十八世紀の飼育頭数の減少は、明暦～延宝期からみられる所要頭数の減少（実は馬を所持しえなくなった――後述）の影響と考えられる。

2　肥料

経営費における肥料代のウエイトが、明暦期の一〇％台程度から十八世紀の三〇～四〇％台へ著しく高まったことはすでにみた。肥料の種類や量については明暦の「改作入用図り」に記載がないが、当時すでに金肥が使用されていたことは、「改作起本」(31)に、改作仕法のときに御供田村勘四郎等の十村どもが城へ召し出されて直々に申し上げたこととして、「田地之儀者、土地により育方も段々違申候、育に者馬屋こえ・下すこえ・小鰯・灰・芝草・春山の若草や草を刈入、此外色々の育共御座候、田により品々替り、小鰯入能き田へ芝草を入候得者稲不出来に御座候、それぞれの逢こえ田江入候得者育様利申候而稲能く出来、米多く御座候」とあり、小鰯が田地の性質に応じて用いられていることが注目される。その後、寛文元年二月の算用場触に「こえに致候砂鰯」の他領移出を禁じ(32)、同三年五月に「こえ鰯・油かす」を田中間右衛門なる者に裁許させることを定め(33)、同十二年三月には、油かすが多分に他国他領へ移出されて百姓が手づかへ迷惑しているので他国出しを許可制とする触が出ているなど(34)。こうした史料から、清水隆久氏も言うごとく(35)、改作仕法当時より一定度の金肥使用がみられ、寛文期には流通面での規制を行うほど使用が増大していたことが窺われる。

延宝六年「能美郡田植付、培図り」では、「植代培」＝基肥に一反当たり油かす一三貫目が他の自給肥料とともに用いられ、「打培」＝追肥に一反当たり油かす一五貫目、粉鰯なら上々の俵一俵を見積っている。また菜種作で油かすを使う場合は反当一五貫目と記している。この地域は、後述するように菜種作（田方裏作）が比較的発展していた関係上、油かす使用の可能性を有しており、また菜種作等のためにこの効力の高い肥料を比較的多量に使用する必要性があったと考えられる。もっとも鰯は金肥であったろうが、油かすは自給されるものが少なくはなかったろう。三州全体としてみると、十七世紀末までは金肥の使用・普及はまだ限られたものであった。すぐあとに引用する寛政四年の縮方請書の文言からもそれが知られるが、また砺波郡について述べた史料にも、「元禄年中以前の当御郡之内ニ而ハ、山田野開筋・芹谷野筋新田村々之外干鰯屎不仕候」とあって[36]、一般的には新田や地力の劣った所に限って干鰯などの金肥が用いられていたと思われる。

なお、この段階では金肥の購入者は限られていた。寛文九年正月に改作奉行の職務内容を記した上申書の園田左七分に、田地やしない不足の百姓へは一〇〇貫目の御預り銀のうちをもって油かす・干鰯などを買い渡し、年暮に代銀を取り立てることがある[37]。また天和二年三月石川郡の十村、田井村次郎吉が藩への御借銀上納を断って、「自分に少銀子に而こえをかひ、百姓中へ相渡申に付、銀子所持不仕候」と述べている[38]。これらのことは、金肥を購入し導入する者が当時の領主や最上層の農民であったことを示し、また同時に、彼らを経由して、より下層の農民にも金肥が用いられていることを示している。この下層農民（一般農民）の金肥使用が、その後に領主や上層農民にとって好ましからぬ問題を生ずるとしても、当時にあっては、彼らはこうした面で農業生産を事実上でも掌握し指導していたといえる。

さてつぎに、前掲十八世紀の経営費計算から肥料についてみると、「耕稼春秋」では馬糞（三〇〇駄ほど分）代銀二六二匁と油かす・干鰯・糞代銀三六〇匁に分けて記載しており、この合計を草高一〇〇石当たりにすると一二四四匁で、「開作内考」の一二〇〇匁に近い額となる。「開作内考」は高一石当たり肥料代銀一〇匁であるが、天明の砺波郡は三六〇歩一反（高一石五斗）に干鰯三俵代銀一〇匁、山草代米一升余、他に土屎・厩屎の自給肥料を使用するとしている。三者の間にも差異はあるが、明暦期に比して一般的に干鰯・油かすなどの肥料代が増えていることが窺われる。この肥料代の増加は元禄・宝永期から一般に金肥が普及したことによるものと考えられ、またそれに伴って農業生産上に諸変化が生ずる。以下、二、三の史料を検討しよう。まず、寛延四年「御改作方御法之義等御縮方御請帳」[39]（以下、「寛延四年縮方請書」と略記）には、「元禄年中ゟ以前迄ハ百姓・頭振古来之風俗ニ而昼夜開作情ニ入、土屎・草屎等を第一ニ仕候故、屎代米多出不申、土目衰不申ニ付、年々御納所無滞相勤来候処、元禄・宝永之比ゟ小百姓・下人男女等ニ至迄農仕事ゆるかせニ罷成候故、自然ニ不力仕、切高等いたし、人馬召遣得不申候ニ付、土屎・草屎之手廻し成不申様ニ罷成申候、元禄年中迄ハ新田所黒ほこ地ハ干鰯屎仕候得共、古田に干か屎いたし候而ハ土目悪布成候故ニ付相嫌候所ニ、右体ニ成候故、無是非年々干か屎仕候ニ付、段々土目衰立毛悪敷罷成、御納所幷屎代米取揚可申様無之、弥難渋ニ罷成申候、右村々之内作方情ニ入取続居申百姓も在之候得共、下シ田地小作共干か屎いたし、土目悪敷仕成、本作へ相返シ候ニ付、数年干か屎いたし候田地外之屎ニ而は出来不仕候ニ付、無是非干か屎いたし及難渋ニ申百姓も多在之候、是等之趣故、元禄之比迄高多持候百姓、頭振同前ニ成申者共多在之候……何卒四、五ケ年之内一統古来之通干か屎相止候者、土目宜敷罷成、過分之干か代出不申、百姓成立第一と存候……尤近年村々馬数相減、屎まわし不自由罷成候、馬持不申百姓ハ年々田地やせおとろい、致難渋候間、如何様ニも勘弁いたし村々馬数多ク持候様ニ心懸可申候事」。十八世紀に入ると自給肥料の比重が低下し、干鰯は古田にも施用され、小作どもも使用するようになって、肥料代に追われる状態が生じた。また、これに伴って農民の窮乏、経営の縮小がみられ、馬数が減少し、農民が農事をゆるがせにするようになったことを述べている。

天明八年「私家農業談」（砺波郡）は「屎仕入」の項の末尾部分でつぎのように述べている。「近年加越能三州とも諸百姓不精になり、手屎・作り屎の出来無数に成行体に見へたり、第一高多く持たる百姓は手作を数多致しぬれば昼夜あはただしき事を厭ひ、下し田にのみして漸早稲田など慰がてらの手作して、家内に食ふ所の蘿蔔・瓜・茄子さへ外より買求て用を達しぬる族に成行ゆへ、小農も自づから是を見習ひ、牛馬をも持ずしてなる儘に耕作を営む間、古へと違ひ土屎・草屎もこしらへず、作り高少ければ藁糠もおのづからなければ、手灰・人馬の糞のたぐひも減少し、家子・下人も置ざればごみながし作り糞は猶更に出来ざるに因り、持運びやすき干鰯のみ過分に遣ひ来る事となれり、依之三州の浦方に出来干鰯にては二三分通ならでは行渡らず、越後・佐渡・出羽等の国々より毎年入船し、過分の金銀他国に渡る事国家の費言ん方なし、其上干鰯は年々に土地を瘠かすものにて、去年四俵入し田地へ今年は六俵入ざれば青田出来劣る事故、年を経るに随て干鰯増長するなり、当時氷見・伏木・放生津三湊にて売買する干鰯凡二十万俵に及ぶといへり、かかる間適々豊作の年を経ても秋に至り其中より屎代を払へば自然と農人の衰微と成、次第にかぢけ百姓となる事目前なり」(40)。金肥普及に伴う農業生産上の諸変化は寛延の縮方請帳と基本的に同じであるが、加えて、干鰯は地力保持のために年々より多量の施用を要すると説明しての多肥化傾向の指摘があり、農業経営の縮小（手作の縮小→おろし作）と自給肥料の減少（→金肥増大）との関連が説明されている。また自給肥料の減少はその製造のための労働力量を減少させたはずである。そして干鰯の大部分が他国から移入され、越中の三湊着荷が二〇万貫に達するという記事は、後述「耕稼春秋」の加賀に関する記事とともに、その需要の大きさと商品としての農民経済上の重要な地位を推測させる。農民的商品経済の小農民・小作までへの浸透が、十八世紀金肥普及の前提であり、地主層は手作りの縮小によって野菜類も購入している。これは前掲天和二年田井村次郎吉の文言などとは格段の差をもつ商品経済の発展といわねばならない。その他肥料について同様の状況を示す史料は他にもあるが今は省き、ただ多肥化に関して付言すれば、口郡の年代不詳（推定一八〇〇年ごろ）「耕作大綱」[41]に「当世は肥を多く用る故、魚・絞油粕・鳥の糞或ハ豆腐の粕・小麦粕等のものを用るなり」とある。能登は、さきに馬に関して述べたように、一般に干鰯などの金肥普及度の比較的低かったと思われる地域であるが、そこでも多肥農業は進展している。こうして、元禄・宝永期からの金肥の普及・多肥化は、当時の農業生産上の諸変化に関連して大きな要因となっていることから、肥料面での新段階を画したとみることができる。

また、この新段階へ進むに際して、その先頭にあったのは宝永四年「耕稼春秋」の示す石川郡金沢近在の場合であろう[42]。周知のごとく、その記述の要点は、つぎのごとくである。鰯・油かすは主要な肥料に含まれ、油かすは近年高値になって、安価な「菜種こえ」が一部に使用されていること。魚肥は生鰯だが、地浜産は少なく越後・出羽・奥州辺より積廻されるものが多いこと。小便こえ・灰こえは金沢より買い、小便こえの代物は七、八年前の藁から六、七年前の野菜に代わって、一荷当たり代価もしだいに高くなり、宝永二年ごろからは町方貧者へは銭で支払っていること。肥料に代価を支払うのは麦・菜種に多くの肥料を必要とするためであること。肥料の種類を金沢からの距離別で言えば、一里余までは小便・馬屋こえ、三里余までは真糞・灰こえ・干鰯・生鰯、山方や山ぎわではこのほかに草こえを用いることなどである。このように鰯・油かす、さらに最も主要な肥料である小便こえが購入され、代価がしだいに高騰していることなどから、かなり急速な需要の増加、金肥の普及が窺われる。なお、同じく宝永期の江沼郡「農事遺書」[43]でも、干鰯・生鰯・油かすの使用を示し、また大聖寺城下から一里ほどはなれた村で小便を買うことを述べている。このように金肥の施用は石川・江沼郡などを先頭にして進展しているが、それはこの地域における菜種・たばこや野菜類などの商品作物栽培の発達を重要な契機としていたのである（後述）。

以上、当時の肥料の変化を調べて、すでに明暦期からの一部における干鰯・油かすの使用を前史とし、十八世紀に入るころから金肥が一般に普及し、かつ多肥化する方向をとることをみた。それに関連して農業経営の縮小化と馬数の減少が指摘された。馬の減少は厩肥の減少ばかりでなく刈敷の草の運搬でも能率を低下させたであろう。縮小化された労働組織（経営単位）は、馬に代わって十分なだけの人間労働を補充しえたとは思われない。こうして手廻しのよい、能率的な金肥がしだいに自給肥料にとって代わる。とはいえ、わたしは事実として自給肥料が依然として肥料の基調であったことを否定するものではない。また、同時に商品作物栽培の発達、商品貨幣経済の浸透が指摘された。これについてはのちに述べるが、油かすは菜種栽培によって得られ、干鰯は日本海航運による移入によって得られ、他方で菜種・麻・たばこ・野菜などは多量の肥料を要求する作物であった。しかしまた金肥は普及に伴ってしだいに高値となった。農業経営費における肥料代の比重の増大はこの肥料価格の騰貴も反映しているはずである。そして、とくに経営の大小、貧富の差による金肥施用の差は無視できない。「惣じて田植付幷引こえは、百姓上中下の分限にしたかひ段々有」り、「惣て植物のこえ、上百姓能糞を入る」(44)。反面で「近年田畑養、干鰯等払底ニ而直段も高直ニ罷成、小百姓体之者別而養不調之由相聞候」(45)。もっとも上層農民でも、手作地主と思われる宮永正運「私家農業談」は「可成かきり手屎を作り立、不足する所斗を灰・油糠などにて補ふ様に有度事なり」と述べて保守的である(46)。農業経営の性格が考えられねばならない。なお、領主は金肥の抑制を策する。前掲「寛延四年縮方請書」は自給肥料に戻ること、馬数を多くもつことを述べたものであったし、寛保三年十二月の触(47)などでも土屎の使用を強く通達している。百姓に屎代銀を貸し付けるという藩の「勧農」事業はつづいていても、寛文期に比して肥料＝生産力発展に対する領主の歴史的役割は変わったと考えねばならない。

3　農　具

まず前節の経営費計算から、農具の種類をみよう。明暦期の三史料（表18）と天明期の砺波郡（表19）を比べると、前者になく後者に見えるものは、「稲こき」、「とうみとふし」（唐箕通し）、また、「鎌三通り」とある。「開作内考」では鎌は「鎌」「鋸鎌」「木鎌」の三種、稲こきは見えないが「とう箕」、「とうけんとん」大・中・小を記し、臼は「土臼」であることがわかる。そこで、こうした農具の改良発達について農書類その他から調べよう。まず鍬では三ツ鍬（備中鍬・熊手鍬）が出現する。その時期は、天明七年正月の勧農の触、[48]天明八年「私家農業談」、また「農業大綱」に、いずれも「近年」出現した農具として紹介されており、十八世紀後期には三州に普及していたと考えられる。三ツ鍬は後述のごとく堅田の耕起用具として犂にとって代わるものであった。犂は、幕末期に至るまでの三州各地域の農書類を通じて記載があり、使用されてもいるが、ただその改良発達はとくに見受けられず、また耕作馬の減少もあって、一般的に言って犂→三ツ鍬への変化を指摘することができる（もっとも、三ツ鍬出現以前には平鍬が使用されて、犂→平鍬→三ツ鍬の順序であったろう）。これは、のちにみるように耕耘体系の変質にかかわる重要な変化である。鎌は、稲刈用の鋸鎌のことが宝永期の「耕稼春秋」、「農事遺書」にみえ、後者は稲株の切口が荒くなるため乾燥が良いと評価している。[49]

脱穀・精製過程の農具では、千歯こきの初見は正徳五年十月、石川・河北郡十村が近年出来の珍しき物を書き上げた中に稲こきを挙げ、「近年江州より売に参、在々に用申候所宜御座候、一両年御当地に而出来仕候」と述べて、すでに現地で製造が始まっていることがわかる。[50]なお、それ以前では、「耕稼春秋」は「扱い箸」が近年鉄製であることを述べ、「農事遺書」に見える「唐箸」（二本の扱き歯を有する竹千歯）は千歯扱きの原理的萌芽を有するという。[51]また籾すり用の木臼が土臼へ改良される時期は、「耕稼春秋」では木臼だが、天明元年石川郡の

「耕作大要[52]」、同八年砺波郡「私家農業談」、また口郡の「農業大綱」に記載があって、三州に一般化していたことがわかり、また、幕末期の「民家検労図」の記述から推算して享保末に土臼の導入が考えられるという。[53] 木臼が二人掛りで手縄を交互に引く半回転方式であったのに対して、土臼は五人掛り（「民家検労図」）で指木を使う全回転方式をとって能率を上げたものであった。選別用具は、箕から唐箕（颶扇）へ、米簁（けんどん）から千石簁（唐けんどん）へ、ゆる輪からゆり板（米ゆり）へ変わる。唐箕は「耕稼春秋」に記載がないが、江沼郡の「農事遺書」には小麦に関してみえ、この後は安永の「開作内考」や農書類を通じて記載されている。天保七年四月付の越中の御扶持人十村石崎市右衛門の調査書上に、唐箕・唐けんどんの使用は「正徳・享保の頃より始り候哉と申伝候」と述べていて、[54] 千歯扱き、土臼の導入と同年代であることが知られる。

　こうした精製用具の一連の変化について、「私家農業談」は「古代は扱摺の道具、扱竹・すりうす木臼なり一から、米簁四つ、内一つ荒とほし、一つは中とほし、一つは清とほし、一つは小米とほし、又箕二つ、此の如し、米仕立る道具六色にて済しなり、近年色々の道具ふへ来る、当時は古しへの道具は曾て不用、木臼は土碓にかはり、震輪は米汰《こめゆり》に替、米簁は千石簁に変り、箕は颶扇に転じて、力を労さず卒労を尽さずして米を仕立る術をのみ量りけるなり……今は此道具三州ともに流行して、いかなる農家にも吟味合に是をこしらへ調へ、若右の道具の内一品にても無之家には人毎にそしり立て、男女奉公を嫌ひけるにより、自ら費を厭はず是を拵て渡を以て第一とする事に成たるなり」と述べている。[55] このように改良農具は天明期にはかなり徹底して普及しており、かつての扱き箸—木臼—箕—米簁・ゆり輪の脱穀精製用具の体系は、正徳・享保期ごろから、千歯扱き—土臼—唐箕—千石簁・ゆり板の体系へ変化するのである。

　以上にみた一連の農具の改良発達は、いかなる生産性の向上に向かっていたか。その端緒段階であった「耕稼春秋」にすでに「農具新に拵、就中鍬鎌を初鉄道具新調る者は農業はかどり、其徳計難し[56]」と認識され、一連の改良発展がほぼ達成される天明期には、さきに引用したごとく、新式農具を備えぬ農家はそしられ、奉公人もきらうほどになるのである。その間、たとえば三ツ鍬について、藩が「荒起に鍬入浅く、草之根等切兼、甚害に相成申様子ニ候」(57)として使用禁止を申し渡しても、能率の向上を追求して普及しつづけるのである。とくに精製過程では、幕末期の「開作仕様」(58)によると、「扱き摺」(半日脱穀、半日調整)の方法の場合、扱き箸体系では一日に男一人二斗、女一人一斗四、五升の米を仕上げたが、千歯扱き体系では男三斗五升、女二斗五升となり、約一・七倍は増産することを述べている。この脱穀・精製過程は女子労働の比率の高い作業であるから、ことに女子労働力の節約をもたらしたであろう。それは、先述の必要労働量の変化について女子労働力がとくに減少していたことに相応すると考えられる。また、農閑の期間がいくらかでも増えたであろうことも予想してよかろう。ところで、この能率の向上をめざす農具改良の方向は、さきに肥料に関連して指摘されていた経営の小規模化傾向に即応したものと考えられる。改良は小規模化した経営に適合的な限りで行われていることは前述のことから言えるが、とくに三ツ鍬への移行については、安田健氏が、従来の、増肥に適応するために深耕を必要としたからであるという説明を否定して、三ツ鍬は土壌の取扱いの観点からはむしろ後退しており多肥化に適応的でないとしておられることの方が、先掲の「荒起に鍬入浅く」の文言や、享保年中に改作奉行増田半助が通達した中に「弱キ百姓荒起薄ク仕、糞も不致故、年々地やせ出来悪敷候事」(60)とあることに照らして妥当な解釈のように思われる。(59)とすれば、そうした、一面では耕起技術の後退を示しながら三ツ鍬に移行する理由は、馬をもちえない、犂耕のできない程度の小規模農業経営の成立を背景に予想しなければならないし、またすでに十七世紀後半からみられた金肥の使用が、積極的に普及するなかで、右の部分的な技術的後退を補ったであろうことも推測できる。

もっとも農民間の階層差は無視できない。効力の良い金肥も十分に施用できず、「下百姓は作り高程人馬をかへず、農具弱く」(61)とされる下層農民は、一般的な能率向上のなかでかえって上の階層との生産性の格差を拡大されたであろう。彼らにとって残された生産力は、以前にも増して激しく駆使する自分自身の労働力ではなかったろうか。

4　耕作体系

以上にみた男女労働力数の増加から減少への変化、馬の減少、金肥導入と多肥化、農具の能率化などは、耕作方法の変化ばかりでなく、それを通じて耕作の全体系に影響を与えたと思われる。脱穀・精製過程における能率向上＝労働力節約と労働力組織の変化については、さきに触れたが、以下に耕起、代掻き、中耕・除草過程について、その変化を推測してみよう。まず耕起作業で指摘できる二、三点をあげると、「荒起」は、元来、沼田は鍬、堅田は犂を使用していた。それが幕末期「開作仕様」や天保十三年砺波郡の「里子仕業等之御答書上申帳」では、はっきり堅田に三ツ鍬を使用することを記した上で、つぎに犂耕の場合を述べる順序をとっている。天明期の史料では三ツ鍬使用の場合を記したものは見当たらないが、当時すでに使用されはじめていたことは明らかである（前述）から、以降、幕末期にかけて三ツ鍬による堅田荒起がしだいに一般的となって、ついに通常の方法化したと理解できる。もっとも、三ツ鍬以前に平鍬の使用が当然考えられるから、犂→平鍬による犂耕の後退は、幕末期を待たなくとも十八世紀中に予想してさしつかえない。その上で三ツ鍬による能率向上がみられたと理解すべきであろう。ところで堅田荒起における犂耕の場合、石川・河北、砺波郡などではすぐ前に「ばんのこ割」を行った。これは稲株を四～五株間隔で二株分の幅の溝を鍬で掘り、排水を良くして田を乾燥させ、虫害を防ごうとするものであるが、三ツ鍬による場合は「ばんのこ割」は行われない。ただそれに代わって、三ツ鍬による荒起のつぎ、「荒切（小割）」（鍬を使用）のまえに、耙で土を切りこなす「鎌きり」[62]という作業が新たに行われるようになる。また荒切（小割）のつぎの「くれ返し（あらくれ）」作業（犂を使用）も「開作仕様」では人力（鍬）

のみで行う場合（「打返し」という）も記している。

代掻き作業は、堅田では元来は「小すき」（犂を使用）―「小切（植代切）」（鍬を使用）―「かい田すき」（犂を使用）という順序で行われたが、このうち堅田にだけ行われる「小すき」作業は、天明の「私家農業談」にその語が見えるだけで、当時の他の史料でも、幕末期の史料でも、この作業に触れていないようにみえる。また堅田で「かい田すき」（犂耕）に代わって「かい田打」（鍬耕）が行われるようになる。これはすでに「耕稼春秋」で「但馬なき者はかい田打迄する」と述べており(63)、「農業大綱」になると「またかい田打もかい田すきといふて馬にすかせる所あり」と、打つ方法が普通のごとく記している。こうしてすきこなす方法に代わって打ちこなす方法への転換がみられるが、また、ならす作業が丹念になったようにもみえる。延宝四年砺波郡堅田の植付前の作業は「かい田すき」、延宝六年能美郡は「中すきこなし」であるが、元禄以後の史料には、まぐわ・鍬・朳（えぶり）などでならすことが記載され、かつ入念にならすべきことが強調される。もっとも、以上のことは地域あるいは史料によって作業の名称が異なり、作業過程やその記述に精粗の差があって、より厳密な検討は今後を期さねばならないが、しかし馬耕は消滅しないとはいえ、犂耕にとって代わられる傾向が進んだことは確かである。とくに犂は「荒起」「くれ返し」「かい田すき」のすべてが鍬で行えるようになって、全く使用しなくても耕作が可能になっている。耙は「鎌切」(64)や代掻きで犂よりは比較的使用されたようである。そして、深く耕し乾土する耕起方法は、しだいによく打ちこなし、よくならす方法に転換したようにみえる。耕起方法の後退ではなく、転換が推測されるのである。

この、馬力から人力への移行は人間労働の量的増加をもたらした。堅田の「荒起」の場合、「開作仕様」には馬耕すれば「ばんのこ割」に一人一日三〇〇～三六〇歩、そのあと馬ですいて七二〇歩。人力のみでは一人一日一二〇歩としている。前者は一反（この場合三六〇歩）当たり一・五人ほどと馬〇・五疋、後者は一反当たり三人となる。また天保十三年砺波郡の前掲史料には馬耕で「ばんのこ割」に一人二反、そのあと馬で二反をすき起こし、三ツ鍬による場合は一人二〇〇歩ほど。つまり前者は一人と〇・五疋、後者は一・八人である。すなわち両史料とも馬を使用しなければ労働量はほぼ倍増する。また「くれ返し」では、「開作仕様」に、馬を入れる場合＝「鋤かやし」は七二〇歩（荒鋤なら三～三反半）、人力のみの場合＝「打返し」は一人一日二六〇～三〇〇歩とあり、前者は〇・五人と〇・五疋（〇・三人弱と〇・三疋弱）、後者は一・四～一・二人で、約二～三倍の人力量の増加である。「植代」について天保十三年砺波郡は、耙で一度かけば約八反、鍬では一反を打ち、そのあとのならし作業はまぐわのあとは一人二反半、鍬のあとは二反ほどと記している。鍬によれば二倍以上の人力を要する。

こうして耕起・代掻き作業の場合は、三ツ鍬が出現しても決して単純に労働力の節約をもたらしたとはいえないと思われるが、また、中耕・除草過程でも労働力量が増える。たとえば「私家農業談」に「御改作御定は『中打』一遍、『一番草』『二番草』合せて三遍にて取上る御定なれども、当時は『中打』も有増二遍して、其上に『一番』『二番』より段々に『三番』『四番』『五番』迄も念頃にとるなり」[65]とあって、回数の増加が知られる。その傾向はすでに延宝期にあらわれているようで、延宝四年砺波郡は堅田・沼田共に中打一回・草取四回、延宝六年能美郡は中打二回・草取三回と、いずれも合わせて五回に記されている。また元禄期では、元禄十年石川郡は中打二回・草取三～四回、同年口郡堅田は中打一回・草取五～六回とみえるが[66]、このように、炎天下に虫にさされ葉先に傷つけられてかがみつづける重労働にもかかわらず、中耕・除草作業はすでに延宝期からていねいになり、その後もさらに入念に行われるようになっている。これには肥料の多量投入によって稲ばかりでなく雑草も生立ちが激しくなったこともあったろう。

以上によって、農耕労働力は脱穀・精製過程では農具の改良発達によって節約されたであろうし、また直接触れなかったが馬の飼育、草刈の労働が省かれたことも当然考えられる。しかし耕起・代掻き・中耕・除草過程は作業の入念化＝集約化が進んで、労働力は決して節約されたとはいえないことがわかった。全耕作体系は、とくに労働力の組織・配分の変化を中心に全体的に変化したのである。近世中期における生産力の発展は質的変化を有しているといわねばならない。

また右の農業労働力配分体系の変化に関連して考えるべきことに、節約された労働力の放出先、集約化された労働の供給源の問題がある。馬の飼育、自給肥料製造に投入された労働は農耕作業へ直接に一部転用されたであろうし、耕起・除草作業などには労働の強化も考慮してよかろう。脱穀精製労働の節約部分は農閑余業へも廻されて、今や農民にとって必要不可欠な貨幣を取得したかもしれない。当面それらをいちいち考究することはできないが、ただそれには、農業内部では全体として単位面積・草高当たり労働力数の停滞傾向としてあらわれていたこととの関連の問題があり、さらには農業外の労働力との関係も考える必要があると思われる。労働生産性の項や第三節以下でそれに触れることにするが、その前に今一つ、収穫量について検討しなければならない。

5　種籾と稲

最初に、前節の経営費計算に示された播種量の検討を通じて少しく考えてみよう。明暦期の三州全体は籾一斗五合、能登は一斗五升である。能美郡は栽培品目の地域性を反映してか、大豆・小豆などが算入されていて不明確であるが、すべて籾として草高一〇〇石当たり四石（反当たり六升八合）は必要であったろう。その約二〇年後の延宝六年能美郡の反当たり平均は六升とされており、大体見合う量である。このように明暦〜延宝期は地域差を伴って、反当たり六升〜一斗五升、平均的には三州全体の数値からも推測して一斗程度の量であったことが窺える。その後元禄十年石川郡の書上（前掲）には、早・中・晩稲を平均して里方六升、片山方七升、潟廻り一斗、奥山方一斗五升とあり、宝永の「耕稼春秋」（石川郡）では、早稲一斗（または一斗〜一斗一升）、中稲六〜七升（または七～八升）と記している[67]。さらに十八世紀中期以降では、安永の「開作内考」は一反当たり六升、天明六年砺波郡の経営費計算は三六〇歩一反に五升（三〇〇歩一反に四升二合）、また同八年の「私家農業談」（砺波郡）は三六〇歩一反に四升（三〇〇歩一反に三升三合余）[68]。能登口郡では天明七年の書上に小苗物六升～一斗二升、大苗物八升～一斗五升とあり[69]、「農業大綱」（口郡）では一歩当たりの株数の多少に分けて五升～一斗五升を疎植と薄蒔との比例関係で見積っている。以上から、播種量については、その最少値の変化をみると、元禄・宝永期までは六升程度で、天明期には四升程度まで減少していることがわかる[70]。明暦期から元禄・宝永期の間にも減少傾向がみられたかもしれない。なお、以後幕末期までの史料を見ても管見の限りでは前掲「私家農業談」（天明八年）の籾量が最も少ない例であって、薄蒔の発展は天明期までに近世的限界に近い所までに到達したようにみえる。

ところで、この播種量の多少は苗（株）の大小、埒の大小その他とも関係して決まるものである。もっとも苗（株）や埒の大小はまた、地力差、地質差、稲の品種や早・中・晩稲のちがいによっても規定されることなので、当面の史料からは十分な探究は困難を伴うが、一部推測を交じえて一般的傾向を言うならば、結論的に、薄蒔―小苗（小株）―大埒（疎植）―上質の田―中・晩稲の関係に対し、厚蒔―大苗（大株）―小埒（密植）―下質の田・山方の田―早・中稲の関係があるようにみえる。この推測に沿った記述は、「耕稼春秋」「年中農事覚書」[71]「私家農業談」「農業談拾遺雑録」[72]「加賀江沼志稿」[73]、また前掲の「農業大綱」や天明七年の書上など、記載のあるすべての史料に見られる。しかし、一部に右の傾向に合致しない記述も見られることが注意される。たとえば、天明五年「年中農事覚書」では、中田は大埒、下田は小埒と記すが、上田の場合は「小埒ニ植候而も実入宜故、小埒ニ植申候」と述べ、また文化期の「農業談拾遺雑録」でも、右の一般的関係を指摘しながらも「今は次第に稲株小埒に植る事流行し」と述べている。後者は小埒と言っても、かつての一歩当たり六六・三六株とか七七・四九株といった基準を超えない株数であるが、しかしここに指摘された傾向がみられたとすれば、その説明は、一応疎植化傾向が一定度まで進展した上で、逆に密植による一層の増収の努力が試みられ、それが幕末期において、より以上の播種量の減少をもたらさなかったのである、というふうに考えられる。

なお、疎植、小苗（小株）→薄蒔の傾向は、「上田に屎も十分する田」(74)において指摘されており、前述の金肥導入・多肥化傾向と関連していることは考えねばならないし、また「中稲・晩稲の子のさき易き稲の類」(75)、つまり分けつのよい稲において指摘されており、稲のそうした品種改良の方向を考えねばならない。品種改良について全面的・具体的に明らかにすることは当面不可能であるが、稲に多くの品種があって(76)「一概に一品計を作るべからず」(77)と言い伝え、また極早稲の出現など(78)で成熟期間の幅を広めることによって、自然的危険への対処は強化されたであろうが、そうした、いわば消極的意味ばかりでなく、右のような、分けつのよい稲をえらんで多収量品種作成の方向で、積極的な改良がなされた点を当面指摘しておきたい。

さてつぎに、視点をかえて、多収穫化がどれだけ実現されたかを考えよう。これは単に稲の品種改良だけの問題ではなく、今まで述べてきた生産諸力の発展の総合的結果であり、それ自体土地生産性を示すことなので項を改めて述べることにする。

6　農業生産性

土地生産性を単位面積当たり米収穫量でとらえ、ここでは三〇〇歩一反当たりの実収量でみることにし、労働生産性を一人当たり収穫量（実収量）で考えることにしよう。まず反当たり実収量について、明暦の「改作入用図り」(79)によれば、能美郡二石一斗、能州四郡は一石九斗である。また砺波郡は明暦三年の石坂出村吉兵衛田地坪苅結果から上中下平均して一石七斗五升（三六〇歩一反二石一斗）である。ただし、これを後年と比較するには当時使用された承応升を寛文八年以後の新京升の容量に換算して一・〇三二倍すると[80]、能美郡二石一斗六升七合二勺、能州四郡二石一升二合四勺、砺波郡一石八斗六合である。この限りでは明暦期は地域差を含みながら新京升で二石程度とおさえることができる。

ところで以降の年代では、反収を記した史料は十数点あるが、領主への書上など斗代に近い数値に低く見積ったものがあって、史料間の数値はまちまちである。そこで当面の方法として、比較的収穫量を多く見積ったものが、より実際の収量に近いと推定して、それらをえらんでみることにする。それでもなおまちまちではあるが、まず延宝六年「能美郡田植付、培図り」は中田一石五斗～一石八斗、上田には二石余とあり、元禄七年石川・河北郡の「年貢図覚」[81]は手作りの上田で二石四斗とある。「耕稼春秋」では一茎九〇粒として一石六斗三升二合六勺五才の計算があり、別に「加州山里例年大概、穂に上作は百六七十粒、中出来は百四五十、下出来は四十四五より五六十八九十粒有」[82]とあることから推算して、上作では約三石、中出来で約二石六斗程度かと思われる。また元禄十二年奥郡十村の書上では稲一穂に「大概平均九十粒斗付申候様存候事」[83]とあって、「耕稼春秋」の下の上に当たると思われる。「農業大綱」では「三百歩壱反に三手打五十束或ハ六十束また七十束七十五七束も苅り、扱摺りでは三手打「拾束ニ付弐斗七八升より三斗ほと」、「高免所上田農稲ハ十束につき三斗四五升余も出来するものなり」とあることから、上下の平均的な数値で推算すると普通は一石八斗程度、上の田で約二石二斗当たりと考えることができる。

以上から、明暦（～延宝）期の二石程度は、元禄期以降、大まかに言って二石～二石五斗には増加していたことが推測される。こうして土地生産性は一般に十八世紀に入るころ以降、一定度の向上を示したことが考えられる。

そこでつぎに、労働生産性＝労働力一人当たり実収量をみると、明暦期は、「改作入用図り」によって能美郡は草高一〇〇石当たりの出来米一〇九石六斗、その所要労働力数（女は二分の一労働力）七・五人で一人当たり一四石六斗一升三合。能州四郡は一三〇石に九・五人で一人当たり一三石六斗八升四合となる。能美郡は土地生産性も労働生産性も高く、能州四郡は両方とも低い。つまり両生産性は比例関係であらわれている(84)。

その後の年代について労働生産性を数量化して確かめることは不可能であるが、先述の必要労働力数の変化の型と収穫量の地域差とから推測しよう。延宝～天明年間に加越型は労働力数が停滞的で実収量は増えたから、労働生産性はより高まったであろう。またその高まりは土地生産性とほぼ同じ程度であったろう。これに対しては能登の実収量は他地域より低くあらわれ、絶対値も明暦期の一般的な程度をあまり超えていないようにみえた。そして労働力数は十八世紀末までは増加していたから、能登型の労働生産性はやはり最も低く、かつその向上もより少なかったであろう。ここでは労働生産性より土地生産性の向上の方が大きかったと思われる（とくに奥郡の方が、そうした傾向がより強かったと思われる）。それはおそらく、肥料・馬などにみられた技術的発展の低さを補うために労働力が比較的多量に投入され、労働生産性の向上は不十分たらざるをえなかったのではなかろうか。

ところで、労働の集約度を単位面積当たり労働投下量でとらえると、一見、能登型は集約度が高く加越型は低いようにみえる。また同じ加越型でも明暦～延宝期の労働力数の増加傾向はやはり労働集約化の進展のようにみえ、十八世紀の労働力数の停滞は集約化の停滞のようにみえる。しかしこれをもって直ちに集約方向からそれに対立的な労働生産性向上方向への転換と言い切れるであろうか。その間に農具、耕作法などの技術的発達がみられたわけであるが、それだけでなく十七世紀後期に生産力発展の方式的転換、いわば耕地面積拡大方式から反収増大方式への転換が考えられるのである。土屋喬雄氏の研究によれば、加賀藩の新田高を高辻帳で見ると、正保三年五万九二七二石余、寛文四年一五万九五一五石、貞享元年二〇万四三五五石余、正徳元年二六万一三七一石余で、その後宝暦十年までは正徳度に同じであって、明治元年の調査では三三万三五一二石であるという(85)。これを各時期ごとの一年平均新田開発高にしてみると、大体、正保〜寛文期は五〇一二石、寛文〜貞享期二四九一石、貞享〜正徳期二一一二石となり、その後、明治までは四九五石余にすぎない。この限りでは新田開発による生産力発展方式は十八世紀初期を限度としており、とくにその盛期は寛文初年までである。十七世紀後期〜十八世紀初頭は反収増大方式への転換期であろう。これは前述の「明暦〜延宝」（〜元禄期）期に当たり、そこでの単位面積（草高）当たり労働力数の増加傾向は、技術的発達が未熟のゆえに労働の集約化に主に依存して新方式の生産力発展が育てられたことを示すと考えられる。またこれから、能登型を右の転換期段階に相応なものとして能登型→加越型の発展順序を考えることもできよう。

だから、集約的農業の進展は十七世紀後期（新田開発からみた「寛文」期以降＝労働集約化からみた「明暦〜延宝」期）からみられたのであり、十八世紀に入ってからの技術発展に支えられた労働生産性の向上は、集約化を歴史的過程として前提しており、また構造的にも前提してはじめて可能だったと考えられる。技術発展もまた反収増大＝労働集約化の発展方式に応じたものであった。それは当時なりの集約農業の一層の発展を示すものであるといえよう。

また、最後に今一つ言いたいのは、生産性の面で農民経営の大小、貧富による差があったことである。より零細な農業経営ほど農具・肥料などの技術的発展の恩恵を受けることが少なかったことは、すでにそれぞれの箇所で指摘してきた。それはどの時期にも言えることであろうが、この時期にも一般的に言えるであろう。それを推測するために、当面、承応三年砺波郡太田村と宝暦十三年能美郡小松村について耕作規模別一人当たり耕作高を示す表を検討しておこう(86)。もっとも、とくに表23太田村の場合は、表示の数値と実際とのちがいがある程度大きかったとも思われ、また、一人当たり耕作高によって生産性を考えるのであるから、ごく大ざっぱにしか見当をつけられないが、それでも表23太田村では耕作規模の大きさと一人当たり耕作高の大きさとは比例関係にあり、

表23　承応3年（1654）太田村1人当たり耕作高（推定）

耕作規模別階層	耕作高	人数	1人当たり耕作高
石 300～350	石 654.111	人 34	石 19.239
100～175	692.656	41	16.894
50～ 75	327.230	38	8.611
29～ 40	227.500	30	7.583
20～ 25	145.000	25	5.800
合　計	2,046.497	168	11.122

註　『砺波市史』284頁の表より作成。耕作高は持高＋作配高－被作配高で推算。また人数は，「家族数」と「下人数」を合計したもの。したがって数値は厳密な1人労働力か否かは不明である。なお，この他に無作農民5戸（16人）がある。

表24　宝暦13年（1763）上小松村作人1人当たり耕作高

耕作規模別階層	耕作高	作人	作人1人当たり耕作高
石 78	石 78.000	人 11	石 7.091
20～40	226.800	24	9.450
10～20	91.900	13	7.069
1～10	68.300	14	4.879
1石未満	1.600	?	—
合　計	466.600	(62)	(7.500)

註　片桐家文書「当改作人馬野道具相改書上ケ申帳」より作成。耕作高＝持高＋「一作請」－「一作下シ」。また「作人」は史料のまま。合計欄の括弧内の数値は「1石未満」階層を省いて計算したもの。

とくに耕作規模一〇〇石以上と未満との格差は歴然としている。一〇〇石以上規模経営の有利性が窺われる。上小松村では、一人当たり耕作高が承応三年太田村の一〇〇石未満層とほぼ似通った値を示して、そこに、技術発展をふまえながら労働生産性向上よりも労働集約化の強化がみられたことの影を窺わせているが、とくに興味深いことは二〇～四〇石層よりも七八石（約四町二反歩）の経営（持高一五〇石七斗のうち七二石七斗を「一作下シ」している）の「作人一人当り耕作高」が小さいことである。ここに当時の比較的大経営没落の可能性を読みとることができはしないであろうか。四〇石未満は階層が下がるにつれて一人当たり耕作高も減少している。

以上、労働力の問題については、必要労働力の分析を行い、それを生産力全体のなかに位置づけて労働集約化を考えてきた。しかしそのなかで、さらに生産諸関係にも種々規定されて具体的に把握できるであろうことが予想された。それは労働の生産力ばかりでなく他の生産諸力についても同様であった。本節の検討結果のいちいちについては、各項でそれぞれ指摘し、それらの総合的指標である耕作体系、生産性の項では総合的にまとめる努力をしたから、改めて振り返ることは省略しよう。要は〝多肥集約化〟の進展を指摘したわけであるが、次節以下では、こうした生産力発展との関連の限りで（したがって全面的でなく）農民的商品経済の発達と小農民経営の自立の問題を考えることにする。

三　商品作物生産と労働力の存在形態

本節では、商品作物栽培の発展と労働力の社会的存在形態の変化について、前節で検討した農業生産力発展に直接的に関連する限りで、そのうち当面確かめておきたい点を述べることにする。その検討は部分的かつ表面的に行うにとどめるが、それによって農業生産内部における生産力発展について不十分にでも補足し、また次節でみる農業経営の変化の前提条件を不十分にでも調べようとするものである。そこで、農民的商品・貨幣経済発展の内容的側面として、まず①生産力発展に寄与して商品作物栽培の発展がもった意味を考え、つぎに②農村労働力の社会的な変化について検討することにしよう。

1

商品作物栽培の発達が金肥の普及・多肥化と関連していることは前節でも指摘したが、先掲延宝六年「能美郡田植付、培図り」には米作に関してとともに麦作、菜種作についても記しており、また「耕稼春秋」の先掲「農人入用中勘」でも、その文尾に「石川郡百姓夏作に取物」として菜種、大・小麦の収穫量を示し、前者は年貢のための貨幣収入に、後者は百姓の食用になると記している。能美・石川郡では米とともに麦と菜種は農民一般に作られていたと考えられる。麦は商品作物とは言えないかもしれないが、菜種とともに重要な田方裏作物なので一緒に検討しよう。これらはかなり以前から栽培されていたと思われるが[87]、改作仕法以後では加賀藩は寛文～元禄のころ、とくに凶作の年などに百姓が麦種に不足しないよう注意を促し、また御貸米を命じており、菜種についても、寛文期に下値になって百姓が差し支えぬよう藩が買置きをしたり銀子を貸したりしている[88]。また寛文二年三月、金沢に近い田井村の願書に、村高四〇〇石のうち畠所を除く「残二百石余は不残毎年麦・なたねをまき不申候へば百姓相つづき不申候」として、田地が与力屋敷地になることに反対している[89]。これらから、当時の麦・菜種裏作は、農民がその生計維持のために行わざるをえなかった面が強く、それゆえに領主も積極的に保護したようにみえる。

しかし、貧窮に基づく栽培でも、しだいに多く作られ、商品ともなる。「耕稼春秋」は「御領国三州にて麦・菜種、承応改作の頃より唯今迄田の歩数一倍程多く植る事口伝有、惣じて一ケ年田畠一所に二作ともすれば、土の性ぬけて下地となる、是によって糞も段々多く入増物也[90]」と、十七世紀後半における菜種作の増加とそれによる多肥化を述べている。その数量は、元禄十年改作所の調査で「三ケ国惣麦高」は「二千百五十三万千六百六十三歩、内二十三万四千九百八歩菜種」となっている（ただし菜種反別には疑問がある[91]）。麦・菜種は三州のうち加賀国で、なかでも石川郡平野部で多く生産された。「耕稼春秋」は、松任近辺が大麦の収穫量が高く、小麦も上質であると述べ、菜種も「菜種子は加州一国第一近国に勝て植、取分石川郡多く植る、其内にも野々市より柏野辺まで三里四方程は猶以多植る」と記している[92]。正徳六年（享保元）の調べによると[93]、加州三郡（河北・石川・能美）の「当年出来菜種」合計一万三八四九石四七八合、そのうち九一・九％までが石川郡で産し、能美郡は六・四％、河北郡は一・七％である。また出来高から「百姓自分油種幷こゑ種」を除いた残りの「払種」は合計一万二四五六石六〇四合で、この出来高に対する比率、すなわち商品化率は、三郡合計が八九・九％、石川郡九一・

九%、能美郡五八・二%、河北郡五〇・三%である。石川郡はいうまでもなく、他の二郡もかなり高率であるといえよう。

菜種は施肥量の多少が収穫量の多少に大きく影響する作物である。「耕稼春秋」は野々市より柏野辺りの菜種作の「糞入用中勘図り」を記した上で、「但浜方幷金沢廻り、其外遠方の村々はこえの図り松任近辺より減じ、又出来菜種も減じ」とも、また「菜種のこえ百姓によりて大に多少有、取目も又多少有」とも記している(94)。同じ頃の江沼郡の「農事遺書」は、菜種を植える土地は「当処ノ如キ悪田」に対して「加州能美・石川郡ナドハ上田ナルガ故ニ」云々と指摘している(95)。このように麦と菜種は早稲田跡の裏作として石川郡を中心に発展したのであり、それが田方の多肥化方向への生産力発展を促進したことが知られる。また菜種は、「其子油に搾りて甚潤色あるゆへ、三州の農民多く是を作る、他国とちがひ麦よりは上りよろしき故、平村の分は菜種を作る事なり(96)」というように利潤の多い商品作物であったことが、多肥施用を促し、また可能とさせた要因であったろう。

つぎに蔬菜類についてみよう。詳細な挙例は省くが、周知の「耕稼春秋」の記述や延宝六年石川郡特産野菜等の書上(97)その他によって、金沢近郊の村々で大根・蕪・瓜類・牛蒡・にんじん・ねぎ・茄子など、それぞれ特徴のある品種、良質の品種が作られ、売り出されて小規模な特産地を形成していたことが知られる。これらも早稲や麦などの刈跡の「菜園田」に栽培されるものが多かったのである。また菜種と同じ十字花科（油菜科）に属する大根・蕪などや茄子・瓜、また葉菜類はいずれも多肥施用によって収穫を多くできる植物である。「耕作大要」（石川郡）は「西瓜ハ屎多ク、指続テ茄子也、茄子ハ屎多クスレハ多生《ナル》、瓜・西瓜ナドモ屎厚薄次第ニテ生ル事多少アルヘシ」と言い、また「屎ノ仕様加減六ケ敷、大キニ功不功者アリ、松任・金沢近里ハ功者也、稼ニスル故昼夜打カカリ居ル」と述べて(98)、多肥化、さらに売るための生産として昼も夜も手入れを怠らないていねいな作業ぶり、つまり集約的であることを指摘している。この点は菜種にしても同様であった。こうして、「耕稼春秋」では「菜種に限らず、何にても一色多く作る所は手入糞多く入、又万事取目も多有也[99]」というのであり、「耕作大要」も「都而畑物ハ金沢近郷ハ早ク蒔、出来ヨキ也、功不功者ニテ大キニ違アリ[100]」と述べることになる。すなわち、特産地の形成は生産力面での多肥・集約化の進展に支えられてなされ、逆にまたそれを促進しているのである。

たばこ栽培も十七世紀後半から発達した。とくに鶴来奥山方、手取川端平野部の柏野村辺りに比較的上質なたばこが作られるようになった。たばこ栽培に関する史料は、早くは万治三年八月に石川郡へ対して藩用の青たばこ二〇〇枚の調達を命じた例があり[101]、寛文七年三月には葉たばこ・刻たばこ共に津留としているが[102]、その後本田畑作り禁止の制限下にも栽培は増大した。正徳三年二月の石川郡十村よりの油かす・干鰯値下げ願のなかに「能美郡・石川郡鶴来奥山方幷里方之内、近年たばこ作り申候……(本田にも)密々に作り申様に罷成申候……たばこ養に第一油粕を以作立申に付、大分油粕入申儀に而御座候[103]」と述べている。たばこもまた施肥量の多い作物であるが、その発展が金肥の導入を進めており、しかも油かすを主要な肥料としているのは菜種栽培の発展を前提としていることを示し、この意味で(平野部の)菜種栽培の発展と(山方の)たばこ栽培の発展とは有機的に関連している(後述)。ところで、その生産量については、たばこ半作令が出されたさい、元禄十六年二月に石川・河北郡の田井、野々市、御所村(いずれも御扶持人十村の居村)の名で提出された(したがって、おそらく能・越を含まない)「当年作可申たばこ歩数」、すなわち例年の半分作の見積りは「三十四万二千四百五十歩、此たばこ葉中勘五十一万三千六百七十五斤[104]」、つまり三〇〇歩一反として一一四町歩余である。地域的特産物として決して少ない数値ではない。また享保十一年のたばこ売買取締りのため吟味人を設置したさいの文書中に、能美・石川郡について「たはこ差出候数百人之百姓とも」とあり、彼らは「米ノ代リニ作り出村も有之」、「其価を以御年貢等ニ取用申事ニ候[105]」とあるごとく、山方における専門化した作物の一つとなっているのである。なお能登・越中両国では「越中福野在々幷能州富来迄在々（つまり口郡一帯か―引用者）ニて出来たはこ」があったが[106]、越後から舟積して移入するもの[107]、鶴来から買うものも多かった[108]。しかしそれでも、口郡の場合は比重の高い商品作物であった。元文三年の羽咋・能登両郡一一組の出来高・通用高調査によれば、たばこは一四万斤を産し、うち八万三〇〇〇斤を両郡内で消費している。だから両郡の外への移出率は四〇・七％になる。他の産物の郡外移出率と比べると塩（出来高二万俵）の八七・五％に次いでおり、三位は布（出来高一万五〇〇〇端）の三六・七％、四位は大豆（出来高一八〇〇石）の一一・一％、その他はごく少量にすぎない[109]。

その他、茶、麻苧、桑などでも集中的に生産される地域が形成されるようにみえる。石川郡以外は「耕稼春秋」ほど詳しい史料がないため不十分にしか知りえないが[110]、以下で大よその検討をつけてみよう。茶については「耕稼春秋」に「江沼郡・能美郡悪茶多作りて売買有」とあり[111]、元禄元年加州三郡の「他国他領江売出し品々」書上に三谷（大聖寺南方の山間）の煎茶が記載されている[112]。また正徳二年大聖寺藩領の引免要求一揆に伴った打ちこわしでは、茶問屋・紙問屋廃止を要求して、平野部の「茶場の者共」が茶問屋を、紙屋谷（山中谷）など谷あいの村民が山中町の紙問屋を襲っている[113]。紙（＝楮）はその他石川郡二俣、越中五箇山などでも特産したことは周知のところである。

また麻布、絹織物の生産地周辺では麻苧や桑の栽培が行われていた。口郡は能登上布の生産地であるが、正徳三年に「江州其外商人毎年口郡ニ而布かせ買申候」と述べた文書があり[114]、砺波郡では八講布、五郎丸布など、川上布と総称されて戸出町を中心に一円に広く産していた[115]。「耕稼春秋」に麻苧は石川郡では売買しないが「越中・能州は百姓作して売買す[116]」とあるのは、そうした状態を示したものであろう。また絹織物業は江沼郡大聖寺（大聖寺藩）、能美郡小松、石川郡松任、また砺波郡井波・城端などを中心にして行われていたが、たとえば城端では元禄・宝永期に麻布生産の漸減傾向に対して絹織物業が隆盛することが知られ、またこれに伴って周辺農村や山方で養蚕・製糸業、つまり商品作物栽培と農間余業が存在し発展したのである[117]「耕稼春秋」は桑の肥料について「何にても草土小石など根本へ寄置ば糞に成、葉能茂る、然れども近年鶴来山奥に桑にこえをよくして利潤有事を知て、干鰯二ツに切、小木には一切、大木には干鰯一ツ宛、春木根本に埋み置ば桑の葉五割程多有と云[118]」と述べて、ここでも金肥導入、労働集約化の進んできたことを指摘しているのである。

他にも湿地帯の藺、奥能登の漆などの特産作物を挙げうるが、右の例から商品作物が地域的特産物として、惣じて十七世紀後期から十八世紀初期にかけて展開したり画期をもったりしていると思われる。各特産地の形成はもちろん単純でなく、前述の（里方の）菜種と（山方の）たばこが油かすの需給関係で関連していたごとく、都市（金沢）とその近郊農村とが蔬菜栽培、肥料購入（前節）、また労働力移動（後述）などで関連しているごとく、一般的に言って地域的特産物は相互に有機的に関連し合って発達したと考えられる。もっとも、こうした商品作物栽培が、後述のような十七世紀における収斂の厳しさによる農民層の窮迫・没落の危機状態をのりきるために促進された面をもったであろうし、それ自体総体的にみてめざましい発展といえるものではない。それに、この北陸地方は全体としては米作単作に専門化する地域なので、そのなかでの商品作物生産、また織物などの農村工業も、その進展にはせまい限度があったはずである[119]。さらに生産・流通上の比重の高いものほど強く領主によって統制されていたことは、当時の法令などから数多く例示できるし、小野正雄氏は、寛文・延宝期における領域市場の再編・掌握が行われたと指摘している[120]。このような商品生産に対する諸制約と、その下で予想される発展の歪曲については、さらに詳細微妙な検討を要するが、本節の目的はそこにはなく、諸制約のもとで、それなりに展開した商品生産がもたらした農業生産・経営への一定の影響の確認である。

それは、すでにみたように多肥集約化方向への生産力発展の重要な要因であったことであり、一般農民層を商品・貨幣経済にまきこんで金肥や新式農具購入の前提条件となったことであり、またその農民的商品・貨幣経済は、つぎに述べるような農村労働力の流出と形態変化も生起して農業経営形態の転換に作用するのである。そこで、まとめと次の問題へのつなぎに代えて、明和～寛政期に郡奉行・改作奉行などを務め、その間「改作所旧記」などを編んだ高沢忠順の叙述を「改作枢要記録」（別名「御改作御趣意考」「高沢税賦考」）から二、三引用してみよう。[121]それは金沢周辺の商品・貨幣経済発展の最先進地域の様子を彼なりの見方でまとめたものである。すなわち、金沢城下の発展と華美の風潮につれて、「此ゆゑに灯油をはじめ野菜類等買ふ人多く成により、近在村々は段々本田を畠となし日用の野菜其外無益の畑物まで作り出し、石川郡は別て菜種田多く、是は二夕物成にて百姓は少し徳あるやうなれども米の出来損あり、惣て畠物はやしなひも人力も多く懸り、百姓手前畢竟損ながら、当座に代銭の手へまはる事をこのみ、扨御城下の華麗を見習ひ衣食等につかひ失ふ百姓多し」。菜種、野菜などの栽培の発達が金沢周辺の農民を商品・貨幣経済にまきこみ、華美の風を助長しながら、他方で肥料代の増加などからかえって困窮する者が多いことが指摘されている。しかもまた、つぎのような動きも惹起した。「其中にも御郡方の内に世智がしこく町方を羨む者は、折を待て村方を逃れ去り、小商ひなどして終には町方の家持となり、仕合よき者は大商人と成り、衣食華麗、願望を達するあり」。しかし他方では「彼田地を失ひたる百姓は生業に離れ、其中には乞食して御城下へ来り非人小屋へ入もあり、不便のありさま」。すなわち農村労働力の流出現象。これらに領主の収斂が一要因となっているならば、領主によって重要な自己矛盾の展開であったといわねばならない。それではつぎに農村労働力の流出・形態変化について検討しよう。

2

ここではさしあたり、主として法令類にあらわれた農村労働力の移動・変化の状況を、改作仕法の後、十八世紀中ごろまでについて一定の動きを読みとってみよう。まず万治年中の関係法令は、他国出禁止と家中奉公人規制についてみられる。百姓や頭振が他国へ行くことを原則として禁じ、雇われて他国へ行った者は定めの日限（五〇日）以上に居留まらぬように命じ、また家中奉公人（役小者、鑓持、馬持、乗物かき小者、草履取、あらしこ）に対しては給銀を定め、一季居奉公人御定書などを出して理由なしに暇をとったり、許可をえた者でも耕作に従事する者は別として、日用取などになることを禁じている[122]。つまり規制の主眼は、農業労働力の確保、および農村から徴発した武家奉公人の規制であり、これは以後の時期にも基本的な規制として繰り返し触れられている。

これが寛文期以降、延宝期を経て正徳期にもなるとしだいに状況が変化してきて、いろいろの対策が行われる。まず、寛文期には走百姓について改作仕法とは少し趣を異にした措置がとられる。寛文三年正月にとくに罪科のあったもの以外は赦免するから立ち帰るよう命じ[123]、同六年十月には走百姓を訴えれば褒美を与えると触れ[124]、同十年七月には、前年からつづく凶作のなかで、欠落人を呼び返せば以前のごとく田地を与えると令している[125]。しかし翌十一年二月の令では、走百姓は持高を取り揚げ家財は闕所し立ち帰っても家高は渡さないとしている[126]。走百姓対策は改作仕法の重要な要素であったが、当時においても走百姓は絶えなかったのであり、寛文六年七月に改作奉行より年寄中へ宛てた「改作方裁許仕様書上」には、走百姓について「又先年改作以前之様に可罷成哉と第一此所あやぶみ奉存候」と述べている[127]。

なお、右の寛文十一年の施策転換に関連して少しく言えば、寛文九年七月に、改作法以来の禁を犯して百姓へ貸物をした者は、その貸物を取り立てぬよう申し付け[128]、同年十月には百姓に対して貸物することを改めて禁じている[129]。そして翌十年十二月には百姓へ貸物して弁済に田地を没収した石川郡の十村の手代が獄門に処せられている[130]。改作法的施策の復活といえよう。また同十年八月にはつぎの趣旨の令が出される[131]。藩主綱紀の直接執政の年数が浅いので「御仕置之御心得にも可成かと、目安上げ次第に被成置候処、むざと仕義迄申上候」、それでは非分のない十村まで「ひずみ」、改作の妨げにもなるおそれがあるので、今後は十村どもは百姓の意向を顧慮することなく旧例を守って諸事申し付けよ。こうした一連の全般的な改作法的施策への方針転換・復帰のなかで、さきのごとく寛文十一年に走百姓対策も変わったと理解される。しかしそれが効果があったとは考えられない。その後も他国かせぎに出る者が多く、「江戸などには際限も無之段相違無之候」（正徳五年十一月触）(132)であったし、また領内に滞留して浮浪人・乞食人となっている者が多くあった。

そこで、村をはなれて浮浪した労働力に関してみよう。加賀藩では飢饉などによる貧窮人が生じた場合には、御貸米を与え、乞食改めをして粥施行をし、また諸士に命じて困窮人を譜代として養育・使役させていたが(133)、寛文十年三月には、うちつづく凶作に際して金沢近くの笠舞村に非人小屋を建てて浮浪者を収容した。同年七月十六日現在の収容人員は一七五三人を数えた。これらの収容者は、希望者へ「里子」と称する隷属的労働力として引き渡され、また寛文十一年に長坂新村、同十三年（延宝元）に潟端新村を立てて入植させられた。なお収容中に病死した者も少なくなかったと思われる(134)。こうして収容人員は、たとえば延宝六年に三二〇人余に減少するなど(135)、年によって増減はあるが、元禄七年からの非常な飢饉のなかで同九年正月に御貸米二万石を放出し、米小売所設置などの米穀管理を行い、十月には百姓が非人・乞食などに出ぬよう取締りを命じても「非人多罷出」、非人小屋を増築しなければならなかった(136)。同十一年末の収容人員四四五五人、十二年は四五二五人(137)。それでも収容しきれない者が多くあった。同十三年十月の史料には「近年金沢廻り乞食多き儀、僉儀有之」とある(138)。村をはなれて流浪し、金沢近くへ集まったものであろう。また元禄六年五月、同十三年八月に捨子取締り令が出されているが(139)、元禄元〜十四年の間に笠舞村領内に合計二七人の捨子があったという(140)。その後、宝永四年に非人減少につき小屋の一部をこわすことを議しているが、それでも二月二十五日現在収容人員二〇七七人、同六年七月二十五日現在二一九四人であった(141)。享保二年二月の史料では一一四七人に減っているとあるが、同時に「其以前は大分之人高、惣数三千人又は五千人も有之候」と記されている(142)。

ところで、非人小屋へ収容されない乞食人は町方にも在方にも流浪し、所々で臨時に雇われて生きていたと思われる。その例として、つぎに寛文五年七月に三州御扶持人・十村中より提出された御郡・改作両奉行所宛の返答書を引用しよう。これは次節での農業経営の検討にも用いられるので全文を掲げる。(143)

御尋ニ申上候

一、諸百姓普代下人十人持申内三人又ハ五人宛ハ、乞喰人そく才ニ在之者、五月三月宛養置申候而、やくニも立可申様成者ヲやしない立、里子ニも仕り遣申候、又弐年・三年やしない置申候而も心立あしく者者追出し申事も御座候、又五年・三年居申候而も乞喰人之方ゟ出申も御座候、ケ様之乞喰人共行衛も無御座、親類又は古郷吟味仕候得ハ何角むつかしき義も出来り申候ニ存候間、足ヲため不申失行、手ニたまり不申ニ付而、跡々ゟ古郷ヲ尋末江届申儀無御座候得共、人手ヲ遣申度奉存付而一月雇之様ニ相心得遣申候、其内年をかさね置申所ニ心立能作リニ情ヲ入申者ハ子分ニ仕、家を為継申者も御座候、其外似寄妻子ヲ仕付、子孫迄下人ニ仕ル首尾も御座候、向後ケ様之者見立置申刻、末々江届申候ハヽ、里子も無御座候間、諸百姓手搛可申かと奉存候間、乞喰人ひろい申儀、只今迄之様ニ相対次第ニ被為成可被下候、以上

寛文五年七月　三ケ国御扶持人
　　　　　　　十村中

御郡御奉行様
御改作御奉行様

地主手作経営の「下人」一〇人のうち三～五人までは乞食人を月雇い程度の短期のものとして使っている状態が記されているが、それが人手不足を補うためであることがわかる（後述）とともに、乞食人が「古郷」を完全に離れた状態で流浪し、手作地主経営にひろわれて生きていることがわかる。延宝五年九月に改作奉行が、「御郡之者欠落又者召仕之下々当座隠など仕、切々及案内候」状態に対して、それが違法の離村・流出であると触れて

いるが(144)、右の乞食人は、こうした違法の欠落・当座隠形態で凶作（延宝五年）などを契機に多量に発生し、したがって「古郷」へ戻れぬ事情にあったと思われる。ところで、このような農民層の絶対的窮迫→離村・流浪の生じた原因は何か。それは凶作年に多くみられたが、問題はその凶作に耐ええない農民経済の余裕のなさ・未熟さであろう。それには農民的商品経済の発展度とともに農民的余剰を認めない改作仕法（加賀藩農政の基調）そのものも考えられよう。改作仕法について詳しくは稿を改めねばならないが、すでに「改作入用図り」作成の意図と方法に全剰余労働搾取の原則をみた（第一節）。また後年に高沢忠順が「改作枢要記録」（前掲）などで、砺波郡の十村武部敏行が「御改作始末聞書追加(145)」で、改作仕法を擁護し、それゆえにすべての責をその後の施政に帰して指摘している「聚斂貪利」は、全剰余労働搾取原則の自己矛盾の展開した結果に他ならないであろう。もっとも、この自己矛盾展開の形態は時期的条件によって変化するであろうから、農民の浮浪人化は、離農してもそれに代わる職を見出しえない状況、つまり農民的商品・貨幣経済が比較的に未熟な段階に特徴的であったと考えられる。しかし、そうした壊滅的状況の一方で、しだいに以下で述べるような離農して新しい職につく傾向があらわれはじめ、両状況の併存がみられる。

ではつぎに、延宝期以降表面化し正徳期に問題化する家中奉公人不足現象についてみよう。延宝六年三月、「当春は男奉公人一切無之候之由」につき奉公人が在々へ引き込まぬよう触が出され(146)、翌七年には日用御荷物持に徴用できる頭振の人数調査が行われる(147)。そして、この不足現象は正徳期に至って藩政上の大きな問題となる。それは正徳三年正月の、つぎのような事件がきっかけとなった。新川郡泉村の頭振仁兵衛なる者が、御荷物持人足として徴用されて江戸に来ていて、そのまま居留り日用稼ぎをしていたところ、正徳二年八月に病気にかかって加賀藩江戸屋敷のそばへ来たことから、在府の藩主の知るところとなり、国元へ対して、このような御定に反する例がある一方で奉公人が不足すると言っているのはいかがなことか、役人を吟味するよう仰出があった(148)。これをきっかけにして、同三年から五年ごろにかけて家中奉公人不足への対策が強められる。すなわち他国へ行く者の取締り強化、勝手に引き込んだ者の吟味、そして郡中に対して奉公人提供を要求し(149)、また正徳四年五月の令で金沢の日用・ざるふりには鑑札をもたせることにした(150)。この日用・小商人の鑑札制による取締りは、奉公人たちがそうした自前の稼ぎをするようになったからであった。「他国之雇者其外日用等自分かせぎ仕候故年々奉公人減少、召置兼候段、何れも承知之通に候」、また「是は致奉公候より日用・ざるふり等自分に渡世仕方勝手宜候に付、宿等へ引込申者多有之」といった正徳三、四年当時の触書中の文言がそれを示している(151)。在方からの奉公人徴発の強化については、正徳四年十月に十村が連名で意見を上げて、奉公に出ると引き込むことができないように考えている者もあろうから勝手次第に引き込むことができるようにしてほしいと要望し(152)、また享保三年、諸郡へ家中奉公人数を割符したのに対して、二月十日に石川・河北郡の御扶持人・十村不残より、在々より奉公人に出ている者はかなりの数にのぼっていることを示して、奉公人が不足するのは奉公に出た者が勝手次第に借宅または買家して居住するからであって、家中・門前地・町方・宿方に対して取締りを行ってほしい旨を述べている(153)。こうして家中奉公人徴用は、それ自体が媒介して在方労働力をいずれ日用・小商人化し、家中奉公人の不足、さらには在方奉公人の不足を惹起する。領主にとって矛盾する状況が生じたのである。なお、この現象は正徳期以降に問題化したが、すでに延宝七年八月の御定書中に「奉公人晦（暇）日もらひ日用取・頭振に成候はば曲言に可被仰候」とあり(154)、また同年二月の触で、家中一季居奉公人の期限をすぎた者に宿貸ししたり自宅にかくまったりして日用・商いをさせている者は曲言に申し付けると(155)、かなり具体的な規制をしているのは、単に従来の基本的規制を再確認しただけのことではないといえよう。

このような在方労働力→家中奉公人→日用・小商い（自前稼ぎ）のコースの展開とともに、在方労働力（とくに農業奉公人）が離村して直接自前稼ぎする傾向もみられてくる。それが公文書にあらわれるのは、家中奉公人不足が問題となった正徳期からである。それは「下々之儀に御座候に付聞上不申」というように[156]公文書の上にあまり反映しないで進行したであろうが、すでに前掲寛文五年七月の三ヵ国御扶持人・十村の返答書でも耕作奉公人不足状況が知られた。それが正徳四年十月の村々肝煎連判請書では、つぎのような点に取締りの主点がおかれている。すなわち、近年在方奉公人が払底しているが、それは何よりも奉公人が「自舞」するからである。そこで以後は「自舞」せざるをえない場合、また百姓・頭振の倅・兄弟が「別家」する場合および町宿へ奉公に出る場合には届け出て許可を受けさせる。また奉公人がその主人をかえる場合は先主人の許可（手形）をとることとし、奉公人の心任せにさせない。[157]つまり在方奉公人不足の事実と、それがなによりも家中奉公人不足と同一理由の奉公人の自前化によるものであり、さらに別家（持高分割＝経営縮小化）と町宿への出奉公、また耕作奉公人の不定着性が問題になっていることがわかる。

この在方労働力の直接的自前稼ぎ化のコースは、さきの家中奉公人化を媒介とするコースが誘発したと言えるが、今一つの領主政策の自己矛盾の展開としても説明できる。寛文元年十一月の仰渡書によると、「百姓子共兄弟、町方へ出し申間敷旨」が令されているのであるが、[158]寛文六年七月の先掲「改作方裁許仕様書上」では、実際上の処置として、近年は改作仕法当時のように年貢滞納の百姓を追い出して別の百姓を入れることは行わぬようにし、「当分持高、下にて無遁者歟同村之百姓に預、其身は致奉公給銀をとり、未進相済以後勝手次第に預高取返、百姓に罷成候様に仕来候」と述べている。この預け高は、のちに切高仕法のさいに処理が問題になり、一年切のものは別として原則的に切高同様のものとして公式には取返しを認めないとされたが、年貢不足分を子供等を奉公に出してすます方法は藩の指示に合致して一般に行われたと思われる。また切高仕法自体は分高禁止の原則から、二・三男の他所奉公・似合いの稼ぎを命じている（後掲）。そして享保六年十月になると再び、上納不足の百姓は家財・牛馬等を売り払い、かつ家内の男女を奉公に出して皆済させ、持高は一作御しにして作徳米をとり、数年を経て力がついたら手作りさせるよう申し渡している（切高の進行阻止のため、切高仕法の厳格な貫徹の放棄――後述）[159]。このような施策がまた在方奉公人離農の誘因になったと推測される。またそれは田地貸借関係の展開をも誘ったであろう。

なお、このような在方労働力の流出の他に、在方における諸商売が、改作法以来の禁令にもかかわらず、あらわれることが注意される。そうした状況に対する触は寛文初年からすでにみられ、奉公人不足問題が表面化する延宝期とその以後になると比較的頻繁に出されている。それによると酒・地黄煎・菓子・小間物・着類などを売る商人が在々へ入り込み、また百姓の中にもそうした新規の商売をするものがあらわれている。またそれとともに、百姓の「えやう（栄耀）」なる生活――踊子・辻相撲・人形廻等の諸勧進、富突、また嫁取りの道具・饗応、さては「あめごり（飴鯑）」売りの絹の帯、馬方の笠紐などにまで及ぶ――が伴っていたのである[160]、以上に述べてきた日用・小商人化は、農民的商品・貨幣経済のそれなりの発展を前提して初めて可能であり、またその内容的一部である。どのコースの在方労働力の流出・離農現象にしろ、領主政策の先述の諸矛盾の展開は農民的商品・貨幣経済のそれなりの発展によって現実に日用取・小商人化しえたといえよう。

さて、以上のような諸状況が一般的な社会問題にまでなると、それらに対する領主の統制策もききめがなくなってくる。正徳期には加賀藩は先述のような取締り令を頻発する一方で、正徳五年十一月、さきに設けた家中奉公人の取持人（町人）や裁許役与力が、日用・ざるふり化や他国稼ぎ盛行のために「却而最前より指つかへ申体」であることを認める[161]。この奉公人裁許場は、その後享保十年に至って廃止されてしまうが[162]、その間にも在方奉公人の無断離村・自前化は進み、それだけでなく、新たに頭振・奉公人の「請作」化も進行して、家中奉公人はいうまでもなく、在方奉公人がいよいよ払底してくる。享保五年七月、石川・河北両郡十村中連判の願書は[163]、藩からの家中奉公人徴用の割当に際して、家中・町方へ出ている奉公人の数を挙げて、奉公に出られる者は出てしまっていると述べ、「畢竟男女野人不足仕、改作指支候得者、乍憚大切成儀ニ奉存候」と意見を上申しているが、そのなかで「只今者頭振之儀も夫々請作等仕候ニ付、指当り奉公ニ罷出申者無御座候」と、頭振の「請作」人化を挙げ、また「御郡方在々百姓共召仕候男女野人、近年以之外不足仕、作方あしめ之者召置不申指支申候得共、下々之儀に御座候に付聞上不申、押付作方も相勤候様に仕候」、そしてとくに「女野人」をはじめ「惣而町方・宿方江罷出奉公仕者ハ、在々ニ奉公不仕様に罷成」、いよいよ奉公人が不足すると指摘している。同様のことは享保十六年二月の諸郡御扶持人・十村連名願書でも、奉公人不足によって「不相応之御田地支配仕候而ハ、修理以下行届不申、不出来罷成申候、此儀御改作第一之縮方与奉存候」と述べている[164]。つまり享保期にもなると、家中奉公人の不足どころか在方奉公人の絶対的不足が第一義的な問題となり、それにつれて奉公人を雇役する農業経営は田地の手入れも行き届かぬまま無理な耕作を行っている状態であった。そして他方では頭振層の請作人化が示すように、離農・離村とは逆の傾向が展開しはじめている。またこうした在方奉公人の絶対的不足は奉公人給銀の高騰をもたらした。享保十年の十村の書上に、「農仕事奉公人男女給銀」(上・中・下別)を元禄九年以前と比較して記し[165]、いずれも高騰していることを示してあり、また寛延二年二月の改作奉行触の中に「作人致不足不而已、作人ニ召抱候男女給米高く相成、下々難儀弥増ニ候」との文言が見える[166]。さらに、これらの傾向につれて「近年ハ右下人共風俗悪敷罷成、主百姓申儀をも承引不仕、申度儘を申様ニ罷成候旨相聞[167]」といった風潮も生じてくるのである。その後、享保期以降については、挙列は省くことにするが、ここにあらわれた諸傾向が基本的に存続し、さらに一般化し深化していくと思われる。こうして前掲天明六年砺波郡「耕作入用平均之覚」では、農業経営費の赤字部分について「不足之分之所ハ男女農業之外稼を以仕候」(表19)と説明しているように、農業経営にとってその「外稼」は当然に予定されたもの、両者は結びついたものとなっているのである。

以上、在方労働力の流動・形態変化を十七世紀後半から十八世紀前期について大ざっぱにみてきた。在方労働力の離村・離農は、公式の手続きを経た以外にも、走百姓や欠落、当座隠形態での他国行きや領内での浮浪人化（非人小屋入りも含めて）、また家中奉公人化を経由して、あるいは経由せず直接に日用・小商人化するなど、さまざまの経過・形態においてみられた。それらの現象はとくに凶作・飢饉のさいに激しく生じたようであるが、その原因についてわたしは、一つは領主による貢租等の収奪の強さと、今一つはやはり農民の窮迫阻止策とみられる麦・菜種作（裏作）保護が一因にもなっているであろう商品作物生産、ひいては農民的商品経済の、せまい限界をもちながらも一定度までの発展、この矛盾しながら関連する二点を考えた。この二原因は寛文～正徳期のころにからみ合いながら併存的に作用して、家中奉公人の徴用、未進百姓の奉公人化策などにもみられた領主的内部矛盾を展開させ、上述の諸現象を生むが、そのなかで大づかみに見て、寛文～延宝期には在方労働力の浮浪人化が、延宝～正徳期には日用・小商人化が、より主たる問題となっているようにうけとれる。つまり寛文～正徳期は、流出する在方労働力の浮浪人→日用・小商人への変化を徐々に進めて、重点をおきかえながら、全体として両者が混在している過渡期といえよう。この時期は、前節で検討した生産力発展方式（新田開発）の寛文～正徳期、労働集約化方向からみた明暦～延宝（～元禄）期の各過渡期にほぼ一致していることに注意したい。そして享保期以降、これらの諸現象（したがってまた諸原因）はひきつづいてみられるが、また新たにこの段階に至って奉公人の絶対的不足による大きな手作経営の危機的状況と頭振（無高）層の請作人（小農民経営）化が指摘されてくる。それは先掲寛文五年七月の史料に示された奉公人雇傭手作経営における奉公人不足状況のさらに深化したもの（その間に、浮浪人→日用・小商人化傾向が進んでいる）ととらえられるが、さらにつきつめれば奉公人雇傭手作経営→小農民経営（請作形態）を考える必要が生じてくるであろう。そしてその間に元禄六年の切高仕法がなされていたのである。節を改めて切高仕法と小農民経営の自立化を考えることにしよう。

四　小農民経営の自立――まとめにかえて

これまでに十七世紀後半から十八世紀末期へかけての農業生産力の発達を調べ、その諸条件について商品作物生産と在方労働力の社会的な動きを中心にして商品・貨幣経済の発展を検討しながら、それらに作用している領主的統制についても考えてきた。ここでは如上のことに関連して農業経営の小規模化の問題について大まかに検討する。それは、これまでの検討結果を、視角をかえて説明するためであるが、同時に、ここではさしあたり本章を総括するかたちで述べようと思う。叙述の順序は、最初に二、三の個別的な持高構成表を分析し、つぎに切高仕法の意義を考えた上で法令類を主な史料としてその前・後の時期を調べることにする。

前節までに掲げた史料の中に農業経営形態に触れたものがいくつかあった。「改作入用図り」もそうであるが、寛文五年の三州御扶持人・十村の返答書では耕作奉公人不足状況が知られ、享保期以降は農村労働力がいよいよ不足し「請作」化が進行した。「寛延四年縮方請書」や天明八年「私家農業談」も明瞭にそれを指摘していた。なお宝永期の「耕稼春秋」や「農事遺書」には経営規模の縮小化についての記事は見当たらない。そこでまず、十七世紀後半を中心に持高別階層構成を二、三個の個別的事例について検討してみよう。表25は先述の砺波郡太田村の持高構成の推移である。詳細にはなお検討の余地もあるが、大ざっぱにみて、①慶安・承応期の二〇石以上に限られた階層構成が寛文期を経て元禄末期に至る間に二〇石未満、さらには五石未満層までにわたる構成に変化する。そして高持農民数は急激に増加し、したがって百姓一人当たり持高平均も急激に減少する。②元禄以降もこの傾向は進行するが、宝暦期になると二〇〇石以上の大高持が消滅し、天明五年には一〇〇石以上層がみえなくなる。そして極小高持の比重をとくに高めながら高持百姓数はさらに増え、一人当たり平均持高は七～八

表25　太田村持高構成の推移

持高階層	慶安4 (1651)	承応3 (1654)	寛文6 (1666)	元禄14 (1701)	享保7 (1722)	宝暦9 (1759)	天明5 (1785)	文化9 (1812)	嘉永6 (1853)
200石以上	人 1	1	1	1	1				1
100～200	4	4	2	1	2	1		1	2
50～100	17	14	4	3	3	3	4	3	2
20～ 50	2	12	18	22	20	13	11	10	13
10～ 20			7	12	15	7	12	12	11
5～ 10				9	9	11	10	7	9
5石未満				16	23	74	84	103	126
合　　計	24	31	32	64	73	109	121	136	164
1人平均持高	石 86.309	66.820	45.505	23.106	22.126	8.383	7.552	6.719	8.555

註　・『砺波市史』414～415頁の表より作成。
　　・なお，村高は年々変動している。

石台にまで減ってしまうのである。③それが文化期以降再び一〇〇石以上、二〇〇石以上層があらわれるが、極小高持は圧倒的であり、百姓数合計もさらに増えている。十九世紀については今は扱わないが、十七世紀中期から十八世紀末までの期間における持高構成のこの大きな（質的な）変化は注目すべきである。それは全体としては全般的な小高持化の進行であり、そのなかでとくに、さしあたり寛文～元禄期からみられる小規模高持の簇生（同時に高持農民の急増）と享保～宝暦～天明期（寛政十年には一〇〇石台が一人あらわれる）にかけての大高持の持高減少とが特徴的であり、かつ両者のはじまりに半世紀あまりのズレのあることが指摘できる。これは一つの村の例でしかないが、両者のはじまりのズレの期間は、先述の農業生産力発展および流出した在方労働力の存在形態の転換期＝過渡期にあたることに注意しなければならない。

そこで、この時期についてもう少し一般的にみるために表26・27を掲げた。表26は奥能登鳳至郡の山村地域、十村新四郎組に属する一九ヵ村の、寛文末期と推定される持高構成である。[168] 表27は石川郡平野部の押野組に属する三八ヵ村の貞享元年の持高構成である。[169] 両方とも「下《した》百姓」が本百姓に内附記載されているので、この下百姓放出の様子から持高構成変化の傾向を推測してみたい。もっとも、それは、特定の年代について、内附記載を無視した場合と、下百姓経営が分立していると考えた場合との比較なのであるが、そうした下百姓放出という形での事実上の持高移動に、時間的変化の虚影をとらえてみようとするのである。寛文の十村新四郎組の場合、「指数」欄にみるように、農民数は一・二倍に増え、それとともに二〇石以上層は半分から四分の三に減り、他方で五〜一〇石層は一・五倍、五石未満層は三倍半に増えている。この結果、本百姓一人平均持高一三石九〇一合であったものが、平均七石七一一合の下百姓を放出して、農民（本百姓と下百姓合計）の平均持高は一一石

表26　寛文期（推定）十村新四郎組の持高構成

持高階層	本百姓A（構成比）	下百姓（構成比）	放出後の本百姓と下百姓合計B（構成比）	B／A指数（A＝100）
	人　%			
40石以上	4（ 1.2）		3（ 0.7）	75
30〜40	10（ 2.9）		5（ 1.2）	50
20〜30	40（ 11.7）	1（ 1.4）	24（ 5.8）	60
10〜20	161（ 47.1）	13（ 18.3）	177（ 42.9）	110
5〜10	118（ 34.5）	40（ 56.3）	172（ 41.6）	146
5石未満	9（ 2.6）	17（ 23.9）	32（ 7.7）	356
合　計	342（100.0）	71（100.0）	413（100.0）	121

註　・史料は輪島市直江家文書。
・19ヵ村分の集計。ただし新四郎組のすべてではない（史料破欠のためすべてを知りえない）。
・ほかに入作4，寺3を除いた。

表27　貞享元年（1684）押野組の持高構成

持高階層	本百姓A（構成比）	下百姓（構成比）	放出後の本百姓と下百姓合計B（構成比）	B／A指数（A＝100）
	人　%			
200石以上	1（ 0.2）			0
100〜200	24（ 4.2）		14（ 1.8）	58
60〜100	79（ 13.9）	1（ 0.5）	44（ 5.6）	56
30〜 60	292（ 51.3）	17（ 7.9）	282（ 35.9）	97
10〜 30	168（ 29.5）	177（ 81.9）	414（ 52.7）	246
10石未満	5（ 0.9）	21（ 9.7）	31（ 3.9）	620
合　計	569（100.0）	216（100.0）	785（100.0）	138

註　・貞享元年押野組村々高免品々帳（『石川県押野村史』577頁以下）より作成。
・押野組40ヵ村のうち，泉野新村・泉野出村を除く38ヵ村の集計である。
・組内百姓の懸作高はその百姓の持高に加え，組外百姓の懸作高は集計から省いた。
・御供田村又三郎内附の又七は下百姓に数えた。

五一一合となった。持高放出率（全持高に対する下百姓持高の比）は一一・五％である。こうして持高構成は、下百姓分を含んだ本百姓持高（表の「本百姓」欄の二〇石以上層一五・八％、一〇石未満層三七・一％の構成）が、下百姓放出によって「放出後の本百姓と下百姓合計」欄の二〇石以上層七・七％、一〇石未満層四九・四％の構成に変化している。つぎに貞享元年押野組の場合も同様である。ここでは農民数は一・四倍ほどに増え、二〇〇石以上層は消滅して六〇石以上層は半数近くに減り、逆に一〇～三〇石層は二倍半、一〇石未満層は絶対数はまだ少ないが六倍余に増えている。また本百姓一人平均持高四四石二八三合は下百姓へ平均一八石を分割した結果、農民平均持高は三二石〇九八合になった。持高放出率は一五・四％である。こうして持高構成は、「本百姓」欄の六〇石以上層一八・三％、三〇～六〇石層五一・三％が「放出後の本百姓と下百姓合計」欄の各七・四％、三五・九％に減少し、それに対して三〇石未満層は三〇・四％から五六・七％へ増加している。すなわち構成的変化は奥能登より著しいが傾向は両地域とも同じである。この小高持化は、この場合は、「下百姓」欄に見るように下百姓が圧倒的に小規模な高を与えられて放出されていることと、下百姓放出によって本百姓がそれだけ持高を減少したことによるものであるが、こうしてあらわれた構成的特徴、すなわち大高持の持高減少、小規模農民の事実上の成立とそれによる農民数の増加と発生、しかしなお大高持は残存し、また一〇石未満ないし五石未満といった極小高持の成立はまだ十分でない。この特徴は下百姓（事実上の農民経営）か百姓（形式上も）かを問わぬなら、砺波郡太田村の場合（表25）と同じである。十七世紀後期の持高構成は三州一般に右のような特徴がみられたと思われる。それは、小規模農業経営に適合的な技術発展が未熟であり、他方で「下人」奉公人雇傭経営がすでに危機的様相をはらんでいた過渡期に見合った特徴といえるであろう。

以上に持高構成のなかに農業経営規模の反映をさぐってきたが、つぎに、法令類について、したがって藩の政策としての反映も含めて、この問題を考えてみよう。法令としては切高仕法が最も重要な意義をもつので、まずそれを検討し、その上で仕法以前を、つぎに以後の時期をみることにしよう。

最初に周知の元禄六年十二月十二日付の切高令を要約して示しておこう。[170]〔第一条〕百姓が作損によって年貢を滞納し、百姓相互間で持高を渡し、あとになってその田地を取り戻したいと申して出入りに及び届け出てくるが、これを願に任せて先百姓へ返していては耕作を粗末にし作損して年貢に滞り、百姓のこらしめにもならない。今後は受け取った者の田地とし取り返しを認めない。〔第二条〕そのようにしても不覚悟にて年貢が滞り持高を耕作しきれない百姓は、その村の肝煎・組合頭が吟味し十村が詮議して相応の高をもたせ、残った高は他の希望者へ改作奉行の許可をえて切高にせよ。〔第三条〕その切高は百姓持高帳に付札して登記せよ。〔第四条〕百姓死去後の跡高は、遺言に任せて二・三男へも配分させてきたが、百姓の持高が減少して手弱になったので、今後は相続は嫡子一人に申し付け、二・三男は何方へでも奉公させるか、前もって似合いの稼業をしつけておくようにせよ。〔第五条〕嫡子が病気または耕作できない事情の者は十村・御扶持人へ届け出でよ。

これを検討する前に、佐々木潤之介氏の評価をみておこう。すなわち、「それは一般的に展開している『小農』を維持し、同時に、手余り地・無主地よりの年貢の実現をはかり、農民的余剰を、年貢の中に吸いこもうとする政策であった。そのためには、藩は、最終的に、家父長制的地主経営と絶縁せねばならなかったのである。（中略）こうして、切高仕法こそは、『小農』生産確立の、またとない凱歌のもっとも象徴的な表現であった[171]」。果たしてそうであったろうか。

法令の文言の限りでは、この仕法は第一に、（第一条で）百姓の耕作粗末・田地作損による年貢滞納から、持高を手離すに至る傾向に対して「こらしめ」のために行われたものである。そして（第二条で）その上でも手余り地を生ずるようなら切高を申し付けるというものである。だから、この法令を直ちに切高促進策とはいえず、また同時に（第四条で）分高による本百姓持高の減少傾向を阻止しようとしていることを考え合わせても、この法令は切高・分高による小高持化を推進しようとしたものと言えない。また、したがって従来の比較的大高持農民とその経営を見限ったものでなく、むしろ彼らを維持するための逆説的な（「こらしめ」としての）方策として、切高容認は消極的方策として、打ち出されたものであろうと考える方が合理的である。そして、その方が、切高仕法以前および以後の施策との関連づけにも都合がよいように思われる。

　切高仕法以前、十七世紀後半期についてみよう。さきに寛文五年当時の奉公人不足状況を指摘したが、こうした状況に対する藩の対策は、奉公人を雇傭するような比較的大規模経営維持策であった。寛文四年正月の改作方鍬初の令には「大高を持、手前不成百姓、跡々より田地をおろし置申者共、去年作能少手前成候と而、跡々おろし置候高を当年不残取上、手前に而作り、当秋自然不作致候者、又たふれ可申候間、左様之所肝煎・与合頭江相談可然可申付事」の一条があって(172)、ここから大高持の手作経営維持が困難になっており、そうした現実の上に立って、能力以上の手作規模拡張に注意を与えていると理解できる。寛文七年五月の触では、近年物ごとに御用捨が多く作食米・貸銀その他の藩からの出費も多いのに、百姓中が「且而成立不申由」を申し、「近年過分之御用捨有之村、又は米商売仕候慥成百姓手前おとろへ候様に仕成、米借候様に書付出し」といった状況がみられることを指摘して、こうした衰えた百姓をそのまま放置しておいた砺波郡浅地村の十村新右衛門を、見せしめのために籠舎申しつけたと述べている(173)。この時期の農政が、農民側の要望を取り入れながら、改作法当時ほど厳格な処置をしなかったことは前にも触れたが、そうした救恤的色彩をもつ施策の下でも、米商売をするような確かなる百姓に困窮する者がみられ、これを阻止しようと策しているのである。その施策は右のように村役人の勧農事務の統制とともに、寛文四年二月には「跡々御定之通、百姓持高ヲ下ニ而わけ、新百姓立申間敷候」と新百姓創設禁止を再確認し(174)、天和元年正月には品々帳に登録されている百姓が存生中は分高することを禁じ(175)、また寛文八年には、正月に三ヵ国御扶持人十村より、田地出入りに関して万治三年以降に年季に渡した高は証文がなくとも先百姓が受け取れるように願って、寛文八年二月に許可されている。(176)これらはすべて切高仕法とは逆の方法での小高持化阻止＝本百姓手作経営維持策といえる。

しかし事実上の高分け、高売買は進行していた。それは先掲表25～27の持高移動や下百姓放出状況から容易に窺えることであるが、延宝六年正月の改作奉行が「向後高わけ之儀、親兄弟罷在勝手次第高わけとらせ候義者下百姓同事ニ候得共、以後出入無之様ニ吟味」するよう指示しているように、(177)事実上の分高（下百姓創設）は藩の事実上の容認の下で進んでいたのである。つまり切高仕法までの段階では、藩の政策は本百姓の「下人」奉公人雇傭経営維持の原則と、その貫徹が困難になる状況での高分け・高売買の事実上の容認との、矛盾する両面が行われていたのである。そしてさきに検討した切高令の内容は、この矛盾する両政策をうけついで両方とも公認したものであり、したがって法令としてはそれだけあいまいであるが、しかし過渡的現実を忠実に反映しているということができよう。

ところで、この政策面の矛盾を生起したもの、つまり旧来の本百姓手作経営を危機へ追いやるものは、当時の段階にあっては、一つには新しい生産力、商品経済の発展のめばえもあったろうが、それはまだわずかなものであった。むしろ、そうした変化とともに作用した貢租収取の苛酷さの方がより基本的要因であったように思われる。収奪の強さに関しては改作仕法そのものの検討が必要であるが、今はその結果的現象を二、三指摘するにとどめて予想的に述べる。まず、先掲寛文六年七月「改作方裁許仕様書上」で、改作奉行は「免切用捨」（年貢率引下げ）をしなかったことへの非難に弁解して、「尤、先年より今程高免に御座候」と認めた上で、たとえば最も高免（年貢率が高い）の村を用捨すれば、それについで高免の村が最も高くみえてくるから、理由なしに免相は用捨しがたいものだと述べている。(178)すなわち明らかに過重な貢租であっても用捨は容易に行われなかったのである。当時それに代わるものが作食米・貸銀等の救恤的支出（先述）の方法であったと推測できるが、その方法は一時的、部分的にすぎないものである。まして寛文末期に百姓の借物禁止、走百姓統制などに改作法当時の厳格さを復活し（先述）、また延宝五年にはじめて御借銀を行ったように藩財政が絶対的に逼迫するなかでは、[179]農民の貢租負担をどれだけ軽減しえたか疑わしいといわねばならない。延宝二、三年の甚だしい凶作・飢饉にも見立引免は行われなかった。[180]行われたのは飢人の数を調べて御助米を与え、百姓に訴訟・騒擾を禁ずることなどである。[181]

農民は疲弊し農村は荒廃の危機をはらんでいたようである。元禄七、八年の凶作に際して、翌九年新川郡の百姓千四、五百人が欠落、[182]石川・河北郡では年貢を過分に滞納した百姓は「諸道具其身共ニ売立」、あるいは「御指延御皆済状」を受けた百姓でも「御延米相斗不申、持高支配も成兼捨置、又ハ植付候而も村中江隠、御小屋江参申者も御座候」。[183]このようにして先述の在村労働力の浮浪化が生じ、手余り地が生ずる。延宝三年七月の触では、「当春者請作人無之、例年ゟ田地殊之外下直ニ下シ申由」であるが、例年並の小作料で卸し、従わぬ小作人には田地を刈り取らせないよう指示している。[184]このように、大きな手作経営で引き合わなくて卸し作にした田地もまた凶作下では小作人が不足している。以上から百姓の全般的没落の危機、荒廃地を生ずる危険性があったことが読みとれるであろう。[185]こうした苛酷な収奪を基本的原因とする疲弊・荒廃の危機のゆえに、農民は引免を要求して騒擾している。さしあたり切高仕法以前について項目的にだけいえば、寛文十年に砺波郡福光で検地やり直しについて愁訴があり、[186]天和元年には石川郡村井組などの農民が作毛見立を受けられなかった不満から騒動・愁訴し、四人の百姓が籠舎ならびに闕所の処分を受けたことが知られる。[187]そして、こうしたなかで切高仕法が行われたのである。それは、どの農業経営を維持し、あるいは見放すかの問題よりも、「其身ニ応、開作可仕程之高見斗為持置、相残ル分切高ニ仕」るよう（第二条）、つまり何よりも手余り地を生じないための措置であったと考えられる。そして当面は、小農民経営が多く輩出しても未だ十分な自立性を有していない限り、旧来の本百姓手作経営の「絶百姓」がないよう処置せざるをえなかったであろう(188)。

切高仕法は客観的にはその後の小農民経営の一般的成立に促進的な役割を果たした。しかし、そこに盛られた藩の本百姓手作経営維持の主観的意図からして、農民は切高令に対して疑念をもったし、仕法後の状況の進展のなかで藩は切高の進行を好ましくないこととしている。元禄十一年九月二十四日の改作奉行の新川郡への申達書によれば、新川郡では「切高元へ相廻り候様ニ被成候様百姓中申聞候、前々切高請取申百姓も何角申体ニ御座候」という事情があり、これに対して改作奉行は、切高は耕作が不精で年貢に難渋する不届き者のこらしめのために申し付けたものであって「一度切高仕候上ハ以来如何様之義候共本人江相返申間敷」ものであると述べている(189)。同様の触が翌二十五日に「諸郡」へ対しても出されている(190)。

しかし宝永元年五月の改作奉行「申合義共覚」では「先祖ゟ之持高他人江切高仕候義ハ無念之事ニ候」と述べて切高の進行を愁えており(191)、そして享保六年十月に上納不足百姓は家財牛馬を売り、家内男女を奉公に出し、持高は一作下しにして作徳米をとるようにし、数年経って力がつけば取り戻して手作りさせるよう命じている（先述）のは、切高抑制の意味をもつと考えられる。さらに降って元文三年には正月の十村等執務心得の箇条中に「近年切高仕候者多有之候、百姓共不精故ニ候条、無油断申付、猥ニ切高不仕様為相心得可申候」と切高の盛行を取り締らせ、また高分けに関しては、「下ニ而少高之内を致配分置、及難渋ニ候者も有之由相聞候条、若下ニ而高わけ置候者於有之ニ者遂吟味面出シ之百姓ニ可仕候、向後ハ高五拾石余致所持候百姓者勝手次第二男等へ高わけ面出シ之百姓ニ仕候儀承届可申候、高五拾石以下之百姓高わけ候ハヽ、可為曲事事」と規定している(192)。すなわち少しばかりの高を非公認に分与された農民を公認（面出《つら》し）した上で、今後は持高五〇石に余る分以外は分高を禁ずることにしたのである(193)。つまり切高仕法は切高・分高による持高の小規模化阻止・弱小零細経営化阻止の観点から修正されたのである。こうして切高仕法は本百姓の大きな手作経営を維持してそれに期待することはもちろんできず、また切高仕法が客観的に促進して成立した小農民経営も、少なくとも領主にとっては信頼できるものではなかったようにみえる。

当時の農民は、領主の表現でいえば「近年改作方御法取失候十村・百姓多有之段相聞候」という状態であった。それに対して享保九年から改作法の「古格に立帰」る仕法が実施されるのであるが、それらの法令の文言から窺うと、百姓どもの癖が悪くなって皆済することは稀になり、とかく毎年御貸米を受けねばならぬように心得、さもなければ皆済はしないものと考えているという。また高を多くもつ百姓がしだいに手弱になりはてて切高をし、召し抱えている「下人」の風が悪くなって耕作を不精し、主人の言うことを聞かず申したきままを申すようになった。享保十年二月の触では小作人は小作料納入を怠り、耕地（請高）は自分のものでないので耕作をおろそかにして減収分は高主へ負わせ小作料を不足せしめている等々が指摘されている。[194] そればかりでなく、当時は減免要求・貸米要求の農民騒動の高揚期であった。正徳二年秋には先述のごとく大聖寺藩領（江沼郡）で引免要求の強訴（打ちこわしを派生）が起こるが、同時に加賀藩領では石川郡里方の百姓が見立減免を要求して金沢へ出て強訴し、射水郡の百姓も引免を願って十村と争って金沢へ強訴し、また砺波郡大西組（福光付近）百姓は肝煎に指導されて貸米を要求して十村を打ちこわした。[195] 享保元年、石川郡徳光村で引高要求の越訴があり、[196] 同九年には石川郡村井村の与三右衛門・六左衛門（当時十村）父子が、作柄の報告が農民に不利であったとして打ちこわしをうけた。この家は翌年にも同様の打ちこわしをうけ、またそのときに田井村の十村喜兵衛（次郎吉家）も打ちこわすとの噂が流れた（要求不明）。[197] この打ちこわしは、先述の古格復帰の仕法が「田井村次郎吉・村井村与三右衛門・津幡江村宅助、重き御用棟取[198]」に任用して開始されたその時点で起こったのである。またそのころに口郡の百姓も立毛見立結果への不満から「稲かづき金沢へ罷出」、禁牢された者も出たという事件が知られる。[199] その後も、享保十八年には砺波郡三清跡組で減免措置への不満から、同二十年に石川郡では皆済請書の作成強要に反対してそれぞれ強訴に及んでいる。(200)そしてこのあと周知のごとき宝暦期の物価騰貴から発した砺波郡城端周辺農民、鳳至郡宇出津辺の農民、そして城下町金沢の貧民たちの、激しい打ちこわしへ発展的に続いていくのである。宝暦以前の騒動は惣百姓一揆段階のものと考えられるが、それが時に十村への打ちこわしを行うという過激性をもつことも注意しなければならない。

享保の復古仕法では、さきに述べた百姓の悪癖に対して各々の農民の心得違いを諭すとともに、とくに十村・肝煎層に対して古格の通り取り締まることを厳命している。なかでも能美郡と越中三郡の御扶持人と十村が残らず金沢へ来て御貸米を願ったことに対しては、村々を支配し産物を減ぜぬよう努める本務を忘れて御上の費用をもらいさえすればよいと心得ているのは、この仕法をうるさく思って打ち破る心底なのかと詰問している。(201)また肝煎層に対しては、「近年肝煎・組合頭、小百姓与同事ニ罷成、様々之申立仕、村中之者も引そこなひ申者共も多有之由」で、村によっては長《おとな》百姓が肝煎役を望まず、小百姓のうちで願う者があると聞くが、やはり長百姓のうちでつとめよと命じている。(202)すなわち村役人層編成の強化策である。そうした措置を必要にしたものは、激しく十村を突き上げ、肝煎を引き込む一般農民の騒動と要求であったろうし、また当時の経済的基礎の変化であったろう。そこで、以下では本章で検討した経済変化について、振り返って考えておこう。

この十八世紀初期は、上述のように金肥が普及しはじめ、新式農具も一部導入されて農法や農業生産性も小農民経営に適合的な方向へ進みはじめたように考えられた。在村労働力は、小農民経営として農業に留まるのは享保以降であるが、流出した者は浮浪化からしだいに自前稼ぎに就くように変わっていた。このような生産力進歩と農民的商品・貨幣経済の発展は、一般的に言って本百姓手作経営を崩壊し小農民経営の自立を可能にする基礎条件であったと考えられる。しかし当時のそれは未熟なものであった。他方で農民の疲弊・農業の荒廃状況は継続していた。全体としてまだ過渡期の段階を脱しきっていないと考えられる。右の基礎条件は、つづく十八世紀中・末期にかけてしだいに充実し、それとともに本百姓手作経営の崩壊と小農民経営の自立が強まるであろう。

そこで、この経営変化のあり方について少しく推論しておこう。旧来の「下人」奉公人を使役する比較的大規模な手作経営にあっては、佐々木氏も指摘するように（先述のごとく証明を誤ったが）協業効果によって労働生産性を高める点に特徴があると考えられる。したがってそれに適応した経営発展は、より多くの労働力を結集してより多くの土地を耕作すること、つまり耕作規模の拡大であるといえよう。そのためには新田開発の進行という生産力発展方式が必要である。しかし新田開発は改作仕法当時に最も多く、以後は半減程度で正徳期まで進行して終わっていた。本百姓手作経営に相応した生産力発展の耕地拡大方式は当時なりに限界に到達していた。この限界のなかで本百姓手作経営を維持するには経営費の節約とくに給銀の低下、あるいは技術的発展による労働生産性の向上（労働力の節減）が考えられるようにみえる。しかし給銀低下には農業外での労働報酬との関係が問題であり、技術発展にはその発展方向が問題である。反収増大も、追求されたとしても、この異なった生産力発展方式との適合性が問題であることはいうまでもない。またこの米作単作地帯では一般に畑作商品生産や農村工業に期待できないから、副業併営方式も成立は困難であろう。そして現実には、経営費構成では給・飯米と肥料代とは対立的で、後者の比率の著しい増大は前者の比率の著しい減少をもたらしたと考えられた（第一節）。また生産技術は小農民経営に適合的な方式に転換して発達し（第二節）、商品・貨幣経済の進展のなかで農業奉公人の不足、給銀の高騰が知られた（第三節）。奉公人雇傭手作経営にはもはや崩壊以外の途はなかったのである。ただ、その崩壊の必然性に阻止的に働く要因といえば、検討結果からは農民の全般的疲弊・没落の危機が挙げられよう。もちろん大きな手作経営自体もその危険をまぬがれるものではなかったが、しかしより小規模な農民は当然より強く疲弊し没落したであろう。そのために、本百姓手作経営の崩壊過程で手作地が縮小されて数多くの小農民経営が輩出しても、それが大手作に代わる経営形態として十分なものでなく、また没落し浮浪した労働力が大手作経営に拾われてその奉公人不足を補ったように、この絶対的窮迫状況が崩壊への途を必然的に辿る本百姓手作経営の余命を引き延ばしたと推測することができる。

ところで、他の側面である小農民経営の現実の形成の仕方について考えると、まず一般的には、多肥・集約化方向への生産力発展と農民的商品・貨幣経済の発達が、小農民経営自立の基礎的要因であり、それがいくらかでも農民的余剰を形成せしめて苛酷な貢租収奪による窮迫状況からの脱却をしだいに可能にしたと考えることができる。しかし注意すべきは、折々に指摘してきたように、金肥の購入や改良農具の所有状態、耕地管理の良し悪し、さらに収穫量の多少には、身代のよい農民と悪い農民とに格差があったことである。小農民経営自立の一般的基礎要因は、同時に農民間の階層差を生起し拡大する要因でもあった。言い換えれば小農民経営の自立即農民層の分解であった。とくに、その前史として、またはじめは併存して、農民・農村の絶対的窮迫状況があるのだから、そのなかで小農民が右の基礎的進歩の成果を十分に吸収して成長するコースは至極困難なことであり、それよりも大きな手作経営が相対的な富裕さによって小農民経営の一般方式に適応して自らの経営形態を転換し、生きのびるコースの方が現実には成立しやすかったと考えられないであろうか。そしてその場合、手作地（また奉公人）を縮小・放棄して小農民の具体的存在形態の一つである小作農民に耕作をゆだねる経営方式、すなわち地主・小作制が生じやすいと思われる。もっとも地主・小作関係がこのコースからしか生じないとか、このコースが地主・小作関係しか生じないというのではない。この対応的コースが本来的コースより優勢な場合には、小農民経営自立の一般的過程は、地主・小作関係が支配的な形で実現されるであろうと推測するのである。こうして奉公人雇傭手作経営は小農民経営自立の必然的過程の進行のなかで、具体的には手作地を小作に卸して寄生地主経営へ変質・転進し、小農民経営は彼らの生産力発展によって前段階的貧窮分解を基本的に克服し自立性を一般的に獲得しても、直ちに新たな貧窮の危険（具体的には地主・小作制下の農民層分解）に直面するであろう。彼らは小規模に限られた耕地からより多くの収穫をあげて（小作）経営を維持するために、生産技術の相対的劣悪性と家計（経営費）の貧弱さを補って、自分と家族の労働力を過重に駆使しなければならなかったろうし、日雇・小商い・出稼等の農外余業も行ったであろう。

以上、本章の検討諸結果を振り返りながら、展望的に一般的な推論を加えた。歴史具体的には、これらの変化は十七世紀後半と十八世紀前期の比較的長い期間に徐々に進行するのであるが、それは古いものの没落と新しいものの台頭と、両者の未完了な状態の上に、不安定で複雑で、困難な悩みの多い時期であり、さまざまの矛盾が顕在化し、対立も現実に激化していたことをみた。そしてこの時期がちょうど「名君」前田綱紀（正保二年三歳で襲封、ただし万治元年まで利常が執政、享保九年没）の治政下にあったのである。その複雑さの解明はさらに今後の課題であるが、ここでは、つぎに本章のしめくくりとして、それにつづく時期、十八世紀後期に入っての、農民層分解と地主・小作関係の具体的状態について二、三の史料をあげ、上述の推測に関してのさしあたりの目安としよう。

1戸当たり平均作人	D／A＝請作率（%）	C／B＝卸率（%）
人 11.0	0.0	48.2
3.0	5.4	7.6
1.9	17.6	10.1
1.2	64.1	0.0
〔1.0〕	54.3	0.0
2.0	15.2	20.0

ては記載なし。

地主・小作関係形態での小農民（小作）経営自立の一般的指標となる史料は、さしあたり宝暦八年十月の触である。小作人が申し合わせて損毛が多いように申し立てるなど、わがままな仕方が多いため、「依之ニ地主ゟ小作之方者作之徳分多候ニ付、近年小百姓・頭振并右二・三男等開作奉公仕候者共引籠致出作候得ハ徳分多有之候ニ付、世帯を持或者致別家候余力も無之者共蟠り之徳分を宗与して、年令未熟成内ゟ妻子を持致別宅候故、開作奉公人年々令不足、高持百姓作之用意指支候ニ付、無是非地主手作いたし候様ニ相成候[203]」。すなわち小作徳分が地主徳分より

表28　宝暦13年（1763）上小松村経営規模別階層構成

耕作高階層	戸　数	耕作高Ａ(推定)	持　高　Ｂ	卸し高Ｃ	請作高Ｄ
	%	石			
70石台	1(　3.2)	78.000(16.7)	150.700(30.5)	72.700(73.6)	—
20・30石台	8(25.8)	226.800(48.6)	232.100(46.9)	17.600(17.8)	12.300(17.3)
10石台	7(22.6)	91.900(19.7)	84.200(17.0)	8.500(　8.6)	16.200(22.8)
5～10石	6(19.4)	45.400(　9.7)	16.300(　3.3)	—	29.100(41.0)
5石未満	9(29.0)	24.500(　5.3)	11.200(　2.3)	—	13.300(18.8)
合　計	31(100.0)	466.600(100.0)	494.500(100.0)	98.800(100.0)	70.900(100.0)

註　・史料は表24に同じ。
・耕作高（推定）＝持高－卸し高＋請作高。
・５石未満層の「１戸当たり平均作人」は１～５石の７戸分について計算。１石未満の２戸につい
・持高と耕作高合計の差＝卸高と請作高の差は，村外農民の耕作分。

多く、奉公人給銀より多いため、奉公人は世帯をもって独立し、小作人となり、奉公人雇傭手作経営は自作（および寄生地主）経営となる。同様の状況は明和六年五月の改作奉行触でも知られる。「百姓者耕作を専心懸候筈之処、算用詰を本ニ立、可成限者致下シ作、手作を減候様相成候段相聞、夫故応持高ニ改作奉公人も拾人召仕候者ハ弐・三人ニ減、馬五疋持候を壱疋ニいたし、或ハ馬所持無之者も多有之段相聞候事」。すなわち奉公人雇傭手作経営の寄生地主経営への推転。そして「百姓者可成限田畠地広ク所持を好申筈ニ候処、其沙汰無之、下シ作を勝手宜敷様ニ相心得候儀者、諸郡御扶持人・平十村共之内ニも手作多ク候得者役之勤方ニも指障候様相心得、随分手作を減シ候様致シ候儀有之体令承知候」。寄生地主化は十村層＝最大規模の経営層にまで及んでおり、また領主は依然として耕地拡大方式しか考えず、十村に対して「少々不勝手之筋有之候共、百姓の手本ニ可相成候間、手作相増候様可相心得候」と要求している[204]。なお小作関係についての史料は寛文期から散見されるが、それは奉公人雇傭手作経営が崩壊しない限り、その外業部としての副次的な制度であったといわねばならず、またたとえば正徳一揆の翌三年二月の申渡書で、引免のときはその率の通り小作人へ用捨すべきなのに、そのうちたとえば四割を地主の分として差し引いていることを指摘し、これが小百姓をいよいよ難儀させ、騒動を起こさせることになるという

意味のことを述べている。[205] 用捨免指引については元文五年八月の触にもみえるが、[206] これを先述の宝暦八年十月の触の文言と比べると、両者には地主対小作の力関係の逆転傾向を窺えるであろう。また先述のように享保十年二月には小作人が耕作を粗雑にして小作料納入を怠ることがあったが、宝暦にはもっと積極的に小作人が申し合わせて収穫を偽ったりするのである。そして安永六年九月の触には、小作人が高主の所へ「年暮指引合等之義ニ付大勢連ニ而罷越候体粗相聞候」とある。[207] 小作騒動は十九世紀に入ってからみられるが、しかしその（対抗関係はもちろん）対抗勢力は十七世紀後期にはすでに成立していると考えられる。[208]

こうして地主・小作関係の形成が知られるが、今一つ、典型的な例でないかもしれないが、小松町附近の上小松村（先述）における宝暦十三年の経営規模別階層構成をみておこう。表28がそれである。この村にはとくに大きい規模の経営が一戸あり、手作地は七八石（四町六反弱）で、持高は村高の三〇・五％。その四八・二％を卸しているが、それは村の卸高の七三・六％に当たる。この手作地主であり寄生地主である農民は肝煎であるが、その存在の比重はかなり重いといえる。その下の階層では、一〇～三〇石台の四八・四％の農民が六八・三％の土地を耕作するが「請作率」と「卸率」は比較的低く、かつ両者の数値に大差がなく、したがって自作的性格が強い。五～一〇石と五石未満層は合わせて四八・四％の戸数であるが、一五・〇％の耕作高をもつにすぎず、その六四・一％、五四・三％が請作地である。したがってこの階層は小作人的性格が強いが、村全体としては請作率は一五・二％にとどまっている。こうして当時の上小松村は地主・小作関係を形成しつつあるが程度は低く、まだ大きな手作経営を存続しており、また自作的中間層の厚さから農民層分解の程度も低いことがわかる。つまり宝暦期は農民層分解の初期的段階であり、手作地主から寄生地主への推転は過渡的段階にあったといえるであろう。この特殊具体例は、今までに検出してきた一般的動向に比べて大手作経営の崩壊が遅れているようにもみえるが、諸動向一般はこの表の中に十分に反映されていると思う。

以上、本章は十七世紀中ごろから十八世紀末に至る加賀藩領の農業の経済的変化について、農業生産力の質的進歩の検証を中心に、その歴史的意義づけに関連する面から農民的商品・貨幣経済と小農民経営の発展を調べた。叙述が全体的に冗漫になってしまったが、そのなかでわたしが意図した力点の主要なものはつぎのような点である。農業生産力向上を労働力を中心に、なるべく総体的にとらえ、農法や生産性のあり方から多肥・集約化という性格づけをすること。農民的商品・貨幣経済の分野はさしあたり部分的だが、とくに労働力の社会的存在形態を問題にすること。また農業経営に関しては全般的窮迫下の小農民経営の成立＝貧窮分解と右の生産力発展をふまえた上での自立＝農民層分解とを区別し、かつその自立が歴史具体的に地主・小作関係形成の型として実現することを予想すること。全体として十八世紀初期までの過渡期とその後の新しい時期を区分して、新しい農業生産――農業経営の質的発展の歴史的意義を確かめようとしたのである。これらは、わたし自身の問題関心では、以前に越後の場合について検討した同様の問題を加賀藩領の素材のなかでより広く詳細に確かめようとしたもの(209)である。またこの全体を通じて、わたしが従来は不十分に考察するにとどまっていた領主的土地所有・権力統制の問題を、説明要因として取り入れるよう試みることも課題の一つとした。それは、如上の農業発展が領主政治の自己矛盾の展開として、農政の基調を振り切って進むことを示唆するにとどまっており、今後さらに検討を深めたいが、さしあたり切高仕法に関連しては従来と異なった評価を提起したつもりである。

註

（1）　御茶の水書房、一九六四年刊。なお佐々木氏による同様の分析は、それ以前に、「所謂『近世本百姓』＝封建的小農民自立の経済的条件」（『史学雑誌』六八―九、一九五九年）および「近世農村の成立」（岩波講座『日本歴史』近世2、一九六三年）があるが、その間、部分的修正も行われているので、ここでは佐々木氏の見解は一応本文中に掲げた著書だけによってみることにする。とくにその〔個別分析B〕「一七世紀における農業生産力発展の様相」（九九頁以下）が当面該当する箇所である。

（2）　佐々木前掲〔個別分析B〕九九頁。

(3)　佐々木前掲〔個別分析B〕。
(4)　佐々木前掲〔個別分析B〕九九頁。
(5)　筆者が今までに調査した限りでは、能州四郡の史料は五点、能美郡の史料は佐々木氏の紹介されたものの外に一点、最後の場所名を記さないものは一四点が知られる。すなわち、能州四郡は、鳳至郡門前町中谷藤作家文書（二点）、金沢市立玉川図書館加越能文庫の「真館諸事留」（『加賀藩農政経済史料』、これは一九六三～六六年に砺波図書館協会等から刊行された加越能文庫所蔵史料二〇二点の複製本史料集。以下、「農政経済史料」と略記し、個別史料名を表記する）および無表題冊子、『鹿島郡誌』三二一頁。能美郡は『国府村誌』六三三頁。場所不記の史料は、富山大学中央図書館菊池文書の「掌中記」および「天保十一年十一月改、旧記」、農政経済史料の「高方等御達書二」「改作方勤仕帳」および「蔵米津出届一」、前掲加越能文庫無表題冊子、前掲中谷藤作家文書、小矢部市太田家文書、「田地割制度」（『近世地方経済史料』八、吉川弘文館、一九五八年）、「改作要録」（『日本農民史料聚粋』四、巌松堂書店、一九四一年）、『加賀藩農政史考』（刀江書院、一九二九年）一四九頁、『能登部町誌』一九一頁、『氷見市史』九八七頁、『羽咋郡誌』一七二頁（＝戸谷敏之『近世農業経営史論』日本評論社、一九四九年、六九頁）である。しかしこれらはみな、一部に誤字・脱字があったり、計算が合わなかったりしているので、筆者が各史料を照合して校訂し、ほぼまちがいないと思われるものを本文に表示した。校訂の詳細、佐々木氏の紹介した数値の誤りについては省くが、ただ能美郡の肥料代に、佐々木氏は米の収穫不可能な屋敷地・堀の分である四石二斗を加えておられるようである。堀からは土肥が採集されてもそれは自給肥料であり、「その他Ⅱ」へ加えられるべきである。このため能美郡の肥料代が少なくあらわれ、後述のごとき金肥施用上の地域的先進性と矛盾する結果になるとしても、それは別の問題である。
(6)　佐々木前掲〔個別分析B〕一〇一頁。
(7)　付言すれば、開発村源内なる者が元禄六年にこの「入用図り」を自家の旧記にみえるとして藩へ報告し、そのさい明暦二年八月の砺波郡石坂出村吉兵衛田地坪刈結果（後述）と一連のものとして計算を試みているが、その計算は合わず、誤りである（前掲「高方等御達書二」農政経済史料）。
(8)　『日本経済大典』二一巻、三五五頁。佐々木氏は、この銀高で示した計算を基準不明で米高に換算している（佐々木前掲書一二五頁）が、その結果、表20とは異なる構成比になっている。
(9)　「御郡方旧記一」（農政経済史料）、前掲『加賀藩農政史考』一八六頁。
(10)　富山大学附属図書館川合文書。別に同文書に同文の「耕作仕立図り覚」、菊池文書「高方仕法略記」中に「天明六年耕作入用平均之書上之覚」がある。なお、これらの史料には同時に草高一〇石の請作経営の入用計算も記されているが、その内容は全体としては、本文に示した草高一〇〇石の計算と比べて経営の大小・性格の差が十分に反映されているとは考えられないので、検討は行わない。ただし、馬については後述。

(11) したがって佐々木氏が、この「改作入用図り」を砺波郡の場合として石坂出村の坪刈結果（註(79)）と比較して全剰余労働の搾取を論証しようとしている（佐々木前掲書一〇三頁）のも、厳密には正しくない。全剰余労働搾取の問題は数量的検討以前――ここでは「改作入用図り」の性格自体の問題である。

(12) 表19には記載しなかったが、同じ史料の最後部に、出来米一〇八石の計算基礎が一反（三六〇歩）に稲六〇束、この米が一石六二〇《ママ》合であることを示し、つづいて「当年は壱反ニ三十五六束ゟ四十五束迄……平均壱反ニ四十束、壱束ニ付壱升七合、壱反ニ付七斗八升之取揚米」と記しており、かなりひどい不作であったことがうかがわれる。

(13) 川合文書「雑覚書」、菊池文書「御用方後鑑」、「旧記、慶長―明和」に延宝四年砺波・射水郡。門前町伊藤平八家文書の一紙文書に延宝四年新川郡。『国府村史』（六三五頁）に延宝四年能美郡。「真館諸事留」（農政経済史料）に延宝四年および天明五年羽咋・鹿島郡（口郡）。門前町中谷藤作家文書に天明四年奥郡。前掲加越能文庫無表題冊子に天明四年砺波・射水、新川、珠洲・鳳至（奥郡）、羽咋・鹿島、石川・河北、能美郡。「三百二条旧記四」（農政経済史料）に天明四年砺波・射水郡が記されている。また各郡堅田・沼田比率も同じ史料からわかる。

(14) 前掲の馬場家文書（新川郡）には、「右延宝四年正月十六日、御改作奉行桐山吉兵衛殿へ書上ル、天明四年十月廿一日御改作所ゟ御尋ニ付右之通又書上候」とあって、これが延宝四年の数値であることと、それをそのまま天明四年に書き上げたことがわかる。他の天明四年付の史料にこうした記事はないが、天明四年の砺波・射水郡は延宝四年に同じである。能美郡は女の人数で堅田と沼田が入れかわっているが、沼田より堅田の所要人数が少ないことはまずありえない（表21参照）ことなので誤字に基づくと考えられる。したがって天明四年の書上は、他の郡も延宝四年の数値を示すと考える方が妥当である。なお佐々木氏は、能美郡堅田の女を七人としているが（佐々木前掲書一〇四頁）、誤りであろう。

(15) 前掲川合文書「雑覚書」。以下「延宝四年砺波郡」とのみ記す。

(16) 佐々木前掲書一〇二頁。

(17) 佐々木前掲書一一一頁。

(18) 『日本経済大典』巻二一（啓明社、一九二九年）、三三八頁。

(19)『国府村史』六三二頁。以下「延宝六年能美郡」とのみ記す。
(20)『日本経済大典』巻二一、三〇八頁。
(21)菊池文書。以下、「天保十三年砺波郡」とのみ記す。
(22)『鳥屋町史』三五四頁。
(23)加越能文庫「歩苅等旧記」、『新湊市史』六五六頁。「田地割制度」(『近世地方経済史料八』五四一頁)。
(24)享保元年の改作奉行申渡し文中より知られる(『改作所旧記下』石川県図書館協会、一九三九年刊、一六四頁。「加州郡方旧記四」農政経済史料)。
(25)『加州郡方旧記五』(農政経済史料)一一一頁。
(26)『日本経済大典』巻二一、三〇八頁。
(27)『近世地方経済史料七』三四一頁。
(28)『御郡典三』(『藩法集6　続金沢藩』創文社、一九六六年、三四五頁)、「真館諸事留」(農政経済史料)一九七頁。
(29)『野尻村史料』四九四頁。
(30)註(10)参照。なお草高一〇〇石の計算にみえた「馬代」(前節)については、具体的に確かめることができない。
(31)『改作所旧記下』二六四頁。
(32)「庁事通載一」(農政経済史料)および『加賀藩史料三』九一五頁。
(33)「十村留記」(農政経済史料)。
(34)『改作所旧記上』二四三頁。
(35)清水前掲『近世北陸農業技術史』七八頁。
(36)延享三年倹約令(『砺波市史』五六一頁)。
(37)「改作方勤仕帳」(農政経済史料)および『加賀藩史料四』一三六頁。
(38)『加賀藩史料四』六六七頁。
(39)「御改作御趣意考」(農政経済史料)所収。以下、「寛延四年縮方請書」と略記する。
(40)『近世地方経済史料七』二六七頁。
(41)加越能文庫。

(42)『日本経済大典』巻二一、三一五頁以下。
(43)清水前掲『近世北陸農業技術史』所収。
(44)「耕稼春秋」(『日本経済大典』巻二一、二七二、三一九頁)。
(45)「司農典(二)」寛保三年十二月改作奉行触(農政経済史料)および『藩法集4　金沢藩』(創文社、一九六三年)五九四頁。また「司農典」享和二年十月改作奉行覚書(『藩法集4　金沢藩』六五二頁)にも同様のことを指摘している。
(46)『近世地方経済史料七』二六八頁。
(47)註(45)に同じ。
(48)『司農典(三)』(『藩法集4　金沢藩』六三四頁)。
(49)清水前掲『近世北陸農業技術史』二〇八頁。
(50)「加州郡方旧記三」(農政経済史料)七三頁、『改作所旧記下』一五一頁。清水氏は、この史料から現地生産を読みとっていない。
(51)清水前掲『近世北陸農業技術史』五三頁。
(52)清水前掲『近世北陸農業技術史』所収。
(53)清水前掲『近世北陸農業技術史』五六頁。
(54)清水前掲『近世北陸農業技術史』五九頁。
(55)『近世地方経済史料七』二八八頁。
(56)『日本経済大典』巻二一、三〇二頁。
(57)註(48)に同じ。
(58)加越能文庫。なお清水前掲『近世北陸農業技術史』にも石川郡押野村後藤家文書が収録されているが、誤りが多い。
(59)安田健前掲「加賀藩の稲作」五〇三頁。もっともこの問題は土壌の取扱いという観点だけで評価するのは不十分である(後述)。
(60)「十村勤方類聚」(農政経済史料)。
(61)「耕稼春秋」(『日本経済大典』巻二一、三〇一頁)。
(62)天明元年「耕作大要」(鎌切)、幕末期「開作仕様」(鎌万鍬)、「天保十三年砺波郡」(鎌懸)、幕末期「田地壱反開作仕立

方」（鎌伐・鎌掛）。いずれも同じ作業である。ただし番の子割のときにも行われうる。

(63)『日本経済大典』巻二一、一三〇頁。

(64) 天明五年「年中農事覚書」（加越能文庫）では、荒起のつぎに、耙による「からかき」作業を記し、射水・砺波郡では鍬によっても行うとしているが、これが鎌かけと同じ作業なら、それもまた鍬耕にかえうるものであったことになる。

(65)『近世地方経済史料七』一八三頁。

(66) 石川郡は『改作所旧記中』一八六頁、「鶴来村旧記写」（『日本農民史料聚粋一一』一一五頁）、『加賀藩史料五』三七八頁。口郡は「耕作仕立方申上帳」（『能登部町誌』一九二頁）。なお付言すれば元禄十年奥郡の場合は「細ニ植付申候故中打ハ不仕候」とあり、草取りは三回である（「十村勤方類聚」、「河合覚書」、川合文書無表題手帖）。中耕・除草作業の精粗と後述の疎植・密植の関係が窺われ、また奥部のこの面での後進性が認められる。

(67)『日本経済大典』巻二一、一三九、二四〇頁。

(68)『近世地方経済史料七』二六八頁。

(69)「真館諸事留」（農政経済史料）七〇頁以下。

(70) 安永の「開作内考」の籾量は、新田へ蒔く場合であるから、他と単純には比較できない。

(71) 註(64)をみよ。

(72)『近世地方経済史料八』所収。

(73) 加越能文庫。

(74)「農業談拾遺雑録」（『近世地方経済史料八』三四五頁）。

(75) 同右。

(76) 清水隆久、安田健各前掲書などで研究されている。

(77)「私家農業談」（『近世地方経済史料七』二九二頁）。

(78) たとえば前掲元禄十年の石川郡書上では早稲の植付より刈取までの日数は八〇～一〇〇日ほど、「耕稼春秋」では一一〇～一一三日であるが、天明五年「年中農事覚書」では「一番早稲」が六〇日、天明八年「私家農業談」では「極早稲」五十余日、また幕末「開作仕様」は「早稲」五〇～六〇日となっている。

(79)「高方等御達書二」および「改作方勤仕帳」（農政経済史料）、「河合録四」（農政経済史料、『加賀藩史料三』四六九頁、『藩法集6　続金沢藩』八九八頁、『石川県史三』一〇四三頁)、「田地割制度」(『近世地方経済史料八』五二九頁)、「改作要録」(『改作所旧記下』四四五頁)、『羽咋郡誌』一七二頁。

(80)「理塵集」(農政経済史料)、「五考」(農政経済史料)所収「口米考」その他より知られる。

(81)『改作所旧記中』一五七頁。

(82)『日本経済大典』巻二一、三五一、三〇七頁。

(83)「郡方古例集上」(農政経済史料)。

(84)佐々木氏の生産性の検討結果と、ここでの検討結果とはちがっているが、それは使用した史料のちがいや、佐々木氏の生産性のとらえ方(たとえば労働生産性を一人当たり耕作反別でしかみない)のちがいからも発していることであるから、ここではいちいち指摘しない。

(85)土屋喬雄『封建社会崩壊過程の研究』(弘文堂、一九二七年)五四頁。

(86)この二史料によって、単位面積・草高当たりの必要労働力数を算出することができる。しかし本文で扱った史料とはかなり異質の史料であるため、直接比較することは無理であると考えて取り上げなかった。

(87)佐々木潤之介「加賀藩制成立に関する考察」(『社会経済史学』二四―二、一九五八年、八二頁)に引用の寛永五年の菊池文書。

(88)寛文四年二月(『改作所旧記上』九八頁)、同四年(同書九九頁)、同十年四月十四日・二十八日(「庁事通載二」『加賀藩史料四』)――以下、『加賀藩史料』は編年体なので頁数は省略する――、延宝元年六月(『改作所旧記上』二五三頁・『加賀藩史料四』)、同二年四月(『加賀藩史料四』)、同年八月(「司農典一」『加賀藩史料四』)――以下「司農典」「加州郡方旧記」「庁事通載」などは農政経済史料、『藩法集4　金沢藩』に収載されているがいちいち記さない――、同三年閏四月・六月(『改作所旧記上』二七四、二七六頁、『加賀藩史料四』)、元禄九年九月(「司農典一」)、同十年八月(『改作所旧記中』一九三頁)など。

(89)『改作所旧記上』七〇頁。

(90)『日本経済大典』巻二一、二五〇頁。

(91)『改作所旧記中』一九〇頁。惣麦高は、三〇〇歩一反とすれば反別七一七七町二反二畝三歩になる。もっとも、その菜種歩数は信じがたい。当時の菜種の反収は、前掲延宝六年「能美郡田植付、培図り」では「よき年は一石余りも御座候、大方は七、八斗出来仕候」。享保元年「田井之自分覚書」では「多少引合中ニして壱石之出来」とあり、これを本文の菜種歩数に乗ずると、反当一石として七八三石余、それより反収が少なければ、収量も少なくなるが、これでは後掲享保元年の加州三郡の出来高一万四〇〇〇石弱に比べて格段に少なすぎる。

(92)『日本経済大典』巻二一、二五五・二七一・三三四頁。

(93)『改作所旧記下』一六〇頁、「加州郡方旧記四」一四頁。また清水前掲『近世北陸農業技術史』七五頁では表に整理されている。

(94)『日本経済大典』巻二一、二七二～二七三頁。

(95)清水前掲『近世北陸農業技術史』二四二～二四三頁。

(96)「私家農業談」(『近世地方経済史料七』三〇一頁)。

(97)『改作所旧記上』三一四頁、「加州郡方旧記一」二八頁。また、延宝三年六月の令で、田地に茄子・瓜を植えることを禁じているのも蔬菜栽培の発展を裏がきするものであろう(「司農典一」『加賀藩史料四』)。

(98)清水前掲『近世北陸農業技術史』二八一頁。

(99)『日本経済大典』巻二一、二七三頁。

(100)清水前掲『近世北陸農業技術史』二七九頁。

(101)『改作所旧記上』二九頁。

(102)『改作所旧記上』一六七頁。

(103)『改作所旧記下』一一六頁、「加州郡方旧記二」七四頁。なお、これをうけて同年二月十六日付で改作奉行より里方は田方・上畠に作付を禁止する触が出されている(「郡方古例集上」〈農政経済史料〉六〇頁)。

(104)『改作所旧記中』三一四頁。

(105)「加州郡方旧記六」七一、七三、七八頁。

(106)「御郡典三」(『藩法集6　続金沢藩』三三六頁)。

(107)「加州郡方旧記七」七二頁。

(108)「御郡典三」(『藩法集6　続金沢藩』三三七頁)。

(109)清水前掲『近世北陸農業技術史』一三八頁の表で計算。なお郡内での売買も考えれば、商品化率はもっと高いはずである。

(110)付言すれば、佐々木潤之介氏も前掲著書「6　第二段階移行の必然性」(四〇九頁)で使用されている元禄期「耕農之外所作在々村々寄帳」は、「農隙所作村々寄帳」（農政経済史料）と同一のものであろうが、その内容は本節の素材としては不十分である。

(111)『日本経済大典』巻二一、二九四頁。

(112)『改作所旧記中』一〇〇頁。

(113) 川良雄『那谷寺通夜物語』（石川県図書館協会、一九六〇年）六六頁。

(114) 宮本又久「加賀藩の産物方政策をめぐる近江商人と加賀商人」（『北陸史学』二号、一九五三年）三頁。

(115)『砺波市史』六一五頁以下、『戸出史料』三一二頁以下。

(116)『日本経済大典』巻二一、二六四頁。なお、前掲元禄元年の「他国出品々書上」に、河北郡の木津・遠塚の「青苧かせ」が記されている。両村は羽咋郡境に所在する。

(117)『城端町史』二六五頁以下、『砺波市史』六一九頁など。

(118)『日本経済大典』巻二一、二九七頁。

(119) たとえば、小麦の田方裏作は翌年の稲植付が遅れるので禁止されており（延宝三年六月触――「司農典一」『加賀藩史料四』）、また稲の早生種は収量が劣るため、作付率はごく小さかったことが農書類から知られる。

(120) 小野正雄「寛文・延宝期の流通機構」（『日本経済史大系3』東京大学出版会、一九六五年、第七章）。

(121)「御改作御趣意考」（『改作所旧記下』、『日本経済叢書一六』一九一五年）。高沢忠順（平次右衛門、号鶴鳴）は、本文に記したような知識と経験から、利常の改作仕法を模範と考え時弊を強く愁えるが、天明五年財政に関する意見を内申して忌諱に触れ、一時役義指除閉門を命ぜられたといわれる。その主張は寛政六年「上書内密書」（別名「高沢録」『日本経済叢書一六』）では、華美の風潮とその一方での農民の窮迫を時の弊害と考え、まず家中卒先して倹約を実行し藩制機構を改革することによって、収斂の弊を改め農民の疲弊を直し、そうして国産を増し御償米の量を減らして藩財政を立て直そうというものである。

(122) 万治二年正月二日、同年六月一日、同三年正月晦日、同日、同年二月十六日、同年四月二日、同年六月十六日、同年十一月二十二日、同四年正月二十五日（以上いずれも『加賀藩史料三』、その他の出典は省略）、また万治三年四月二十六日（『改作所旧記上』三二頁、「十村留記」農政経済史料）。

(123)『加賀藩史料四』一頁。

(124)『改作所旧記上』一四八頁、『加賀藩史料四』、「十村留記」（農政経済史料）。

(125)「司農典一」『加賀藩史料四』。
(126)同右。
(127)『加賀藩史料四』一二八頁。
(128)「庁事通載二」『加賀藩史料四』二六一頁。
(129)『加賀藩史料四』二六六頁。
(130)『改作所旧記上』二二三頁、『加賀藩史料四』（ただし『加賀藩史料』では、これを寛文九年に入れる）。
(131)「庁事通載二」『加賀藩史料四』二九八頁、『改作所旧記上』二一八頁。
(132)『改作所旧記下』一五三頁、「加州郡方旧記三」七九頁。
(133)寛文元年五月二十九日触（「庁事通載一」『加賀藩史料三』）。
(134)『加賀藩史料四』二八三～二九〇頁。その他『加賀藩史料四』三四一・三七六頁、『改作所旧記上』二六四頁など。
(135)『加賀藩史料四』二八七頁。
(136)『加賀藩史料五』三四六・三六九・七四五頁。
(137)『加賀藩史料六』八二七頁。
(138)『加賀藩史料五』四九七頁。
(139)『加賀藩史料五』二二七・四九〇頁。
(140)『改作所旧記中』二八八頁。また貞享四～元禄四年十月までに笠舞・上野新の両村に捨子一五人ともある（『改作所旧記中』二三〇頁）。
(141)『加賀藩史料五』七四六・八六一頁。
(142)『加賀藩史料六』八〇頁。
(143)川合文書「金屋本江留書之内、此方抜書帳ニ無之分写置」、「十村留記」（農政経済史料）。なお後者には脱字、誤字があるように見える。
(144)『改作所旧記上』三〇三頁。
(145)『近世地方経済史料』第一巻。
(146)『改作所旧記上』二九九頁、『加賀藩史料四』。

(147)『改作所旧記上』三二六頁。またその調査結果は同書三二五頁。
(148)『改作所旧記下』一一五頁、「加州郡方旧記二」七二頁。
(149)正徳三年正月二十六日、同年三月二日、同年三月二十二日、正徳四年二月（『改作所旧記下』一一四・一一七・一二〇・一二八頁、「加州郡方旧記二」七一・七六・八二頁、「加州郡方旧記三」六頁、『加賀藩史料六』三頁）をはじめ、後掲史料。
(150)『改作所旧記下』一三二頁、「加州郡方旧記三」一七頁。
(151)前掲註(149)の正徳三年三月二日、正徳四年二月の触（『改作所旧記下』）。
(152)『改作所旧記下』一三七頁、「加州郡方旧記三」三〇頁。
(153)『改作所旧記下』一七五・一七六頁、「加州郡方旧記四」五五・五七頁。
(154)『加賀藩史料四』五八二頁。
(155)『改作所旧記上』三三四頁、「加州郡方旧記一」四九頁、『加賀藩史料四』五六六頁。
(156)『改作所旧記下』二一五頁、「加州郡方旧記五」二〇頁。
(157)『改作所旧記下』一三七頁、「加州郡方旧記三」三一頁。
(158)「三百二条旧記四」（農政経済史料）一九頁。
(159)『加賀藩史料六』二四五頁、「郡方古例集上」（農政経済史料）一四六頁。
(160)この種の百姓のおごりたる風に対する禁令は頻々と発せられている。たとえばさしあたり、『加賀藩史料』四・五の所々に見られる。
(161)註(132)に同じ。
(162)「加州郡方旧記六」二六頁、『加賀藩史料六』。
(163)註(156)に同じ。
(164)「加州郡方旧記七」一一四頁。
(165)「加州郡方旧記六」三六頁。
(166)「司農典二」『加賀藩史料七』。
(167)享保十二年二月触（菊池文書「享保十二年旧記」、「司農典二」『加賀藩史料六』）。
(168)この史料は拙稿「近世前期奥能登の村落類型」（『金沢大学法文学部論集』史学篇一三、本書第一部第二章）でも扱ったが、その数値は原史料に直接当たった結果、表26のように訂正する。訂正の詳細は別の機会に譲る。
(169)　表27の集計方法は清水隆久氏「加賀藩初期における本百姓について」(『石川県押野村史』一九六四年刊所収)と異なる。主な理由は備考欄をみよ。詳細については省く。
(170)　「司農典二」『加賀藩史料五』二六四頁、「改作方旧記附録二」(農政経済史料)、「鶴来村旧記写」(『日本農民史料聚粋一一』一一六頁)ほか。
(171)　佐々木前掲『幕藩権力の基礎構造』一三〇頁。
(172)　『改作所旧記上』九六頁。
(173)　同右一六八頁。
(174)　「庁事通載二」『加賀藩史料四』四四頁。
(175)　「改作方旧記附録一」(農政経済史料)一〇二頁、『加賀藩史料四』六二九頁。
(176)　「改作方旧記附録一」(農政経済史料)七一頁、『加賀藩史料四』「十村留記」(農政経済史料)一九六頁。
(177)　『加州郡方旧記一』九頁、『改作所旧記上』三〇四頁。なお後者には誤写があると考える。
(178)　『加賀藩史料四』一三〇頁。
(179)　『改作所旧記上』三〇〇頁、「改作枢要記録」(『改作所旧記下』二七七頁)、「上書内密書」(『日本経済叢書一六』二三七頁)。
(180)　「改作枢要記録」(『改作所旧記下』二七八〜二七九頁)。
(181)　『加賀藩史料四』四一六・四五五〜四五八・四六〇・四六七頁等。
(182)　『下新川郡史稿上』六二五・八五六頁。
(183)　元禄九年十二月御扶持人・十村七人連署窺書(「庁事通載三」六一頁『加賀藩史料五』)。
(184)　「司農典二」『加賀藩史料四』。
(185)　これが改作仕法の貢租収奪を基本的要因としているなら、さきの太田村持高構成(表25)における慶安〜寛文期の動きが、二〇石未満層をあまり輩出しない限界のなかで、より小規模層へ比重を高めていることにも、すでに農民と農業の危機を読みとれよう。
(186)　『広報ふくみつ』一九五四年八月。
(187)　川合文書「入之御紙面抜書」。

(188) 前掲註(183)の窺書に対する改作奉行の指示は「先、御高荒し不申様」、そして「随分絶百姓無之様」に処置することであった（「庁事通載三」『加賀藩史料五』三七二頁）。

(189) 「御郡方旧記三」一二九頁。また佐々木氏の例示している元禄九年「射水郡十村窺書」（佐々木前掲書一二九頁）にも切高を望む者がいないことが記されているが、これも新川郡と同様の事情によるものではなかろうか。

(190) 「司農典一」『加賀藩史料五』。

(191) 「司農典二」『加賀藩史料五』。

(192) 「司農典二」『加賀藩史料七』。

(193) 右の分高制限令に関して、元文五年正月の触で、五〇石余持高の分高許可は「五拾石余之高を弐三拾石与申義ニ而者無之候、致配分候而茂残持高五拾石致所持義ニ候」と注意している（「郡方古例集下」〈農政経済史料〉三六頁、『加賀藩史料七』）。

(194) 以上、享保十年二月、享保十一年三月、享保十一年六月、享保十二年二月の令（いずれも「司農典二」、また『加賀藩史料六』にも収録）。

(195) 『加賀藩史料五』九六五・九六九・九八八頁、『改作所旧記下』一〇九頁以下、「加州郡方旧記二」五六頁以下ほか。

(196) 『石川県石川郡誌』七三二頁。

(197) 『加賀藩史料六』四七四・五三〇頁。

(198) 註(194)の享保十一年六月触。

(199) 註(194)の享保十一年三月触。

(200) 『加州郡方旧記八』八〇・一二六頁。三清跡組騒動は『福野町史』二九八頁にも載る。なお石川郡は村井村与三右衛門家へ押し寄せた。

(201) 享保十一年三月触（「司農典二」『加賀藩史料六』）。

(202) 享保十一年八月、同十二年二月二十六日触（「司農典二」『加賀藩史料六』）。

(203) 「司農典二」「杉木氏御用方雑録一」（農政経済史料）、『加賀藩史料八』。

(204) 「司農典三」。

(205) 「司農典二」『加賀藩史料五』。そこで地主の用捨免指引の客観的作用をつぎのように記している。「ケ様之儀有之故、何事も小百姓をすゝめ身上宜敷百姓者内証ニ而腰を押申体ニ候、依之ニ小高持之百姓ハ御用捨を受候而も致難義、身上宜敷者ハ猶更宜敷様ニ罷成候儀、不順成仕合ニ候事」。

(206)「司農典(二)」『加賀藩史料七』。

(207)「司農典(三)」『加賀藩史料九』。

(208) この点はすでに故鎌田久明氏が指摘されている（『日本近代産業の成立』ミネルヴァ書房、一九六三年、一八四頁）。

(209) 堀江英一編著『幕末・維新の農業構造』（岩波書店、一九六三年）第三章。

第三章　加賀藩中・後期の改作方農政

はじめに

本章は、十八世紀後期から十九世紀前期の加賀藩農政の一端について、先学の研究に付していくつかの点を述べようとするものである。総じて宝暦・天明以降の時期は、幕藩体制社会が諸矛盾の深化によって崩壊の過程を辿る時期であるが、そうした基本線の中で、加賀藩における農業問題の認識と政策が、農業・農民の実際の存在状態に直面しながら具体的にいかなる進展と限界を示すかを、より明確にしたいと考える。本章では、さしあたり天保改革までの時期を扱い、その間の主要な施策を検討する。また農政諸分野のうち、主に高と土地に関する施策にしぼって検討したい。加賀藩の農政は機構的には郡《こおり》方と改作方の両部門に分かれているが、高方と地盤方は改作方の主要な所轄分野であった。もっとも、このように分析対象を限定することによって、おのずから本章の限界が生ずる。他の農政諸分野、さらには藩政全般との関連で総合的に把握する余裕がなくなり、たとえば、当時の農民の「難渋」について、その諸要因の一部を指摘するにとどまることになろう。

加賀藩農政史の研究では、近年若林喜三郎氏が大著を上梓され[1]、全時期を通して総括的に把握されたことは大きな学問的成果であった。本章もそれをふまえ、また本章の所々で触れるように他の先学に学んでいる。ただ農業・農民の存在状態についての研究が、それに伴っては進んでいないと思われ、本章にとっても政策の客観的評価等の点で制約となる。

本章の構成はやや変則的である。第一節で、化政期ごろの十村役の農政に関する意見を検討して、三様の考え方があることを指摘し、第二節では、天保以前の高方および地盤方の各仕法と農業の実情を検討した上で、天保期について同様の検討をするという順序をとった。後者は、政策を、実態と関係づけることによって、より以上の深みにおいて把握したいと意図したものであるが、農業実態については継続的に追跡できるまでに至っていないために独立の節とすることができず、政策分析の間に挿入してコメントする形をとった。そうすると、第一節の部分も同様の形式にすべきであるが、意見内容の紹介等に紙数を要するために、これを抜き出して第二節の部分への導入としての役割を果たさせる形にしたのである。もっとも、そうした技術的問題のかげには、わたし自身の勉強の経過にかかわる点がある。前述若林氏の著書を書評したさいに[2]、文化期の「出作田地平均」の農政意見の評価について批判めいたことを述べたために、その検討がわたし自身の課題となり、それと農業政策との関連、とくに天保期への展望をつけることが必要になった。また、近年『羽咋市史』『押水町史』[3]に執筆する機会を与えられて、能登口郡の史料に接することができたが、そこで知りえた当時の農業の実情や施策の具体的事例のいくつかを、とりあえず本章に援用したことも、本章の構成に影響を与えている。その変則性は論旨の片寄りも示しているであろうから、その意味で本章は試論的なものである。

一　十村の農政意見

農政の実際に直接たずさわった十村役クラスの意見のあり方を知り、農政上の問題点を探るために、1「内密覚書」と田井村次郎吉等答書、2押野村安兵衛意見書、3「出作田地平均仕法」と「高平均」の意見を取り上げて検討しよう。

1

「内密覚書」(4)は案文で著者、年代の記載はないが、旧十村役折橋家の旧蔵史料で、また内容から古役の御扶持人十村の立場の意見と思われ、文政三年（一八二〇）の成立と推定できる（後述）。内容は三八項からなる長文のものであるが、今は、高と土地に関する部分を中心に要約して紹介しよう。

まず、冒頭で、近年郡方一統が打ち続き難渋に迫っている根元として、手上高・手上免・引免立帰り、御貸米返上・冥加米・増返上米、水損変地御償米の減石を列挙している。そして、手上高・手上免については、従来に比して詮議が厳しいために、一律に増方のみとなって取扱い方が混乱した。御貸米については、御見立代わりのものだから増返上を取り立てる性質のものではなく豊凶によって増減すべきである。引免立帰りについては、土不足・変地・地味劣り・難渋によって容易に立帰りできないものを厳しく仰せ付けられたために、立帰りの村々は難渋し、百姓や小作人は品物を代替にして屎物を仕入れ、結局は屎不足から地味劣・収穫減少になる。そこへ御収納が増加するのでいよいよ困窮の基となっている。もし二、三年も作難が続けば、百姓・小作どもは家財・農具を売り払って御納所をすませるので翌年の出作（耕作）に差し支え、手余り地を生ずることになる。そのときになって一時的な御取救いを受けても、なかなか急に成立ちが行き届くものではない。また、変地御償米は近年一円に減石されたため百姓中が難渋している。それゆえ、今後はすべて古来の通りの引免方等の取扱いに戻し、村々が成り立つように詮議してほしい、と述べている。

第二項では、新田開発について、新開用水入用や開発方仕入銀が過分至極になっており、他方で新開地は数十年を経なければ相応の田地にならないのだから、まずは新開願を一円に差し止めた方がかえって御為になる。ついては、川筋村々の入川跡など古田の水損変地場所に石砂取除方勢子仕法を仰せ付けられれば、変地が立ち帰って御上の益になり、村々の軽き者の稼ぎになる。その場合は定検地奉行の管轄で調査・立案し、郡々の勢子主附は御扶持人十村・平十村の内から選んでほしい、と述べている。

第四項は近年諸種の運上銀が取り立てられているが、下々の迷惑している種類は免除してほしいと述べ、第五項では近年郡方へ調達銀がたびたび仰せ付けられ、その返却のめどが全くないために相応の身元の者もしだいに難渋している。その上、「去春」に過分の仕法調達銀を命ぜられて、今は人々が難渋の場に立ち至っているので「来巳ノ春」より差し止めてほしい、と述べている。なお、第一六項には、百姓の菜種売払いについて近年仕法方を仰せ渡されたので村々が迷惑している。従来通り宿方へ勝手に売り渡すことに仰せ付けられたいと述べている。

以上が郡方の難儀・難渋の直接的原因として指摘されているものである。とくに引免立帰りの詮議の厳しさが村々の難渋の根元であると認識されており、同様に手上高・手上免も、また新開、貸米増返上、調達銀賦課、産物方政策による新規の運上銀や仕法も難渋の原因として指摘されている。もっとも意見の主眼は農政批判に傾き、積極的提言としては石砂取除方勢子仕法だけである。

なお、第五項の仕法調達銀は文政元年十月に仰せ出されているので、文中の「去春」は同二年春であり、「来巳ノ春」は文政四巳年春である。したがって、この「内密覚書」の成立は、文政三年と推定することができる。(5)この他の内容については、今は詳しく述べないが、ただ注意すべきことは、農政事務・機構についての意見が二〇項目以上を数える点であり、これが著者にとって重大な問題の一つであったことが知られる。指摘は多岐にわたるが、そのなかから論点をさぐってみよう。新役の十村・新田才許・山廻役の数が増え、旧来の郡方の取扱い方を心得ず、御扶持人十村を通さずに上申したり、取り組んだりするため、談合がまちまちになり「仲間不和順之基」になっているので古法の通りつとめさせてほしい（第二一、二二、二四、二五項）。その新役の者や郡方の「妖怪者」どもが、高・免・人馬員数・新開所書物など「隠密之品」を洩らし（第一二項）、算用場、郡方・改作方役所、定検地奉行所、家中、寺社などへ勝手に出入りして「御郡取治方ニ指障」るので一切差し止めてほしい（第二六、二八〜三二項）。また、算用場や産物方役所の方でも平十村等を直接に呼び立てたり、郡方の者と直接に組んで取り計らったりしているが、郡・改作両役所と御扶持人十村を通して詮議してほしい（第二〇、二八項）。御徒衆・小算用衆が御用の書付の十村名に殿の字を記さず「最早十村役前も相立不申程之義」になっている（第二七項）など、総じて御扶持人十村の立場から、農政の手続きがみだりになっていると指摘して、郡・改作両奉行所――御扶持人十村の農政機構の維持を求める意見を述べている。その他、改作奉行の任期の短すぎること（第一九項）、盗賊改方役所付役人（「犬」）の奸曲、御郡所蔭聞役の不正、十村等の手代や村役人の不心得・奸曲の詮議の要求なども列挙している（第一一、三四〜三七項）。そして最後の第三八項で、右の指摘を総括する形で要旨をつぎのように述べている。収納や免相指引などの改作方行政はすべて改作所――御扶持人十村へ仰せ付けられるものであるが、「中古」以来諸役所向きで混乱している。今は人気がむつかしく取治めが容易でないので改めて旧来の取扱い方にするように仰せ付けられたい。ところで、このように改作方古法が乱れたのは、十村の役義勤向きを知らぬ新田才許・山廻・村肝煎等の中から平十村・御扶持人十村を取り立てたためである。元来、村々の土地・村柄・人気の取扱いは往古よりの事情があるのに、さしあたりの見聞のままで新規の仕法を取り扱っても、近来は何一つ御為のことはなく、かえって村々が迷惑し、人気が悪くなっている。御扶持人十村の役筋は郡方の隠密のことを扱うので累代に役義を仰せ付けられてきたのだから、その家柄の子弟から御用に立つ者を選んでほしい。新田才許・山廻のうちから選ぶときは御扶持人に聞き合わせてほしい。とくに天明年中以来、新田才許役の者を直ちに御扶持人に取り立てるようになったが、そのため御不益のことが少なくなく、下々の迷惑難儀が多い。改作方古法が乱れ、御扶持人仲間の了簡がまちまちになって村々の取締り方に支障が生じているので、今般格別に勤向心得について、古来の取扱い方をとくと会得して正路につくように仰せ付けられたい。

このように、郡方の取扱い方が機構的にも混乱しており、とくに天明期以降は新役の十村の任命につれて十村仲間の意見の不一致、反目が生じて農政上に支障があることを指摘し、機構、取扱い方とも改作方古法へ復し、古役の御扶持人十村を取り立てるよう主張している。それは明らかに古役の御扶持人十村の立場からの農政意見であるといえるが、このことは、後にみる押野村安兵衛の意見と対比すれば一層はっきりする。

以上、「内密覚書」はかなり直截に郡方一統の難渋の根元が引免立帰り等の苛政にあることを突くが、その意見は、引免、新開、産物方等の諸施策、また農政事務機構についても旧来の姿に戻すことを主要な論旨としていて、総じて保守的であるといえる。

つぎに、この「内密覚書」に補する形で、文化九年（一八一二）三月の石川郡田井村次郎吉・田中村小四郎の答書を取り上げよう(6)。これは従来の農業取捌き方について藩から下問されたことに御扶持人十村として答えたものであるが、その中で、石川郡の従来の御仕立の様子および同郡に貧村の多い理由についての要旨をつぎのように述べている。

まず村々の状態については、元来、改作法のときに精一杯の上げ免をして、そのままになっていたが、手余り地があって難渋したので天明三年に引免された。その後だんだんに立ち帰り再び難渋になった。寛政二年に貧村御仕立の詮議を受けたが、その後また引免立帰りになって難渋して乞食などをするありさまで、過分に手余り地ができて田地が荒れ、村々で人別の田地の区別もない状態になった。年貢も過分に越年の未進するようになり、春になれば葉なたねの時節に収穫時の値段の五匁下がりで売り、家財は三割引きで売り、その上、御上より種々の名目で多額の銀米を拝借して「やくたいもなき為体」となった。寛政十一年には、貧乏に馴れて癖付が悪く惰農な者を追出百姓に仰せ付けられ、同十二年から享和二年にかけて一〇四ヵ村に極貧村の仕法を付けて仕入米、引免をされたので、そろそろと立ち直ってきている、と述べている。また、十村役の心懸けについての下問に対しては、精勤・不精勤の差はあるが、全く御用を心懸けない者はいない。新役等の内で心懸けの薄い者・不慣れな者には年功の者より教えている、と述べている。

この次郎吉等答書は、御上へ対する気配りの強い文章なので、引免や貧村御仕立によってどの程度難渋から立ち直ったか疑わしいとも言えるが、しかし、石川郡村々の「草やら稲やらぼう〳〵と相成」り、誰の持田か区別もつかぬ田地、手余り地のある状況、年貢を未進した上に、「青田」を売り家財を売って「一年立に」過ごし、乞食もする農民には、「御改作御法としては多分は不得相聞」（無きに等しいの意か）という窮迫状態が指摘されており、そのなかで、明らかに引免立帰りが村々難渋の直接的原因であることを批判として含んでいる。この指摘は、「内密覚書」と共通の認識であるが、意見書でないため、より以上の考えはわからない。また十村役人についても古役と新役との対立はないかのごとく述べているが、実際はそうではなかったろう。そのことは、つぎにみる押野村安兵衛意見書からも言える。

2

つぎに、文政二年四月の石川郡押野村安兵衛意見書(7)を検討しよう。安兵衛家（後藤姓）は父祖代々の平十村役であったが、文政二年三月、十村断獄が行われたとき、御扶持人十村に抜擢されて田井村次郎吉と共に郡方仕法の隠密御用をつとめることになった。そのさいに提出したのがこの意見書である。この内容も比較的多岐にわたるが、やはり高と土地の問題を中心に要旨を紹介しよう。

八項からなる意見書の第一項は、百姓と土地の状態と事情について述べる。郡方の人口がしだいに増えて「御高数与人数与不合仕候」ゆえ、小作地が不足し、とくに（石川郡のような）高免所は小作得分が少ないため、翌年の夫食がなく田地養い方の手当てもない。そこで農外の稼ぎをするうちに手遅れになり耕作不十分、作物取劣りになり、致し方なく稼ぎのみの者や、また多くは乞食体になっているが、近年は稼ぎ、商いが少ないため「乞食友倒」れの状態に至っている。

つぎに変地・引免については、変地起返しの手段はあるが、村の「長百姓」が支障を申し立てるので他所の者も小作人も手出しできない。長百姓が少々宛起返しているが目立たぬため引免立帰りになっておらず、その上、「乗セ水」（冠水）しても変地とするので年々御取箇が減少するのである。よって、見分の上引免立帰りをし、異議が出れば検地を行って相応の引免をすればよい。また、無地地（荒地）は少々の仕入米を与えて、その村の長百姓から頭振まで鍬入れさせ、三～五年作り取りとすれば小前の者も出精して渡世できるであろう。

また、新開については、全体で六～七万石ほども開発可能であろうが、小前の者に作らせた方がよい。ただ開発入用銀の支出が問題で、従来は御仕入銀を願うのも恐れ多く、また小前から願うと長百姓が抑えつけ、他村の者が願っても「中分以上之百姓」が巧みに種々の差し支えを申し立てて詮議中ということにし、そのまま打ち捨てておくのではかどらない。したがって変地場所・開発場所とも、ぜひ御仕入を仰せ付けられねば軽き者の手に入らない。

第二項では御仕法に関して、その取扱い方と貧村の手当て方を述べる。まず、仕法不貫徹の原因として、勢子役の人数が多くて意見が合わず、とくに御扶持人と新田才許とが合わないため、中途半端な行政になっている。もちろん、仕法の趣きが下々へ行き届かないこともあるが、そのわけは、御仕法通りに行うと従来の不詮議が明らかとなるので、御扶持人（とくに重立ち）が長百姓と組んで、引免立帰り、手上免・手上高を一律に高数に割り付けた十村組もある。そのため、明らかに困窮しているのに引免立帰りになって嘆いている村々がある。よって、勢子役を少人数に精選して綿密に詮議し、数ヵ年の間に取扱いをすれば不公平がなくなるであろう。

つぎに、極貧村の手当てについては、困窮村は少々の引免があっても前借に追われて容易に立ち直れないから、全体の御取箇が増えたら、そのうちの五歩を村方取続きのために充て、それに見合った村数について三ヵ年間の収納を用捨すればしだいに立ち直るであろう。ただし高持だけの用捨でなく請作の者へ年貢一石につき三斗ほどを親作より用捨させて平均して立ち直らせるべきである。もちろん、右の御益米全部を困窮村仕入米にすれば尚更ありがたいことである。その効果は数年後にあらわれるであろうが、初年は諸役人と中以上の百姓の心服を勘考し、二年目よりだんだん御取箇を増やせばよい。

第三項では、変地起返しと新開について、仕法を付け、困窮村取救いの上でなお余裕の米があれば変地・新開の仕入米にしてほしいと述べ、第四項では、変地起返し・新開の上での支障の第一は水不足であるが、なかには申立てだけのこともある。旱損は一〇年、一五年に一度のことであるから、そのときは新開所を旱損させればよい。また新開願いは、十村へ提出すると間違いや遅延が生ずるので、主附へ提出させ、新田才許へ相談した上で十村へ渡すことにすればまちまちにならないと述べている。

第五項は諸種の打銀を詮議する必要、第六項は十村等の手代が過分の礼銀を取ることを指摘して、手代の給銀・世話料を規定する必要、第七項は十村の出張等の費用がかさむことを指摘して、組万雑帳を調べる必要を提言し、最後の第八項は洪水によって川床が高くなるので新産物方の役務として不断に川除の手入れをするよう述べている。

以上、押野村安兵衛の意見は、村方の困窮が乞食共倒れの状態まで呈していることを指摘するが、それを直接に藩の農政批判とはせず、引免立帰り・新開等の農政推進を阻害するものとして村々の長百姓（ないし中位以上の百姓）と御扶持人十村の結託を指摘し、攻撃している。また御扶持人と新田才許との不和順についても「内密覚書」と同様の状況を指摘しているが、立場は逆で、明らかに「新役」側である。そして、この当時の主流派として藩の農政を基本的に推進する立場のなかで、引免立帰りと新開について仕法を付け、貧村仕立てのために年貢を免除し、またいずれにも仕入米の支給が必要であることを提言している。すなわち農政自体が不十分であることを認識し、その改善を積極的に主張している。なおそのさいに、村内の長百姓層と小前・請作層との対立を指摘して後者の不利益を救おうとする意向を示していることは注意すべきであるが、それも、仕入米は貢租増徴を前提として、その限度内で手当てをすると考えているように、実際には収斂に陥る可能性を強くもっている意見である。

以上の1、2の意見では、当時の農村が貧窮に迫っていることが農政上の問題として取り上げられており、その施策上の問題としては、引免立帰り、新開、手上免、手上高、調達銀、産物方の運上や仕法、また貧村御仕立など、論旨にしたがって多岐にわたっていたが、なかでも引免立帰り、新開等の土地問題＝地盤方において施策が効果を上げていないことを共通に認識した上で批判あるいは改善をはかっていたといえる。そして、その農政策をめぐって十村クラスの間に意見の不一致があって反目し合っていたが、『石川県史』に、十村断獄が若干の新田才許役の言を容れて行われ、また文政四年の郡方仕法（行政機構の改革）に際して改作奉行が数度にわたって古格の十村役の登用を主張し、藩主の前で老臣と対決したと記述していること(8)と考え合わせると、当時の農業政策・行政が行きづまって混乱し、打開の途を見出しえない苦悩の中にあったことが窺われる。

なお、付言すれば、十村だけでなく家中にも農政批判が表面化していたことは知られている。寛政六年二月の高沢平次右衛門忠順の「上書内密書」(9)は、藩財政の収支を合わせるためには諸役所の簡略化程度では無理であって、「国風」の簡略化が必要であるとし、そのために、まず家中の倹約を第一とし、それを四民に移すことが根本であると述べ、また郡方諸役所を改作所だけに統合するなどの機構改革や人員整理を提唱している。また文政七年閏八月の寺島蔵人競の「口達書」(10)は、十二代藩主斉広の没後に書かれた老臣への献言であるが、斉広の治政が、御用金、調達銀、冥加金等の過分の取立て、手上高・手上免、引免立帰りの詮議の厳しさ、返上米、冥加米などによる増年貢などのため、「惣様御郡方の取扱、全く聚斂至極之御政事」で、「何一つ御仁政と申儀は聊も無之」と決めつけた上で、士風を改め、経済に人材を用い、幼君（斉泰）の下で老臣が一和して、人民安隠をはかるよう進言している。もっとも、その策としては収斂の取扱いをやめ、窮民を救い、風俗について諭すことなどを一般的に述べているだけで具体的ではない。また文政三年十二月の富田景周の上書でも、施政が酷薄なる役人によって収斂に陥っていることを指摘し、「挙賢」すなわち人材を選ぶべきことを述べている。[11]

このように、農政が藩財政の逼迫に起因して収斂の弊に陥っていることは同時代に指摘されていたのである。如上の家中の意見は、時に激越でもあるが、士風の匡正、人材登用等によって克服しようと考えるのが特徴で、現実の農民の窮貧に対する具体的施策の提案はほとんど持ち合わせていないようにみえる。

さて、今一つの十村の農政意見を検討しよう。1、2で紹介した十村の意見と異なって、農政上の主要問題を耕作高（経営規模）の懸隔の解消に求める考えである。

3

「改作雑集録」は、「出作田地平均」論を述べた一連の記録である。[12] ここでは、意見書の形式をとっている「第三　農夫の産業平均を進る小紙」と添付の「出作田地仕法書」を中心に検討するが、その日付の「酉二月」は文化十年と推定され、著者は未詳であるが、十村役の立場で記し、越中国新川郡の山田村祐三郎組の事例を挙げていることから、山田村の十村祐三郎（神保姓）の可能性も考えられる。彼は当時十村役であったが、文政二年の十村断獄を蒙った一人であり、その後は帰役しなかった人である。

「農夫の産業平均を進る小紙」の内容は、冒頭で、郡方が累年の難渋に陥って、もはや「御難題之時勢に至り不軽義」と社会問題化していることを指摘し、文化八年の改作方復古で行われた「難渋之根元御紕」は、引免村についてだけで、それも「其源とは遥に千里を隔候詮議振」りであって、決して百姓成立ちの仕法には思えない。その原因は、土不足・地味劣りになったことから生じているものもあるが、多くは切高の法を立てられたためであって、その後に制度を設けなかったので奢侈を競い、今日の難渋に迫ったのである。今は難渋のゆえに産業を欠く者は一〇のうち六、七に及んでおり、下々の困窮は引免村に限ったことではないから、全般にわたって「民産の制」、「奢侈の禁」を立てなければ藩の財用を尽くしても取救いはできない、という。また藩の財政について「年々御手操の御仕法」があるようなので、当節の様子では信じ兼ねるが、万一手段があれば取救いの詮議をしてもらいたいと皮肉った上で、手段のないまま放置すれば「御田地忽ち富有の農商に集り、窮餓の民不日ニ三州に相満」るであろうから、畢竟は「民産平均之御詮議を以、先づ人々出作の田地平均被仰付」、さらに引免等の取扱いもすれば、わずかの「豪農」等はいささか迷惑もしようが、格別の難題もなく下々一統はさしあたる飢寒を免れ、御仁政をありがたく思うであろう、と述べる。

すなわち、この意見は、農民の持高移動によって生じた貧富の差が難渋の根元であると考え、耕作規模（出作高）の均等化を主要施策とすべきであると主張するもので、その観点から、当時の引免立帰り等を主とした農政に対して批判的立場に立っているが、具体的方策としてつぎの八項目からなる仕法書を添えている。

一、田地の数と農夫の数とによって耕地に限りがあるが、「正夫」（一家の長）の出作田地は五反、「余夫」（成年の子弟）は（一反では少なすぎるので）二反に限ることにすればよい。

一、工・商・猟業の者および寺院等は各々本業があるから、受田（小作）して出作することは禁止すべきである。

一、出作平均した上は、田地の過不足が明らかとなり、大高持は迷惑するにちがいない（持高に対して実面積の多さが判明する）から、以後は一円に手上高を命じないことにして安心させるべきである。
一、出作平均の上は、難渋者に作飯米・屎《こえ》代を貸し渡さねば出作にさしつかえる。従来は藩よりの夫食米が少ないので大高持の田主（地主）等より貸米していたが、二割、三割の利子で翌年の返済方が収納米上納より厳密であったため、請作（小作）の難渋の一端になっていた。以後は田主貸米は一反につき七升五合宛、無利足でその年限りに取り立てることとし、藩の夫食米は当分の間一反に九升宛、その半分は無利足で年暮に上納とか、半分は給付あるいは長年季返上とかにする。屎代は銀高が少分にすぎるので廃止し、夫食米と田主貸米の二口のうちから田地一反につき八升ほどを指除米とし、村役人によって主に灰肥などの屎物を買い入れて人々に請け取らせれば、小作どもの飯米に喰い込むことがないであろう。
一、夫食米の願い方は、田主貸米を受けている小作から選んで、作高を基準として願い出る。田主貸米は、村役人の方で貸し渡さねばならない者を精選しなければ田主が承知しないだろうから、夫食米の願い方もそれに準ずれば不正はないであろう。
一、田地卸し方は、従来石高の多少に甚だちがいがあって小作どもが請方を競うので、近年は卸し米（小作料）が増額して、これも小作どもの難渋の一端になっている。以後は田地一反の田主の余徳（地主得分）は一斗九升五合以内に定めるべきである。
一、請米（小作料）は、従来は残らず御蔵へ納めたが、今後は定免にあたる年貢米は御蔵納、その他は田主の宅へ納めるようにすればよい。
一、右のようにした上は、夫食米返上は九月限り、収納米は十一月限りに皆済し、そのあと早速に田主の貸物を返済させるべきである。
以上、「出作田地平均」の方法は、正夫五反（高にして七石五斗）、余夫二反（同じく三石）の割で全く一律に耕作地を配当する思い切った意見であり、それに伴って夫食米、地主の作飯米貸付および請作関係についての規制は考慮されている。

今少し、他の記事から補足しておこう。「改作雑集録」のうち、「第一　土地恒産」（文化八年）では、「政事は民を富まし教るを要とす」とし、そのために、まず四民（士農工商）を分けた上で、民を富ませるために民の産を制することが必要であり、百姓については戸ごとに一〇〇畝（「今の拾四石高程」）を与える。これを正夫という。余夫にはその四分の一を与える。このようにして「平均の政」を行い、民を「地着」せしむる。また民を教えるには官を立てる必要があるとし、五家＝比（今の五人組）、五比＝閭（今の村）、四閭＝族、五族＝党、五党＝州（今の組）、五州＝郷（今の郡）の古制について記して当今の制と比較している。そして、「今の十村は古の州長に似たり、州長は中太夫、十村は疋夫なり、何んぞ能く治を成に足らん」と、十村役の格の低さを指摘している。すなわち、出作田地平均の考えを、田制・民治の古法に復するという形で正当化しようとしている。

また、「第二　十村政談」（別名、「山田村祐三郎組之事」）では、文化八年の新川郡山田村祐三郎の十村組の石高、人口および持高別階層構成を示して「民の貧窮益甚ふして、貧民今既に什の七八に至る」と指摘した上で、田制の復古は、昔今を同日に論じてはならぬから「仮りに法を設けて是が楷梯を為し、漸を以て古へに復すべし」とし、その楷梯として、頭振も含めて正夫五反、余夫二反を常制とするのであると述べている。そして、祐三郎組の石高一万七四八五石四斗に対して正夫・余夫へ与える田は合計二万一〇〇〇石になると計算している[13]。

つぎに、「寅十一月」（文政元年と推定）の「天狗問答」の記事では、出作地の配当を家別（正夫）一〇石、人別（余夫）五石に修正しているが、大高持の手作り高も同様にすると述べ、その理由として、大高持は下人（奉公人）の「掛引」（監督）をするだけで自身の手で田作りをしないから右の一〇石、五石でも手に余るほどであろう。下人（奉公人）を大勢かかえて手作りするよりも卸し作にした方が勝手がよいので、しだいに手作りを縮小し、下人も減少し、卸し作が増えている。それでも下人をかかえて手作りしているのは、「左様不仕候ては、当時の姿にては、小作の者にあしもとを見られ、反て高持不勝手之族御座候故に御座候」と説明している。他方、下人については、家をもたぬ者は開作（耕作）できないし、依然奉公を望む者もあろうから、それらは望みに任せればよいとし、また馬については、まず無用であるが時々耕作に用いることがあり、年貢米の運搬や屎物拵えに都合がよいので、田作の組合わせによって一組に一疋宛とかもたせるのがよいとしている。

なお、三州（加賀藩領）の高の過不足については、土地は土地、免は免で各々その実にあたるようにすれば過不足がわかるので、高と免との混合をなくし、稼ぎ免は田畑の免と稼ぎの免を区別すべきであり、かつ「高違」というのは斗代違のことでもあろうから免相で指引すればよく、結局三州全体として過不足はないであろうと予想している。ほかに、村役人について、組合頭は一村の役人にすぎず算筆もできない者が多いとはいえ、取治めのためには軽からざる役前なので相応に身分を取り立て、人数も増してほしいと述べている。

今一つ、年代不記の「覚」では、請卸し関係について触れ、持高の多少に応じて手作規模を規定する方法について、従来請卸しは親作・小作の相対であるから規制しても守られないだろうと述べ、大高持に対する取高（土地集積）の規制についても、中高持が取高すれば大高持となるし、小高持は取高する力がないから効果がないと述べて、持高移動に対する規制については積極的ではないようにみえる。

以上、「出作田地平均」論の内容を大略みてきたが、大多数の農民の難渋という農村社会問題を解決するために出作高の一律的な均等化を提案したものであった。この問題指摘は前述1、2にみられぬ視点であり、またその内容がかなり思い切ったものである点が特徴である。ただし持高の平均化は考えられておらず、したがって地主・小作関係に対しては地主得分に規制を加える程度で存続させるものとしている。つまり、地主制の一般的展開を前提としてその下で小作人ら小農民の小経営安定を策する案であるといえる。しかし、何よりも小農民の貧窮の克服が主眼であり、そのために大高持・地主の不満を予想しており、その仕法でも夫食米、地主の貸米、屎物の確保、地主作徳の規制に配慮していた。すなわち小農民ないし直接耕作農民の視点が基本にあることは確かであり、そのゆえに、前述の十村たちとはもちろん、2のなかでみたような「長百姓」の利害の立場（引免立帰りのサボタージュ、他人による新開への故障申立て、十村役人との結託等）とも異なった意見たりえたものと思われ、その革新性に注目すべきである。そして、その上で、十村役（また、おそらく大高持の地主でもあろう）と推定される著者の、地主・小作関係の桎梏に対する認識の甘さが限界として指摘されるべきではなかろうか。

もっとも、この案が当時としては大胆にすぎることと、仕法内容が大まかであることから直ちに農業施策として受け入れられる可能性は低かったと思われる。土地と人口との過不足は生じないとみる考えは、文化六年に金沢へ来て一年半ほど仕官した本多利明の人口論[14]に触れていない考えとみられ、また手上高の停止、土地と免の混同の解消、卸し米の規制など、実施の上でかなり困難や障害を伴うはずの問題が比較的安易に提起されている。若林喜三郎氏は、この意見を評して、農民の窮状、十村の無能については適正な推断を下しているが、その対策については「楽天的」であるとして分析を加えておられない[15]。確かに農政策としては楽天的とも評しうるが、ただ当時にあって未だ指摘されていなかった農民の貧富の差の解消という重要な問題を出作高平均という提案の形で指摘しえている点を評価すれば、むしろ急進的ないし変革的な性格こそが注目されるのではなかろうか。つまり、貧窮状態の小農民に視点を置いた農業問題の指摘の鋭さを看取したいと思う。

実は、これに類似した意見が天保八年後半の成立と推定される上田作之丞の「成業問答」にみえる。「高平均《ならし》」論がそれである[16]。

上田作之丞は加賀藩の陪臣の家で生まれ、困苦の生活を経験し、本多利明に私淑した儒学者で、周囲の嫉視による異端扱いを受けながらも、実際に即した所論を述べて私塾に人々が参集し、のちのいわゆる黒羽織党政権の政策に影響を与えた人物である。「成業問答」は天保八年後半の成立と推定できるが[17]、それは前年の大飢饉の影響が甚大な中で奥村栄実の政権が藩政改革にとりかかったときであった。作之丞は、農民の状態について、近年は「姦民」「姦商」のために水飲百姓、頭振が多くなり「貧は益々貧、富は愈々富むやうになりて難渋者生じたり」、「去年今年に至りては莫大の民、鬼録につけり」と述べて貧富の差の拡大、飢餓状態を指摘し、また「人口増益して田畝不足し、山を開き野を闢く事、五六十年以来已に開き尽せり」と利明流の認識に立った上で、「高平均」論を提起する。

「高平均」論の内容は、享和年中の高方仕法以後の町人の取高は藩へ没収し、百姓相互間の売買高は元の代銀で買い戻させる。しかし窮乏の結果から高を手放した者に買い戻す余裕はないはずであるから、それだけでは効果は少ないので、改めて令を下して、代銀を返済しない分も、まず高を取り上げ、改作奉行から元持主に戻してやる。代金は、大体の平均値段を定めて、三〇年・五〇年賦で改作奉行へ納めさせ、それを高買主へ割符する。こうすれば、なしくずしに小作農は自作農になり、地主は手作りは維持するが卸し作は失って、大農・小農の懸隔が縮小される。なお、皆卸しにしている者については、農民は元来自ら耕作すべきであるのに、「用米」（地主作徳）を取って遊び暮らしている者は「国の蠹賊」である。本来なら取り上げるべきだが、お恵みをもって高代銀をくずし取りに与えるのであると補足している。

これが「高平均」の要旨であるが、「出作田地平均」論と比べて、百姓間の貧富・大小の差に問題が存在すると考える点で共通しており、方策としては、出作高ではなく持高の差の縮小をねらいとし、そこから小作農民の自作農民化も果たされるとみている（この考えは、地主・小作関係が広く一般的に展開しているという実情認識をふまえているはずである）。なお、持高の一律平均化を主張しないのは、「天下の理」というものが絶対的平等にあるのではなく、「大小不同あり天象自然なり」と考えているからである。

また、作之丞は、この案について「事簡にして密に得る良法と思ふなり」と自賛しながらも、「一通りならぬ一大事」であるので秘するところであり他人に語るなかれと記している。また、安易に政策化すれば「放埒者高多く、辛苦せし者取あげらるる類多し」という事態などを招きかねないことをおそれ、巧者な改作奉行の意見を聞いて考慮するようにとも記していることから、この案に自信をもちながらも、政策として具体化するさいに種々の措置が必要であることまで配慮して慎重であったと理解すべきであろう。この点で、「出作田地平均」の論者は、作之丞に比して確かに「楽天的」であったともいえる。

ただ、ここで確認したいのは、文化期の「出作田地平均」論の基本的視点が天保期の「高平均」論へ引きつがれているということである。農民問題を貧富の差において捉えた視点は、出作高か持高かは異なるとはいえ、その「平均」論として立論されざるをえなかったのである。「出作田地平均」論はその先駆的意見として、粗さ、楽天性があっても注目すべきであり、見落としてはならないと考える。

では、このような意見は政策の中に取り入れられないものであったろうか。そうではない。次節でみるように天保改革の高方仕法の中で類似の措置を余議なくされているのを知ることができる。ということは、貧富の差、すなわち持高の懸隔、出作高の大小、地主・小作関係の展開等が、政策の上でも問題になるだけの農村社会問題として存在していたことを示すものであり、そこにこの意見が生まれる根拠があったのである。

以上、この節でみたいくつかの意見は、共通して農民の貧窮に迫った状態に対して農政が十分な効果をあげていないことを認識し、その克服をはかるものであったが、対策としては、引免立帰り、手上方等の収斂を批判して古格へ戻す反主流派の意見――1、貢租増徴の基本政策の中で仕法、仕入米等の手当てを積極的に行おうとする主流派の改善意見――2、および農民の貧富の差の解消に基本的視点を置く意見――3の三様があることを知った。またこれを大きく二分すれば、引免立帰り、手上方のいわゆる地盤方についての意見と、持高、出作高、請卸し関係のいわゆる高方についての意見とに分けることができる。そして実際の農政も、この地盤方と高方とを主軸として展開されていた。なお、農政機構の改革も重要な事項であるが、今は割愛し、したがって次節では十八世紀後期から天保改革に至る農政自体を地盤方と高方を中心に検討することにしたい。

二　高方と地盤方の仕法

前節で検討した化政期の農政意見にかかわって、この節では、その時期の前後を通して高方と地盤方の農業政策と農業問題の実際を調べたい。それはまた天保改革への過程を明らかにすることでもある。

加賀藩中期の農政史の上で、改革的ないし刷新的な政策と目されるものは、元禄六年（一六九三）の切高仕法以後、享保九年（一七二四）からの古格復帰の仕法、天明五年（一七八五）の御改法、享和期（一八〇一〜〇四）の高方仕法、引免詮議の仕法、新開詮議の仕法、文化八年（一八一一）の改作方復古、同十一年（一八一四）の新開仕法、同十四年（一八一七）の引免立帰り格別詮議の仕法、文政四年（一八二一）の郡方仕法とつづき、天保改革の高方仕法・地盤方仕法等へ至るのである。

わたしは、さきに「多肥集約化と小農民経営の自立」なる論文[18]（本書第二部第二章に収録）で、十八世紀中期ごろまでの加賀藩領の農業生産と農民の存在形態について検討し、切高仕法をはじめ、宝暦・明和・安永期までの農政関係の法令に一部触れるところがあったが、さしあたり、本節にかかわると思われる部分について骨子を述べて前置きに代えよう。

切高仕法は、周知のごとく農民間の持高移動を認めたものであったから、以後の高方政策に決定的な影響を与えたが、下人雇傭手作経営に基本経営としての期待を寄せていた藩の農政は、切高、分け高による弱小経営の出現を憂えなければならなかった。古格復帰の法は、その後若林喜三郎氏がさらに検討を加えられた[19]。その内容はまだ十分には明らかにされていないが、六代藩主吉徳が襲封して打ち出した政策で、おそらく農政の全般にわたって、改作法の「古格」を遵守することによって農政を引きしめ、同時に新開免付の調査等によって藩財政立直しのための貢租増徴をはかったものと考えられる。これが「復古」を標榜して貢租増徴をめざす改革的政策の最初であった。もっとも、その「重き御用棟取」をつとめた石川郡村井村の十村与三右衛門は、享保九年と同二十年の二度にわたって打ちこわしという農民の応答を受けた。

古格復帰の政策目標にもかかわらず、農業・農村事情はしだいに変化していた。十八世紀を通じて、小農民経営自立の生産力的条件が多肥・集約化として確立することを基底にして、下人雇傭手作経営は縮小して卸し作の地主経営へ推転し、小農民経営は多くは小作経営として歴史的に実現していき、それと同時に地主制の下での新たな分解に直面する。

1

さて、まず高方の仕法について、天保期以前までの施策を大まかに辿ってみよう。手作りの縮小、地主・小作関係の進展に関する法令について、前掲拙稿では宝暦八年（一七五八）十月の改作奉行申渡[20]を、右に述べたような論旨での到達点の一指標として指摘したが、この法令は、その後にも、「小作癖付帳」という呼称で指標的なものとして扱われている。改めて内容を検討しよう。

その第一条では、近年小百姓・頭振の癖付が悪く風俗が宜しくないが、その子細は、毎春に定めた小作料を、暮に至って「小作共一統悪工ミ申合」せ、さほどでもない作損をいろいろに申し立てて、地主に年貢米を取りかえさせるので地主の作徳米が減少し、地主より小作の徳分が多い。そのため、小百姓・頭振やその二、三男は開作奉公人（農業奉公人）をやめて小作人になり、高持百姓は開作奉公人が不足してやむなく手作りするようになっている。強いて小作料の不足分を取り立てると、翌年は小作どもが申し合わせて、その地主の田地を請作しないため、地主は小作の言う通りにしている、という事態（ただし領主側の認識）を指摘し、今後は小作料（年貢と地主作徳）が不足したときは、十村が詮議してその小作の家・諸道具を売り払って支払わせ、小作人とその妻子を開作奉公に出させるよう申し渡している。第二条は、旱損・水損等の用捨があった場合は高持百姓より小作人へ同じ率で引米するよう、第三条は、他村よりの懸作百姓に対して居村百姓よりも過分の村方入用銀を取り立てたり、作徳米が少ないことがないよう申し渡している。

これによって、小作人が結集して地主に対しており、開作奉公人が小作人になる傾向が進んでおり、そのため地主手作り経営が困難に陥っている状況が知られる。なお、小作料不足の小作人に対する措置は、従来の年貢不足の百姓に対する措置と同じものであり、したがって、このときに年貢米だけでなく地主作徳米の不足についても適用されたのである。

ついで明和三年（一七六六）十一月の改作奉行申渡(21)では、百姓が相対をもって請卸ししている「地子米」について、請状・卸し状のやりとりが不埒なため出入りに及ぶものもあるのは、十村の取締り不行届、肝煎の取捌きの未熟によるものである。請卸し状が猥りになったものは地子米・歩合等を早速に改めよ。今後に申分を起こしたならば曲事に申し付けると定めている。小作料をめぐる紛議が多かったのであろう。

ところで、明和六年正月の改作奉行申渡(22)の第四条には、百姓は耕作に専心すべきなのに、計算ずくで、できるだけ卸し作にして手作りを減らしている様子である。そのため、持高に応じて一〇人の開作奉公人を召し使っていた者が、二、三人に減り、馬も五疋を一疋にしたり、または所持しない者も多いと聞く。諸郡御扶持人・平十村のうちにも役の勤方に差し支えると申して手作りを減らしている者があるが、百姓の手本になるように手作りを増すようにせよ、と申し渡している。すなわち、示例では手作り地はほぼ五分の一に縮小され、それだけ地主・小作関係が進展したことになる。

安永六年（一七七七）九月の改作奉行申渡[23]では宝暦八年の小作癖付帳を別紙に添えて、その趣きを厳重に達するよう命じ、小作人が「作用米」（小作料）について高主へ損料をかけないよう、また小作どもが地主のところへ「年暮指引合等之義ニ付大勢連ニて罷越」したならば其筋の役人へ届けるよう指示している。また、天明六年（一七八六）七月の改作奉行申渡[24]の中でも去年の小作料指引方に異議を申し立てて未だに納めない者があることを指摘して、今後も宝暦八年癖付帳の表をもって取り捌き、毎年御収納の前にそれを読み聞かせ請書を取って忘却しないようにせよと申し付けている。

さらに、寛政三年（一七九一）三月の改作奉行申渡[25]でも、近年またまた癖付が悪くなったとし、とくに射水郡の小作どもが種々奸曲の巧みをし、たとえば作体の見立てがよくないとか、御貸米の割符が少ないとか申し立て、本作（地主）に対して小作料のうち過分の減少を要求し、不承知だと立毛のまま本作へ渡すなど「ねたれ《だ》」の振りがある。豊作の年は作徳を貪り、相応の作体でも秋になって気候不順などといわれのない浮説を申し立てて本作に負い米をさせるなど、豊作を祈らず不作を好むやからもある様子であるが、これらは御国恩を忘れ天道を恐れざる仕方で言語道断のことである。畢竟、宝暦八年の申渡の趣きを違失したためであるから、その写しを渡すので請書を提出せよ、と申し渡している。

以上、法令の文言からみた限りでも、地主・小作関係の一般的進展と地主手作りの縮小化が一貫してみられ、小作料指引などをめぐる地主・小作間の紛争がつづいていたことが知られ、それに対して藩は宝暦八年の小作癖付帳の趣意を厳重に守らせることによって規制しようとしていた。

こうした高方政策に沿って、能登口郡（羽咋・鹿島両郡）で寛政九年（一七九七）に高請卸し方仕法が立てられ、翌十年に追加仕法が定められる(26)。寛政九年の仕法書にはやはり宝暦八年の癖付帳を写した上で、「別而口郡之儀、近年小作之者共癖付悪敷罷成候様子」であると指摘し、御扶持人十村が案を作り改作奉行の承認を得て仕法を定めている。その内容は一三ヵ条に及ぶが、ごく要旨だけを述べれば、「御田地年貢米（小作料）は早春にその村役人と五ヵ村組合の肝煎が立ち会って定め、豊凶にかかわらず、親作の指定した場所へ納める。夫食御貸米があれば、作り高に応じて小作へ割り渡す。用水普請等の諸人夫・御見立願人夫の雑用等は作り高に応じてつとめる。夫銀・郡打銀等の諸役銀は従来通り高主（地主）より納める。卸し田を引き上げて自分で出作するのは勝手次第であるが、いわれなく取り上げて他の小作へ卸し、先の小作の手を空けてはならない」などと規定している。翌十年の追加仕法は二一ヵ条の長文のものである。その内容の主なものは、持高一〇石につき二石以内の割合で引田して手作りさせ、残りは土地の良悪によって合鬮に結び、手作り・請作とも全員で鬮引きする。「米目」（「斗代米」、村の公定小作料）は、天明八年より寛政九年までの一〇年間の収穫米に、御償米・夫食米・地主の用捨米を引き足しし、平均して決める。小作人に田地を卸すときは五人組に請け合わせ、小作料を未進すれば家財を代替にし、本人と妻子等は奉公させるが、その給米をもってしても不足なら親類に償わせ、さらには請合人に弁じさせる。なお、よんどころなく耕作が手おくれになった場合は五人組で助け、それでも行き届かねば相組、さらに村中で加勢する。この仕法は向こう四年間用い、その後四年目ごとに「鬮替」（鬮引きのやり直し）をする。その四年間は親作が卸し高を引き取って手作りすることはできない。逆に小作人が作れなくなったら村役人が指図して処置する。鬮替のときには取り上げて手作りできるが、他の小作へ卸すのは理由がある場合に限り、無理に取り上げることはできない。また四年目に手作りをやめて卸し作にするときは村役人へ届けて、村中の寄合いで斗代米を定めて鬮に結ぶ。このように仕法を立てた上は、今後は相対の請卸しは禁止し、違反すれば咎めをうける。小作地の又卸しは厳禁する等々。

右の仕法は口郡に適用されたものであり、同様の仕法書は能美郡でも行われたというが、まだ発見されていない。内容の特徴は、とくに追加仕法の場合、米目の決定、鬮替の制度、五人組請合、耕作の加勢、相対請卸しの禁止など村が強く介在して地主と小作の関係を調整していることが注目される。米目、鬮替の方法は、本来高持百姓相互の関係としてあった田地割慣行を、地主・小作関係の規制にまで拡げて適用したものである。すなわち田地割慣行は、このような特殊的仕法立てを可能にした大きな原因の一つであったといえる。また、この行政的な村の介在によって、十村――改作奉行の監督を強く受けることにもなり、さらに村肝煎、十村が地主階層であることを考慮すれば、その意味でもこの仕法は画期的な意味をもつものである。なお、この仕法は、しだいに守られなくなり、また天保改革の高方仕法の趣旨に抵触する部分が生じて天保十一年に改訂されたが、基本的には同じ性格のものであった。

ところで、年代が前後するが、寛政期には貧村御仕立ということが行われた。口郡では寛政元年に仕法を立て、五九ヵ村と後山分を選んで施行した(27)。石川郡では寛政二年と寛政十二～享和二年に行われたことが、先述の田井村次郎吉等答書に見えていた。その実例を羽咋郡垣内田《かくった》村の場合について知りうるので検討しよう。ただし、史料は寛政三年二月「百姓人々持高開作仕立之様子書上申帳(28)」で、表紙に「此通り帳面

仕入方図り（○印は，請作分は高主より仕入れ，△印は，屎物不行届と記載あるもの）		
屎買入，馬1，馬具（鋤1，馬鍬1，荷鞍1）	○	△
屎買入	○	
下人1，新鍬1，鎌1，鋤1，屎揚桶1		△
屎買入，馬1，馬具	○	△
屎買入，屎揚桶1	○	
屎買入，屎揚桶1	○	△
屎買入	○	
	○	
（但し，清右衛門より請作3石535合は仕入なし）	○	
	○	
	○	
〔出作不仕名目迄之百姓〕		

となどのため，史料の合計と合わない部分がある。村高は354石419

表29　寛政３年（1791）「垣内田村御仕立図り」

百姓名	持高	当村へ卸し作	隣村へ卸し作	請作	手作	開作人		老幼男女	馬
						男	女		
極貧者　清左衛門	石 53.415			7.461	60.876	4	3	4	1
〃　清右衛門	29.105	3.536	3.375	6.000	28.194	2	2	1	1
〃　十兵衛	25.860		2.880		22.980	2	1	1	1
〃　平　助	11.550			19.300	30.850	2	1	3	
〃　源兵衛	8.000			9.215	17.215	2	2	3	
〃　伝十郎	6.833			12.240	19.073	2	2	1	
〃　長左衛門	6.360			21.090	27.450	2	2	3	
〃　清次郎	.682			17.670	18.352	2	2	1	
〃　長五郎	.067			13.870	13.937	1	1	1	
〃　伝五郎	.010			11.590	11.600	1	1	3	
頭　振　伝　七				8.773	8.773	1	1		
奉　公　喜兵衛 死　絶　長十郎	}.048								
小　　計	141.930	3.536	6.255	127.209	259.300	21	18	21	3
懸作人　10人	205.760	117.321	62.499		25.940				
合　　計	347.690	120.857	68.754	127.209	285.240				

註　表示の持高合計が村高と合わないこと，また懸作人の１人の卸し作高が書き直されているこ
合。

調上ル控」とあるが、書直しなどのため数値にやや不備があり、関連史料はない。そのため御仕立の全貌は知りがたい。表29は、この帳面の内容を示したものである。百姓一二人、頭振一人のうち、表示の上段から三人は自作的農民、つぎの三人は請作地率五〇、六〇％台で自小作的農民、それ以下の五人は小作的な農民で、最後の百姓二人は名目のみの者である。そして百姓一〇人にはすべて「極貧者」と記されている。もちろん頭振も同様であろう。つまりこの村は極貧者ばかりの村であるとされている。清左衛門は当時肝煎をつとめ、七人の労働と馬一疋で六〇石余を手作りしているが、馬一疋を買う必要があり肥料に不足している。他の者も肥料代、農具等の仕入れを願っている。

　こうした、かなり大きな手作り経営までも含んで村全体の貧窮がなぜ生じたかを垣内田村について総合的、具体的に知ることはできないし、またそうした検討は本章の課題をはみ出すので

別の機会に譲らねばならないが、ただ表示の限りで特徴的に指摘できることは、村高の五九・二％までが他村民の持高（懸作高）になっており、また居村農民の耕作地合計が二六〇石弱しかなく、しかもその四九・一％が請作地である点である。言いかえれば、垣内田村の農民が持高をしだいに手放して小作人になっていったとみられるわけで、この懸作高の多さと請作地の多さの二点に村全体の窮乏状況の特徴が示されている。

この史料は、御仕立村として選定されたさいに「全出作相仕立申図《つもり》」を書き上げたものであるが、その仕立方は屎、農具、馬、馬具の購入資金を補塡する方策だけであって、個々の農民の持高、耕作規模を変更することは考えられていない。しかも、請作地については、（極貧者である居村清右衛門の卸し作分以外は）高主から仕入れを受けることにし、自作部分についてだけ藩からの仕入れ（「復古米」）を受けるつもりにしている。貧村御仕立としての仕法の不十分さ、簡易さは明らかであるといえよう。おそらく財政難による経費の乏しさがあったのであろうが、それは百姓成立ちの施策の乏しさでもある。また、高主の仕入れ予定も、「高主・小作対談之上、仕付方訳相立不申候者、作小屋を建、右徳左衛門（高主）手作ニ可仕ト歟、治定之趣追而御断可申上候」とあって、小作人は地主の仕入米の少なさを受け容れるか、さもなければ地主の手作地として取り上げられるかの選択に泣かねばならなかったろう。それを言い切れば、この仕法の本来のねらいが、農民とその村の救貧にあるのではなく、耕作・収穫の確保を通して年貢を収奪することにあったと考えられるのである。

ところで、今一つ、このように政策問題となる地主・小作関係の展開についてみよう。経年変化を広く統計的に知りうる史料はないが、たとえば砺波郡太田村および羽咋郡新保村の持高構成の推移[29]をみると、いずれも元禄期ごろから小高持が簇生してきて百姓数が増加し、十八世紀中・後期には大高持がいったん減少し、十九世紀に入ると再び比重を高めてくることが知られるが、この変化こそ、小農民経営の自立と、それに基礎づけられた地主手作経営の縮小・放棄から卸し作地経営の大地主への推転を持高構成の上に反映しているものと理解できるのである。そして、文化期における地主・小作関係の形成度は、能州口郡全体については表30のごとくである。[30]すなわち、七尾湾に浮かぶ能登島を所轄区域とする鰀目《えのめ》組の卸し作率が低率であるほかは、三〇％弱から最高六四・五％の間の卸し作率を示し、全平均は四二・二％を示している。

さて、このような持高の移動に対しては、寛政・享和期に切高についての仕法が行われた。

表30　文化11年（1814）口郡組別，手作高・卸し作高構成

組名	本田草高	手作高	卸し作高	卸し作率
	石	石	石	%
荻谷組（56ヵ村）	19,968.460	7,093.829	12,874.631	64.5
本江組（43ヵ村）	23,177.200	12,143.134	11,034.066	47.6
堀松組（42ヵ村）	17,141.500	10,046.121	7,095.379	41.4
三階組（57ヵ村）	15,268.900	10,953.232	4,315.668	28.3
笠師組（35ヵ村，1所）	14,834.585	10,611.293	4,223.292	28.5
高田組（42ヵ村）	17,517.675	10,641.275	6,876.400	39.3
鰀目組（20ヵ村）	5,559.500	4,587.500	972.000	17.5
武部組（39ヵ村）	16,305.723	10,104.416	6,201.307	38.0
浅井組（20ヵ村，1所）	15,055.730	8,320.150	6,735.580	44.7
能登部組（13ヵ村，2所）	12,387.800	6,408.302	5,979.498	48.3
合計（367ヵ村，4所）	157,217.073	90,909.252	66,307.821	42.2

寛政十二年（一八〇〇）二月に改作奉行より一四ヵ条の申渡があり、その後十村役の協議を経て同年八月に追加された上で、翌享和元年二月に改定二三ヵ条が定められた（各郡の仕法が翌年にかけて作成されたので享和二年の仕法ともいわれる）。[31]享和元年の仕法によれば、その主要点は、切高はなるべくその村内へ渡すこと。しかし礼米（代銀）が多ければ他村の者に買い取らせてもよい。ただし過分の礼米ならば不埒がないかを糺すこと。寺社方の者が「入百姓」（後述）となるときは作小屋を建てること、建てないときは高を取り上げる。高番代を立てて高を卸しては請作人が衰微するから直卸しにすること。頭振・後家が別名で取高するのは名と高が離れたことになるので高を取り揚げる。皆切高は懸作・新開は差し支えない。ただし懸作・新開高のみ所持の者については許可しない。百姓の二、三男への五〇石以内の分け高禁止については、山方小高所はその限りでない。穢多・藤内等人非の者の持ち来った高は、名代を頼んだ分も、今般村方百姓へ買い取り、今後の取高を禁止する。今後、町居住の者の取高を禁止する。ただし

一門を養子として合力銀を受け取らずに高を譲り作小屋をかけて手作りする場合は許可する。下切高（非公認の切高）は禁止。下百姓は面出しさせる等々。またその他、二名（二面）の持高は一名にする。寺号面《つら》は俗称面と一つにする。無高所の者の「懸作」は名称が正しくないので、「入百姓」と改め、頭振は作小屋をかけて「入百姓」とする。切出し残り高は最低二升とする、などのことも取り決められた。

　これらの諸規定のうち、さしあたり注目しておきたいのは、一つは、なるべくその村のうちへ切高するよう行政指導していることである。それは、懸作が多くなっている実情へ目を向けたことを意味するものであり、そこから礼米代への規制も生じている。つぎには、寺社・町人の取高への厳しい規制である。このため、作小屋をかけるか、切高するかの選択に手間どったらしく各郡での十村の詮議がかなり遅れていることがわかるが、この二点は天保改革の高方仕法に引きつがれ、強化されるのである。その他、高番代の禁止は先述寛政十年の口郡高請卸し方仕法にすでに規定されていた。なお、この寛政・享和の仕法は高方の規矩を直す目的で、惣じて高と名とが相違しないようにはからったため、穢多・藤内の持高が禁じられ、頭振、後家、下百姓への持高規制が行われたのである。

　その後の文化、文政期にもなにがしかの施策はつづけられたのであろうが、史料上では目立った施策として見出せず、実際にも懸作高が依然多い村があり、また町人取高も多くあったことは後述するところである。むしろ、同時に行われた引免立帰り、新開詮議の仕法が強く引きつがれたらしく、それが、先にみたような収斂の批判を受ける結果を招いたと思われる。つぎに地盤方の施策を検討しよう。

2

地盤方の刷新的な施策としては、まず天明の御改法があげられるが、それ以前に安永期にもなんらかの試みがあったようである。安永五年（一七七六）二月の改作奉行申渡では、なるべく手上高をさせるように命じ、また切高の法が乱れ、田地割をしないところもあることを正そうとし、また同月、藩の財政困難から、もし今年が不作でも償米を支給できないことを述べて百姓の精励を求めており、翌三月には郡奉行と改作奉行が互いに事務を兼帯し、各郡へ二人ずつ出張在住して農業を督励する体制を組んだ（一年後に廃止）(32)。こうした動きは財政困難と不作つづきによる収入減・支出増にかかわるものであったが、安永九年正月の新田才許宛申渡(33)では、新開の上げ免が順調でないことを指摘して、今年より入精して格別に増免するよう心がけよと命じており、この申渡は仕法に立てられたらしく、天明三年（一七八三）五月に改作奉行から、引免村と変地村についての子年（安永九年）の「仕法」が不行届の様子もあるので、このたび芹川村兵助を主附として、一統に綿密に調べ立てて余儀ない分以外はすべて立ち帰らせる、という趣旨の申渡があり、それを受けて、調査の書上帳雛形が作成されている(34)。

すなわち、安永九年に新開・変地の上げ免詮議が行われたが十分な成果をあげえなかったので、天明三年に再び試みられたのであった。しかし、その二年後には、退老していた旧藩主重教が自ら勝手方親裁に乗り出し、いわゆる天明の御改法を行う。その内容は周知のごとく、質に関する仕法、窮士救済の仕法、百姓救済の仕法の三つであったが、百姓に対しては蔵宿への未進米の用捨、御用金上納の代替としての債務破棄、天明四年以前の借用証文で書替のないものの帳消し、という徳政的仕法が行われている(35)。また、地盤方等については、同五年九月の改作奉行宛被仰渡書(36)で、「隠田・蹈出・除地・捨地を新開あるいは手上げするよう抜け目なく詮議せよ。年貢皆済は少々の不作でも大概は支障はないはずであり、高持が「余米」（地主作徳）を先に取るから皆済に差し支える様子であって不届至極である。小作手前の不足は高持から扶助すれば皆済にも支えないであろうことを急度心得よ。変地場所等を調べて立ち帰るようにせよ。川除普請所等をとくと詮議せよ」と示達しているが、隠田・余田等の手上げについては訴人を奨励する方法をとった。そのため御扶持人十村が連名して反対し退役を願う挙に出ている。[37]理由は訴人の問題、および「元来御領国之内は地不足之村大半に御座候」ところ少々の土地が余っているのを残らず取り上げては百姓が衰えるという点であった。

ただ、この政変的な「御改法」は、同六年六月、重教の死去によって二年に満たずして断絶する。したがって政策の効果も一時的なものにとどまったのであるが、財政難と諸士・百姓の窮乏の中で行われた収斂の農業政策という客観的性格は、前後の時期と変わるものではない。

ところで、引免の問題については、田中喜男氏の研究がある。[38]それによれば、改作法で村高と定免を確定したあと、藩は検地引高は極力避け、引免についても当初は容易にできぬものとしていたが、元禄十六年に川崩・山崩による荒地に対して年季を限って引高代引免を認め、その後、変地による地味劣引免も認める。また、延宝三年の飢饉で復活した貸米の制をもって補足・併用していたが、享保ごろから貸米願が多くなり、財政難もあって貸米代引免が行われ、水旱風虫等の作不良や困窮に対しても引免が認められた。また、引免御償米が御償米代引免に振り替えられることもあったという。これを田中氏は、享保のころから引免の性格は農民救済の性格を強め、貢租体系に混乱を生ぜしめたと理解し、また羽咋郡・河北郡の例について、とくに天明期をさかいにして引免のある村数が急増し、寛政・享和期へ引きつがれて行くことを指摘し、それらへの対策として享和二年の引免詮議の仕法が立てられたとしている。以上の田中氏の引免の研究は、細部についてはともかく、基本線としては認められるところであろう。そこで、つぎに仕法について今少し詳しく紹介しておこう。

享和二年二月の「今般見立幷引免村等詮議之趣申渡覚」[39]の内容は、はじめの四ヵ条で見立てについて記した上で、第五条以下に引免について定めている。第五条は、引免が累年混乱して引免の名と実が齟齬しているので、数種の引免を「地不足引免」と「地味劣引免」の二種に改めるとし、第六〜八条で地不足引免について以下のように記している。地不足の村は地不足引免一種とし、精誠引免を減ずるよう吟味せよ。地不足の内にも地味劣りの分があろうから、それらは丑年（文化二年）より七年間にどれだけ立ち帰るかを調べよ、七年目に再詮議する。高一〇〇〇石の村に五〇石までの変地は取り上げない格であるから、その割合で詮議せよ。なお、引高は軽からざることで容易に願ってはならぬものであるが、村高の過半が地不足で永久に立ち帰らぬ村は検地を願ってもよい。今般は格別の趣きで検地引高にも仰せ付ける。つぎに第九〜十一条は地味劣引免について述べる。難渋によって地味劣りの村は、これまでの種々の引免を精誠減らし、今年より三ヵ年季の地味劣引免を願い、四年目ごとに立帰り方の詮議をする。年を経るうちに引免も定免のように心得ているので、村の成立ちのためには難渋・地味劣りの実際について、人不足か、作修理不行届か、風俗悪く惰農か、元来地性が免相に合わぬかなどを糺して、それによって仕法を考える。なお、荒地等を切り広げて地味の良くなった村もある様子なので、それらは手上高をせよ。逆に格別に変地が多く立ち帰りがたい村は引高にも仰せ付ける。

このように、引免詮議の仕法は、諸種の引免を二種に整理しながら、いずれにも「精誠引免相減」ずることをねらっている。年季を限る方法も立帰り方の促進をはかったものであろう。

ところで、『加賀藩史料』では、右の引免条項に引きつづき八ヵ条の条文があるが、これは新開詮議の仕法内容であり、本来は別個の条文であったかとも考えられる。(40) ともかく、その内容をみよう。すなわち、新開地は数年の内に地味もよくなり村免の一つ下がりまでにはなるはずであるが、上げ免をしない。そこで、今年より一五年以前の新開と一〇年以前の新開に分けて帳面に記して差し出すよう申し渡す。一五年以前の新開は本村一免下がりにする。しかし極《きめ》高にならないものは去年通りとする。従来定免のものはすべて本村一免下がりとするが、作難のあるものは改作奉行が見分する。一〇年以前の新開は、右に准じて精誠上げ免するが、地元が宜しければ村一免下がりとし、図《つも》り免の分は右に准じて定免にする。また畑開も右に准ずる。未だ検地していない分は御扶持人十村が今年・来年中に内検地して当分の高を決め、検地極高の分も内検地して様子を知らせよ。改作奉行が見届けてよほど相違すれば一郡の内検地全体に詮議を加える。なお、とくに地味の悪い分は減免するが、宜しい分は増免にする。このように申し渡した上は、新開作人が請け合わなければ、その新開を取り上げて他の作人に作らせる。

以上のように申し渡して新開方主附および加入に御扶持人十村たちを任命しているが、内容は、未検地の新開を内検地して高を決め、図り免を定免にし、定免を上げて村一免下がりにまでしようとする。いわば上げ免強行施策である。こうして、享和二年二月に、先述の高方仕法とともに引免減少と新開の上げ免の施策が同時に仕法として立てられたのであった。

さて、田中氏の前掲論文は、天明期から急増した引免が、文化元年に実際に減少したことを指摘しているが、ここで史料的に補強を試みておこう。表31がそれである。これは、口郡の外筋四組に属する村々の新開所のうち、宝暦十三年（一七六三）以来継続してわかる分の図り免（一四ヵ所分）と引免（五ヵ所分）の各一ヵ所当たり平均を調べたものである。高の多少を無視して単に免を合計して平均しただけの粗い操作であるが、それでも大体の様子がわかる。すなわち、まず図り免は安永期まで八歩から一つ一歩程度の範囲内の変化であったが、天明期に七歩台が多くなって下がり気味になった。しかし五年、六年は上がっている。寛政期には一つ以上（一つ二歩以内）が九ヵ年を数えてやや上がり気味になるが、宝暦以来横ばいが続くとみてもよい。それが急に享和二年から文化三年までの間は一つ四歩台になり、四年以後は一つ～一つ二歩台になっている。つまり享和二～文化三年の上げ免が五〇年間を通じて最も目立つ点であり、ついで天明五、六年の一時的な上げ免が指摘できる。つぎに引免の変化は、明和期は大体二つ余り、安永・天明期は一つ九歩台とほとんど一定しているが、天明五、六年だけは一つ八歩台に減っている。その後、寛政期は八年を除いて一つ七歩～一つ四歩に減り、享和二～文化三年はさらに一つ五歩～一つ四歩に減り、四年以後は一つ七歩～一つ五歩に戻っている。つまり引免は漸次的に減少する傾向の中で、やはり天明五、六年と享和二～文化三年に減少が強いことがわかる。この新開田地における図り免と引免の変化は、いうまでもなく、領主の上げ免と引免立帰りの意志の下で、天明の御改法と享和の引免・新開詮議の仕法が行われた時点でとくに強く実現され、それを契機にしだいに上げ免と引免減少が進むと認められる。

今一つ、同じ口郡について、田中氏と同種の十村組巨細帳を使用して引免の経年変化をとらえている例を示そう[41]。現在の押水町に属している二七ヵ村について、村高の大小を問わず引免を合計してみると、定免の合計一九八・七（単位は一つ）に対して享保五年（一七二〇）の引免合計三六・九が、文化三年には九・六と大きく減少し、

表31　新開所図り免および引免の推移（平均値）

年代	14ヵ所図り免の平均	5ヵ所引免の平均	年代	14ヵ所図り免の平均	5ヵ所引免の平均
宝暦13	0.86	2.08	天明8	0.96	1.74
明和1	0.92	2.08	寛政1	0.92	1.68
2	0.95	2.04	2	1.20	1.40
3	1.08	2.04	3	0.92	1.40
4	1.15	2.04	4	1.09	1.54
5	0.81	2.04	5	1.13	1.40
6	1.04	2.04	6	1.09	1.56
7	1.02	2.04	7	1.15	1.70
8	0.80	2.04	8	0.84	2.18
安永1	0.94	1.94	9	1.09	1.68
2	1.01	1.94	10	1.03	1.66
3	1.09	1.94	11	1.13	1.64
4	0.93	1.94	12	1.07	1.70
5	0.96	1.94	享和1	1.14	1.64
6	1.01	1.94	2	1.43	1.52
7	0.76	1.94	3	1.41	1.56
8	0.96	1.94	文化1	1.43	1.54
9	1.04	1.94	2	1.46	1.48
天明1	0.71	2.10	3	1.46	1.48
2	0.77	1.90	4	1.17	1.78
3	0.74	1.90	5	1.20	1.76
4	0.76	1.90	6	1.07	1.66
5	0.89	1.84	7	1.22	1.58
6	0.96	1.82	8	1.06	1.58
7	0.79	1.96	9	1.03	—

註　史料は金沢市立玉川図書館蔵「新開根帳」で，宝暦13年以来継続して数値を得られる田方新開の分について，高の多少を無視して，免および引免の合計を単純に平均して算出した。

嘉永五年（一八五二）は七・五とさらに減少している。

以上の実際例から、引免は天明の改法、享和の仕法を節にしてしだいに減少したことはまず確かである。その後、文化四年以後は、いくらか、増加したであろうが、化政・天保期を経た嘉永期には享和二～文化三年を上回る減少に戻っているとみることができるであろう。

また、右の押水二七ヵ村の草高の変化をみると[42]寛文十一年（二六ヵ村）の合計一万一六二〇石が享保五年は一万〇六四一石余へ九七八石余も減少し、文化三年も一万〇五四〇石余であり新田高九六石余を合わせても享保より少ない状態であった。嘉永五年（二八ヵ村）は一万〇六七七石余と新開高四〇石弱となって、かなり回復を示している。この地域は〝押水〟の名のごとく川欠・山崩の被害が多い所なので、とくに山寄りの村で寛文～享保期に引高になった村があるため、合計でも幕末に至っても寛文の村御印の石高にまで戻らないのであるが、その限りで海寄りの砂丘地や平坦地の開発が可能になり新田畑が増え村高も増えてくる。その増加は、右にみたごとく文化～嘉永期に著しかった。すなわち文化以後の引免減少、上げ免、新開・手上高の努力が窺われる。

では、文化・文政期の地盤方政策を大まかにみよう。

風教の刷新をめざした十一代治脩が死去し、十二代斉広の代になったとき、文化八年（一八一一）に改作方復古の詮議が行われた。この年三月に申渡がなされ、能美郡で試みの施策を行った上で、九年の春から諸郡で取りかかった。その趣旨は、改作仕法以後百数十年を経て世風も「地正」も変わり御収納方もよろしくない。「今程に而は地盤江拘候難渋におよび候茂可有之」事態であるが、これは改作の御法の趣意に相違したからで、今般復古の詮議を仰せ付け、農業に励むよう重々仰せ渡す。もし地盤にかかわる難渋の分は追々に成立ちの仕法を付ける。また変地の少ない所は本免に立ち帰らせ、余田のある所は手上高・手上免・新開の詮議をせよ、というもの[43]で、つまりは、難渋村を選んで成立ち方仕法を付けるという施策を前面に出しながら、百姓全体に対して誠実に働き、費を省いて成立ちをはかり、実意をもって手上方、引免立帰りを願い出るよう求めるものであった。

しかし、実際の方法は収斂に傾いたようにみえる。九年三月に出された三つの改作奉行触(44)によると、その一つには、土不足や変地で起返りが不可能な分は検地引高とし、地味劣りの所は地味直しの仕法を付けて引免立帰りの詮議をするが、先年来、いったん検地代引免になれば永引免のように心得て詮議もしないでいる。これを糺すことが第一であるから、年季引免の村は今年中にいちいち詮議せよ。そこで年季引免の分はすべて一作引免として願い出るよう申し触れよ、とあり、ついで、その二つには、土不足引免・地味劣引免は「成限為立帰可申候」。そのため、土不足村は、従来は入川等変損の場所は崩口のみの詮議であったが、今般はそれにかかわらず綿密に、一村惣高に心を付けて穿鑿せよ。立ち帰りがたき分は当年一作引免に願い出よ。その一作引免に願い出た分は来年よりの立帰り方を実意をもって糺せ、と申し渡している。そして、三つめの触では引免の種類ごとに指示して、土不足村はまず検地代引免とし、追々に検地して引高にするが、水を引いて畑を田にするとか、山野を田畑にするとかの方法も申し渡して、引免が全く立ち帰るように取り扱うこと。変地不足高の分もまず引免とし、年季を決めて「割立帰」方の仕法を付けよ。起返りの手段がなければ引高とし、追々検地する。もし割立帰の仕法をその村が請け合わなければ他村の者でも望み次第に起返させる。地味劣引免村は水押の場所にごみを駆け込ませたり置土したり、江川道附替、家建替、新堤築立など手をつくして地味取直しの仕法を付けて引免の年季立帰りを詮議せよ。それが不可能なら引捨免に仰せ付ける。稼免のある村は先年の稼ぎを復興するか新たに作方の妨げにならぬ稼ぎをさせて引免立帰りをはかること。いずれも不可能なら委細を糺した上で引免に申し渡す。難渋引免の分は作方御仕入米とか困窮成立ちの仕法によって引免の年季立帰りを厳重に詮議せよ。入不足の所は入百姓を申し渡す。以上を実意をもって詮議せよ。

以上にみた通り、改作復古の詮議は実際には引免立帰りのための強い措置に他ならなかったといえる。そして、むしろそのゆえに成果ははかばかしくなかったと思われ（なお後述）、ひきつづいて文化十一年に新開仕法、同十四年に引免格別詮議の仕法を行うことになるのである。

文化十一年（一八一四）九月の改作奉行申渡（御本書）[45]は藩財政が逼迫してもはや省略の手段もない中で御取箇が往年に比して「莫大至極相減」じていると指摘して、「御取箇御増方」のために十村中はもちろん、末々までも粉骨を尽くして出精するよう求めている。そして別紙の新開仕法（御本則）[46]では、新開願い方についてつぎのように定めている。従来から開きやすい所は開発がすんでおり、潟縁・川縁等が残っているが急に開けないので、先年「請高場」（請高新開）ということを始め、御定よりは緩やかに開き立ててきたところ、過分の地元を見込んで請高にし、開ききれずに打ち捨ててある。これではよろしくないので、文化九年以前の請高場所で毛附されていない場所は打切りとし、今般の仕法によって開発させることにする。また他の地元の紛らわしい分も含めて検地するから来春までに内検地をすませること。つぎに、種々の支障のために新開しないで打ち捨ててある場所も、今般格別に詮議してできるだけ開発を申し付けるから、従来の事情にこだわらず、その村より願い出ること。本村より願わなければ誰にでも申し付ける。また変地引免村は立帰り方の詮議があるが、起返りがはかばかしくない所は、毛付高以外を新開に願わせ、その村からの願出が遅れれば他の望み人へ申し付ける。また領境が紛らわしくて中分になり手指しせぬように申し渡されて空地になっている場所は、今般役所へ取り揚げて改めて新開に申し付けるから、双方の村より願い出ること、願わなければ他の望み人へ申し付ける。

すなわち、ほとんど開発しつくしたことを認めた上で、なお開発を進めようとしているわけで、そのため請高新開の方法を改めてこの「御仕法新開」の方法をとり、従来から普請の仕入れをしている本村に先願権を認めながら他の望み人に申し付けても開発しようとするのである。なお、このときの施行細則とも言うべき十村・新田才許の心得方の覚書[47]が知られるが、その中で、新開を本村で請けがたいと申しても、従来から普請仕入れをしていることであるから、七歩三歩とか四歩六歩とかで本村と望みの双方へ申し付けるようにし、変地引免村も、改作方復古の詮議のさいに立帰り方を請け合わなかった分のうち、六歩を村方より年季立帰りとし、残り四歩を仕法新開にすると決めている。実際、たとえば口郡の邑知潟縁の新開をめぐる事情をみても、地元村民が自らの手で村内の土地を開発したいという強い願望をもっていたことがわかる。しかし同時に資金等の事情で開ききれなかったことも知られ、その処置は天保の「御仕立開」の方法へ引きつがれる。(48)

さて、引免立帰りについては九年の仕法は所期の成果は挙げなかったらしく、右に引用した新開仕法の施行細則（心得方）の文中に、「御田地仕立不申、今以草付等ニ相成居候得共、押而為立帰候分も可有之」と記して、立帰り方詮議が強行されたこと、そのため荒地も立ち帰ったことになっている実情を明らかにしている。そして、そのようにしても、結果は「割立帰り之分、年限通り全ク立帰り、物成諸郡ニ而漸七千石余ニ相成、三州惣引免ハ凡五万石余ニ候処、五ケ一ニも行届不申、就中寛政年中以来難渋村々余程引免相増郡々も有之候」(49)という状況であった。すなわち、意欲的に取り組んだにもかかわらず立帰りは引免総数の五分の一にも達せず、しかも他方で引免が増えていたのである。

だから、文化十四年（一八一七）には引免の格別詮議が行われる。この年四月に被仰渡があり、仕法が立てられて十村の調査が始まるが、その趣旨は、引免が増えて御取箇がかなり減少している。そして財政難のために公務にも支障が出るほどの省略をしており、不作時の御貸米にも差し支えているので、今般引免立帰り等について格別詮議するようにと述べ、とくに御扶持人十村・平十村に対して心力を尽くして取り扱うよう要望している。その方法は、村々を引免立帰りの村と手上高・手上免の村と御冥加米指上の村とに分類し、各グループを順次十村寄合所へ呼び出して申し付けるというものである。(50)引免立帰りは、文化九年の仕法を前提として、できる限り立ち帰らせることが眼目で、とくに新規のことはないが、土不足引免・変地引免村は内検地をして引高あるいは引免の詮議をする。地味劣引免村は三ヵ年ほど歩刈して試した上で相違なければ引捨免にする。引免代り御米渡しの分も同様に心得て詮議するが、どの引免も実際には不足高の有無に拘わらない要素があるので[51]、たとえ土不足でも難渋が薄くなっている村は引免を立ち帰らせよ。今般は一通りの詮議では御趣意に適わぬであろうから油断なく詮議して何分御物成増方に励むこと、といった内容が申し渡されている[52]。つまり、施策としては文化八年・九年の仕法の成果が良好でないので「格別」に詮議を強くすることをねらったものであった。

さて、その後、文政二年の十村断獄、同四年の十村役を廃止して百姓を直支配する農政機構改革が行われ、天保四年の御修補、同十年の復元潤色まで続くのであるが、農政機構の考察は本章の課題ではないので省く。ただ、十村断獄のあとに起用された十村たちが署名した起請文の中に「一、当年中壱万石斗現米之御益仕度、追々引免立帰、隠田見出し、新開被取立、御取箇御益可仕事」の一条があるが[53]、改作奉行に抜擢された関貫秀が数万石の隠田があると見込んでいたと言い[54]、また先述の新役御扶持人押野村安兵衛が六、七万石も新開できるとみて、引免立帰り等とともに積極的な意欲を示していたことを考え合わせれば、この新体制の下でも農民たちへの収斂の手は決して弛められなかったと思われる。

以上、中期以降、天保期以前の引免・新開等の地盤方の主な仕法について検討したが、その根底には藩の財政困難の事情があった。蔵並省自氏も指摘しているように[55]、中期以降は、御取箇と御入用が符合しないことが例年の決まり文句のように記されているが、その対策として単に諸費倹約の方法だけでなく、年貢増徴をもって克服しようとする発想が仕法的に設定されるのは、管見の限りでは寛政六年（一七九四）二月の改作奉行申渡である[56]。そこでは御借銀方等が破綻状態になったので従来のやり方を変えて「是非共御取箇を以可被弁御仕法被仰付候儀、有増先達而申渡置候」とし、当分は末々の迷惑になるが、よんどころのないことであるから、大抵の諸事願方を抑え、農業に出精し、衣食住の栄耀を止めるよう心がけることが専要であると申し渡している。法文の上では百姓の出精と質素を教諭するにとどまって改作方に及んだか否か確かめえないが、発想として以後に改作方において収斂に陥る方向があらわれたといえよう。こうして政策的意図としても年貢増徴によって財政難を打開しようとし、しかも、高方の仕法をほとんど欠いたままで、地盤方施策を強行する限り、苛酷な施策が繰り返されて、先述の田井村次郎吉等答書や押野村安兵衛意見書に記されたような農村の疲弊状況が生じ、その手当も財政難のゆえにできぬままに収斂に陥り、批判を受けたものと考えられる。

3

さて、最後に、天保改革における高方仕法と地盤方仕法について検討する順序になった。今は、その数十にものぼる法令を全般に検討するまでの余裕を与えられていないので、詳細な検討は別の機会を待つこととする。また松好貞夫氏(57)、若林喜三郎氏らの先学の研究があって仕法の大体は明らかにされているので、本章では、これまで述べてきた論旨に即して、天保の両仕法の基本的特徴を指摘するために検討を加えたい。

天保八年（一八三七）から始まる天保改革の中心政策として、借財方、収納方、高方、地盤方の四つの仕法が立てられたが、借財方、高方は徳政的な施策であった。まず高方仕法について大まかに内容をみよう。

本則にあたる七月十一日の達書(58)では、禁止されている質入高が名目をかえて存在するので、それらはいったん藩へ取り揚げ、その上で借財方仕法（債権債務の破棄）を適用して元高主へ返すとし、同じく本則の七月十七日の達書(59)では、近年村々の難渋が深く、他村への切高が多くあり、なかには本村の者の多数が小作になっている村もあって、御救いを仰せ付けても成り立たないので、先に切高したさいの「礼米代銀」を切人（元高主）より支払って、切高を追々に本村へ引き取らせ、村方の難渋が立ち直るようにせよ。もっとも、享和二年の高方仕法以後に町人へ切高した分は格の通り取り揚げると定めている。

この七月十七日の達書の内容は注目すべきである。すなわち、ここでは、難渋の典型としての、懸作高が多い小作人の村へ目を向け、それに対して御救いだけでなく、懸作高の買返しの措置を打ち出している。これは、御仕入米の支給だけであった寛政期の貧村御仕立および、なるべくその村へ切高せよと指示した享和の仕法をさらに強めたものであるといえる。また、いったん切り出した高を切人へ取り戻す規定は、「向後は請取候者之田地ニ為仕、取返申旨断、承届申間敷候」と規定した元禄六年の切高仕法を改変したものである。(60) ただそれは切高仕法の廃止ではなく、一時的、徳政的な改変であった。

さて、こうして同月から町人や寺社の持高の調査、また村ごとの持高・山の種類分けの調査を行った。(61) その細則について、まず質入高等の違法な高の処置をみると、たとえば八年十二月の「加州三郡凡例概」(62) では、礼米代銀が並にはずれて高下あるものがあり、高取人が作配（管理）せず元高主が作配し、高取人は用米（作徳米）だけを受け取っているのは百姓へ利貸の仕方に当たるから、その高は元の高持人へ渡す。「切高無証文、相対証文、村役人奥書迄之証文、五ヶ村役人之印証文《ママ》」はすべて「下切高」（非認可の切高）で違法であるが、高取人が手作りして諸納所・諸懸りをつとめていれば、その者の高とする。ここで「作人」というのは（概念は）、親作・小作にかかわらず、高に付いた諸懸り物等をすべて自分でつとめている者を言う。右の（違法の）切高について、高持人より諸懸り物等をつとめていればその者の高とし、卸し作にして小作よりつとめれば小作の高とする。町人・寺社へ切高等をいたし、その町人より再び村方へ切高した分は取り揚げるべきだが、村方へ返ったことであるからそのままにし、当時のその村の作人の高とする。ただし百姓相互でも同様とする、などのことが想定されている。

つまり、質入等の高は、高方の格として取揚高に該当し、借財方仕法では債務関係の破棄に該当するが、両者の関連では、後者を優先させて処理しているといえる。その場合に注目すべき点は、高を受け取る者は原則として「作人」すなわち貢租諸懸りの実際の負担者であるとされていることである。なお、十二月には、当年の作徳米も取り揚げるべきだが容赦するとしている。(63) 取り揚げられる者の不満・難渋への妥協であったろう。

この他に違法として取り揚げられる高には、享和年中の定めとして高番代の禁止（又卸しの禁止）があったが、九年二月(64)に名目が「小作頭」「高世話人」のもの、その村の役人に高の世話方を頼むこと、また直卸しの内実が又卸しになっているものは、すべて禁止している。

なお、この取揚高は「御縮高《しまり》」と称し、その作徳米は改作所が受け取り、郡方の経費に支出した。天保十四年には、これを「仕法高」という名称で郡々へ渡し、御扶持人に管理させ、収益は郡方定式入用、用水入用などの支出に充てさせた。(65) また極貧村では、御仕立のために農民へ引き渡した（後述）。

つぎに、懸作高買返しの細則については、八年十二月の申渡(66)では、享和年中の切高の格がまちまちになったので今般「修飾」して申し渡すとして、品々帳（持高帳）を新しく作成すること、懸作高取戻しは今年七月以前のものについてであり、以後については認めない。今後の切高はできるだけ居村の中へ切高すること、しかし居村に望み人がいなければ詮議の上他村へ切り出してもよいが、国違・郡違等の手遠の懸作は認めないと定めている。その後追々に追加規定が加えられるが、九年正月には、今後の町人への卸付けを一切禁止し、(67) 二月には、懸作から切高して数人の手に渡り、その値段がいかに高下していても、最初の切高のさいの礼代銀で本村へ取り戻す、ただし元の代銀が不明なら当時の値段とすると定めている。(68) もっとも、この規定は、十五年四月に、当時の値段が下落した場合は五ヵ村組合の村役人が詮議して元値段より下値に決めることが認められた。(69)

切高および買返高の細則についてとくに注目したいのは、以下の規定である。八年十二月の六ヵ条の申渡(70)では、切高の礼米代銀は五ヵ村組合の村役人が直接に立ち合って不正のないように定め、切高証文の書式は遺漏なく整えて、あとで中分の生ぜぬようにし、翌早春に早速地分けすることなどの規定とともに、その第二条で、「成限てて小高持どもに取らせない様子であるが、沙汰の限りであると申し渡している。

これは、通常の切高に対する指示であるが、買返高については翌九年三月の申渡[71]にみえている。すなわち、第一条で懸作高取返しはなるべく元切人へ取り返すのであるが、「元切人高嵩も有之分は本村小百姓・頭振等之者共ニ配当、取返申事ニ可遂詮議候事」とし、切高が大きければ取人の数も多くして配当せよと但書している。第二条は、懸作高の本村買返しによって他村の者が路頭に立つような場合には、本村と比較して詮議せよ[72]。第三条は、身元のよい者は懸作高を一度に買い返しているようでもある。それでは「本村小前之者、追々取返候事不致出来儀ニ候間、壱人手前江多く取返シ候儀は不相成候事」と規定している。

すなわちこの二つの申渡は、小百姓・頭振に持高を与えるように、また持高の懸隔が拡大しないように配慮したものである。仕法を実際に施行する過程で、一部の農民が大量・集中的に取高や買返高を行っている事実に対して、施行細則の次元、あるいは行政指導的な段階ではあるが、元切人買返しの規定を修正しても小前の者へ配当しようとしたことは、仕法の限りでの、言い切れば持高平均化の方法として注目すべきである。したがって、高方仕法を「既定の制度を励行したに過ぎない[73]」と片付けることはできない。それは、先述の上田作之丞の「高平均」の意見と、具体的方法はちがうが、認識は同じにまで達して施策に実現しようとするものであったと認められる。周知のごとく、作之丞の所論一般は、天保改革を担当した奥村栄実の嫌うところであり、大方の世論も受け容れなかったが、この点に関しては天保高方仕法が実際に即して行きつくところに、期せずしてか、同様の持高平均化策が生じたのである。それは、その時代として直面した実情そのものの客観的要請であったのではなかろうか。それかあらぬか、右の申渡のすぐあと、四月一日付の申渡[74]では、「此頃、持高平均ニ相成候抔と申儀を申触候者有之体、沙汰之限ニ候」と述べて、そのような噂は人気にさわり、仕法の妨げにもなるので、厳重にせんさくして、申し渡したこと以外に仕法方はないことを下々へよく申し示すよう命じている。このことは、百姓の側に、高方仕法を「持高平均」と受け取った事実があったことを示している。わたしはそれを、百姓の持高平均への願望のあらわれ、要求として把握したい。当時の農民の存在状況と関連づけて考えるとき、単に無智蒙昧な農民の法令誤解として片付けることはできないと思う。[75]また、領主側の「平均化」がごくテクニカルな次元のもので、仕法の主旨でなかったことも改めて確認できる。

さて、ここで、これらの仕法の効果について実際例を挙げておこう。まず、違法高、買返高については水島茂氏の「加賀藩徳政令の一考察―高方仕法を中心として―」[76]があるので、それによると、新川郡針原組五九ヵ村では村高合計一万六四三七石（天保十年）のうち、取揚高・買返高合計は三三九四石で二〇・六％に当たる。そのうち、町人・寺社よりの取揚高は一四八石（四・四％）、元高主への返還分（天保八、九年分合計）は三〇五七石（九〇・一％）、買返高は一八八石（五・五％）である。すなわち、買返高は実際にはごく少なく、取揚高がほとんどであり、しかも百姓相互間の不正な切高として元高主へ還付された高が九割に及ぶのである。もっとも、町人・寺社の取揚高はこの地域では少ないが、同論文に述べているように、高岡町人の射水郡内だけでの取揚高は七〇〇〇石余、石動町は全体で二〇〇〇石といわれ、実際に石動を中心とした地域について調べて石動町人持高一四〇〇石余、高岡町人持高二八〇〇石余が取り揚げられているという。したがって町人からの取揚高も地域によっては多かったと思われる。つまり、徳政的仕法は買返高よりも取揚高の面で峻烈な効果をもたらしたのである。そしてそのうちには元高主への還付分が多く含まれているから、村々の持高構成へ影響を与えたであろう。

そこで、先述の寛政期の貧村御仕立を受けた垣内田村のその後の持高および出作高構成を例示しよう。表32と33[77]がそれである。持高構成では、文化二年にいったん懸作高が減って五〇石以上高持が二人出現する。享和の仕法によるものであろうか。しかし文政十一年は再び構成的には寛政五年以上に懸作高の多い小高持の村となっ

表32　垣内田村の持高構成

持高階層	寛政5年(1793)		文化2年(1805)		文政11年(1828)		嘉永7年(1854)	
	戸数	持高	戸数	持高	戸数	持高	戸数	持高
50石以上	1	石 53.415(15.1)	2	133.976(37.7)			1	72.770(20.5)
30石 〃					1	40.000(11.2)	2	94.500(26.6)
10石 〃	3	66.515(18.8)	2	35.279(9.9)	3	53.154(14.9)	8	140.200(39.5)
5～10石	4	30.784(8.7)	2	10.620(3.0)	1	5.102(1.4)	5	36.047(10.2)
5石未満	3	.125(0.0)	8	10.604(3.0)	12	13.784(3.9)	8	11.483(3.2)
小　計	11	150.839(42.6)	14	190.479(53.7)	17	112.040(31.5)	24	355.000(100.0)
懸　作	11	203.350(57.4)	6	164.521(46.3)	8	243.960(68.5)		
合　計		354.189(100.0)		355.000(100.0)		356.000(100.0)		355.000(100.0)

表33　垣内田村の出作高構成

出作高階層	寛政3年(1791)		嘉永7年(1854)	
	戸数	出作高	戸数	出作高
40石以上	1	石 60.876(21.3)	1	42.600(12.5)
20～30石台	4	109.474(38.4)	4	116.500(34.2)
10石台	5	80.177(28.1)	10	144.860(42.6)
5～10石	1	8.773(3.1)	3	25.470(7.5)
5石未満			4	7.100(2.1)
小　計	11	259.300(90.9)	22	336.530(98.9)
入百姓	2	25.940(9.1)	1	3.900(1.1)
合　計		285.240(100.0)		340.430(100.0)

ている。そして嘉永七年になると懸作高は全くなくなり、三〇石以上高持三人が村高の半分に近い持高を有し、一〇～二〇石の高持八人が四割近い持高を有する持高構成へと様相を一変した。ここに天保の高方仕法の効果をみないわけにはいかないであろう。また出作高構成も嘉永七年には変わった。三五五石の村高のほとんどを戸数が二倍に増えた居村農民の手で耕作し、六〇石という大手作りは四〇石余に縮小したが一〇～二〇石のごく普通の小農民経営が戸数で倍増し五～一〇石層も増えた。垣内田村は寛政の貧村御仕立ではさほど変化したとはみえないが、天保の仕法ではかなり変化したように思われる。

なお同様の変化は新川郡田畑村でも窺われる。[78] すなわち、天保六年に村高の四六・一％にものぼった懸作は嘉永元年には一六・四％に減少しており、縮高・仕法高の合計は六・三％である。両年の間には持高構成の上では五〇石以上層が三人から六人に増え、卸作高の九四・二％までを集中した。出作高構成の上では四〇〜七〇石台の請作地率が天保の五二・五%から嘉永の一三・〇%へ、二〇〜四〇石台も六四・九%から五六・五%へ、一〇〜二〇石台は八七・七%から七七・九%へとそれぞれ減少し、それだけ自作的性格を強めた。懸作高は持高では中規模以上の高持農民、出作高では中規模経営に買い返されたとみられる。小高持、零細耕作者にとくに大きな変化がみられないのは天保高方仕法の限界性を示すものといえよう。ただ総じていえば、経営分解が進みながらも、仕法の影響で自作化が進行して地主・小作関係は逆行した。

さて、政策の検討に戻ろう。地盤方仕法については若林氏が分析をされて(79)よほど明らかになったので付け加えることは少ないが、まず若林氏に拠って天保八年の施策を追うと、天保八年八月、引免立帰り、新開増免などの地元の詮議を行うと申し渡したが、惣年寄連名で、収納方の督励に当たらねばならない時節であるから猶予してほしい、今年は一万二〇〇〇石の一作指上米を納めたいと願って許可された。翌九年は、正月に申渡があり、従来、過分の償米などを支出してきたとはいえ、今後の手当てが行き届きかねるので、今般非常の御手当のために地元の詮議を申し付け、それによる増収分は「別除米」とし、下々の取扱いの経費とするので、粉骨を尽くして出精するように命じた。これは、少なくとも文言の上では、従来の赤字補塡を年貢増徴で果たすというあからさまな理由でなく、別除米の設定によって救恤的性格づけをしている。しかし、その四月には江戸城西丸普請手伝のために増徴の必要が強まり、全体で三万石の増収目標が立てられ、また実際にも厳しい手上方が行われた様子である。以上、若林氏の研究に依拠したが、他に史料としてあげれば、天保九年五月に、年寄どもが御用多忙なので新田才許に新古変地、水之手等の詮議も行うよう指示し、また同月に新田才許宛に「図り免」の「免図り」を下免にした所もあると聞くが、今般古田同様に風水旱損の償方をするので正当の免に図るように命じている。六月には、去年に申し渡した新開可能の歩数書上が進行していないので、他村領でも、見込人があれば地元を引き揚げて申し付けるので望み次第に願い出るよう申し渡している(80)。いずれも、地盤詮議を強行する姿勢と見なすことができるが、この地元を引き揚げて他村望み人へも開かせるという方法は実際に行われ、これを「御仕立開」と称したことが知られている(81)。

なお、収納方仕法について触れる用意はいまはないが、地主・小作関係に関連していえば、収納米と作徳米を小作料そのものの中で振り分け、収納米を先納することが厳しく求められた。しかし、地主作徳米のうちから、諸役の分が支払われるので、実態との調整が複雑であったことが諸郡の窺書から知られる。また地主と小作の間は相対の原則であると定めても、収納の都合で地主の要求に添って作徳米も含めた小作料に対する規制が働かざるをえなかった。また収納米と作徳米の振分けについて、八年十二月の申渡の追而書(82)に、小作どもが図《ず》に乗って用米（作徳）を滞納してはいけないので、小作人へ申し渡すべき筋ではないと断っているが、実際に、九年十一月に射水郡南条組の村役人が連署の請書を出しており(83)、それには、収納米と作徳米が振分けになったので「作徳米者一円相斗ニ不及与申風評」があるのは容易ならざることであって、地主作徳も御収納同様に少しも不足してはならぬものであると仰せ渡された。私ども村々はかねてより小作の癖付が悪いので、その習俗を改めて精農になるよう励みます、という趣旨が記されている。ここにも小作どもの「誤解」がみられる。また、十年七月に射水・砺波郡の十村が窺書を出して(84)、「御高方仕法被仰渡、去々年以来、御収納米幷親作小作作徳米指引方之義、去暮迄之処、近年之作柄故全斗済不仕」と、高方仕法と不作を理由に小作料の支払いがなされていないことを述べ、また「一村之内、乃至子作十人有之内壱両人蟠《わだかまり》候者御座候得者、人欲ニ迷、大勢示合不埒之申立」を豊凶に拘わらずすること、私ども（十村）が高持・地主だから小作の詮議が厳しいのだと申しふらしていることを訴えている。すなわち実際に高方仕法を口実の一つとして、しかも大勢示し合わせての作徳米不払いがあったのである。なお、「誤解」の例として、借財方仕法について年季に満たない奉公人が暇を願ったことも知られる(85)。

最後に今一つ天保期の仕法として注目したいのは極貧村御仕立仕法である。法令としては、今は天保八年十一月の申渡[86]しか知りえないが、それは、貧村御救米を年々渡してきたが、先達てからの被仰渡もあって来春に諸郡とも格別困窮の村々を調査し、極難渋の村々を抜き出して御仕立を願わせるから、右の救米は渡さない、という内容である。また、「河合録[87]」によれば、九年から石川郡の、十一年から諸郡の極難渋村に対して米銀を給した。ただ、貧村の中でも抜群のものに、貧窮の根元を糺して後年に立ち直ることが確実と見なされる村に限られたので容易に仰せ付けられないものであったという。

その極貧村御仕立の事例が口郡押水組の村について知られる。『押水町史[88]』によれば、御仕立を願った村は八ヵ村あったが、そのうち、東野村と坪山村に対して「御仕立代り仕法」が適用されたことが知られる。「代り」の仕法であるが、東野村についてその内容の要旨を紹介しよう。この村は草高一四六石の片山懸り村で、免は五つ二歩、天保十二年当時村高のうち居村百姓持高は六石七八三合（四・六％）、懸作高九四石（六四・四％）、御縮高四五石二一七合（三一・〇％）であった。不作続きと疫病の流行があって天保八、九年に上納銀未納八一〇匁と作徳米未納二四石が生じ（十年は不詳）、成立ちのために引免一つ、作仕入米三二石、開作馬一〇疋、懸作高買返代銀二貫一〇〇匁の給付を願っていた。これに対して藩は、まず村全体の土地、人馬、収益、諸入用等の詳細な調査を行った。その調査の内容を略示すると、表34のごとくである。

この計算では、収入は屋敷地の作物、農間余業、大唐・かいの粉・籾・しいだ等まで見積り、支出では出奉公人を除いた飯米量、農具代を計算している。ただし、出奉公の給銀は含まれておらず、肥料代も自給を前提としたのか計算されていない。その結果は、豊作の予想でも年に米三三石四五四合の不足を生ずることになっている。その理由を考えると、一つは地不足である。三〇〇歩一反は高一石五斗の定めであるから、高一石の歩数は二〇〇歩であるが、ここでは高一石が一四九歩三厘にしかならない（ただし田地割の歩数とすれば間竿の長さが六尺三寸とは限らないので確信できない）。つぎに土地生産性の低さである。豊作と仮定して村高一四六石の土地から一

表34　天保12年（1841）8月　東野村「極貧村御仕立方奉願帳」

	石　　歩		石　合
田　高	137.042(20,006)	此出来米	108.032
屋敷高	6.910 (1,382)		2.000
畑　高	2.048 (409.6)		5.100
合　計	146.000(21,797.6)		115.132……A
農間余業(定散役銀指引残)		銭82貫424文＝	16.485……B
作出来米稼米共(A＋B)			131.617……C
内　定納口米，返上・指上米，夫銀，諸万雑，肝煎扶持米等			100.776
掛作94石，御縮高45石余の高懸り入用			4.895
			105.671……D
居百姓の作徳并稼出米(C－D)			25.946
他に，大唐，かいの粉，籾，しいだ籾，田麦等米直し			27.000
			52.946……E
居村75人(出奉公12人を除く)飯米			81.000
居村18軒の農具代			5.400
			86.400……F
1ヵ年分不足(E－F)			－33.454

註　出来米は「豊作之出来米図り」。畑方歩数は3,400歩の八つ折3歩2厘。

一五石一三二合（石高の七八・九％）の米しか穫れないのである。土不足ないし地味劣りは歴然としている。そして第三に免の高さである。出来米が一一五石余に対して定納・口米だけで八四石余になり、返上米や村方の雑用も加えると一〇〇石を超えるのである。こうしてこの村は農間余業をどうしても見込まないと生活できない貧農の村であり、事実そうであったから右の計算にもそれを含んでいるのである。

さて、天保十四年五月、仕法が付けられたさいの願帳では、持高の配当について記載している。仕入銀としては、家をもたぬ四人へ八〇匁と、買返高三八石の代銀として九五〇匁を書き上げて貸渡を願っており、最初の願にあった引免、馬一〇疋代のことは記されていない。持高の配当は、懸作高のうち二〇石は一人の農民が自力で買い返した。三六石は篤志の懸作人一人が藩へ指上げを願った高であったので、それを村方へ引き渡され、残りの三八石は今述べたように藩が代銀を肩替わりした。また四五石二一七合の御縮高も村方へ引き渡された。こうして懸作高はすべて居村へ返されて各農民に配当された。その配当の仕方は、居村百姓一九人を上段六人、中段五人、下段八人に区分し、上段百姓のうち買返高のある百姓は元持高・買返高・引足高を合わせて二五石とし、他は各々元持高と合わせて三人は一五石、二人は一二石になるよう配当した。中段百姓は各々六石宛、下段百姓は六人が三石、二人が二石となるように配当した。その配当高の多少の差の基準は明瞭ではないが、元持高には比例しない（二石台一人、一石台一人で、他はすべて一石未満の構成）。むしろ請作田高にほぼ比例的である。すなわち上段百姓はすべて一〇石台の請作高（持高を加えても同じ）であり、中段百姓は一〇石台一人の他は三石台～八石台であり、下段百姓は二人だけが二石前後の請作高で、他の六人のうち四人は家をもたず、一人は桶屋、一人は後家である。しかしそれでも比例しない者があり、中段百姓には一人は八石台の耕作から、一人は一二石ほどの耕作から各々六石の持高へ下がった者がいる。おそらく資力や労働力の量や質なども考慮されたのであろうか。

以上によってわかる極貧村御仕立仕法の性格は、一つは土不足または地味劣りおよび高免という地盤方の事情に対してなんらの手当てもしていないことである。土不足には引高または逆に新開、地味劣りと高免に対しては引免等の措置をするべきであるが、それをしないままで百姓たちの「出精」に任せて解決しようとしたのであった。二つには引足高の配当によって小作人の状態から一応解放したとはいえ、配当の仕方は百姓たちに均等の持高を与えるのではなく、上・中・下に区分けした。とくに下段百姓はわずか二、三石の持高しか与えられなかった。これで果たして「出精」のための条件が付与されたといえるであろうか。彼らは貧農であることに変わりはなく、依然脱農化か小作人化する道が大きく展望できるように思われる。極貧村御仕立仕法には、最下層を見捨てるという大きな限界があったと見なさねばならない。これこそが、高方で一応の徳政的な手当てをして貢租負担能力のある農民をつくり、地盤方で貢租増徴を強行した、財政難の中での天保改革農政の重要な限界を示している。

まとめ

本章では、まず化政期の十村たちの農政意見を検討して、古役御扶持人の反主流の保守的意見、新役御扶持人の主流的改良意見、および平十村の一人の「出作田地平均」の意見の三通りがあることを明らかにし、後者について天保期の上田作之丞の「高平均」の意見と基本的視点において一致することを指摘した。さらに天保の高方仕法を分析して、実情に即して施行細則を定めたとき、小前の者へ切高・買返高を配分するよう配慮するに至ったことを明らかにして、そこにも、それなりに持高平均化への方向があることを指摘した。また百姓も法令「誤解」の形で持高平均の要求を表現したと考えた。こうして、文化期の「出作田地平均」の考えが、方法はともあれ、基本的認識・視点において天保期にも生きたことを確かめた。他の二つの意見はそれだけの生命力をもつものではなかった。もっとも、「出作田地平均」案は地主・小作関係の改変を認めない点で天保高方仕法にも及ばぬ面をもち、天保高方仕法と「高平均」も、持高の懸隔を前提にした上で、せいぜいその差の縮小をはかった程度であった。そしてその実際は、貢租負担農民の成立ちのための「平均」策であり、それゆえに他方で脱農化に直面している農民を切り捨てたのであった。

ところで、政策自体から言えば、近世中・後期を通じて、財政難から要請される貢租増収を最大の目標として一貫して取り組まれたことはうたがいない。それが継起したどの仕法にも共通した基本的性格であった。その要求が農業・農民の実情をこえたとき、当然苛斂誅求となるわけであり、それはどの仕法のときにも多かれ少なかれ伴っていたのであるが、とくに化政期の地盤方詮議に重点を置いた農政に強くあらわれたと思われる。そこでは天明の借財方徳政、寛政の貧村御仕立、享和の高方規矩の回復などの経験を新たに生かして有機的に盛り込むことなく、真のねらいである「御取箇御増方」へ直進したのである。その意味で領主的意図の単純直截な政策化であった。しかし結果は、農民が借銀に追われ、農外の稼ぎに出て、田は荒れ次第、はては家財を売って乞食になるが、それも共倒れという「やくたいもなき」状況を生み出して失敗する。そうなってはじめて天保に「改革」が行われる。

天保の高方仕法は、切高の規矩の回復という享和の仕法の方策を受けつぎ、それを徹底させて、富裕町人の集積田地などを違法な高として取り揚げ（御縮高）、また徳政的仕法を付け加えて質入類似の高を、これも大量に無償還付し、懸作高をもつほどの大高持からの有償還付（買返高）を強制することによって、持高の懸隔、地主・小作関係の進展に基づく農業問題にそれなりのメスを加えたのである。それは巧妙な方法であった。百姓間で直接・間接に田地を還付させるとともに藩自らは御縮高を取得し、それを御仕法高として、あるいは御仕立村へは引足高として与えることによって、一方で「御仁恵」を施し、他方で財政支出を節約したのである。またそのゆえに地盤方においても手上方を強行しえたし、その増分を別除米とする余裕ももちえたものと思われる。ただ、天保改革が高方において元高主への有償還付を決めたとき、元禄以来の大法であった切高仕法は改変されたのである。しかし、それは切高仕法の真の意図の継承であったと思う。切高仕法は当時として経営の小規模化・弱体化を阻止しようとしたものであり、そのゆえに切高の取返しが禁止されたのであるが(89)、この法文の形式的くびきを断ちきり、逆の形式によってこそ、天保の段階、すなわち経営の小規模化・弱体化が極度に進展している段階に対処することをようやく悟ったのである。そして、そこまでふんぎりをつけたとき、はじめて、さらに改変しての小前への土地配分（持高平均化）が、期せずして政策的視野に入ったのである。だがそのとき、百姓の側からの持高平均、作徳米不払いの「要求」に直面した。彼らはその「誤解」を否定して立場のちがいを明確にするのであるが、そこまで立ち入って封建領主がのぞき見たものは、貢租増収を真のねらいとし、そのゆえにこその一部の農民を「平均」すると同時に最下層部分を切り捨てた彼らにとって容認しがたい、ちがった次元の「平均《ならし》」の世界であったのではなかろうか。その貧農・小作人の闘争の質の検討が課題となってくる。

また、こうした認識あるいは政策の進展の基礎に、宝暦期にすでに小作癖付帳に指摘されたような地主・小作関係とその下での農民層分解の進展、農村社会の慢性的疲弊状況があったことは、本章の限りでも所々に指摘したが、そうした実態の解明は、高方と地盤方の政策にしぼった本章の課題の範囲を超えるものである。ほかに農村内での商売、農民の衣食住における「奢侈」、農業労働力の不足、町方居住・欠落人の増加等々の現象と、それに対する法令は数多くみられる。これらを対象とした考察は別の機会に譲らねばならない。

註

(1) 若林喜三郎『加賀藩農政史の研究』上・下（吉川弘文館、一九七〇・七二年刊）。
(2) 『日本史研究』一二七号（一九七二年）。
(3) 『羽咋市史』近世編（一九七四年刊）、『押水町史』（一九七四年刊）。以下、本章に引用するものは、すべて私の執筆担当部分である。
(4) 富山県射水郡大門町（現射水市）折橋礼一所蔵「折橋文書」二―八八号。袋綴、墨付一七丁。
(5) さらにいえば、著者が折橋善兵衛であるとすれば、文政二年三月に断獄され、翌年六月に赦免されているので、そののち、年内に執筆したものと推定される。
(6) 『加賀藩史料』（以下『史料』と略記）一二、一一頁以下。
(7) 若林氏前掲書下、七五七頁以下。
(8) 『石川県史』二、六一一・六一四頁。
(9) 『史料』一〇、五二〇頁以下。
(10) 『史料』一三、五一五頁以下。
(11) 『史料』一二、九九八頁以下。
(12) 『近世地方経済史料』一（吉川弘文館、一九五八年）一三三頁以下。なお、この原本は明治十八年に石川県より農商務省に進達したものとあるが、一部に脱行、誤字があるので、ここでは故鎌田久明氏の筆写原稿（原本不詳）によって校合して使用した。鎌田写本では、刊本の第一と第三の目次題はなく、「第二　十村政談」の箇所に「第一　山田村祐三郎組之事」と付題し、一五〇頁下段の最初から始まる記事に「天狗問答」と付題されている。
(13) また、祐三郎組の総収穫量を二万六二二八石余（石高の一・五倍）と見積っているので、こうした大ざっぱな過不足推算で足りるとしたのかもしれない。
(14) 利明の「万民増殖の理」論は周知のことである。その著「経済放言」に「元来際限ある土地より出産する産物を用て、際限なく増殖する万民の衣食住の用に達し、猶有余あらしめんとする計策の外なし、是無理なり」と述べている（日本思想大系四四『本多利明・海保青陵』四五七頁）。
(15) 若林氏前掲書下、一七七頁。
(16) 犬丸秀雄「上田作之丞の経済思想」（『経済史研究』一八―五、六、一九三七年）、宮永謹二「『成業問答』より見たる上田作之丞の思想」（『北陸史学』六、一九五七年）。
(17) 文中に「此頃借財方仕法に付、又種々の混雑あり」の設問に答えたところがあるから、天保八年七月の借財方仕法以後であり、また、「去年今年」に多くの餓死者があったと述べているのは明らかに天保七、八年を指している。したがって、天保八年七月以後、同年内に執筆されたと推定できる。だから、これは同七月に布告された高方仕法を承知した上での意見である。
(18) 『史林』五〇―一、二（本書第二部第二章収録）。
(19) 若林氏前掲書下、四八頁以下。
(20) 『史料』八、四三頁以下。なお以下で、出典が二つ以上のものはその一つだけを示す。その一つが刊本ならばそれを示し、刊本の内では『加賀藩史料』（『史料』と略記）を優先して示す。
(21) 『史料』八、四三三頁以下。
(22) 『史料』八、五五二頁以下。
(23) 『史料』九、一五九頁。なお、これと同文のものが同書八、三七九頁以下で明和二年九月の項に掲げてある。どちらも「酉九月」で定めがたいが、さしあたりここにおく。
(24) 『史料』九、八二二頁以下。
(25) 『史料』一〇、二〇五頁以下。

(26)　原文は『羽咋市史』近世編、一六七頁以下。
(27)　『史料』一〇、一八〇頁以下。
(28)　羽咋市宇土野、宮崎家文書。
(29)　太田村については前掲拙稿（『史林』五〇―二、五〇頁）、新保村については『羽咋市史』近世編一四〇頁。
(30)　羽咋市役所蔵加藤家文書「文化日記」所収「組々書出留」。
(31)　関連史料は『史料』一〇、九四〇頁以下・九七八～九八八頁。同書一一、二二頁以下。志雄町（現宝達志水町）岡部家文書「高方之儀ニ付御仕法之趣委細申渡帳」（寛政十二年十一月）。金沢市立玉川図書館加越能文庫「杉木氏御用方雑録」二下。
(32)　以上、『史料』九、一〇三～一〇五、一〇九頁。
(33)　『史料』九、二九五頁。
(34)　前掲「杉木氏御用方雑録」一。
(35)　土屋喬雄『封建社会崩壊過程の研究』（弘文堂、一九二七年）、また若林氏前掲書等。
(36)　『史料』九、六九五頁以下。
(37)　『史料』九、七五九頁以下。
(38)　田中喜男「加賀藩改作仕法崩壊過程の一考察―特に『引免』を通じてみたる―」（『北陸史学』六、一九五七年）。
(39)　『史料』一一、八二頁以下。
(40)　『史料』一一、八七頁八行目以下がその部分で、「新開詮議之趣申渡覚」（井波町立図書館〈現南砺市〉蔵）では、この部分だけが一つの法文として転載されている。なお『史料』の文言には脱漏があり後者の文言が適正である。
(41)　『押水町史』二三三頁所載の表による。ただし、嘉永三年に新しく見える「今浜新村」は除外して計算した。
(42)　同右。
(43)　『史料』一二、六一頁以下、一〇三頁以下、一〇七頁以下。
(44)　前掲「杉木氏御用方雑録」三下。なお難渋村成立仕法の史料は未見なので触れられない。
(45)　『史料』一二、三六五頁以下。
(46)　前掲「新開詮議之趣申渡覚」。
(47)　同右。

(48)『羽咋市史』近世編、第二章第六節。
(49)金沢市立玉川図書館加越能文庫「郡方御触」六の文化十四年四月「引免格別詮議申渡」の文言。
(50)『史料』一二、五六六〜五七一頁。
(51)この箇所の原文は「難渋引免・地味劣等者不及申、土不足引免たりとも、元来無拠地極高ニ而御請いたし御収納相勤来候村々多き事ニ候得者、不足高之有無ニ不拘義ニ候得共」。
(52)註(49)に同じ。
(53)若林氏前掲書下、一九三頁所載史料。
(54)『石川県史』二、六〇九頁。
(55)蔵並省自『加賀藩政改革史の研究』(世界書院、一九六九年)一一五頁。
(56)『史料』一〇、五一七頁以下。
(57)松好貞夫「加賀藩天保度の『高方仕法』に就いて」(『経済史研究』一四—一、一九三五年)。
(58)若林氏前掲書下、二七一頁所載史料。
(59)同右、また『史料』一四、八〇七頁。
(60)『史料』五、二六四頁。
(61)「郡方御触」一四、目次番号(58)、(59)。
(62)「郡方御触」一四(62)。
(63)「郡方御触」一四(109)。なお、質入類似の高は「見当」「引当」「用米卸」などと称せられたようで、これについては、九年二月に高取人が「歩帳」を受け取り、かつ田分けしていたか否かが基準とされ、同年七月には歩帳の有無だけで判断できると訂正された。またこれをめぐって諸郡からの窺書が出されており、実態は複雑であったことがわかる(「郡方御触」一四(23)、一五(67)〜(71))。
(64)「郡方御触」一五(12)。
(65)金沢市立玉川図書館加越能文庫「河合録」四、「司農典」(『藩法集4　金沢藩』創文社、一九七四年)七八七頁。
(66)『史料』一四、八六三頁。
(67)「司農典」(『藩法集4　金沢藩』)七三七頁。

(68) 同右、七三八頁。
(69) 同右、七八七頁。
(70) 「御高方留」(『藩法集4　金沢藩』)八二一頁。
(71) 「郡方御触」一五(28)。「司農典」(『藩法集4　金沢藩』七三九頁)にもみえるが、前者の文言が正確である。
(72) この第二条は買返高規定の例外を予想しているが、文法令以前の二月に、高岡町の小前の者二〇〇〇人余が横田村等一一ヵ村に三四万歩ほどを請作していたのが取揚高になるので、町肝煎および関係村々役人から願って、爾後の請作を認められたという事例がある(「郡方御触」一五(16))。
(73) 若林氏前掲書下、二七五頁。
(74) 「司農典」(『藩法集4　金沢藩』)七三九頁。
(75) ちなみに、享保の越後質地騒動における質置人たちが法令を「誤解」した質置地の奪還は、まず質出地を耕作し、その収益で元利金を支払いたいという「要求」であったことを想起する(堀江英一編『幕末・維新の農業構造』〈岩波書店、一九六三年〉第三章の拙稿「米作単作地帯の農業構造」一四四頁)。
(76) 『富山史壇』四四・四五合併号。
(77) 志雄町(現宝達志水町)岡部家文書。羽咋市宮崎家文書。
(78) 拙稿「幕末期の農業経営構成と地主制—越中新川郡田畑村『開作人馬帳』の分析—」(『金沢大学法文学部論集』史学篇一五、一九六八年)。
(79) 若林氏前掲書下、二七六頁以下。
(80) 以上は、『史料』一四、八五七頁以下、九三二頁以下。「郡方御触」一四(106)、一五(80)、(107)。
(81) 『羽咋市史』近世編、二〇五頁以下。
(82) 『史料』一四、八五八頁。
(83) 「郡方御触」一五(111)。
(84) 同右一六(69)。
(85) 同右一四(99)。
(86) 同右一四(100)。

(87)　金沢市立玉川図書館加越能文庫「河合録」四所収「貧村御仕立被仰付候事」。
(88)　第二章第二節「極貧村御仕立」(二七六頁以下)。
(89)　前掲拙稿「多肥集約化と小農民経営の自立」(本書第二部第二章)で、そのように理解した。

第四章　幕藩制構造論の軌跡
――佐々木説を中心に――

一

いま、幕藩制国家論という呼び方で日本の近世封建制を総体として把握しようとする方法的努力が重ねられている。一九七六年の歴史科学協議会（以下、歴科協）第一〇回大会は「日本封建制と天皇」のテーマをたてた。(1)それは、近世史研究からいえば幕藩制国家を論ずるなかで天皇の問題を抜かすわけにいかないことが認識されてきた点をとらえたものであり、同時に、天皇在位五〇年記念式典や元号制定の存続などの体制側のキャンペーン、また象徴天皇を元首にしようとする動きに対して、今日に生きるわれわれとしての態度を歴史研究の上で問う意味をもったと思う。

近世史に関して幕藩制国家論の呼称で研究の結集がはかられたのは一九七〇年である。その年の歴科協大会では原昭午氏が「幕藩制国家の成立について」と題して、それまでの幕藩制構造論に対する国家論の次元を意識した上で、天皇、幕府、藩、村にわたる国家機構をめぐって報告した。(2)同年の歴史学研究会大会の近世史部会のテーマも「幕藩制構造論をめぐって」であった。

もっとも、それ以前、一九六七年に、歴科協の編集による最初の『歴史評論』に石母田正氏の「国家史のための前提について」が載り、(3)同年の第一回大会で「われわれの歴史学と『明治百年』批判」のテーマの下に朝尾直弘氏が「前近代アジアにおける国家」を報告した。(4) 日本史研究会はこの年と翌年〝人民闘争と国家〟を大会テーマとしてあげ、近世史では維新期についての報告を行った。国家への一斉の着眼として注目されよう。

歴科協の創立宣言は反帝国主義、反軍国主義の人民的な立場に立つ歴史研究の創造的発展を標榜しているが、それは研究史的には反封建に重点をおく問題意識から脱却し、経済決定論・ヨーロッパ世界史との比較史・一国史的発展段階論などの方法を克服しようとする姿勢に立っている。そして歴科協の組織研究活動は、東アジア世界と日本、国家と人民の歴史的特質を追究してきた。それは日本近世史では、主流的には太閤検地論・寄生地主制論から幕藩制構造論への展開と人民闘争史研究としてあらわれ、さらに構造的特質と変革主体の問題との統合の上に国家史次元での総合論理の構築が進められている。

こうして研究はしだいに多彩に展開し、声のみ高いといわれた幕藩制国家論はようやく姿をみせはじめている。しかしそれはまだ明確に理論的に提示されておらず、実証作業も展開中である。とすれば、そのさらなる進展のために、本章の研究史整理の立場からいえば幕藩制構造論、近世人民闘争史の克服の仕方も問われなければならない。もっとも、それらの構想は多様であり論点は多岐にわたっている。それを、限られた紙幅で全体整理を行うことは筆者の能力をはるかに超えている。今は問題を限定し、ただ、六〇年代に近世史研究の主流をなした幕藩制構造論の軌跡を、その主導者の一人として、また人民闘争史研究とかかわらせて近世全体をそれなりに見通した佐々木潤之介氏の切り開いた途について、私なりの整理を試みることで責めをふさぎたいと思う。

そこで、まず幕藩制構造論の幕藩制国家論への展開をごくアウトラインで整理し、ついで佐々木潤之介氏の論理の変化・発展を、主要な内容について整理して考えてみたい。そのため、アウトラインの整理自体も佐々木説をめぐる点に引きつけられ、したがって片寄ったものになり、他のすぐれた見解を紹介しきれないという限界を生ずる。七〇年代の国家論構築は主に近世成立期の分野で、中世史研究との断絶の克服という課題を負いつつ意欲的に試みられており、その研究史的前提の整理は重要な課題であるが、右のような本章の問題の限定のため、また筆者が中世史にうといため、ここでは果たせない。近世史研究と中世史・近代史研究との断絶の問題の整理は本章を超えたところにある。

二

一九六〇年前後に登場する幕藩制構造論は、従来、広義の経済決定論にとどまって権力や国際的契機を捨象せざるをえなかった研究水準を上部構造の相対的に独自な能動的作用の側面を導入して克服しようとし、個別藩研究にとどまっていた藩制（政）史研究を集権的な幕藩制秩序の貫徹の中に藩体制をとらえて克服しようとし、同時に幕府権力の研究を促進した。また進展の遅れていた流通過程の研究を幕藩体制の再生産の観点からとらえて都市論・分業論などの新たな展開へ導いた。そのようにして研究の行きづまりのあらわれである個別分散化を克服し、より総合的な論理の構築をめざした。こうした課題をになって展開された幕藩制構造論の研究史上の意義は評価されねばならない(5)。

だが、その幕藩制構造論は一九六〇年代後半には、それなりの限界が指摘されてくる。一九六七年、安良城盛昭氏は、六〇年代の構造論が、中世・近代の研究との対話が不十分で、中国史・ヨーロッパ史研究との交流を欠き、地方史研究の重要さが見失われていると指摘し、その原因は理論的問題を明確に提起して解決してゆく努力が不十分なことにあり、セクト的な討議の中で孤立分散状況を維持・再生産していると批判した(6)。たしかに、たとえば六〇年代前・中期の『史学雑誌』の「回顧と展望」でも、しばしば農村史研究の減退を指摘し、構造論の近世中・後期への展開を求めている。他方で脇田修氏の所説に対して近代化論の投影をみると評した例のように封建制再編成説やブルジョア的発展説を採ろうとも、そこでなされた豊富な実証や論理の展開を学界展望としても受けとめえないような傾向もみられた。

にもかかわらず、あるいはそれゆえに、幕藩制構造論の論理的限界はしだいに自覚され、その主唱者の一人であった佐々木氏もその反省を吐露して、(7)後述のように打開の途をさぐるのである。一九六九年に原昭午氏は、構造論の欠陥を克服するために安良城理論、さらに太閤検地論の再検討の必要、とくに地代論と石高制の問題を解決すべきであると指摘した。(8)また同年、朝尾直弘氏は研究を整理して、(9)構造的特質の規定はもっぱら上部構造の阻止的・歪曲的側面でなされ、変革主体ぬきの構造論になっていると指摘し、その原因は佐々木氏の軍役論を基軸とする構造論が基本階層論・土地制度一元論を克服しきらなかったことにあると批判し、諸ウクラードの対抗と結合のあり方が領主をして特定の土地政策をとらせ、それとの対抗関係が特定の土地所有関係を決定するのであるから、そうした歴史運動において権力の性格を規定すべきであると説いた。また芝原拓自氏の提起を(10)近世史で受けとめて、東アジア世界を媒介とした世界史的視野からの近世史把握の観点を提示し、構造的特質の三要素として、兵農分離→石高制→鎖国を、その論理序列であげた。翌年、山口啓二氏と朝尾氏によって鎖国を国際的視野で把握して幕藩制の構造的特質に説き及ぼうとする仕事がなされるが、(11)右の基本的三要素の提起は、幕藩制の全過程を通ずる固有の特質を説明する意図および国際的視野の導入によって国家史の論理次元へ進む内容のものであった。この基本的三要素説は、以後大方は肯定的に受けとめられ、その意味づけを深める努力がなされている。(12)

さて、こうした幕藩制構造論は主に近世前期に集中して展開されてきたが、その間、中・後期は人民闘争史研究として取り組まれた。林基氏の「宝暦―天明期の社会情勢」(13)は、かつての形態論的、戦術論的な一揆研究から脱却して、革命情勢論を導入して人民諸階層の諸闘争と領主の対応とのトータルな把握によって、階級闘争の政治的次元での意義を明らかにする方法で、宝暦—天明期を階級闘争の質的転化、封建的危機に入る段階と位置づけた。この方法的提起は一揆研究を停滞からよみがえらせ、都市民衆の闘争にもスポットをあてた多くの研究が生まれてくる。

歴史学研究会は一九六五年以降、「維新変革の再検討」を長期研究プランとしてかかげ、佐々木氏らの取組みが行われた。その成果は、豪農—半プロ論・世直し状況論として提起されてくる。その骨子は、明治百年祭に反対する一九六六年の歴史学研究会臨時大会で佐々木氏によって報告された[14]。そして氏の構造論からの脱皮の努力は一九六九年の『幕末社会論』に結実する[15]。その豪農—半プロ論、世直し状況論は、変革主体を見失った構造論と歴史的特質規定が不明瞭であった人民闘争史とを結びつけることによって両者の弱点を克服し、もって近世全期に通ずる論理をつくり上げようとしたものである。そのさい、構造論に労働地代段階欠如説の導入、名田地主ウクラード規定の変更、小農自立の満面開花説の撤回、幕藩制市場関係の特質の重視と村請制への着目などの内容的改変が行われた上、上昇転化論批判、「二つの分解」論批判、天保期ブルジョア的発展挫折論批判、幕末期指導同盟論批判、都市前期プロの歴史的役割の限界性の指摘などを伴って、豪農による半プロの析出という一方的な分解論と半プロのみが変革主体となる世直し一揆論が提起されたのである。

この構造論の脱皮・成長は、それなりに研究を刺激し、世直し一揆、村方騒動、都市打ちこわしなどの分析が進み、都市論、市場論を進展させ、村請制への関心が強まるなどの展開を示した。他方でいくつかの批判がなされ、中村哲氏のちがった構想[16]なども出されているが、国家論の次元で近世封建制を総体として捉えようとする志向はほとんど共通しているといえる。

以上、一九六〇年代の幕藩制構造論の展開を佐々木説をめぐる点で概観したが、つぎに佐々木説の内容に少し立ち入ってみよう。

三

佐々木氏の軍役論を基軸とする幕藩制構造論は一九六〇年に提起され[17]、六四年の『幕藩権力の基礎構造』までにまとめられた。それは、幕藩制社会の第一段階において生産力に非照応な軍役の重さが地方知行制と夫役＝労働地代を負担する名田地主ウクラードとの存在を必然化し、それが小農の自立に阻止的に作用した。こうして軍役が全剰余労働搾取実現という第一段階の基本的特徴を規定している。また軍役の重さは個別領主経済の非独立性を招くので先進地帯畿内に結びつかざるをえず、中央権力はそれを幕藩制的に編成して全国的分業を統一的に掌握したとする。つまり幕藩制第一段階における権力と人民の特質を軍役と小農＝生産物地代の問題として具体化し、その再生産構造を市場の幕藩制的特質においてとらえ、そのようにして幕藩制第一段階の総合論理が立てられた。ここでは体制の再生産論としての市場編成論に留意しておこう。軍役論が欠落し、小農自立論が改変されたあと、この三つめの柱が威力を発揮することになるからである。

基軸論理である軍役論は、六六年に「冑の腑までさらけ出し」、以後は「鳥の啄むのを待つ」とされ[18]、六九年の『幕末社会論』に対しては「軍役論の欠落」[19]の事実が指摘されるのであるが、その間の軍役論に対するもろもろの批判のうち重要なものは、やはり、外在的には幕藩軍事力の本質は階級支配の暴力装置であり、権力分析に階級的視点を欠いてはならぬという指摘[20]、内在的には軍役を基軸として抽出する論理の、とくに搾取した地代の支出において役儀・奉公（軍役）だけが還流しないとすることの誤りの指摘[21]であろう。それは結局同じ点をついた批判であって、軍役は権力内部の編成の問題であっても、兵と農の階級的対立、兵の農による身分的支配の問題はそれだけで解ききれないという点で、この構造論の限界が指摘されたものと理解できよう。山口啓二氏が軍事力の組織者は同時に生産力の組織者でもあったとして、軍役を用水普請役にまで広義化する形でとらえたのは、[22]階級支配の次元でとらえる意味であったと理解できるし、朝尾直弘氏が軍役論に反対して、それは兵農分離の概念の中に含んで扱うべきであるとして幕藩権力形成の画期づけを異にしたのも、兵農分離を自然史的過程としてみるか、すぐれて階級支配の問題としてみるかのちがいに根ざしていた。[23]脇田修氏が全構造の把握のためには身分制を取り上げるべきだとした[24]ことも今に生きる指摘であった。また、この構造論では藩の意味が欠落することも指摘された。[25]

こうして軍役論が基軸の座を降りるとともに、もう一つの基軸であった小農自立論も事実の前に見直されるに至った。「名田地主の解体→小農自立の満面開花→質地小作関係の展開」のシェーマから「名田地主の解体→質地小作の展開」への変化である。[26]

もともと佐々木氏の構造論は安良城氏の構造論の批判的継承であり、小農民自立政策から維持政策への政策基調論をふまえた上で、名田地主と小農の二つのウクラード[27]の関係でとらえる方法に発展させたものであった。二つのウクラード論は、朝尾直弘氏が小領主と小農共同体として提示した。[28]今はその内容の紹介は省くが、[29]こうして基本階層論からウクラード論へ発展し、より具体的に社会構成体を把握できるようになったのである。

名田地主の存在は、前述のように過重軍役から説明されるが、基礎構造の展開と権力の構築過程の独自運動が矛盾をもつ時期の、夫役＝労働地代に、より適合的な経営であり、小農自立の未熟で不安定な段階にあって小農自立に阻止的に働きながら、しかし小農自立の前提となるという歴史的性格をもつ。基底にあるのは小農自立の論理であり、寛永末―慶安期の農政転換＝小農自立策から維持策への転換・軍役体系の変更が行われて、小農自立＝生産物地代は十七世紀後半に至って満面開花し、名田地主は消去ないし小農論理の貫徹した地主手作に転化する。こうして農民的剰余は小農の手に獲得され、その上で新たな農民層分化として質地小作関係が展開するとした。

ただ、この小農自立論は基本階層論・政策基調論から出されたもので、それが論理的・抽象的措定であるのを誤って継承し、歴史的に実現するものとしたため満面開花説に陥った。しかし実証的研究の累積は、小農自立の傾向性ないし小農論理の貫徹は確認しても、歴史具体的には小作貧農としての「自立」であることを反証したといってよい。(30)また、佐々木・朝尾氏とも小農自立政策と小農自立闘争を同質のものととらえたために、初期村方騒動が権力末端に対する闘争であったことを評価しえなかったとする批判が出ている。(31)おそらくもっと根底的には、第一段階に固有の矛盾をたてても、その止揚をもって第二段階に固有の矛盾を設定しえなかった論理の限界・欠陥が問われるべきであろう。それは基礎構造についてだけでなく、佐々木氏だけではない。たとえば権力の専制的集中強化を制度史・政策史的に追究しても、それが何に対してかが問われなくては即確立とはいえない。解体要因の成長・矛盾の顕在化に対する反動的集中強化もありうるからである。ともかく、これが近世前期研究の側の中・後期との断絶の理由、また近世の時期区分のまちまちたる理由であろう。

四

つづいて、豪農—半プロ論の提起と、それに伴う名田地主→質地小作のシェーマへの改変について、しばらく論旨を追ってみよう。なお、そのさい、時として微妙に変わる氏の表現や説明の仕方にまどわぬために、もっぱら『幕末社会論』に限ることにしよう。

まず、日本の農奴制（近世）における労働地代段階欠如説が導入され、労働地代段階の課題が生産物地代段階に持ち込まれることによって農民は二重の課題を負うことになると説明される。

ついで、ウクラード論を改変して名田地主ウクラードと純粋封建ウクラードをおき、前者は前時代の遺制ではなく後者の成立を前提としており、両者は併存していると旧説を訂正する。各ウクラードはちがった封建国家の体制をめざすが、二つの対抗が頂点に達したとき、幕藩権力は前者のめざす封建体制の可能性を否定して国家的集中を果たして幕藩制国家が完成する。かくて名田地主は小農生産に寄生して質地地主に転化する。労働地代（賦役）は生産物地代（小作料）に代位され、農民間の関係に封じ込められて持続される。

さらに村の特質の問題が指摘される。兵農分離による経済外強制の弱体化への対処として、権力による共同体編成たる村請制が成立する。村を内部の隷属関係によって支配する名田地主・質地地主が年貢請負人＝村役人となる。村役人は、石高制の基本たる米年貢制のゆえに本来的に商人の性格をもつ。したがって反封建闘争は村落共同体を否定する方向をもたざるをえない、という。

以上のことは、氏の豪農成立の歴史的条件、豪農論の前提条件である。豪農は、特産物生産・流通をになうに至った質地地主の転化形態として宝暦期に一般的に成立する。豪農は前期高利貸資本を本質とする村方地主の発展類型であり、その本質を変えることなく商品生産を展開する。商品生産者的側面では一般的範疇としての富農の特質的な存在形態であるが、しかし豪農のブルジョア的発展の側面は第一義的に幕藩制的市場関係の特質によって規定されており、豪農の本質を否定しえないのみか、市場関係の変化によって容易に払拭されうる。また小農民の商品生産は豪農の商品生産の補完物の位置におかれる。

豪農の対極たる半プロレタリアの階層的形成は天保中期以降である。それは、豪農的発展は一定の限界状況に達するが、資本制生産様式の「爾余の条件」がないために豪農は小生産者への吸着を形を変えて強め、権力との共生も強める。こうして対極に半プロ層が形成される。開港はその形成を決定的にし、幕藩制市場関係の解体が最終局面に進み、資本制生産様式の導入による範疇転化の可能性が生まれる。すなわち「世直し状況」が生まれる。これへの対処として豪農・都市商業資本は互いに結合関係を強めて全体制の転換によって半プロを掌握しようとした。維新期への展望はそこに与えられた。

以上、周知の著作なので骨子の不十分な紹介にとどめるが、この説の独特な新しさは明白である。

ここには数多くの論点が含まれている。それらは実証を伴った研究の中で一つひとつ確認ないし訂正していかねばならないが、論理の上ではすでにいくつかの批判点が出されている。その主要な一つは豪農の位置づけ、農民層分解の特質に関する点であろう。大石嘉一郎氏は、領主による支配・搾取が領主と豪農の関係に関して把握されていない、基本矛盾での封建制に対する闘争が見失われていると批判し、天保の豪農的発展の挫折は強度の封建的危機・封建反動の所産であろう、と指摘した(32)。

たしかに、豪農と幕藩領主制の関係は「第一義的に……幕藩制的市場関係の特質によって規定されている(33)」と、それだけで説明されている。だから村請制（村役人＝商人）はその関係をつなぐ項である。軍役論の欠落に代わって村請制が強調されていると理解(34)すべきではない。むしろ軍役論に代わったのは第三の柱であった市場関係の特質論である。そしてその特質は、かつて過重軍役から説明されていたが、一九六五年に「石高制に基づき鎖国経済に規定される(35)」と改変されている。村請制（村役人＝年貢請負人）も石高制に基づく米年貢制から説明されている。石高制はいま議論の高まっている問題であり、その去就に待つところが多い。ただ市場の特質の規定性から村役人＝商人が出され、村役人＝豪農と等置されるが、この等置は、村方騒動は権力末端への抵抗か農村自治要求かの問題に関連させるとあいまいになる。豪農―半プロの対立だけでなく、それを内包する全農民―領主の対立の観点が要求される一つの理由がある(36)。豪農が階級的・身分的に被支配者・百姓である意味(37)を問うとともに、さらに、労働地代の農民間への封じ込めという論理までも問わねばならないであろう。

市場関係の特質→村役人＝商人＝豪農の規定性によって豪農の本質は商業・高利貸資本でありつづけるという

最も特徴的な規定がなされている。資本制生産様式の「爾余の諸条件」は、もし与えられるとしても開港という外部的契機からだけである。歴史的に実現しなかったことを内部的展開の可能性の否定によって説明することこそ佐々木氏の傾注された点であろうが、そのさい、レーニンに依拠して富農の二面性を指摘する。その点を芝原氏は、レーニンの旧領主地主経営と富農との二つの型の問題を、佐々木氏が富農の二面性として論ずるのは誤りであると指摘し、日本独自の豪農の二面性・プロレタリアート創出の二つの型を改めて考えるべきだと述べている。[38]芝原氏の意はともあれ、そのためにも考えたいことは、レーニンの二つの型・二つの道の対抗の理論に依拠するなら、そこから富農の二面性を理解するよりも、レーニンが二つの型の併存の認識から対抗の認識に進めた点を学んで、豪農の二面性を単なる二側面でなく一個の経営、一個の人格として内部矛盾・対立のために悩み多き、しかしそれゆえに次への展開を内包する、幕藩封建制解体期にふさわしい自己矛盾的存在として、もっと生き生きととらええたのではないかと思う。[39]佐々木氏は大石嘉一郎氏の批判[40]に応えて、豪農の不安定性＝二面性の相克を問題にしたと述べてはいるが、[41]弁解がましい。『幕末社会論』からは、幕藩制市場関係の特質規定によってまず豪農の商業・高利貸的本質の貫徹、ブルジョア的発展の非貫徹が与えられてしまっているため、豪農は内なるブルジョア的側面には悩むことなく領主と共生し、その本質的側面によって生み出した半プロの再編・掌握にだけ悩むように読みとれてならない。それゆえに、豪農による半プロの析出という一方的な分解論があみ出されるのだと思う。佐々木氏は言う。「商品生産の発展が同時に荒廃状況を導き出していく。それが豪農論のいちばんのポイントのところですよ。これまでのわが国の経済発展というのはいつでもそうなんだ」[42]。しかし、仮に「荒廃」だけが実現するにせよ、その論理化も一義的でよいだろうか。げんに氏の小農自立の論理は歴史的に実現しないが設定せざるをえないものであった。ここでは論理は低次化していないだろうか。対抗の論理の深化が課題であるように思われる。

そしてまた、農民層分解を市場関係の特質、流通過程を担当する商業・高利貸資本だけで説明してすむものであろうか。このままでは、比喩的にいえば一種の流通主義に陥ってしまわないか。ところが実は、佐々木氏自身がその欠陥を知っているはずである。すでに一九六六年に「〈豪農〉は、直接には、市場構造の特質と、生産諸力発展の特質性との二つを明らかにする必要をわれわれに感じさせる」(43)と述べているからである。しかし佐々木氏はまことに『幕末社会論』で生産力発展の特質を解明したであろうか。解明しきらなかったから、他の一つである市場関係の特質が第一義的な規定性になるのであろう。これでは氏の農民層分解論は未完成であると受けとらざるをえない(44)。さらにいえば、階級闘争について、林基氏の方法に比べて一面的な把握にとどまる危険性があるという疑念が呈されるのも(45)、右のような論理の限界によるのではなかろうか(46)。朝尾直弘氏が「第一は、変革主体としての近世的小農を生産力的特質において捉え、それを基礎に近世封建制の民族的諸特質を解明する仕事(47)」が必要であると述べたのは、阻止的構造論・変革主体抜きの構造論を克服するための指摘であった。そして、前述したような農村史・地方史研究の減退が、分析のメスである理論の側にも原因があったのではないかと思うとき、この『幕末社会論』のさらなる克服こそが、近世史の総体的把握をめざす研究をより一層の展開へ導くのではなかろうか。

五

以上、一九六〇年代の近世封建制研究に大きな役割を果たした幕藩制構造論について、佐々木説を中心に、ごく大づかみな、私なりの整理検討を試みた。もちろん不十分なものであるが、その限りでも、この構造論の出現の意義の大きさは明らかであり、またその修正過程も畏敬すべき努力として評価できる。

幕藩制の構造的特質の解明が提起され、それが国家史の次元へ高まっていく理由は、近世史研究の内発的発展によるとともに、研究をになう者が一九六〇年代の諸状況の中に積極的に生きて受けとめた問題を、歴史研究の方法としたことによる。一九六〇年安保闘争における権力と人民の対抗を受けとめて幕藩制構造論があり、安保やA・A・LA諸民族の独自発展のためのたたかいと世界的関連の認識から、芝原拓自氏による明治維新の世界史的把握の観点が提起された。一九六二年、第一回サマー・セミナーでの近代化論批判の報告は筆者にも印象深く残っているが、それが、その報告者であった安丸良夫氏をはじめとする民衆思想史研究の新分野開拓の一契機であったはずである。いま国家論として近世史の全体像の把握をめざすのも、体制側のさまざまな反動的攻勢、とくに思想・教育面での策動にもかかわらず、人民の主体的力量の強まりによって国家変革の課題が日程に上ったことに見合うものであり、そこから近世史研究が見直されて、幕藩制構造論の論理と枠組みの限界が指摘されてもくるのである。

研究整理はその側面からも行われなければならないが、いまは、六〇年代の幕藩制構造論を、佐々木氏の研究に即して、その主要点をかいつまんだにすぎない。佐々木説の内容的検討に入り込んだために、その論理の前提になっているような問題、たとえば中世は家父長的奴隷制社会か、労働地代段階欠如説の是非、封建的土地所有は全剰余労働搾取を原則としつづけないのか、近世的農民は単婚小家族経営だけを指すのか等々の、より重要な問題に及ばなかったのは本章の限界であるが、これらは、時間をかけて解決していかねばならない問題であろう。

註

（1）近世に関する報告は、三鬼清一郎「戦国・近世初期における国家と天皇」、宮地正人「幕末・維新と天皇」（『歴史評論』三二〇、一九七六年）。

（2）『歴史評論』二四四、一九七〇年、のち『論集　日本歴史』幕藩体制Ⅰに再録。

（3）『歴史評論』二〇一。
（4）『歴史評論』二〇七。
（5）この時期に行われた研究整理として、朝尾直弘「日本近世史の自立」（『日本史研究』八一、一九六五年）、永原慶二「戦後における日本封建制研究の思想的背景」（『歴史評論』一八四、一九六五年、のち『日本中世社会構造の研究』に所収）などがある。
（6）安良城盛昭「日本近世史研究の新たな前進のために（上）」（『歴史学研究』三一九）。
（7）佐々木潤之介「大会への期待」（『歴史学研究』三一〇、一九六六年）。
（8）原昭午「日本封建制の構造的理解をめぐる問題点」（『歴史評論』二二八）。
（9）朝尾直弘「近世の政治と経済Ⅰ」（『日本史研究入門Ⅲ』東京大学出版会、一九六九年）。
（10）芝原拓自「明治維新の世界史的位置」（『歴史学研究』別冊『世界史と近代日本』一九六一年）。
（11）山口啓二「日本の鎖国」（岩波講座『世界歴史』近代3、のち『幕藩制成立史の研究』に所収）。朝尾直弘「鎖国制の成立」（『講座日本史』4）。
（12）ただし、津田秀夫氏の、近世解体過程の特徴も考慮に入れた「石高制国家」論もある（「幕藩制社会の二三の問題」『国史学』八五、一九七一年）。
（13）前岩波講座『日本歴史』近世4、一九六三年。
（14）佐々木潤之介「維新変革の現代的視点」（『歴史学研究』三三二、一九六七年）。
（15）それに先立って「石高制——とくにその基礎について」（『日本史のしおり』五、一九六九年）が書かれている。
（16）中村哲「日本資本主義形成の歴史的前提」（『日本史研究』八三、一九六六年、のち『明治維新の基礎構造』に所収）、同「幕藩体制の構造と矛盾」（『封建国家の権力構造』一九六七年）、同「明治維新と農業革命」（『日本史研究』一〇四、一九六九年）。
（17）佐々木潤之介「幕藩体制の構造的特質」（『歴史学研究』二四五、一九六〇年、のち『論集 日本歴史』幕藩体制Ⅰに再録）、同「幕藩制第一段階の諸画期について」（『歴史学研究』二六〇、一九六一年）。
（18）佐々木潤之介、前掲「大会への期待」二二頁。
（19）原・伊藤・芝原「幕藩体制の全体像をどう把握するか」（『歴史学研究』三五九、一九七〇年）四六頁。

(20)　朝尾直弘「幕藩権力分析の基礎的視角」(『新しい歴史学のために』七八、のち『歴史評論』一四六に転載、一九六二年)。山口啓二「幕藩制の構造的特質について」(『歴史評論』一四六、一九六二年、のち『幕藩制成立史の研究』に所収)。高木昭作「書評　佐々木潤之介『幕藩権力の基礎構造』」(『史林』四八—四、一九六五年)など。
(21)　朝尾直弘「書評　佐々木潤之介『幕藩権力の基礎構造』」(『史学雑誌』七四—一一、一九六五年)。
(22)　山口啓二、前掲「幕藩制の構造的特質について」。
(23)　朝尾直弘、前掲「幕藩権力分析の基礎的視角」。
(24)　脇田修「書評　佐々木潤之介『幕藩権力の基礎構造』」(『日本史研究』七七、一九六五年)。
(25)　山口啓二「日本封建制論(一)」(『歴史評論』二八四、一九七三年)。藤井譲治「幕藩制領主論」(『日本史研究』一三九・一四〇合併、一九七四年)など。
(26)　佐々木潤之介、前掲「石高制—とくにその基礎について」。
(27)　ただし、このウクラードの呼称はときどき変わり、したがって概念内容にも相応の改変があると思われるが、説明の不親切もあって十分理解が及ばない点もある。ここではそこまで立ち入らないので本文の用語を用いておく。
(28)　朝尾直弘「近世初期における畿内幕領の支配構造」(『史林』四二—一、一九五七年)。同『近世封建社会の基礎構造』一九六七年)。
(29)　ウクラード論について朝尾・佐々木両氏の所説を整理・批判したものに、水本邦彦「幕藩制構造論研究の再検討」(『新しい歴史学のために』一三一、一九七三年)がある。
(30)　筆者も佐々木氏が分析した加賀藩の場合について考察し、満面開花説とちがった結論を得た(「多肥集約化と小農民経営の自立」上・下、『史林』五〇—一・二、一九六七年、本書第二部第二章に収録)。
(31)　水本邦彦、前掲「幕藩制構造論研究の再検討」。
(32)　大石嘉一郎「明治維新と階級闘争(とくに農民闘争)」(『歴史学研究』三三九、一九六八年)。同「書評　佐々木潤之介『幕末社会論』」(『史学雑誌』七九—七、一九七〇年)。また、芝原拓自氏も大石氏のこの指摘に大方は同意している(原・伊藤・芝原前掲書評「幕藩体制の全体像をどう把握するか」)。
(33)　佐々木潤之介『幕末社会論』二六七頁。
(34)　原・伊藤・芝原前掲書評「幕藩体制の全体像をどう把握するか」四六頁。

(35) 佐々木潤之介「宝暦期の位置づけについて」(『歴史学研究』三〇四) 二八頁。
(36) 中村哲、前掲「明治維新と農業革命」。酒井一「幕末期の社会変動と人民諸階層」(『日本史研究』一三一、一九七三年) など。
(37) 原・伊藤・芝原前掲書評「幕藩体制の全体像をどう把握するか」。
(38) 同右。
(39) ちなみに、筆者は二つの分解論者ではない。
(40) 大石嘉一郎、前掲「明治維新と階級闘争（とくに農民闘争）」。
(41) 佐々木潤之介「〈豪農〉論について」(『一橋論叢』六四—五、一九七〇年) 一六六〜一六七頁。富農のブルジョア的発展に「好都合な条件」は幕藩制的市場関係の問題に逢着すると繰り返されているだけである。「相克」は言葉だけにすぎない。
(42) 『シンポジウム日本歴史』13・幕藩制の動揺、一九七四年、一一〇〜一一一頁。
(43) 佐々木潤之介、前掲「大会への期待」二〇頁。
(44) 中村哲氏は刈取方農業の特質から幕藩制の構造的特質を説明している。しかしそれは幕藩体制を再版隷農制的反動体制とみることにかかわって出されている（前掲註(16)所掲論文）。
(45) 山田忠雄「解説、一揆研究を志す人へ（続）」(《歴史科学大系23》『農民闘争史　下』一九七四年) 三〇三頁。
(46) この点、さらに言及する紙幅がないので特徴的な一点だけを指摘すれば、佐々木氏の最近の、人民対国家を内容とするという国家論に立った論述でも、国家的規定性の問題に力点がおかれて、階級闘争に関しては小見出しにも項目化されていない（「序説幕藩制国家論」『大系日本国家史3　近世』一九七五年）。
(47) 朝尾直弘、前掲「近世の政治と経済Ⅰ」一八四頁。

第三部　寺院統制と賤民支配・救恤

第一章　加賀藩国法触頭制の成立

——善徳寺文書を中心に——

はじめに

本章は、越中国における真宗東派の国法触頭制の成立過程を、主として慶安～寛文期について善徳寺文書を使用して具体的に紹介しながら若干の考察を加えることを目的としている。

触頭には寺法触頭と国法触頭があり、前者は本山、後者は藩（領主）の伝達事項を触下寺院へ通達し、また触下寺院からの願いや上申を取りつぐ役職で、機能は同様であるが役務内容は別のもので両者は峻別する必要がある。ただ、機能の類似性および国・郡といった一定地域を管轄範囲としていることもあって、多くの場合、両職を兼務していた。ここでは、そのうちの国法触頭の成立を考察するのである。

善徳寺は越中国砺波郡城端町に所在し、近世には井波の瑞泉寺と相役で越中一国の東派触頭役をつとめていた。そして、その触頭関係を主とする大量の古文書を今に所蔵し、目録が作成されて閲覧も可能になっている(1)。本章ではこの善徳寺文書を扱うのであるが、関係史料の一部を紹介するにとどまるので、さらに詳細な考察は今後に残されている。

叙述の順序は、おおむね年代を追うこととし、内容的には触頭任命の事情、富山藩領寺院の裁許、寺組合と郡中打銀の問題などを扱うことにする。

なお、本章は、事情があって急遽作成したものであり、紙数に限りもあるため、筆者の関心である加賀藩の寺院政策の局面に引きつけて考えるにとどまって、関連する他の問題への言及、展望が不十分であることを弁解しておきたい。ただ、別に「加賀藩初期の寺院統制―道場役と屋敷地改め―」（楠瀬勝編『日本の前近代と北陸社会』思文閣出版、一九八九年。本書第三部第二章収録。以下、成稿が先なので前稿と略記する）が近刊の予定であるので、併せて検討いただいて批判を受けられるならば幸いである。

一　触頭制の成立

加賀藩の令達等を領内の寺院へ伝達し、また寺院からの上申・願いを取りつぐ機関と機構、つまり触頭の前身は藩の当初からなんらかの形で存在したと思われるが、まだ十分に明らかでない。その初見については、北西弘氏の指摘がある。(2)すなわち、慶長七年（一六〇二）に真宗東派の能登四ヵ寺が異端者の処置にたずさわった例（その四ヵ寺がのちの触頭である）、年不詳九月十日付の浅野将監宛、三輪吉宗・大井直泰連署状に、右の四ヵ寺が「前々より国中御公儀御用所四郡へ被申触候条」とある例、また文禄三年（一五九四）三月晦日に、四ヵ寺の内の一つの妙厳寺宛に七尾城代前田安勝が道場諸役が免除されたことを「末々道場坊主中へ、其方具に可被申触候」と命じている例が挙げられている。(3)

つぎに、寺の由緒書類の記事は、後年のものなので信憑性に問題はあるが、二、三挙げてみよう。

能登四ヵ寺の一つ、羽咋郡本念寺は、「寺法頭」をつとめたのは延慶三年（一三一〇）に「能州惣御門下御預被成、是ゟ支配仕来り候」、その後、文明三年（一四七一）に蓮如から「能州羽咋郡惣坊主触頭之跡目承仰下」、そして「御国法触頭役之義者、高徳院様御時天正十二年甲申三月蒙仰」と記している。(4)

真宗東派の金沢専光寺の場合は、「御当家御代々三ケ国一宗中頭寺」をつとめてきたが、慶安二年（一六四九）に越中、能州一宗中の寺庵より望んだので「頭寺」に仰せ付けられ、その後、加州能美郡は小松本蓮寺を頭寺とされたので、専光寺は加州の石川・加賀（河北）郡と能州羽咋郡の内押水以南の地域の頭寺となった旨を記している。[5]

また、城端善徳寺の由緒書では、延徳二年（一四九〇）に実如より加、越、能三ヵ国門徒は「善徳寺可為門徒候」との御書を下され、また明応元年（一四九二）に三ヵ国御末寺支配を仰せ付けられた。そして、その実如の命の通りに前田利家、利長からも「三州之禄役被仰付候」と記し、さらに寛永期にも「三州共惣録」をつとめていたが、「其後、加州・能州夫々録所被仰付候而、善徳寺者越中一国支配仕候様被仰渡候事」と述べている。[6]

右の由緒書三例では、国法触頭任命は本念寺が利家の能登入封三年後の天正十二年（一五八四）とし、専光寺は前田氏代々から任命されていたと言うから、やはり利家の代からの意であろう。善徳寺は国法の役と寺法の役の区別がはっきりしない記事である。

以上の文書、記録から推測して、前田氏の支配を取りつぐ役は前田利家の代からあったと思われ、文書では文禄三年の妙厳寺の例が確かめられ、由緒書では本念寺の天正十二年説があることがわかった。

国法触頭の任命が明確なのは慶安二年である。その前年に加賀藩に「寺社奉行」が設置され、寺院、神社法度が制定されたが、[7]それに伴って翌年に「触頭」が定められたと考えてさしつかえない。それは実質的には、以前からの触頭相当役、また寺社奉行相当役を制度的に編成しなおして、以後につづく体制を確定したものであった。前述の専光寺由緒にもこの時点の事情を記していたが、ここでは善徳寺の場合を紹介しよう。

知られる史料は、井波の瑞泉寺が善徳寺と相役の東派国法触頭となる経緯に関するものである。瑞泉寺は従来西派に属して伏木の勝興寺とともに触頭をつとめていたが、勝興寺と確執を生じて東派へ転派するのである。その事情は『井波町史』上巻などに叙述されていて周知のところであるから省略に任せたい。瑞泉寺の転派が最終的に決まるのは慶安二年六月二十六日と言われ、その後、日付は未詳であるが、善徳寺と相役で寺法触頭になった。ついで国法触頭も善徳寺と相役でつとめたい旨を加賀藩に願って、十月に許可されるのである。

その間の事情は、従来は瑞泉寺や善徳寺の由緒書の記事が紹介されている程度であったが、善徳寺の記録中に、瑞泉寺の願いについての善徳寺の添状および東本願寺坊官と加賀藩寺社奉行の往返状が写されているので、それによって経緯を簡略に述べよう。

十月十三日付、東本願寺坊官多賀主膳正・八尾大弐連署書状は、加賀藩家老津田玄蕃頭・葛巻隼人宛に「井波瑞泉寺幷城ケ端善徳寺此両寺へ申遣其ゟ何もへ相触候様ニ被申付候間、各様も内々左様ニ思召可被下候」と、両寺を寺社触頭に任じた旨を内々に伝えた。(8) この書状が出された理由は、「金沢表ゟ寺庵方へ被仰下候義ハ善徳寺殿と拙子（瑞泉寺）被仰付候様ニと御断申上候ヘハ、西方ニ而者先例被定置候如例之両寺へ申付候、今程者東御門跡様之御内意も不存、此方ゟ難申付候、御門跡様ゟ此地御家老衆へ御状下り申様ニ可仕候、左候者可被仰付と何も御申被成候」とあるように、加賀藩が本山の意向の確認とその手続きを求めたからである。

瑞泉寺が国法触頭役を強く望んだのは、金沢専光寺触下に付くことを嫌ったからであった。西派にあって共に触頭をつとめた勝興寺が勢力を強め、瑞泉寺はその与力寺とされたこと、また「当春（慶安二年）ゟ勝興寺壱人〆裁許」、「其上非分成義を上方へ被申上候」とする瑞泉寺としては、綽如開基という由緒からも、東方へ転派して、傍輩である「専光寺殿ゟ諸事拙子（瑞泉寺）方へも被仰越候而者西方之笑事ニ可被成候、其上世間ニ対し本ゟおとりたると取沙汰仕候ヘハ跡（ママ）者之面目うしない申候」と主張して、本山へ訴え、また善徳寺に対しても取成しを数度にわたって懇請したのであった。(9) なお、右の瑞泉寺の依頼は十月三日に善徳寺へ伝えられ、善徳寺は十四日に本山の頭学寺へ添書を認めたが、前記のように前日の十三日には門跡の内意を伝える加賀藩宛の書状が作成されていたのである。(10)

以上、善徳寺・瑞泉寺が寺法・国法兼職の触頭になる経緯をみたが、注意しておきたい点は、国法触頭を誰にするかについて、加賀藩は、先例（西派の場合）もしくは本山が寺法触頭に命じた場合（瑞泉寺の場合）に国法触頭にも任ずるという方針を採っていることである。後者の態度を採るかぎり寺法触頭任命が先で、それを国法触頭にも命ずることになり、そのようにして兼職となるのが原則であったと考えられる。この方針の基礎には仏法のことは本山門跡の意向を第一義的に尊重する態度があると言えるが、しかし、単純にそうではなく、寺法触頭制が地域別の組織であったことが、領主の領域支配にも適合的であるから、それが可能なのであり、たとえば本末制によることはまず考えられないことである。とすれば、つぎの問題は本願寺が本末制のほかに地域別の寺法触頭制を立てたことの意味が問われるべきであるが、本章の手に余ることであり、後考に任せねばならない。

二　支藩領の裁許

寺法触頭制の地域的支配と国法触頭制の領域支配との関係の有り様については、加・越・能三ヵ国をほとんど一円的に領有した加賀藩は好い事例でないかもしれないが、ただ、寛永十六年（一六三九）に富山、大聖寺両藩を分立させており、その富山藩領の寺庵支配について、いささか知りうることがあるので述べることにしよう。まず、慶安三年十二月二十九日付、善徳寺より瑞泉寺宛の書状で、「新川・姉負《ママ》郡之儀者御領違候間、向後御指除候様ニと御奉行所ゟ被仰渡候」と伝えている。[11] すなわち、富山藩領については触頭役をつとめないことに改められたのである。

ところが、明暦二年（一六五六）に再び富山藩領触下を裁許するようになることが、つぎの万治四年（一六六一）の善徳寺書状から知られる。[12]

（二項略）

一、新川・婦負郡坊主衆与合ニ不入候義ハ其節其寺へも重々申候、誓立寺も可存候、岡嶋殿被仰候ハ姉負・新川之義ハ御領違候間、其故立不申候、御失念候哉と無心元存候、然所又候哉、清泰院様御逝去之後ゟ中納言様為御意姉負・新川も裁許可致由被仰付候間、我々ニも裁許仕様ニと御奉行所被仰付候て、今程如斯候、然共与合之義ハ立候様ニとも御奉行所被仰渡も無之付而、指出かましくいかかと存令延引候、恐々謹言

五月一日　　　　善　徳　寺

瑞泉寺

誓立寺は瑞泉寺役寺の一つ、岡嶋殿は初代寺社奉行の一人で市郎兵衛元為、清泰院は四代藩主光高の正室大姫で明暦二年九月二十三日死去、中納言は三代利常で、光高死後は小松城に隠居して五代綱紀を後見して藩政を握っていた。書かれた内容は、富山藩領東派寺院の「与合」を作るか否かの問題についてで、これは次節で扱うことにするが、その中で、岡嶋殿が御領違いのことを言ったとあるのは前記慶安三年の書状内容と同じことを指しており、その後、明暦二年に再び裁許することになったと述べているのである。

ついで、万治二年五月十三日の寺社奉行触書に、寺社屋敷改めにつき「寺社方屋敷御断奉行」が任命されたことを伝達した中で、「淡路守様・飛騨守様御分領寺庵へハ被仰触間敷候」と指示している。(13) 実は、これは拝領屋敷改めに関してのみの指示であったが、触頭の側に理解の混乱があった。同年八月十二日付で、善徳寺は、右の触が出たので富山藩領の触下寺庵に申分があって触頭へ申して来ても「請込不申候」と述べた上で、「但、拝領地御吟味被成候計ノ義ニ御座候哉、惣〆以来諸事後住之外迄も右御両様御分領者裁許仕間敷候哉、様子被仰聞可被下候」と問い合わせた。(14) これに対して、同日付の寺社奉行の返答は、「今更為替義者無御座候条、跡々通御裁

許御尤候、拝領屋敷などの儀、品ニ合御触不被成候而茂不苦儀者先日之通不及御触旨申達候」と、とくに指示する以外は支藩領裁許に変更はないとしている。そして追而書で「御両様御領分之寺庵自然出入候者、被指出候通下ニ而事済候様ニ御裁許尤候、若被仰聞候ハ而不叶義ニ候者、先御両様御家老衆へ可被仰談候、其上ニ而此方へ可被仰聞候」と指示している[15]。すなわち、支藩領寺庵の紛議に関しては支藩へ通知されるのであり、したがってその意向・判断が働きうることになっていたのである。

しかし、こうした本・支藩の関係は長くは続かなかった。二年後の万治四年（寛文元）七月十日付で寺社奉行は善徳寺・瑞泉寺に宛てて「最前貴寺御触下之内、淡路守様御領分罷成、今程御触被指除候寺数何ケ寺御座候哉、委細御書付被成、早々可被差越候」と聞き合わせているので[16]、富山藩領の東派寺庵が触頭の裁許から除かれたことが知られるのである。

ただし、右の指除きや再裁許は国法についてのみの措置であったとみられる。寛文四年五月十一日付、瑞泉寺宛書状で善徳寺は、「され共、淡路様分ハ惣録、寺社奉行各別に立候へハ、御本寺事我等方申付候共請付可申体相見へ不申候、上方ニ而今度御志上申候砌、左様之口ふりニ而候」、それゆえ、うかつに申し遣わして思う通りにならないときは結局皆の笑いごとになるであろうから、内々に分別した方がよい。そう思うから善徳寺が「今度と（富）山へ参候へとも何共不申、婦負部も其通候」と述べている[17]。この文意では、善・瑞両寺は富山藩領について国法触頭役は指し除かれたが寺法触頭は依然つとめていたとみられる。しかし、富山藩が寺社奉行と惣録（国法触頭）を設けたことによって、同藩領の寺庵が寺法についても善・瑞両寺の裁許を受けないとする態度をみせているのである。なお、富山藩の触頭は、富山の永福寺であったとみてまちがいない[18]。

ただ、最終的には寺法触頭役も指し除かれるのであるが、その年記は未詳である。

以上から、富山藩は寛永十六年に分立しても本藩の触頭が裁許しつづけ、慶安三年に指し除かれたが明暦二年に再び触下として裁許することになり、万治四年五月一日〜七月十日の間に国法触頭は指し除かれたが、寛文四年当時までは寺法触頭はつとめていたらしいことがわかった。大聖寺藩については未詳であるが、同様であったろう。

以下、この経過について考えよう。支藩領寺庵の裁許を指し除く意味は、支藩の主体性を認める姿勢であり、慶安元年の寺社奉行設置、同二年の国法触頭制の成立につづく一連の制度改革と理解できよう。それが明暦二年に再び触下としたのは、同年の新寺建立停止令にかかわると思う。同令は十二月五日に寺社奉行から触達せられるが、その中に「新川・姉負郡寺庵方へ右之通急度可被仰触候」と指示している[19]。新寺建立停止令はそれまでの私寺建立の禁止から一切の新寺禁止へ領主的統制を強めた重要な政策であり[20]、それゆえに支藩領も含む三州全域に実施すべきものとされ、前田利常の「御意」として触頭の再裁許の措置が執られたと考えたい[21]。また、万治二年の拝領屋敷地改めは右の新寺建立停止令を継承する政策であるのに、このときは支藩領が対象外になったことについては、利常が前年十月十一日に死去していること、この年に加賀藩の諸奉行、諸役所の職務規程が一斉に定められて改作仕法後の制度的整備がはかられていることに留意したい。つまり利常ないし改作仕法の時期が終了し、改作仕法以後の時期に入ったさいに改められたのである。また、前田利常について言及すれば、富山藩主利次（淡路守）が、本藩と入り交じって飛地している領分を一続きにしてほしいと願ったところ、「淡路守之たわけ者が左様之事申候哉、所を一ケ所に不極、所々に而とらせ候儀は、此方に存寄有之儀に而候」と利常が怒り、富山は五万石、大聖寺は二〜三万石でよいとの将軍の上意であったのに一〇万石、七万石を分与したのは「我等が一代之分別違仕と存候」と言ったという話[22]が想起されるのである。支藩というものに対する利常の考え方と、光高、綱紀の金沢本藩の考え方とにちがいがあり、政策にも差がありえたことが想定できよう[23]。

三　寺組合と郡中打銀

さて、前節掲出の史料でも知られた寺組合について調べ、関連して郡中打銀について述べよう。

寺社の組合については、承応三年（一六五四）に寺社奉行が神主に組合を組織するよう定めたことは知られているが[24]、寺院の場合は触頭制の触下組織として自主的に組織されたようである。越中の真宗東派の場合、寅（慶安三）年十二月六日の瑞泉寺から善徳寺宛書状に「国中坊主衆呼申義遠路之儀候間、一郡宛ニ其手寄ニ而頭衆頼調候様ニ可仕と存、扱（カ）触状如此調申候」と、「頭衆」を立てる計画で触状を認めたことを述べ、その触状に判を押して、廻達は瑞泉寺が新川・婦負郡を、善徳寺は今石動より高岡・氷見までを担当するよう提案している。これに対する同日付の善徳寺書状は、善徳寺は「当郡」（砺波郡）の廻達を担当するが、高岡・氷見は瑞泉寺で担当してほしいこと、触状に「道場方」も召し寄せるとあるが、それでははかが行かないし、「東方はかミをそり中坊主分迄ニ御座候、村々道場方者百姓分ニ候へハ十村肝煎方ゟ吟味可仕候」などと答えている。また、両寺の触頭事務は「最前如御約銘之諸事輪番之事ニ候へハ、重而御用之時者幾度ニ而も御用相済候迄ハ我等方ゟ使僧ニ而も自身ニ而も可罷越候」と述べているから[25]、輪番制をとっており、しかもこのときは、後年の月番制ではなく、用件ごとに交代で担当していたことがわかる。

こうして、触頭任命の約一年後に「頭衆」を置く案が瑞泉寺から出され、善徳寺も一応賛成したようであるが、富山藩領については、前節で引用した同年十二月二十九日の善徳寺書状で、触下から指し除かれたので、「組合なと申事悪敷候由被仰候」と、寺社奉行の意向を伝えている。そして万治四年にも富山藩領で「与合」が作られていないことは、前掲史料で紹介したところである。加賀藩領の場合は善徳寺の諸記録の所々に見えるところではその後、寺の「与合」が作られており、その頭寺を「与合頭」、「与頭」、「頭衆」と呼んでいることがわかる。

つぎに郡中打銀について述べよう。

郡中打銀は国法触頭の遣い銀であるが、その徴収問題について、寛文二年七月十三日付および十七日付の善徳寺から瑞泉寺宛の書状では、つぎの事柄を相談している。①「我々遣銀」は坊主一人につき銀五分ずつ徴収して触状廻達の日用、金沢への使僧・飛脚、住職自身の出張や帳紙代に充てる。②公事出入のときの双方の寺組合の坊主出し分は自分賄いとし、他組の坊主が出るときは瑞泉寺が去々年（万治三年）から打っている入用銀で賄う。③能州物録や金沢専光寺はすでに組下へ入用銀を「物こと寄合度毎ニ」打っているが、越中は組下が遠距離なので集めさせる方法をとる。(26)

そして、第二の書状と同じ七月十七日付で「御公儀御用之入用打銀定帳」が作成され、つぎの文言に加賀藩領砺波・射水・氷見・新川郡の触下寺院が連判したのであった。(27)

一、御公儀様就御用、御触使又者帳紙或ハ中間坊主之儀ニ付而、御自身金沢江御詰被成、又ハ御使僧・飛脚被遣候砌も入用銀御自分と被成候て、与下へ只今迄少茂不被仰懸段忝奉存候、併何方之惣禄衆も右之入用等ハ与下ゟ仕候旨承候間、是以来入用銀何も出銀可仕候条、左様ニ御心得可被成候御事

一、公事出入有之砌ハ、両与合之坊主何方へ罷出候共自分賄ニ可仕候、他与合之坊主罷出事於有之者、右打銀を以賄候様ニ申合候御事

右之通何茂中間中相談仕相極申候、若違背仕候者越度ニ可被仰付候、以上

寛文弐年

壬寅七月十七日　　福野隠居

常願寺

（他二四八ケ寺略之）

こうして、国法触頭役の入用銀が、加賀・能登よりも遅れて徴収されることになったのである。その銀高が明記されていないのは、「郡中打銀之事、年切と申事ニ而者無之候、右之打銀遣切候ハヽ、衆中へ遂算用、其上を以又打申体候[28]」という方法になっていたからである。

もっとも、徴収方法の実態についてはまだ不分明な点がある。つぎに引用する史料から、このときの打銀（「郡中打銀」「国中出銀」）は瑞泉寺が万治三年から採り立てたという公事打銀（公事出入り用の仲間遣い銀）とは別立てのもので、前者は善徳寺（あるいは善・瑞両寺）が徴収し、後者は瑞泉寺が一ヵ寺に銀三分ずつ徴収したように読みとれるが、判然とはしない。

さて、寛文三年五月三日付、善徳寺より瑞泉寺書状は、打銀の徴収が思わしくないことを述べている。「国中出銀之義、去年申出候へとも爾今半分共調不申候、相調候者貴寺へも可進と存候へ共、右之仕合故如此候、貴寺ゟ被仰触候義ハ定而調可申候、（中略）貴寺ゟ御定候者公事出入之入用計、我々御公儀御用ニ遣候分ハ曽而御定なく候、其上貴寺御定之分ハ一ケ寺ニ三分宛之体ニ而ハ国中調候而も漸々九十目ならてハ無之候、（中略）皆々互ニ調候而両人調わり合、半分つゝわけ置遣可申と存候間、内々左様ニ御意得可被成候[29]」。すなわち、打銀徴収は決めたものの、最初は半分も集まらず、瑞泉寺徴収分（おそらく公事打銀）と合わせて折半して使おうと提案しているのである。

その後、郡中打銀の取立てに努めたらしく、五月二十二日付、瑞泉寺宛書状で善徳寺はつぎのように報告している。「郡中打銀之事、三郡之分ハはし〲調候、新川分ハ曽調不申候」、そこで新川の組頭「勝永寺」（称永寺）を呼んで吟味したが、かれこれ申したきままを申している。光応院様御弔銀も致したきままなので御本寺へ書付を上げようと思う（以下略[30]）。

つまり、新川郡（加賀藩領）の触下が打銀を納めず、反抗的であった。その様子をもう少し調べよう。寛文四年閏五月十四日付、瑞泉寺宛の善徳寺書状は、後住届を出さない者が下新川で一二人おり、上新川にもいると述べ、「新川衆物こと我まゝに候而御用ニもはか行不申、取分上新川弥左様ニ候」とも記している。また寛文五年五月十二日の書状では滑川の称永寺が呼び出しても来ないことに関連して「か様之者与頭ニ立置候而ハ以来大事可引出と存候、上新川坊主衆条々御公儀事無沙汰仕候義、称永寺壱人之所行故と存候」と述べているが、六月十九日には「上新川与頭替度旨、与中先日断書付越候間」云々と記しているので、組頭称永寺を罷免して収拾を付けたもののようである。[31]

他にも新川衆に関する記事を散見するが、国法・寺法ともに触頭の善・瑞両寺に従わない態度が寛文五年まであったことがわかる。もっとも、寺社奉行へ訴えるまでには至らずに収まったらしい。

新川郡の坊主衆がなぜ不従順であったかについては、今のところ分明ではない。ただ、後考の資として、当面気がかりな点を指摘しておけば、一つは前述の永福寺が善徳寺の触下であった位置から、富山藩の国法触頭になったことが影響しているのか否か。二つには、『富山県史』の考察によって、新川郡は越中の他郡（ただし婦負郡は不詳）に比して東派の教線が遅れて伸長してきた地域で本末制の組織化が進んでおらず、本山の直参が圧倒的に多いことがわかっているが、[32]この特徴は善徳寺といえども本節のごとき触頭制の組織整備・強化をはかったときに抵抗を生む原因であったか否か、である。

ともかく、その抵抗を乗り切って公事打銀の徴収が実現されたことは触頭制の一応の確立を示すものと理解できよう。

まとめ

以上、第一節では、国法触頭は、加賀藩成立当初からそれに相当する役寺があったが、慶安二年に、前年の寺社奉行設置に伴って制度として整備された。越中では、そのときに瑞泉寺が善徳寺の相役となったが、その間の事情から領主（加賀藩）は寺法触頭をもって国法触頭に任ずる原則的方針をもっていたことがわかった。

第二節では、支藩（富山藩）領寺庵も当初は本藩触頭（善・瑞両寺）が裁許していたが、慶安三年に指し除かれており、これは同元年寺社奉行設置、同二年触頭制成立に伴う一連の制度整備として意味づけられる。しかし、明暦二年、改作仕法の成就が確認できた時点で、加賀藩（前田利常）は直ちに新寺建立停止令を発して寺院統制の強化・仕上げを図り、そのために富山藩領は再び触下に入った。そして利常死後、制度の整備の中で富山藩領は元通り指し除かれたと考えた。もっとも、寺法触頭役についてはどうであったかなど、事実の確認を要する部分が残っている。

第三節では、越中触頭役が実務上の必要から自主的に寺組合をつくり、やがて国法御用の入用銀を徴収する事情を調べた。富山藩領には寺組合は組織されなかったこと、郡中打銀の徴収を機に、新川郡の寺庵が国法・寺法ともに触頭善・瑞両寺の裁許を拒む態度を示した事実がわかった（ただし、理由未詳）。

以上のように、加賀藩国法触頭制は慶安二年に整備された制度として成立し、郡中打銀を課した時点（越中は寛文二年）でその組織は基本的に確立したと思われ、それにからんで、支藩領寺庵裁許の問題や一部の触下寺庵の不服従問題が彩りを付けているのである。

註

(1)『城端別院善徳寺史料目録』（富山県教育委員会、一九八二年）。
(2) 北西弘編『能登阿岸本誓寺文書』解説、七一一〜七一三頁。
(3) この三例のうち第二例は「屋敷之儀」について能登の道場中が歎願をした件に関する内容であることと差出人とから、元和検地（元和二〜六年）の時期のものと推定できる。また、三例の他に慶長二年に前田氏が勝興寺の触頭相当の地位を保証した例がよく挙げられるが、これは寺法に関するものである。
(4) 羽咋本念寺文書写（金沢市立玉川図書館加越能文庫）。
(5) 北西弘編『金沢専光寺文書』解説、五一頁。
(6)「城端善徳寺由緒略書」（註(1)の目録に「参考資料」として収載）。
(7) 神社法度は十二月六日付、『加賀藩史料』三編二八二頁。寺院法度は前稿「加賀藩初期の寺院統制」（本書第三部第二章）で紹介し、考察した。
(8) 善徳寺文書「寛永拾六年ゟ寛文二年迄善徳寺御公儀御本寺ゟ参候状跡書覚」（冊子㈠—三）。
(9) 以上は善徳寺文書「諸事留帳」（冊子㈡—一）。
(10)「城端善徳寺由緒略書」（前掲）には住職顕勝が瑞泉寺を専光寺配下にするのはよくないと判断して同役にするよう本山へ上申して許容されたとしているが、本文のごとく、日付では添書は間に合わなかったことになる。関連して言えば、「瑞泉寺由来記」は、東派へ帰参が認められた知らせが来て四日後に善徳寺住職が会いに来たとし、それは由緒のある瑞泉寺が帰参すれば善徳寺の上に立つと思ったためだと、当時噂をしたと記している（『井波町史』上巻六九九頁）。また、挙例は省くが相役としての両寺は当初は必ずしも調和していないことも窺われる。西派に対する東派の立場と、瑞泉寺に対する立場とが相違する間に善徳寺の苦衷があったとも思われる。
(11) 善徳寺文書「諸坊主方へ遺状、同参状等跡覚」（冊子㈠—五）。
(12) 同右。
(13) 善徳寺文書、冊子㈠—三。
(14) 善徳寺文書、冊子㈡—一。
(15) 善徳寺文書、冊子㈠—三。

(16) 同右。
(17) 善徳寺文書「諸方へ遣候状之跡書」（冊子㈠—八）。
(18) 永福寺は、後年に富山藩の触頭であった。また、かつては善徳寺とともに東派寺庵の中心的存在であった。
(19) 善徳寺文書、冊子㈠—三。
(20) これについては前稿「加賀藩初期の寺院統制」で詳しく考察した。
(21) 前掲「城端善徳寺由緒略書」では「清泰院様御逝去之後」に利常が再裁許を命じたと記していて、大姫（水戸侯の女で将軍の養女）の死去が契機であるようにも読み取れるが、これでは説明がつかない。善徳寺の坊主らしい年代記憶の仕方だったのであろう。
(22) 「微妙公御直言」（『御夜話集』上）一二三頁。なお、富山・大聖寺両藩の飛び地領が本藩領と交換されて一本化するのは、利常死後の万治三年である。
(23) ちなみに、光高（金沢の本藩）の執政を利常が全面的に支持していなかったことは知られており、実際、改作仕法は利常親裁の方式で小松城において指揮された。しかし、両者の政策方針の異同、その関係については検討が進んでいない。本章の指摘はそれへの問題提起のつもりでもある。また言えば、新寺建立停止令は、改作仕法の成就が確実になった時点の明暦二年十二月に発せられており、改作仕法と同質の政策的意図をもって寺社方への厳重な統制を貫徹しようとしたものである。そして改作仕法は農政改革とともに地方知行の形骸化、奉行等の吏僚化を進めたものであった。そうした藩制確立のために、利常は制度に依らず親裁をもって権力を行使し、改革を行ったと言えるであろう。
(24) 『加賀藩史料』三編、四一〇～四一一頁。
(25) 以上は善徳寺文書、冊子㈠—五。
(26) 同右。
(27) 善徳寺文書、冊子㈠—六。
(28) 註(17)に同じ。
(29) 善徳寺文書、冊子㈠—五。
(30) 同右。
(31) 以上は善徳寺文書、冊子㈠—八。

(32)　『富山県史』通史編Ⅳ・近世上、七六〇頁以下。

第二章　加賀藩初期の寺院統制

――道場役と屋敷改め――

はじめに

本章は、幕藩制が確立する過程で、いわば第三身分であった寺院が領主権力の支配下に編成される具体的経緯を、加賀藩の場合について考察しようとするものである。

幕藩権力による寺社統制という観点は、近年では幕藩制国家論とのかかわりで、主に近世宗教史の分野の研究者によって深められている。加賀藩の場合については大桑斉氏の研究があり、『富山県史』でも叙述されている。また北西弘氏の史料解説でも触れられている(1)。それなりに教えられるところが大きいのであるが、筆者にとって、加賀藩の寺社統制の経緯に今一つ判然としない点があるように思われた。筆者の従来の関心は加賀藩制・藩政の確立過程にあり、その視点からも寺社統制は重要な側面であると考えるので、自分なりに整理してみたいと思ったのが本章の動機である。

加えて、近年、越中城端の『善徳寺文書目録』が刊行されて史料の閲覧も可能になり、能登阿岸の本誓寺文書、越中伏木の勝興寺文書、金沢の専光寺文書が公刊され、また『富山県史』に越中諸寺院の文書が収録されて、よほど便宜を得ることになった(2)。宗教史・寺院史に初心である筆者が本章を試みるのも、そのことに助けられている。とくに、善徳寺文書は、楠瀬勝氏を調査主任とする目録作成作業に加えていただき、その機縁から善徳寺のご好意で史料を採取し、新史料として紹介できるものが得られた。

それでも、本章を構想する過程で、他にも未発見の史料があるとか、論旨の展開に限度があるとかの点がわかった。不明な点は残されるが、そうした、今後に究明されるべき点を指摘するためにも一応の整理が必要であろうと思われたのである。

加賀藩の寺院統制は諸般にわたるのであるが、初期においては寺院の公儀役、屋敷地改め、キリシタン取締りと宗旨人別改め、および触頭制度が主要な問題であると思われたが、本章では紙幅の関係から公儀役と屋敷改めについて考察し、残された点は後の機会を待つこととした。なお、対象となる寺院は今日の史料的制約から、浄土真宗（一向宗）の寺院が主となることも断っておきたい。

一　道場役

加賀藩に対する寺院の役、すなわち公儀役は、真宗寺院の場合は道場役とも呼ばれるが、藩初からあったと思われる。慶長十九年（一六一四）と推定される十二月六日付、能登の東派組頭本念寺等四ヵ寺の書付によれば、[3]能登の長氏知行地内の坊主が証人（人質）を出すことを拒み、これに対して藩が「堅被仰候」という事件があったことについて、「長殿御地内半郡道場坊主之儀、証人幷諸役共大納言様以来国中なミニ仕来候」、したがって藩の対処はもっとものことであると述べている。すなわち、加賀藩家中で、織田信長から知行を宛行われた由緒から独自の知行地支配を行っていた長氏の領地（鹿島半郡）も、他の加賀藩領と同じく前田利家（大納言様）以来、人質も諸役もつとめてきたと証言しているのである。また、文禄三年（一五九四）二月晦日付、前田安勝より鳳至郡の真宗組頭妙厳寺宛の触書で、富田景政が申し付けた「能州道場」の「諸役」を前田利家（「筑前守」）が確かに免除した旨を伝えている。(4) これらの「諸役」は文脈からして当然公儀役で、前田利家の代から能登の真宗寺院がつとめ、いったんは免除されてもいることがわかる。

また、慶長九年九月十二日付、七尾城代前田利好の条令(5)は周知のものであるが、解釈に少異があるので筆者の理解で述べれば、まず、「最前其地坊主衆役儀之事申遣候、相届候哉」と尋ねているので、おそらく直前に能登の坊主役を規定した法令が出されており、これはその未発見の法令を三ヵ条にわたって補足した条令であることがわかる。補足が必要であったのは、坊主役の他にも役を負うか否かが明確でなかったためであろうことは、三ヵ条の内容から推測される。第一条は、田地を所持している坊主が「田地之役儀」を拒否すれば処断すること、第二条は、坊主役があるのだから田地の役以外には役はかからないこと、第三条は、坊主衆が召し使う者に百姓同様の役を課するのは非分のことであることを述べ、尚書で、この規定は加賀藩領三ヵ国共通のものであるとしている。なお、同様の内容の条令が、利好の後をついだ知好（利家の三男、七尾城代）から慶長十五年、十六年にも出されているから(6)、趣旨は貫徹しにくかった、すなわち寺院側の抵抗が続いたのであろうと推測される。

さて、公儀役の内容についてみよう。越中の真宗寺院では道場綿、能登では掃除番と上り箸が役であった。以下、掃除番、上り箸、道場綿の順で、簡略にその性質をみよう。

掃除番は「公儀番」とも記され、管見の史料では初見の慶長十八年(7)からすべて銀納である。元和二年（一六一六）の能州惣道場中（東派）からの願書(8)には「殿様御上洛又は江戸・駿河江御下向被成候時」には増銀を立てるとあり、本誓寺文書でも「筑前様越後へ御下向ニ付て百日分」（慶長十九年）、「駿河御供之増分」（元和三年）、「御供のたし」（同五年）、また「壬月ふん」（同四年）として増銀を出している。(9) 通常の年の銀額は、たとえば本誓寺の組中からは元和三年、同五年ともに六一匁八分であった。(10) これを掃除番と呼ぶ理由については『改訂増補 加能郷土辞彙』に「金沢城殿閣掃除の為、古へ領内諸寺院の小坊主を徴して掃除番に当らせたが、前田利常の時に之を廃したといふ」[11]とあるが典拠は未詳である。もしそうなら、労役奉仕は慶長年中までに銀納化されたことになる。

上り箸は、「御正月之箸」として「白箸」を「公儀」（「御城」）へ納めるもので、本誓寺組下からは毎年「千膳」と定まっていた[12]。前述元和二年の能州惣道場の願書では能登の東派寺院から合わせて三五〇〇膳を納めるとしている。慶長十八年分の「はしのかね」一匁五分（未進分か）のごとく銀納の例があり、元和六年には「白はし千膳代銀」六匁六分と、すべてが銀納されている[13]。

越中の「上り綿」（「道場綿」「坊主綿」）の初見は、慶長二年十月十八日付で前田長種が利長領の本願寺門下へ宛てた五ヵ条の申渡である[14]。ほかでもなく、この年、前田氏が豊臣秀吉の意向をうけて東派を弾圧し、西派を保護したさいに出されたものである。第一条で「肥前殿へ毎年従国中諸道場、年頭之為御礼、綿五拾把百廿目ニ〆挙可申事」と、利長への年頭礼として綿を納めるよう命じ、第二条で京都本願寺への御広間番および年頭の綿を無沙汰すれば領主の方で上納を催促すると定めている。第三条では領国を追放された坊主が国端にも道場を建てれば処断すること、第四条で勝興寺から申し触れたときに不参すれば領主の方で処断すること、第五条で「惣国中道場屋敷地子御免事」と定めている。すなわち、京都番と年頭綿の上納、敵対する東派の追放、勝興寺の申触れ権を藩権力の行使によって保証し、また屋敷地子を免除して保護し、そのような保護者として、本願寺へ納めると同じ年頭綿を利長も徴収することにしたのである。

この限りでは領主前田氏は本願寺と並ぶ位置にあると言えるが、これをもって、支配・被支配関係が作られたとは言えない。その実、この年、慶長二年と推定される七月九日付、前田利家の本願寺宛の書状[15]があり、末寺の不参問題を扱うために下間頼賑が下向することについて「仏法之批判難計候条、如何様ニも少弐法橋次第ニ候、若違背之輩於御座候者急度可申付候」と述べている。すなわち、仏法上の問題は武家の立ち入るところではなく、ただ仏法として違背と定まれば領主権（国法）をもって処断するというのである。領主前田氏は本願寺（西派）の外護者であり、その関係において「御礼」として道場綿を徴収したのである。なお、念のため言えば、道場綿は慶長二年にはじめて徴収されたのではなく、それ以前（大納言様以来）から真宗寺院の「役儀」の一つであったろう。

さて、東派はその後、徳川家康の取立てもあって、加賀藩でも禁圧を解かれるが、道場綿の史料は寛永期になって知られる。寛永七年（一六三〇）に稲葉左近・堀三郎兵衛の命によって寛永四年分に遡って道場綿を納めたことの書上[16]によれば、越中砺波郡裏方（東派）坊主の上り綿は天秤目二貫八七九匁八厘と定められ、寛永四～六年分は綿そのものを代官に納め、納め残りは御土蔵奉行に納入し、同七年分は全額を御土蔵奉行へ納めた。しかし同八年分から十二年分まではすべて代銀納に変わり、御土蔵奉行へ納めている。なお、七年分の未進分も八年十二月に二割の利足を加えて代銀納されているので、寛永八年に代銀納化されたことがわかる。その換算は天秤目一〇〇目につき銀子一一匁替であったが十三年に一七匁替に引き上げられ、納入先は永原土佐守孝治・寺西若狭守秀澄に代わった。そして、注意すべきは、この寛永十三年十二月、加賀藩御算用場が越中東・西道場の綿高とその代銀を定めた中で、その代銀を「小成物」と規定していることである[17]。右の永原・寺西が当時小物成収納を担当していたことはすでに指摘されている[18]。

こうして、寛永期に道場綿は代銀納化され、換算率を引き上げて増徴され、かつて外護者への御礼であったものが小物成、すなわち貢租に性格を変えるに至ったのである。言い換えれば、真宗寺院は庇護者から被支配者の地位に変えられたのである。なお、右の稲葉左近は、周知のごとく、奥能登二郡が御台所入（前田氏蔵入地）になった寛永四年から、年貢増徴、塩専売制など、後の改作仕法につながるともみられる新施策を実行しているのであって、道場綿に対する施策も軌を一にするものと理解できるから、道場綿の小物成化という政策意図は寛永初年からあったとみてもよいであろう。[19]

以上、真宗寺院の公儀役（道場役）について検討した。それは、土地の領有権者に対する御礼として、藩初からあったものと考えられ、一時は免除されてもいるが、また復活し（年代不詳）、やがて寛永期には小物成として規定されるに至る。[20]そこに、領主が寺院に対して外護者から支配者の立場に変わり、寺院は第三身分から百姓・町人と同じく被支配者の地位に変えられたことを窺うことができるのである。能登の上り箸・掃除番について寛永期の状況を知りえないが、同じ道場役である以上、越中の上り綿と同じ扱いを受けたと考えなければならないであろう。

二　屋敷地改め

本節では元和～寛文期の寺院統制について、主な焦点を寺院の屋敷地改め（寺領ではなく）に置いて考察したい。新寺停止策も屋敷地改めを伴うが、行論の都合上、次節で扱うことにしたい。

加賀藩の寺屋敷地改めについては大桑氏の研究によってかなりのことは明らかにされているので、ここではそれに添いながら、時に新史料を加え、時に修正しながら述べることにする。なお、便宜上、本章で扱う関係法令・施策の一覧（表35）を掲げておこう（二九八頁参照）。

1

まず、元和～慶安期について検討しよう。

大桑氏は加賀藩の寺社拝領地改めの初見史料を寛永十三年（一六三六）とし、『富山県史』もこれに従ってい

表35　関係法令・施策一覧

元和2～6(1616～20)	加賀・能登総検地
慶安元(1648)	寺社奉行設置
	◦寺院条数書
	神社条数書
5(1652)	寺社奉行勤方定書
承応3(1654)	◦寺号幷居在所帳
明暦2(1656)	◦寺領・拝領屋敷改め
	◦3ヵ国新寺建立停止令
万治2(1659)	寺社奉行勤方定書
	拝領屋敷改め
4(1661)(寛文元)	5ヵ年以来新寺・道心寺破却令
	◦寺号帳改め・新地の寺吟味令
寛文2(1662)	承応3年以降の寺庵の請地禁止令
4(1664)	郡中寺社方不残書上
	宗旨人別帳作成
5(1665)	新寺破却令遵守方申渡
10(1670)	承応3年以来新地の寺庵停止申渡
	郡中宿々寺庵方不残書上
11(1671)	郡中入高に外れ候寺社屋敷書上
延宝2(1674)	「寺社来歴」作成
7(1679)	「寺社方所付之惣帳」作成
貞享2(1685)	「寺社由緒書上」作成

註　◦印は新史料で善徳寺文書。

るが[21]、それ以前の元和二年（一六一六）から六年の加賀・能登総検地を無視することはできない。元和二年八月十五日付、能州四郡真宗惣道場中の願書（前掲）は第一項で「今度能州御検地に付而、道場屋布皆々御打被成候、何共めいわく仕候御事」と述べ、第二、三項で掃除番料、上り箸をつとめていることを挙げて「国中道場屋敷被成御免候はゞ、有難可奉存候」と願っているから、寺々の反対を押し切って屋敷地への一斉竿入れが強行されたことは明らかである。既知の元和検地打渡し状に、寺屋敷が大工、鍛冶、藤内などとともに村高の中に結ばれ、その上で「内」附で地子免除されている例をいくつも知ることができるが、そのためにも寺屋敷地の検地は必要なことだったのである。

ただ、実際の竿入れを免れた例はある。阿岸本誓寺は、元和二年検地のときに金沢へ詰めて「上様江御詫言」を申して屋敷地を拝領し、同六年のときは、二年の前例によって竿入れを免れている[22]。つまり竿入れ免除はとくに許しを得た場合の特例だったのである。

なお「寺社由来書上」から元和年間に拝領地が地子地になった例を調べたところ、元和検地が行われなかった越中で四例が知られただけであった[23]。したがって、加賀・能登の元和検地は寺屋敷地に竿入れすることが眼目であり、地子取立てまでは目的としてはいなかったとみられる。竿入れは一部に例外を認めながら、一般に強行されたことは確かで、この点で画期的であった。[24]

越中の総検地は慶長十年（一六〇五）に行われた。そのときの方針は確認できないが、伏木国泰寺屋敷が慶長十年に「惣並」に検地されており、城端善徳寺も同年の城端町検地で「本町之内」として九反六四歩を拝領している。[25]いずれも大寺であるから、一般の寺院も一斉に竿入れされた可能性は考えられる。とすれば、寺屋敷地改めは慶長十年にまで遡らせて画期とすべきことになるが、ともかく総検地の意味の重要性を指摘しておきたい。

ついで、慶安元年（一六四八）十二月六日に神社に対する条数書が出され、その第七条で社領改めを命じ、第八条で「社屋敷並社人居屋敷拝領之御印、其外証文有之者、帳面に書記可被上候事」と命じたこと、また、それを請けて河北郡の寺中神主が書付を上げたことはすでに知られているが、[26]寺院に対するものは、次の史料（写）が該当すると思われる。新史料なので全文を掲げよう。[27]

頭　書

一、寺領之寺住寺心得、其寺之依由緒其々ニ可極候事、不覚悟於作法者住持取替可申事
一、出家衆猥成作法之事
一、継目住寺之事、頭寺幷奉行所へ断可相極候、為私不可立置候、付新寺取立之刻も右同前
一、宗旨在来勤行不可怠事
一、仏事法会之外、夜中禁人集事
一、寺領何之御代ゟ何程被為付、御印有之候者頭寺ゟ改帳面ニ書記可被上事
一、屋敷拝領地右同前
一、宗之内若出入候者、頭寺へ断埒明可申候、自然相済不申候者奉行所へ可相断候事

日付、指出、宛名も記されていない写で、文言も原文を一部略記したともみられるが、全八条の構成と内容は、神社条数書の第一条項を欠く（または寺院条数書の第一条に組み込まれている）ほかは全く同じである。したがって、これを神社条数書と同時に出された法令と推定することは容易であろう。そしてこの慶安元年は加賀藩で寺社奉行が設置された年であり、それに際して発布されたものと理解できる。

また、この条数書の第三条、神社条数書の第四条で、私としての新社・新寺取立てを禁じ、頭社・頭寺と寺社奉行所へ届け出るよう命じているが、これが、加賀藩が私としての新社寺を規制した初見史料である。ついで、慶安五年（承応元）には寺社奉行の勤方定書が出されるが、その第四条にも新寺取立ては頭寺が吟味し、寺社奉行へ届けるよう定めている。(28)

2

つぎに、承応〜寛文期の寺社統制について考察するが、行論の都合上、まず明暦、万治期までの屋敷地改めについて検討し、ついで節を改めて新寺停止令、新地の寺庵停止令について検討したい。

承応三年のことは後に述べるので、まず、明暦二年（一六五六）の施策について考察しよう。この年に寺領・拝領屋敷地改めがあったことは次の史料（写）からわかる。(29)

一、急度申遣候、寺領・居屋敷拝領之方、御印・証文有之衆候者御印・証文寺社御奉行所迄持参可有候、若又御印・証文もなく拝領いたし来候方ハ其由緒品々書付、寺社御奉行所へ可被指上候旨被仰遣候、火急之御用ニ候間、昼夜を不分無滞廻り候様ニ尤候（下略）

十月

善　徳　寺

瑞　泉　寺

婦負郡惣
新川郡惣

大桑氏もこの年に「寺社屋敷」改めが行われたと推定しておられる[30]が、右のごとく寺領（拝領地）・拝領屋敷地の調査であった。また、掲示した史料は婦負・新川両郡宛であるが、加賀藩領全域を対象とするものであったことは後述からも明らかであり、かつ、高岡町肝煎の書上[31]から、寺社だけでなく職人も含む拝領地一般を改めたものであったことが知られる。

そして、この拝領地改めは、拝領屋敷地の地子地化（拝領地召上）を明確に意図して行われ、多くの寺院の反発を惹き起こしながら進められたのであった。

「領内寺社拝領屋敷調書」[32]は、この施策の事後策を構ずるために作成された藩庁文書であるが、その冒頭に次のように記されている。

明暦弐年ニ御領国中寺社屋敷何も其村高ニ御加、村御印被下、納所就仰付、先規屋敷拝領仕由緒、元和之頃ゟ検地之時分も屋舗高被指除候処、村高ニ御加、納所被仰付迷惑仕旨ニ付、明暦四年御改被仰付候、惣寺社之内寺数弐百拾九ケ寺、神主数三拾弐人（下略）

すなわち、明暦二年に従来の拝領屋敷地も年貢（地子）を納めることにしたため、寺社が迷惑の旨を申し立てたので、明暦四年（万治元）に再改めをすることになり、そのときに従来通り屋敷を拝領したいと願った寺が二一九、神主が三二人あったというのである。そして、この史料は願いの理由によって一三の項目に分類しているのであるが、その主な（数の多い）理由を挙げると、慥かな証文を所持している（二二寺）、元和検地で引高されていた（七六寺、神主二三人）、「屋敷図帳」不所持または焼失・紛失（六四寺、神主五人）などである。

これによっても明暦二年の地子地化策がかなり強烈なものであったことがわかるが、一例として能登阿岸本誓寺（鳳至郡の東派触頭）の場合をみよう。[33]本誓寺は、元和二年、同六年の検地で屋敷高三石九四〇合を引地されており、寛永十年に検地奉行から屋敷地も竿入れすると申されて、赦してほしい旨を願ったこともあった（結局、引地のままであった）が、明暦二年には地子地に仰せ付けられた。このとき、本誓寺は藩の重臣長氏を頼って、藩主の近臣である伊藤内膳に地子地にならないよう取計らい方を依頼した。それに対して伊藤内膳は書状で、この問題は「我等之裁許ニ而者無御座候、何連の屋敷も被仰分候へハ御老中へ御断と相見へ申候」と、上部機関の裁決事項であることを述べ、また「憶成有様無之候へ者御断立不申候」とか、「御意を以如斯と有之証文無之候而ハ御断相立不申候、先年之御検地奉行検地御帳被指除置候分ニ而者立不申候」と、藩主直々の憶かな証文がなければ屋敷拝領は認められないという情報を伝えている。

こうして、元和検地で引高されたという理由しかなかった本誓寺屋敷は地子米を納めることになったのであるが、本誓寺はその後も、同じ触頭役をつとめる羽咋本念寺が屋敷を拝領したことを挙げて、同列に扱ってほしい旨を万治二年まで訴えつづけ、結局、屋敷地を拝領したのであった。すなわち、明暦四年（万治元）からの見直し策によって復活したグループの一例である。

もう一例、城端善徳寺の場合をみよう。[34]善徳寺は慶長九年に鷹狩りに出た前田利長が宿泊した由縁で、屋敷地を拝領し、憶かな御印物も所持していた。それでも明暦三年には「城ケ端町肝煎与次兵衛・助左衛門御代官被仰付、地子米相立申様ニ御申渡」になった。善徳寺は由緒を申し立て、結局は地子米を納めないですんだのであるが、このように、明暦二年の拝領地の地子地化策はかなり厳しく遂行されたことが窺われるのであり、この点で寺社の特権が大きく奪われる事態を迎えたことを知ることができるのである。

なお、万治二年四月二十三日付で算用場から郡方へ宛てて寺社方拝領屋敷地改めを命じ、[35]同月二十五日付で寺社奉行から屋敷拝領の御印・証文や由緒があって地子米を納める寺に届書を出すよう触れているが、[36]それが、すでにみた明暦二年施策の見直し作業に関するものであることはもはや言うまでもない。

最後に、この明暦二年の施策とその後の見直し・復活を経て、どのくらいの拝領屋敷が地子地になったかを推算してみよう。貞享二年「寺社由緒書上」[37]は所定の簡略な書式に従って書かれたもので、触頭寺院の記載を欠くものがあるなど、実際の数値と少差はあると思われるが、それを補って数えると、諸宗派の総寺数は一七七七、うち、拝領地二一二、寺内等六八、地子地等一四九七である。その地子地等のうち、かつて拝領地であったが地子地に変わったとするものが一〇〇で、かつての拝領屋敷のうち三二・一％にあたる。そして、その一〇〇ヵ寺について地子地になった年代を調べると表36のごとくであり、六七ヵ寺が明暦年代の三ヵ年に集中しており、万治年代も含めると七〇ヵ寺である。明暦二年の拝領屋敷地子地化策は少なくとも二一九ヵ寺をいったんは地子地とし、寺院の強い訴えによって調整したが、それでも少なくとも七〇ヵ寺ほどは復活できなかったとみられる。

三　新寺停止令

1

この明暦二年（一六五六）、右にみた拝領屋敷地改めが十月に触れられたのにつづいて、十二月に新寺停止令が出された。新史料（写）なので掲出しよう[38]。

一、加州・越中・能州新寺建立之儀御停止之旨被仰出候条、其御心得ニ而新川・婦負郡寺庵方へ右之通急度被仰触候、恐惶謹言

表36　拝領屋敷地が地子地になった時期

宗派＼年代(年間)	元和(9)	寛永～慶安(28)	承応(3)	明暦(3)	万治(3)	寛文(12)	不明	合計
禅宗	1	1	2	9	1		5	19
天台宗		1					1	2
真言宗		1		30				31
浄土宗		2		1	1			4
日蓮宗		4	2	26		1	2	35
浄土真宗(西)	3							3
〃(東)		2		1	1		1	5
山伏			1					1
合計	4	11	5	67	3	1	9	100

註　貞享２年「寺社由緒書上」により一部補正して作成。

十二月五日　　葛　巻　蔵　人
　　　　　　　茨　木　右　衛　門

瑞泉寺
善徳寺

慶安元年、五年の定めでは私としての新寺建立禁止であったものが、ここでは一切の新寺建立が禁止されたのである。そして、五年後の万治四年（寛文元、一六六一）二月晦日には、御算用場から「御郡に新寺并道心寺跡々より堅御停止候間、五ケ年以来新寺・道心寺候はゝ令破却候様に、急度可被申付候」と、破却令が出される。[39] すなわち、これは明暦二年の新寺停止令を根拠として、その貫徹のために、郡方行政の手で、新寺を破却するという措置を打ち出したものである。

実際、郡方による破却令執行の態度は強いものであったらしい。越中芹川村称名寺の例を簡略に紹介しよう。[40] 称名寺は今石動の町並みにあたる平岡町に居住していたが、明暦三年に芹川村へ転居した。そのときは触頭の善徳寺・瑞泉寺に届けを出し、寺社奉行の指示によって今石動町肝煎と平岡町十人組、芹川村役人および旦那の請合状を提出して正規に所替が認められたのであった。ところが万治四年に新寺破却令が出たあと、十村役の大滝村三郎兵衛が新寺に当たるから芹川村を立ち退くよう申した。そこで称名寺から新寺ではない旨を触頭へ訴え、触頭両寺は称名寺の主張を諒として寺社奉行、十村、郡奉行に取り次ぐのであるが、当時の寺社奉行は先役の書付を郡方へ見せるよう指示したにとどまり、十村は郡奉行の命令であるとして主張を変えず、また郡奉行は「最前被仰渡之通ニ御座候へハ拙者共心得にてハ難罷成候」と、やはり上部機関の命令を楯に破却令適用の態度を固持した。以上が寛文元年十二月までの経緯で、その後については史料を得ていないが、後の貞享二年「寺社由緒書上」（前掲）には称名寺は芹川村に居住しているから、立退きは免かれたことがわかる。なお、明暦二年十二月、高岡専称寺の慶善が隠居を願ったときも新寺停止令に触れるか否かが問題になり、願書を「同寺屋敷之内と御書替させ被成候」て許可になっている(41)。また万治三年五月の新川郡飯沢村願楽寺の生地村への所替願は許可され、七月の砺波郡馬場村教誓の綾子村への所替願は不許可になったことも知られる(42)。

さて、さらに五年後の寛文五年五月十日付で御算用場から郡奉行へ宛てて、前掲万治四年二月の新寺破却令を遵守すべき旨の「御寄合所」（藩政の最高府）の被仰渡が触れられたが、その十村役請書に「町方・御郡中在々寺社所替にて被罷越候共、寺社為作申間敷候」とあって、所替も認めない旨の指示があったことがわかる(43)。さらに元禄十年（一六九七）九月に至って、法令として「寺庵方所替仕儀、向後罷成不申筈に候」と所替の原則的禁止が仰せ渡されている(44)。

以上、明暦二年に新寺建立停止令が出された事実を示し、それを根拠として寛文元年に新寺破却令が発せられ、同五年にも再令されること、その厳格な執行は所替禁止（いわば寺院の土地緊縛）も引き出してゆくことをみた。そして注意したいのは、この施策を算用場—郡奉行—十村の郡方行政機関が担当していたことである。これを裏付けるものとして、万治二年六月朔日付の寺社奉行勤方定書(45)には新寺取立てについての規定が消えていることが指摘できるのである。それは、新寺を禁止した以上、その新寺を寺社奉行の管轄事項とすることはできないという、当然の理由によるものであろう。寺院であってはならない寺院が郡方にあれば、寺社方ではなく、郡方行政機関が禁止、破却の方針を実施するものとされたのである。

もっとも、寺社奉行がなんら関与しなかったのではなく、藩制の一機関として、郡方行政と連動して新寺禁止政策の一環を担当している。つぎの万治四年の史料（写）(46)をみよう。

各与下諸寺庵寺号帳面之記早速可被指越候、何頃ゟ在之寺ニ候哉、其々寺号肩書之記尤ニ存候

一、所々新地寺取立候様取沙汰在之候、前々ゟ御停止之処ニ候間、各拙子共方へも断居住かまへ候と存候間、

内談ニ而弥御吟味候而御聞届御尤ニ候、已上

三月十日

笹（篠）原織部

横山式部

瑞泉寺

善徳寺

この寺社奉行の申渡書は各寺院の開基を記入した寺号帳の提出方と「新地寺」禁止に関して寺社方として内々に吟味することの指示の二点を内容としているが、まず前者について考えよう。

右の寺号帳は当時「開基帳」と略称されていたが、これは、加賀藩領内の全寺院を書き上げたものとしては承応三年（一六五四）についで作成されたものである。承応三年の寺号帳作成の意味については、後にまた考えるが、その史料を掲げておこう(47)。

一、今度御用之儀被仰出候間、各御一宗中寺号幷居在所帳面ニ記、早々可有持参候

十二月十八日

岡嶋市郎兵衛（花押）

葛巻蔵人（花押）

瑞泉寺（花押）

善徳寺

この寺号帳は、当時「居在所帳」と略称されており、このときに全寺院の居所が把握されたと考えられる。それについで、今度は開基を調べたのは、禁止・破却されるべく定められた新寺か否かを判断するためであったにちがいない。

その後の寺屋敷地改めもすべて郡方の手で行われている。寛文四年五月十五日付で郡奉行が郡方に所在する寺

の数を寺社奉行裁許分と裁許に洩れた分とに書き分けて提出するよう命じており、(48) 同十年八月二十日付でも同様の書上を求めている。(49) また同十一年亥四月十八日には御算用場から十村へ直接に示達する異例の方法で、明暦二年の改めで「自然其節入高にはづれ罷在候寺社屋敷」があれば、その在所、歩数、証文写の提出方、および「先年荒地之野山を屋敷に開、其村々高にもはづれ、百姓へも屋敷之年貢米出し不申寺社」の書上などを命じている。(50) 寛文四年は宗門改帳がはじめて作成された年であり、いずれ寺請制度と関連した調査でもあろうが、また新寺禁止・破却令の徹底を期すための指示であったことも明らかである。

そのあと、延宝二年に「社寺来歴」が、同七年に「寺社方所付之惣帳」が、貞享二年に「寺社由緒書上」が作成されて寺社改めが完成することは大桑・室山両氏の考察によって知られていることである。(51)

寺号帳に関して、今一つ述べておきたいことは、真宗寺院の場合、新寺禁止は、その寺檀制度と矛盾する点があったことである。寛文四年九月二十九日付で本願寺坊官下間治部卿（頼祐）他三名へ宛てた瑞泉寺・善徳寺の書状(52)（写）では、加賀藩では新寺停止を仰せ渡されて諸宗共に寺数を帳面に書き上げるよう申し付けられたので、東方としては「俗道場ニも以来寺号も望申度と心懸申者迄……法名ニて右之寺数ノ内ニ入、帳面印上置申候故」、今後、俗人が寺号を許されて加賀藩の吟味に遭うことなどがないように、触頭両寺の添状なしには寺号を許さないでほしいと申し入れている。これに対する十月十六日付の返書（写）(53)は、つぎのごとくであった。

（上略）新寺御法度之義ハ諸国共ニ其通ニ候へ共、其段ハ他宗之儀ニ而可有御座候、各蓮（連）々御存知之通、御宗旨之儀ハ在家一同之儀ニ候故、町並ニ候而者町役ヲ勤、在々居住候而ハ地子等沙汰仕事ニ候へハ俗人同前ニ候、依之縦寺号付候而も如他宗之新寺と申儀ニ而者無之候、西方ノ末寺此方へ帰参候時、其門徒少ニ而も相残候へハ、此方へも参候坊主之寺号西ニ而名乗ヲ、右残申門徒付候而寺取立申事候、此方ニ而其通りニ候、か様之儀、江戸御城下ニも在之候へ共新寺なとの御沙汰無之候、とかく此方ノ道場者公儀役相勤候故、如他宗之

新寺と申義ニ而者有之間敷候間、其段兼而御奉行所へ宜御断申入候様ニと存候（下略）

十月十六日

西　川　織　部
粟　津　少　兵　衛
同　　右　近　尉
下間治部卿法橋

瑞　殿
善　殿

すなわち、浄土真宗は、他宗とちがい、東派・西派ともに「在家一同」であって、新たに寺号をもったとしても、町人・百姓身分として公儀役をつとめるのであるから俗人と同じであり、新寺には当たらない。その旨を寺社奉行へ申し入れるべきであるとして、触頭による寺号免許願い人の点検・規制案を認めなかったのである。

触頭が寺号帳に寺号免許に至っていない法名の俗人を書き上げたのも、本山が新寺の規定は浄土真宗になじまないとしたのも、対応は異なったとはいえ、寺檀制度、法義にかかわる問題として国法と矛盾したためであった。前述のごとく、かつて前田利家が「仏法之批判難計」と述べた武家・領主の立場は事実上変質し、国法が寺法を屈従させ、侵害する事態に至ったと言わねばならないであろう。ただ、本章は寺法の側からの考察は捨象しているので、これ以上立ち入った言及は別の機会にゆだねることとし、新寺禁止令の有した意義としてこの点を指摘するにとどめたい。

2

つぎに、前掲万治四年（寛文元）三月の寺社奉行申渡書の「新地寺」という表現について検討しよう。この史料が初見であるが、ついで翌寛文二年十二月二十三日付普請奉行宛の覚書（全一四ヵ条）がある。[54]この覚書は、その内容から、万治二年に定められた侍屋敷歩数の規定に基づいて、[55]城下金沢町で屋敷地を与えるに際しての実施要項にあたる法規であると考えられるが、[56]その第一条から第四条までが寺屋敷の処置について定めている。第一条はつぎのごとくである。

一、新地之寺庵従跡々雖為御停止、重而承応三年弥可相守之旨被仰出候上は、地子地に有之候寺庵、御用地に被召上候歟、又は居屋敷等に被下候共、向後承応三年より以来之寺庵は地子屋敷に茂指置申間敷事

骨子は、「新地之寺庵」は禁止されているから、普請奉行が地子地を御用地に収公したり侍屋敷地に充てる場合にも、承応三年以後の「新地之寺庵」は（替地を与える必要はなく）地子地にも居住させてはならないということである。[57]

そこで、承応三年を基準として「新地之寺庵」と見なしていること、および承応三年以前からも禁止されているとしていることについて考える必要が生ずるのであるが、その前に今一つ、第三の史料について理解の混乱を整理しておこう。それは、大桑氏も挙げている戌七月十九日付の本多安房他四名から寺社奉行永原左京・篠原織部に宛てた達書である。[58]内容は右の普請奉行宛の覚書第一条をほとんどそのまま写し、そのように普請奉行へ申し渡した旨を伝えたものであるが、その年代と「新地」の解釈について触れておきたい。この史料の年紀の戌年を、『国事雑抄』は万治元年とし、『加賀藩史料』は寛文十年としている。そして大桑氏は両年ともに発令されたと理解しておられる。[59]しかし、宛所の篠原織部（長経）は万治二年に、永原左京（孝政）は寛文二年に寺社奉行に就任し、共に延宝六年に死亡しているから、[60]万治元年説は成り立たず、寛文十年と考えねばならない（したがって前述のごとく「新地」の初見は万治四年となる）。また大桑氏は「新地」を「新開地」あるいは「無税の地」と説明し、そのような土地に寺を建てることを禁じたと理解しておられるが、[61]誤りである。新開地は通常有租地で

ある。また無租地は野毛や河原などが該当するのであるが、その野毛・河原等以外の場所ならば寺を建てることが禁じられていなかったという説明では妥当を欠くことになる。だから「新地」とは無租・有租を問わず、従来の寺屋敷でなかった場所というだけの意味であって、そのような新しい場所に寺を建てることが禁止されたと解すべきである。

さて、承応三年を基準年としたことについてはつぎの史料もある。貞享二年の「寺社由緒書上」に、金沢の浄土宗の玄光院と弘願寺が、「延宝元年ニ御触之趣、承応三年以前ニ退転地於有之者可致再興之旨」が申し渡されたので願い出て翌二年に再興したことを書き上げており(62)、承応三年を基準とする定めが後年まで適用されたことがわかる。

そこで問題となるのは、一方で明暦二年を基準年とする「新寺」停止・破却令があり、他方で承応三年を基準年とする「新地之寺庵」停止令があることの説明の仕方であるが、承応三年に再令されたという法令の内容が不明なので、これまでの知見の限りで推測するしかない。まず、「新地」の用語について言えば、万治四年三月の寺社奉行から瑞泉寺・善徳寺宛の触にも使われていたから、町方だけとか、郡方だけとか特定の行政管轄に限って用いられたものでないとみなければならないが、そうした一般的な用語としての「新地之寺庵」が、すでに承応三年以前に禁止され、承応三年に再令されたというのである。しかし、知りえた限りでは、慶安元年、五年の〝私としての新寺〟取立禁止、明暦二年の一切の「新寺」禁止のみであり、それと区別して「新地」の寺についてなんらかの措置が行われた形跡は全く得られなかった。むしろ、「新寺」と「新地之寺庵」は畢竟同じものを指していると理解すると説明が付きやすい。

では、なぜ「新寺」が「新地之寺庵」と言い換えられるのか。それは、先述のように一切の新寺を禁止することによって「新寺」は寺社奉行の管掌対象でなくなり、郡方（また町方）行政機関が禁止・破却令を執行することになったのであるが、その場合、もっぱら寺屋敷地改めとして権限を発動していた。寺を取り締まるのは寺社奉行の権限であり、郡奉行は、寺をその屋敷の所在に関して取り締まらざるをえなかったにちがいない。ここに「新寺」が「新地之寺庵」と言い換えられる必然性があったと考えられるのである。これによって、「新地」の語の初見が明暦二年の新寺停止令以後の万治四年（寛文元）にあることも説明できようし、「新地」のゆえに新寺ではない寺の所替までも禁止される理由も説明できるであろう。

つぎに、新寺＝新地の寺禁止の基準年について考えよう。まず、明暦二年に禁止令が出され、それを受けて万治四年（寛文元）に破却令が出され、その破却令の遵守方を寛文五年に「御寄合所より被仰渡候間」として算用場から郡方へ触れていたが、他方で、寛文二年に普請奉行へ宛てて承応三年を基準とする旨が達せられた。この差出人は不明であるが、文尾に「右被仰出之通被得其意、可有支配候」とあるから、やはり藩政の最高府である寄合所の裁可を受けていると考えねばならない。したがって、少なくとも寛文二年から五年までの間は明暦二年基準と承応三年基準との二通りがあったことになり、また、得られた史料からは承応三年基準は金沢町関係に限られていることに気付くのである。この点はさらに史料を加えて確認すべきであるが、とすれば、明暦二年の新寺停止令は城下町を除く郡方を対象としたものであったことになる。そして、この年に郡方における改作仕法が成就しているから、新寺禁止令はそれと密接にかかわって施行されたものと推察されてくるのである（なお、後述）。

承応三年基準の根拠、およびそれ以前の法令について確たる史料のないことはすでに述べたが、ただ、承応三年は「居在所帳」の作成が命じられた年であった。その記載内容は不明であるが、寺院の所在を掌握すべく作成されたことは確かであるから、この帳面を根拠として「新寺」を取り締まることは可能であったはずである。むしろ、「居在所帳」は「新寺」取締りもまた目的として作成されたものであったろう。

承応三年以前に「新地之寺庵」停止令が出されていたという点については手掛りもない。むしろ、考察してきた限りでは疑念が残るのであって、憶測すれば、慶安元年、五年の〝私としての新寺〟禁止を、寛文二年時点での行政的理解によって明暦二年以後の〝一切の新寺〟禁止の前令のごとく誤って解釈したか、さもなくばフレーム・アップして付会しているのではないかと思われる。明暦から寛文初年にかけての施策の強さと、それに対する寺院の抵抗を想起すると、ありえぬことではないと思われるが、その当否は後考に任せるしかない。

以上、「新地之寺庵」禁止をめぐって考えたが、こうした政策が行われたこと自体は、先述の地子地化策と同様に寺院を領主の支配・統制下に組み込むものであるが、その方法は、第一節でみた道場役の貢租化とともに、いずれも個別領主の領有権に権原を有するものであることに注意しなければならない。

四　加賀藩における特徴――まとめに代えて

加賀藩における寺院統制が、かくのごとき方策と経緯で、かくのごとき時期に行われた意味について、当面考えうることを述べておきたい。

先学大桑氏は幕府の寺院統制と加賀藩のそれとを交錯させながら、幕藩制国家が身分制の体系を確立する過程として捉えておられる[63]。それは結果的には大局としてその通りであろうが、今少し詳細にみると、個別領主加賀藩の内発的な独自性、特殊性もまた指摘しておかねばならないように思われる。簡略に述べよう。

幕府の場合、〝私としての新寺〟禁止は元和元年の寺院法度、「新地之寺」の初見は寛永八年の京都町奉行板倉重宗の触であるといわれ[64]、翌九、十年に諸宗末寺帳が作成されて、寛永八年が新寺の基準年となるのであるが、加賀藩の場合とは明らかに時期的なずれがある。他方で、その新寺禁止は幕府の場合は寛文期に入って本格的に実施されるのに対して、加賀藩は先取り的に明暦二年を画期として強力に貫徹がはかられた。また前掲の寛文四年本願寺東派坊官の書状にあったように新寺取締りは江戸ではさほど厳しくなかった様子であるなど、具体的な施策には独自性があることが指摘できる。

こうした寺院統制における加賀藩の特殊性の要因を、さしあたり徳川氏との関係、加賀藩の内政との両方から考えてみよう。もっとも、いまそれを便々と説明するゆとりはないが、まず、前田氏は初代利家が晩年には徳川家康と並び立つ地位にあり、二代利長は豊臣秀吉の恩顧による秀頼扶育、大名連合派路線からする徳川氏への味方、栄光の百万石大名前田家の衿持の三つの立場の矛盾の中にあって、慶長期を通じて徳川幕府から警戒を解かれることなく隠忍の一生を送るのであるが、それだけに、その政治は幕府に単に盲従するものではなかった。三代利常（利家の子）は妻が将軍秀忠の娘であるが、やはり幕府の警戒を受け、元和元年の四国転封の危機、寛永八年の新参召抱え等に対する幕府の疑惑を切り抜けて社稷を保った。そして、当時の「名君」の一人として藩政の確立に努め、改作仕法によって、それを成就したのであった。承応三年は改作仕法の本格的実施期であり、明暦二年は成就の年である。この間、四代光高は若死し、綱紀が三歳で五代を継いで利常の後見を受けていた。その利常が万治元年に死去して、会津藩主保科正之（秀忠の子、綱紀の妻の父）が後見することとなり、ここに加賀藩は幕府の政治方針を全面的に受け入れて治政を展開するのである。以上の程度の対徳川幕府関係の素描だけでも、幕藩体制への包摂過程において個別領主の側は主体性を保持しつつ徳川氏に従属していったことを指摘できるであろう。それが、加賀藩における寺院統制に特殊の独自性を与えたと考えられる。

つぎに、寺院統制の強化と改作仕法とが時期的に一致していることは、大桑氏や『富山県史』でも指摘されているが、その内容的な関連性について考えれば、改作仕法は知行地における給人と百姓との相対関係の中で両者ともに窮迫状況に陥っている事態の克服をはかって、経営的に成り立つ百姓の育成策とともに、地方知行制を形骸化して、藩の郡方行政機関による直接的・全面的農民支配を実現したのであり、それによって百姓・家中の双方に対して藩権力を集中し、藩主の権威を高めたのであった。寺院に対して道場役を貢租化し、寺屋敷を地子地化して被支配身分への組込みをはかり、新寺を禁止して寺院・僧侶を固定して掌握するという政策もまた、藩による直接支配、臣従度の強化による藩の権力と権威の高揚という点で軌を一にするのである。両者は同じ基本政策、すなわち藩政確立策の両局面として捉えられるものであると言える。加賀藩の寺院統制はこの時期にこそ確立されるべきことであった。

また、加賀藩の宗教、とくに一向宗に対する政治的評価のあり方が、具体的政策で他藩との寛厳の差を生じていると思われる。加賀・能登・越中は他ならぬ一向一揆の根拠地であったため、加賀藩は当初、一向宗に対する強い警戒心をもち、出陣に際しては人質を取るなど厳しく仕置きをしたのであったが、後年には利常をして「次第に宜敷成申候而、其後は気遣仕程之事は無之候[65]」と言わしめるようになった。そして、つぎのようにも伝えられている。「伊藤内膳検地奉行致し候節、在々に一向宗有之、寺地被下罷在候、是等御取上、地子に被仰付候へば大分之御銀上り可申と申上候へば、(利常が)内膳合点せぬか、国の仕置大方門跡より被致、我等仕置は少分之事、一向宗が重宝々々と御意候由[66]」。これは後年の記録に見えるものであって、どこまで本当かは断じがたいし、明暦二年には地子地化策を採るのであるから結果的に言行が一致しなかったことになるが、ただ、利常の代ともなれば領国支配の深化によって一向宗への警戒は緩和されており、さらには本章を通じて述べた寺院の被支配身分化を策することも可能となった状況を、右の自信ありげな発言は反映していると考えられる。だから、破却令が出されても実際に破却された事例は未だ知られておらず、所替は禁止されても後年には所替の事例がある[67]など、たとえば水戸藩や岡山藩が寺院整理で五割前後もの寺院を破却したといわれるのに比して[68]、加賀藩の統制は打撃的・破壊的ではなかった。ここにも加賀藩の独自性を指摘することができよう。

以上、加賀藩の寺院統制の特徴を、対徳川幕府関係、改作仕法との内的関連、加賀藩の宗教・寺・門徒に対する政治的評価といった面から考えたが、他にも、寺・門徒側の要素も含めて、今後に検討すべきであろう。幕府も、また他の藩も、幕藩領主としての利害の共通性から、自己の領有権への寺院・宗教の包摂という課題は、幕藩制確立期における基本的政策であったろう。ただ、それを指摘するに際して個別藩の特殊性、幕府と藩の関係もまた充分に考察する必要があろう。そうでなければ、幕藩制の複雑な構造の実態の解明に資することなく、幕藩体制論や個別藩政史研究を停滞のままに置くことになるからである。

最後に、本章では、道場役と屋敷地改めをめぐって、もっぱら個別領主の政策を追って考察した。その結果、基本的には個別領主の領有権を権原とする諸政策によって寺院が被支配身分に組み込まれていくという結論が得られたと思う。しかし、この過程に幕府権力（公儀）の意向がいかに作用したかは確認できていない。加賀藩の独自性は指摘したが、その上での幕藩関係については課題として残されているのである。この点については幕府の寺社統制、またキリシタン禁制が全国法令として個別藩に及び、やがて宗門改め制度に至る過程も含めて考察されるべきであろう。それに、宗門の側の事情を捨象したことも本章の限界である。各宗派ごとの寺法のあり方や幕藩権力への対応を明らかにするとともに、門徒の動向も含めて考察すべきである。たとえば、先にみた前田利常の発言は、一向宗の本山や末寺よりも、かつて一揆国であった自領に住む門徒である百姓の動静について語られているのである。為政者にとって寺院統制が領国・領民統治の問題に他ならないならば、近世宗教史研究にとっても百姓・町人である門徒の思想・行動が重視されねばならないであろう。

註

（1）　大桑斉氏『加越能寺社由来』下巻の「解説」（石川県図書館協会、一九七五年）――以下「解説」と略記。同氏「幕藩制国家の仏教統制―新寺禁止令をめぐって―」（『近世仏教の諸問題』所収、一九七九年）――以下「論文」と略記。『富山県史』通史編Ⅲ・近世上（一九八二年）およびⅣ・近世下（一九八三年）。北西弘氏『能登阿岸本誓寺文書』の「解説」（一九七一年）。同氏『金沢専光寺文書』の「解説」（一九八五年）。他に、未刊であるが倉島清一「十七世紀中葉の加賀藩寺院統制」（昭和五十五年度金沢大学法文学部卒業論文）があり、本章でも扱う善徳寺文書の新史料をはじめて紹介し、考察している。

（2）『城端別院善徳寺史料目録』（一九八二年）、『能登阿岸本誓寺文書』（一九七一年）、『雲龍山勝興寺古文書集』（一九八三年）、『金沢専光寺文書』（一九八五年）、『富山県史』史料編Ⅳ・近世中（一九七八年）。

（3）『能登阿岸本誓寺文書』六三号。

（4）『加賀藩史料』一、四八五頁。なお、富田景政は天正十年正月に利家から能登の「国中道場坊主職之事」の進退を任されている（『富山県史』通史編Ⅲ・近世上、六三頁）。

（5）『加賀藩史料』一、八八九～八九〇頁。ただし、第三条の「非常」は「非分」の誤りなど、誤字がある。

（6）『加賀藩史料』二、六七～六八、七七～七八頁。

（7）『能登阿岸本誓寺文書』五九号。なお、この史料で「なつみまい」の銀子も納めたことがわかるが、これを役儀と見なす必要はないと考える。

（8）『加賀藩史料』二、三七九～三八〇頁。

（9）『能登阿岸本誓寺文書』六一、八六、八八、九一号。

（10）同右、八六、九〇号。

（11）五〇八頁「掃除坊主」の項。

（12）『能登阿岸本誓寺文書』七六、八三、八七、八九、九九号。

（13）同右、五九、九九号。なお元和七年以降の史料は未詳。

（14）『雲龍山勝興寺古文書集』六一号。『加賀藩史料』一、五六二頁。

（15）『加能古文書』二一三一号。

（16）『富山県史』史料編Ⅳ、八七七号。

（17）同右、八七六号。

（18）『富山県史』通史編Ⅲ・近世上、九四、一三六頁。

（19）なお、道場綿に関する下限の史料は、今のところ篠島豊前が承応二年に慶安四年分小物成の未進分取立てを命じた「慶安四年小物成之帳」の中に、砺波郡と高岡町の道場綿代銀が記載されて、篠島氏の算用場へ納めるよう申し付けたものである（石川県立郷土資料館『紀要』八号所収「加賀藩人持組篠島家文書」二号、二七〜二八頁）。

(20)　道場役の小物成化は『富山県史』でも指摘しているが、最初に指摘したのは中田隆二の未刊論文「北陸真宗寺院の近世的構造」（昭和五十五年度金沢大学大学院修士論文）である。

(21)　大桑氏「解説」六六〇頁。『富山県史』通史編Ⅳ・近世下、七四四頁。しかし、史料中に「御領国寺社家一統拝領之地面御改」とあることについて事実の確認はされていない。

なお、城端善徳寺の場合、「寛永拾四年之城ヶ端竿打之時、当時屋敷へ竿可被入由ニ候へ共、御堂再興之砌材木等引ちらし置候故、右之書付（屋敷地拝領の書付）出し竿不被入候」（善徳寺文書、冊子二一二号「諸事留帳」）とあるが、寛永十三年からつづく一統の検地か、城端町だけの検地か定かでない。

(22)　『能登阿岸本誓寺文書』八四、九四、一一四号。

(23)　『加越能寺社由来』上巻所収。四例は高岡町の西派称念寺・専福寺・専称寺、滑川曹洞宗徳城寺。なお、魚津浄土宗西願寺も元和期の可能性がある。

(24)　念のため言えば、地子免除を受けていた寺院は、もともと限られていた。付表2にみるごとく、貞享二年の各宗寺院一七七七ヵ寺のうち、終始地子地に居住しているとする寺院は一三九七ヵ寺（七八・六％）である。

(25)　『富山県史』史料編Ⅲ・近世上、五八一、五八二号。なお、坂井誠一氏が慶長十年の検地打渡状二〇例を一覧表に掲げておられるが、その中には寺屋敷拝領の記載はないようである（同氏『加賀藩改作法の研究』一七頁）。

(26)　『加賀藩史料』三、二八二〜二八三頁。

付表2　加賀藩領寺屋敷地の種類別構成

宗　派　別	合計	拝領地（A）	寺内等	地子地等	拝領地から地子地へ（B）	B/(A+B)（%）
禅　宗	232	71	44	98	19	21.1
天台宗	18	9	1	6	2	18.2
真言宗	120	35	7	47	31	47.0
浄土宗	59	18	2	35	4	18.2
日蓮宗	120	31	7	47	35	53.0
浄土真宗(西派)	311	11	4	293	3	21.4
〃　(東派)	730	34	1	690	5	12.8
時　宗	2	1	0	1	0	0.0
山　伏	185	2	2	180	1	33.3
合　　計	1,777	212	68	1,397	100	32.1

註　欄名の「地子地等」には，史料に地子地，百姓ゟ寄進地，村中寄進地，百姓ゟ請地，役地，町役相勤，自分持高之内などとあるものを含めた。

(27) 善徳寺文書、冊子一―三号「寛永拾六年ゟ寛文二年迄善徳寺御公儀御本寺ゟ参候状跡書覚」。
(28) 『加賀藩史料』三、三八四～三八五頁。
(29) 善徳寺文書、冊子一―五号「明暦二年与相見へ申候諸坊主方へ遣状、同参候状等跡覚」。
(30) 大桑氏「解説」六七三頁。
(31) 高岡市立図書館蔵、貞享三年八月「町肝煎旧記御尋ニ付相しらへ書上申帳」当面必要な部分を引用すれば、つぎのごとくである。

一、明暦弐年高岡日蓮宗八ヶ寺之外、諸寺庵幷諸職人等へ被下置候御拝領地被召上、御印一統御改、御地子地ニ被仰付候

（下略）

(32) 金沢市立玉川図書館加越能文庫。
(33) 『能登阿岸本誓寺文書』一一四、一一六、一一八～一二三、一五六～一五九、一六一、一六二号。
(34) 善徳寺文書、冊子二―二号。
(35) 『改作所旧記』上、九頁。
(36) 善徳寺文書、古文書一―七三号。
(37) 『加越能寺社由来』上巻所収。なお、計算した数値は記載洩れと判断できる分も加えたが、厳密には正確を期せなかった。なお、参考までに拝領地・地子地等別の全寺院数を挙げると付表2のごとくである。
(38) 善徳寺文書、冊子一―三号。文中「新川・婦負郡」は富山藩領を指し、支藩にも及ぶ法令であった。
(39) 『改作所旧記』上、一二一頁。
(40) 善徳寺文書、冊子二―二号、冊子一―五号、古文書二―一二〇号。
(41) 同文書、冊子二―二号。
(42) 善徳寺文書、冊子二―二号。
(43) 註(39)に同じ。
(44) 『国事雑抄』上、九六頁。
(45) 『加賀藩史料』三、八〇八～八〇九頁。
(46) 善徳寺文書、冊子一―三号。

(47) 善徳寺文書、古文書一―七一号。
(48) 『改作所旧記』上、一〇一～一〇二頁。
(49) 同書、二一九頁。
(50) 『改作所旧記』上、二三〇～二三一頁。
(51) 『加越能寺社由来』下巻、「解題と解説」。
(52) 善徳寺文書、冊子一―七号「寛文三年ゟ六年迄御公儀ゟ参候跡書」。
(53) 善徳寺文書。
(54) 『加賀藩御定書』九四～九五頁。
(55) 『加賀藩史料』三、八二九～八三三頁。
(56) 髙澤裕一「城下町金沢の形成」の「一、城下町割の形成」七六頁（日本城郭史研究叢書五『金沢城と前田氏領内の諸城』〈名著出版〉所収）。
(57) この覚書の他の条項について簡略にみておくと、第一条から第四条と第十一条が寺屋敷地に関する規定で、他は侍屋敷地または侍と寺の両方の屋敷地に関する規定である。だから、この覚書はもっぱら城下金沢町を対象としていることがわかるが、寺屋敷地については第二条で、承応三年以前の寺屋敷地を御用地や侍の拝領屋敷地に渡した場合は「町端之地子明地之内」に替地を与えることとし、今後は百姓地を請地させてはならないと定めて、郡方の新寺破却に抵触しないよう配慮している。第三条は、かつて金沢に居住し、途中で転出した寺が再び金沢に戻ってきて屋敷地を望んでも認めないこと、また第四条で、領国内の他所から金沢に転入して請地を望んでも認めないことを規定しており、このような所替に相当する場合も禁止していることがわかる。第十一条は本願寺宗旨の寺が「請込屋敷」にいれば、町並みにある者以外は取り上げると定めている。これは第六条で拝領屋敷以外に「請込」があって取り上げられた場合は所替または拝領歩数の内で代替できると定めたことの例外規定とみられ、一向宗寺院に対して特別の制約が加えられたことがうかがえる。
(58) 『加賀藩史料』四、二九三頁。ただし、『国事雑抄』上、九五～九六頁、加越能文庫「寺社方幷支配方御条目」「寺社方御条目帳」所載では戊八月十九日付である。
(59) 大桑氏「解説」六八一頁。
(60) 『藩国官職通考』一六頁。

(61)　大桑氏「解説」六七五頁。
(62)　『加越能寺社由来』上、三八六～三八七頁。
(63)　大桑氏「論文」。
(64)　同右、五頁。
(65)　「微妙公御直言」（『御夜話集』上所収）一〇四頁。
(66)　「微妙公御発語」（同右）一五二頁。
(67)　『城端別院善徳寺史料目録』古文書二―五「所替」の項目参照。
(68)　圭室文雄氏「岡山藩の寺院整理」（『日本宗教史論集』下巻所収）二三二頁。

〔付記〕　本章に関連して、その後に成稿した拙稿「加賀藩国法触頭制の成立―善徳寺文書を中心に―」（本書第四部第一章に収録）があるので、併せて批判いただければ幸いである。

第三章　加賀藩における賤民支配

はじめに

加賀藩の賤民制については、その大略は明らかにされているものの、ごく少数の研究者が携わっているだけで相互の論議が成り立つまでに至っておらず、まして全国的な論議に交じって研磨する機会はごく少なかったと言っても過言ではない。したがって、本報告は、まずもって加賀藩の事例を紹介して全国的な議論の対象に加わらせるきっかけになればと意図したものである。加えて、報告者は賤民制については研究蓄積の少ない初心者であるので、素材としてもそれを扱う者としても、現在の研究上の主要テーマに絞り込んで深く追究するつもりはないし、できない。今は、報告者の関心として、藩制・藩政史との関連で賤民制とその支配の変化を考えることにしたい。いきおい、賤民制の問題を大づかみに外在的に捉えるという視角に立つことになろう。

以下、加賀藩の賤民のうち藤内《とうない》、皮多、非人（乞食）を取り上げて、右の視角から問題点を考えるが、ただ、与えられた紙数の制約から史料の引用はほとんど省略に任せたことをお断りしておきたい。なお、加賀藩賤民についての通観は『部落の歴史　東日本編』所載の拙稿「石川・富山」を参照いただきたい。

一　加賀藩賤民制の特徴

1　賤民編成の独自性

加賀藩の賤民制には独特な点があるので、はじめに簡単に触れておこう。加賀藩で賤民とされた名称は皮多、藤内、非人、物吉（癘癩）の四種である。藤内は加賀藩と支藩の富山藩だけにみられる独自な名称で、行刑・警察の下役をつとめ、火葬・助産・医薬・灯心製造などを生業とした。その名称の由来、出自については不詳な点が残っている。皮多は斃牛馬処理を生業とし、なめし皮上納を役とするもので、この皮多だけが穢多と呼ばれた。非人には二種類あり、藤内頭の支配下に入った出生地不明の乞食、および藩の救恤施設である非人小屋へ収容された者で、前者は賤民であるが、後者はそうではなかった。物吉は喜祝に祝儀を貰い、ハンセン病患者を引き取って看病する者であった。

なお、右の四種以外は賤民に編成されていなかったが、非人小屋の非人と舞々は近世中期の一時期は賤民として書き上げられた例もある。しかし、本来の賤民ではなく、他に猿曳等も差別は受けなかった。以上、加賀藩について、藤内という独特な名称はよく知られたことであるが、それも含めて賤民制自体が独自な編成の仕方になっていることを指摘できるのである。

2　中世との断絶性

右のような加賀藩の賤民編成は中世以来の地域的特徴を継承したものとも考えにくい。まず、皮多は、慶長十四年（一六〇九）に加賀藩によって招致されて上方から移って来たものである。すなわち、近江国木ノ本から「かわや孫へもん」等四人が隠居利長の住む越中国高岡へ来て越中国の皮剝ぎ権を与えられ[1]、播磨国から「革屋左衛門五郎・治部」の二人が三代利光（利常）の金沢へ来て加賀・能登両国の皮剝ぎ権を与えられた[2]。加賀藩としては、高度な皮なめし技術をもつ上方の皮多によって軍用皮革の良質化と増産とを自給的に果たそうとしたものであった。

ところで、当時の皮多は「かわた」とも「革屋」とも記されて[3]、両者の区別がないのであるが、寛永十五年（一六三八）に公事場が「皮多共」と金沢の「かわや三郎左衛門」との皮の売買権をめぐる紛争を裁決し、皮多の皮剝ぎ権を確認するとともに、他国から売りに来る皮については誰でも売買できると申し渡しており[4]、この時点では両者は区別されている。また、皮多を穢多と呼んだ初見は、寛永十九年（一六四二）「万皮入払之帳[5]」になめし皮上納役を「穢多役」と記しているものである。したがって、慶長後期には革屋と区別されていなかった皮多の呼称が寛永後期には区別され、同時期に穢多の賤称も使われるようになったことがわかる。

つぎに藤内については、その名称の由来は元禄六年（一六九三）当時にはすでに不明になっていたが[6]、史料上の初見は元和六年（一六二〇）の能登国鳳至郡川西村の検地打渡状に「藤内屋敷」四斗八升が引高になっている例である[7]。それ以前については不明であるが、慶長末年の加賀藩侍帳に「陰山藤内」（知行高八〇石）という侍名がある[8]などの点から、慶長期までは遡りにくいように思われる。もっとも、明和八年（一七七一）の藤内頭の旧例書上[9]には、かつては「御城中廻之掃除」をしていたが元和二年から公事場へ人足として詰めるよう命じられたと記しており、その通りだとすれば、藤内の前身にあたる掃除役の身分があったことになる。

そして、藤内の生業が助産・火葬・医薬であること、先掲元禄六年の書上に「先年御鷹之餌犬打申時分は、右犬之皮剝置、穢多方へ売払申候」とあることなどから、いずれキヨメ・ケガレの観念に関係があると思われるが、その出自・由来については不分明な点が残っている[10]。

ところで、加賀藩賤民制の成立をめぐって、田中喜男氏、石尾芳久氏は一向一揆の体制を近世的に編成替えする様子をそこに看取しようとされているが[11]、ただ、田中氏は金屋、紺屋などの脱賤化を説いても傍証を欠いたまま後年の記録に依拠するなど実証的に問題があり、それを批判する石尾氏もまた、この点を問うことなく田中氏の所説や所引史料を自説に引き付けて解釈するなど、やはり論点は立証できていない。だから、一向一揆体制の近世的再編説を想定することの可否はともかく、その証明作業は今後に残されているのである。そして、そうした研究水準の限りでは、加賀藩の場合は中世との断絶性が目立つのである。ただし、筆者としてはこれをもって直ちに中世からの全き断絶を主張するつもりはない。皮多が招致される以前における斃牛馬処理体制、藤内の出自・由来など、実証的に追究すべき課題が残っていることを指摘したいのである。

3　幕藩制への追随性

賤民編成における独自性を前提として、その後に幕府の制度を模倣・追随する点がみられる。宗門人別改帳が幕令に従って寛文四年（一六六四）にはじめて作成され、賤民は別帳に仕立てられたこともそれであるが、乞食が承応元年（一六五二）に藤内頭の支配下に入ったこと[12]、その乞食が「非人」と呼ばれた史料上の初見が延宝五年（一六七七）で、その法令が家中奉公人不足の中にもかかわらず藤内・非人の悴・娘の奉公を禁止した最初の差別法令であること[13]、寛文十年に設置された救恤施設を「非人小屋」と呼んだ初見は翌十一年であることなども追随的な制度・呼称と言えよう。また元禄四年（一六九一）に新設された盗賊改方も幕制を真似たものであると指摘されており[15]、さらに降って、安永五年（一七七六）に人交わりの禁を触れ、その中に「人外之者」「平人」の用語を初見するのも[16]、ちょうどこの時期に幕府の差別法令が触れられることに一致しているのである。

以上、乞食を藤内の取締り下に組み入れ、非人と呼称し、さらに零落・浮浪化して救恤施設へ収容した者も被差別民でないのに非人と呼ぶようになるなど、十七世紀中期以降に新しく追随的な面が加わってくると考えられる。なお、皮多を穢多と呼ぶことにも追随的性格があるとすれば、寛永後期に遡ることになる。

こうした独自性とその上での追随性の関係は加賀藩自体の幕藩体制への組み込まれ方に見合うと思われるので、ごく簡略に触れておきたい。初代前田利家は豊臣政権の五大老として徳川家康に次ぐ勢威をもち、秀頼扶育の任を長子利長らと共に負っていたが、石田三成らと家康の対立が家康対利家の形をもたらしたため、病をおして家康と和解して慶長四年に死去した。こうした前田氏の立場から、二代利長は秀頼扶育の立場を標榜しつづけざるをえず、また大坂方と徳川方の対立関係の中で、前田の家を立てることを希求し、慶長十年に四十四歳で十三歳の利常（利光）に家督を譲った。しかし、家中の不和と利常の若年のために実際の執権は譲り切ることができず幕府の警戒を受けつづけ、病を得て同十九年に死去した。(17) 三代利常は政略結婚で将軍秀忠の婿となっていたが、寛永八年にも軍備増強などの疑惑を幕府から受けており、警戒を解かれることはなかった。そして寛永十六年に一一九万石余の領知を割いて富山一〇万石、大聖寺七万石を分藩し、将軍家光の婿である四代光高に家督を譲って隠居した。光高はよほど徳川氏に親近的であったが襲封六年にして若死したため、五代綱紀が三歳で継ぎ、利常が後見した。万治元年（一六五八）利常が死去したあと、綱紀の妻の父・会津藩主・秀忠の子である保科正之が後見することになった。ここにおいて加賀藩は幕藩体制に実質的にも完全に組み込まれて幕府の政策を忠実に受け入れる立場になったのである。

以上、加賀藩前田氏の徳川氏に対する政治的立場を説明しただけであるが、四代光高の襲封、ついで利常の死という徳川氏との親近性を強める画期は、賤民支配における追随性の画期である寛文・延宝期以降――遡っても寛永後期――という時期に相応することが指摘できるのである。すなわち、近世賤民支配の特質について、幕藩制支配における個別藩の独自性と幕藩体制への組み込まれ方とに関連づけた考察が加賀藩の場合に可能なように思われるのであるが、その一般化は他藩についての検討に俟たねばならない。

二　廻り藤内役の拡大

1　盗賊改方・廻り藤内勤方の拡大

本節では近世中・後期における藤内の役の内容変化を検討して、藩制の行詰りとの関係を調べたい。

廻り藤内役は藤内の郡方における主要な役で、盗賊改方の管轄下にあって目明し的な仕事に携わるものであるが、享保九年（一七二四）の勤方心得箇条書[18]では、追放・欠落の立帰り人、火付、盗賊、宗門に付人集り、押乞・ねだり言を申し歩く者、技芸人の六項目と但書で他国よりの流浪人・悪事につき徘徊人を書き上げている。それが、幕末の嘉永七年（一八五四）の廻り藤内起請文[19]では一五項目にわたり、火付・盗賊の召捕・指出のほか、調査・報告すべき項目として孝心奇特者、「不延《ママ》」の噂、不人気な村役人、洩物、徒党・公事の下持、他領との取組、博奕・不埒の参会、新法がましい宗門の弘布、寺庵の押勧化・打割金、他国他領者の留置・売婦体の者、密商売を挙げた上で「何品に不依、善悪之儀」を速やかに内達することとし、他言禁止・藤内同士での後ろ暗い噂の禁止も立項している。これを享保の勤方内容と比べれば明瞭なように、幕末期には廻り藤内役の内容は善悪のほとんどすべての事柄の探索・内達にまで拡大しており、いわば質的にも異なってしまったようにみえる。

ところで、盗賊改方の職掌自体も拡大した。文化元年（一八〇四）に書き上げられた盗賊改方が取り捌いている罪科の種類は全四八項（うち禁牢相当二五項、主人預・町預・村預相当一三項、徘徊留相当一〇項）である。[20]その内容のいちいちは紙幅の関係で紹介を省くが、その項目の多さが示すように内容も全く多岐である。また寛政三年（一七九一）改方奉行の書上[21]では、改方で取り扱わず「前々より公事場へ引渡申候品」として放火や殺人など死刑相当の者、刃傷者、土蔵破り又は入墨三度の者、出奔立帰り人、諸役所の品を盗んだ者、博奕のうちでも盗品取扱いの者を挙げ、その他は改方ですべて取り捌いていると記している。

しかし、これに対して公事場は、文政七年（一八二四）に「往古は聊之賊に而も公事場へ引渡来候へ共、いつ頃よりか旧悪度々盗人に而も容易に引渡不申」と指摘して、もっと軽罪の者も改方から公事場へ引き渡すよう要求して認められた[22]。

すなわち、軽罪を受け持つ盗賊改方の裁判権は十八世紀末・十九世紀初期には従前より拡大していて、重罪を受け持つ公事場の本来の裁判権を侵すようになっていたのである。なお、加賀藩盗賊改方については服藤弘司氏の詳細な考察があり[23]、詳しくはそれに譲るが、ただ、改方の職掌について設置当初から広範な検察・裁判権を有していたとみておられる点には承服しがたい。盗賊改方の管掌範囲、およびそれに伴って廻り藤内の勤方内容が十八世紀中・後期のころに漸次拡大したと解すべきである。

2　郡方職掌との抵触

盗賊改方―廻り藤内の職掌は、郡奉行―十村の農政機関の職掌とも、いくつかの点で抵触した。宝永七年（一七一〇）に能登の十村が、吟味の便宜のために非人札を改方からではなく十村から発行したいと要求している例[24]、享保七年（一七二二）に郡奉行の上司である算用場が宿送り・村送りの制度を改方の御用に使わせてはならないと触達している例[25]、寛政二年（一七九〇）に加州郡奉行が盗難届の宛先を改方から十村（↓郡奉行）へ変更するよう指示している例[26]が知られるから、早くから両者に確執があったことがわかる。

寛政三年、郡方で「浪人幷乞食体之者縮方仕法」が立てられた[27]。これは、近年郡方へ流浪人や押乞をする者が徘徊し、食物を奪い取ったり、村の神社に寝起きしたり、時には多勢のため取締りにあたる藤内が打擲されるという事態が生じたためにとられた措置で、内容は、十村が廻り藤内に命じて召し捕えさせ、村方から藤内を指添えて十村へ差し出して出生所を聞き糺し、宿送り・村送りで送致することに定めている。つまり、十村が藤内に対する命令権をもち、宿送り・村送りに藤内を使う点で、郡方の制度へ廻り藤内役を取り込む形で改方と郡方の職掌関係を調整した仕法と言える。郡方行政側のこうした動きは、文化十一年（一八一四）に廻り藤内を加州郡奉行の下で「聞出方御用」（「隠密廻り役」）と郡所の縮所（牢屋）番人として使役するようになったことにもみられるが、このときは藤内頭が無断でこれを引き請けたことについて盗賊改方から厳しく詰問された(28)。

しかし、その一方で改方の十村召喚権をめぐって問題が起こった。寛政十一年、郡奉行・十村からの要求によって改方の十村召喚権は火・盗・女色・博奕を除いて「当分停止」することになり、享和三年（一八〇三）にも再確認されたが(29)、文化八年に年数も経ち取締り方に不便を来たしているとして旧に復された。郡奉行・改作奉行らがこれに反対して願いを上げたが、文化十二年に、いったん仰せ出された以上は聞き届けられないとして却下された。そこで郡奉行・改作奉行は、従来「裁許方」の尋ね方では改方が直接に十村を呼び出しているので、これを改め、「身分」の尋ね方と同じく郡奉行を経由して呼び出すようにしてほしいと願った。しかしこれも認められなかった(30)。

以上、盗賊改方―廻り藤内の職掌は十八世紀中・後期に大いに拡大し、十八世紀末から十九世紀初期にかけて公事場や郡方の権限との抵触が問題となり調整が図られた。また藤内が郡方の司法・警察業務の下役をつとめるようになったことは、その勤向き内容を質的変化に近いほど拡大した原因の一つであったと思われるが、これは本来の藩制に矛盾が生じ、再編が必要になったことを示すと見なさねばならない。この藩制の矛盾は後述の皮多の鹿皮上納問題をめぐる公事場と産物方、郡方との考え方のちがいにも看取することができるが、農政においても、とくに十村役をめぐって制度上の混乱が生じていたことはすでに明らかにされているところである(31)。その詳細は他の論文に譲らざるをえないが、ごく骨子だけを説明しよう。藩財政の逼迫の中で、天明五年（一七八五）に隠居の前藩主（十代）重教が突如勝手方を親裁して綱紀粛正とともに年貢増徴をはかったときに、百姓が立ち行かず郡方を鎮められないとして十村全員が連名で退職を願い出るという抵抗を示したことがあり、その後、新格の村役人が登用され、また産物方などの新しい仕法が展開されるにつれて、従来の郡方の取扱い方や役義の勤め向きが混乱してきた。いきおい十村役の格も低下し、十村仲間でも意見の不一致、不和順が表立つようになった。藩当局は享和二年に高方の制規の乱れを正すことを基本とした仕法を行ったが、文化・文政期の改作方復古、新開仕法、引免立帰り格別詮議の仕法は百姓の疲弊に対する政策的手当てもなく年貢増徴に走ったものであったため、郡奉行、改作奉行の中でも批判の声があがって政治問題化した。そして文政二年、さしたる理由もなく三一人の十村が入牢・宿預けになり、一部は流刑に処せられる事件があり、二年後の文政四年には改作奉行が古格の十村を登用して農政を行うよう主張して藩の年寄衆と対決したが、逆に十村制度が廃止され、郡奉行が改作奉行を兼帯し、百姓を直支配するという行政改革が実施されることになった（天保十年に復元）。また、こうした施政の下で農民は疲弊し、田地は荒れて草と稲が交じり生え、誰の持田か区別もつかぬ手余り地が生じ、年貢を未進して青田を売り家財を払って一年立てに過ごし、乞食をしても稼ぎが少ないため乞食共倒れという状態の所も生じていた。

さて、このような社会、政治制度の状況の中に盗賊改方—廻り藤内の職掌拡大とそれをめぐる軋轢を意味づけることは比較的容易であろう。財政難克服をめざす年貢増徴の強行による農村の荒廃状況が治安取締り業務の拡大をもたらし、その職掌拡大による郡方や公事場との権限との抵触、その調整は、農制にも現れていた矛盾と同質な藩制の行き詰まり状況の一環として捉えられるであろう。とくに農政機関としての十村制度の動揺と十村召喚問題とは有機的関連があると想定してよいであろう(32)。

なお、この過程で廻り藤内はそれなりに権勢をもったらしく、文政二年（一八一九）の越中国の十村役孫作の記録に「魚津（改方）御役所付藤内、近年脇指を帯する事に成、威勢甚しく人非の形もなきやうになりたり」と記している。(33)

三　皮多の生産関係

1　皮剝ぎ場争論

前述の寛永後期の皮多と革屋の争論のあと、延宝七年（一六七九）に皮多内部の皮剝ぎ権をめぐる申し分が公事場で裁決され、役皮を上納する皮多が皮剝ぎ権をもつと定められた。すなわち皮剝ぎ権は「加州・能州は加賀郡浅野村皮多共」、「越中ハ砺波・射水・新川三郡之かわたとも」がもつとされたのである(34)が、これによって、越中高岡へ来住した皮多は各郡へ分散して居住するとともに皮剝ぎ権も分有したが、加賀・能登ではやはり分散居住したものの、皮剝ぎ権は浅野村皮多が独占していたことがわかる。

しかし、加賀国の場合は、享保三年（一七一八）に皮剝ぎ権が分有される。この年、加賀の皮多間の申し分が内済となり、皮剝ぎ場と能登の皮多からの皮買場を、浅野村・石川郡福留村・能美郡三日市村の皮多の「男女惣有人数」に比例して垣内（居住集団）ごとに村割りした。(35)こうして皮剝ぎ権は実際上、加賀三ヵ所の皮多で分有されることになった。

また越中の皮多については、享和二年（一八〇二）に砺波・射水両郡四ヵ所の皮多が垣内ごとの役皮数に比例して村割りしている。これは「庖丁」（皮剝ぎ権利の単位）数に応じて皮剝ぎ場所が決まっているか否かをめぐる申し分で、確証がないまま内済として取り決めたものである(36)が、以前から皮多仲間で慣習的に皮剝ぎ場が定まってきていたものの、まだ確定的でない部分があったためと推測できる。

だが、能登の皮多の場合はちがっていた。簡略に述べると、元禄十六年（一七〇三）、珠洲郡川尻村と鳳至郡佐野村皮多が浅野村皮多から脇売り・占売りをしたとして訴えられ、敗訴したが、このとき、川尻・佐野村皮多が、われわれは浅野村皮多の支配下ではないと主張して認められず、詫状を出している。[37] ついで元文二年（一七三七）、能登鹿島郡小田中村皮多が、享保三年の加州皮多の村割り（前述）のために自分たちの皮剝ぎ場を狭められたと訴えたが認められず、かえって加州三ヵ所の皮多以外への脇売りを禁ずる旨を申し渡されて敗訴した。[38] さらに降って文政五年（一八二二）に、小田中村皮多が役皮の直上納を願い、川尻・佐野村皮多も加わって浅野村皮多と争ったが、やはり公事場で却下された。ただこのとき、川尻・佐野村皮多が従来生皮（干皮）を浅野村皮多へ渡し、皮なめしの手間料（皮一枚に付き銭四〇〇文）を納めていたのを改め、両村でなめし皮にした上で渡すよう申し渡されている。もっとも、皮多肝煎への「給賃」（「恩給」）、役皮検査料としての「問賃」は能登三ヵ所皮多ともに従来通り納めるよう申し渡された。[39]

以上、加・越・能それぞれに皮剝ぎ権の変化に差がある。その理由は後に考察したいが、皮剝ぎ権を分有する動きは特定の皮多頭が他の皮多を従属させて支配している形から皮多仲間としての結合の形へという職人集団のあり方の変化、一般皮多層の自立化を示すものと言えよう。能登の皮多もそれを希求しつづけたのであるが、結果的には実現できなかったのである。

2　猪鹿皮上納一件

能登と浅野村の皮多の間では、文化・文政期に猪鹿皮（とくに鹿皮）上納をめぐって競合が生じている。猪鹿皮は元来なんらの規制も役もなかったのであるが、文化十一年（一八一四）、浅野村皮多が鐙袋用の白なめし皮

（鹿皮）を上納することを条件にして鹿皮を買い集める権益を許可してほしいと願った。算用場は加賀と越中砺波郡についてだけ許可し、能登については百姓身分の者らに買集め権を与えたが、これに対して小田中村皮多が異議を唱え、以前から能登・越中の鹿皮等を買い、なめして下駄緒などを作って生活の足しにしていたことを理由に買集め方の許可を願い、翌十二年に許可された。そして、小田中村皮多は、この前後に鹿皮を大量に買い集めた。そのためか、浅野村皮多も買い集めたが無疵の皮がごく少なくて、献上皮の上納に差し支える状態であった。そして、文化十五年（文政元）には終に浅野村皮多は鹿皮上納を辞退するに至った[40]。そのときすかさず能登三ヵ所の皮多が浅野村皮多に認められたと同じ条件で白なめし皮上納を願い、能登一円の猪鹿皮買集めの権益を認められたのであった。

ところが、文政三年（一八二〇）再び浅野村皮多が鹿皮の一手買集め方を願い、産物改方役所が御細工所で使う御用皮を確保するために、これを許可した。こうして権益を奪われることになった能登の皮多は訴訟に持ち込んで争い、文政五年に至って公事場が裁決し、浅野村皮多の猪鹿皮買集め仕法は「新法之事故、右仕法は被相止」「依之、能州皮多共猪鹿皮を取扱渡世いたす義勝手次第」と申し渡して、全く旧来の慣習に復することになったのであった[41]。

以上、新規の猪鹿皮買集め仕法をめぐって浅野村皮多と能登の皮多が争い、いったんは能登の皮多が白なめし皮について、その上納権を得たものの、公事場の古格遵守の裁決によって旧慣に復したのであった。ただ注意すべきは、右の文政五年の裁決は先述した小田中村皮多の役皮直上納願を認めないことも定めていることで、したがって小田中村皮多は鹿皮直上納権を得て、それを守ろうとするとともに、おそらくそれを契機として、牛馬の役皮直上納権も獲得して浅野村皮多の支配下から自立しようと図ったものと推測できる。

また、右の仕法の可否をめぐって、算用場や産物方役所（文政元年再置）と公事場との判断が、国産奨励の新しい政策と旧例遵守の立場とで異なったことは、政策の混乱を示すものである。

3　自立の諸条件

さて、以上にみた皮多の自立運動、また鹿皮買集め一件が起こった条件について、いくつか考えてみたい。まず、皮剝ぎ場争論が加賀・越中と能登でちがった結果になったことについて、越中の場合は延宝期にすでに皮剝ぎ権が分有されていたこと以外に指摘できることはない。加賀の場合は、石川郡福留村は浅野村へ来住した皮多二人のうち治部が自ら移住した所であるといい(42)、能美郡三日市村（小松町近郊）は、慶長十年代後半に小松城代前田長種が「播磨屋左衛門五郎」宛に能美郡の皮剝ぎ権を保証していることから(43)、浅野村左衛門五郎の管轄であったと推測できる。これに対して能登の場合は、寛文八年（一六六八）および延宝七年（一六七九）に川尻村皮多が佐野村へ移住したときの佐野村との交渉の当事者は移住した皮多の「親方」（「頭」）である浅野村皮多であった(44)。また、前述文政期の申分のとき、浅野村皮多の言い分として、小田中村は「下人」二人を浅野村から派遣したもので、能登の三ヵ所ともに浅野村皮多の「手之者」を「下タ仕事」に出したのであると主張し(45)、それを受けて公事場が能登の皮多の従属的位置を認めたのであった。

またこのとき、浅野村皮多が川尻・佐野村から生皮で受け取っている理由について、浅野村皮多には「口伝製シ方」があり、その技術の良さは「只今御見分ニ而ハ相分り不申候得とも数年相立候得者……相分り申候」と述べている(46)。それが当時において事実であったか否かはともかく、浅野村皮多が川尻・佐野村皮多を人身的にも従属させてきた基礎に、皮なめし技術の独占があったことを指摘できよう。なお小田中村皮多は当時はなめし皮にして浅野村へ渡していた。彼らが役皮直上納を願い出るには、それなりに一定水準の皮なめし技術を獲得していたのであろう。

このように、加賀藩の事例は皮なめし職人としての皮多の自立を、集団内部、集団相互の関係について生産力的基礎とともに明らかにすることによって歴史具体的に説明すべきことを示していると思われるが、現在の研究状況はいかがであろうか。

また、金沢来住当初の慶長期に出された藩主判物の内容が、その後も公事場の裁決ごとに再確認されて固定化されてきたことも、政治支配の次元で自立の成否を規制する要因として指摘できる。

ところで、皮多の自立の動きは、すでに延宝七年の公事場裁決自体から窺われ、十八世紀を通じてみられたが、これは、報告者にとって、同時期の農業における小農民経営自立の動きと基調を同じくするように思われる(47)。もっとも川尻・佐野村の皮なめしの公認が文政期を待たねばならず、能登の皮多の自立が結局は果たせなかったことには、職人集団と農民の生産関係のちがい、また被差別民としての特殊な社会・政治環境による制約などが充分考慮されるべきであろう。

そして、小農民経営の一般的成立はそれに適合的な方向への農業技術の改良進歩を伴い、犂から鍬へなどの変化によって耕作牛馬数が著しく減少した。統計的にわかる例では、加越能三ヵ国の加賀藩領の牛馬総数は宝暦五年（一七五五）の四万二〇一七疋が寛政元年（一七八九）の二万七四一二疋へと、三四年間に六五・二％にまで減少している(48)。早くは元禄九年（一六九六）に加賀の石川郡で牛馬が減って伝馬役に差し支えると訴えた例がある(49)ので、すでに十七世紀後期には減少が始まっており、したがって減少はかなり著しいものであったろう。これが皮多の稼業に影響を与え、皮剝ぎ場争いを強め、また鹿皮にも権益を及ぼそうとする動きを誘発したことはもはや想像に難くない。皮多の生産関係は、皮剝ぎ・皮なめしに限らず、農業その他の広い経済・社会関係と有機的に関連づけて説明されるべきであろう。

四　非人の抵抗

1　非人の抵抗と非人＝平人論

乞食（非人）は承応元年（一六五二）に藤内頭の支配下に入り、乞食の中から任命された非人頭七名が取締りに当たっていたが、元禄四年（一六九一）の非人頭勤向書上ではもっぱら乞食の取締りを任務とし、他には不審な者を藤内頭へ届け出ることを挙げているだけである。その後、宝暦九年（一七五九）、金沢町に一万五〇〇軒を焼いた大火があったとき、非人頭が書いた詫状[(50)]によれば、それ以前から他国他領者や悪事人の摘発の仕事が課せられており、また火事のときは子方を連れて公事場・町会所へ詰めること、紛らわしい者を召し捕えて指し出すこと、盗賊改方囚人を引き請けることを命じられていたことがわかる。すなわち、非人頭と非人乞食は藤内の役務の手下として使役されているのである。しかしまた、このとき、非人頭は公事場・町会所へ詰めなかったのであって、それは抵抗行為であったとも考えられる。

また、年不詳であるが、藤内頭の住所に隣接する柳原に住んでいた小屋持乞食の御用として二〇項目の書上があり[(51)]、その内容は、小屋一軒に付き毎月一銭の役銭を納めるとともに、藤内頭の溜所（牢屋）の諸々の営繕人足、囚人の番人や護送人足、火事のときの公事場・町会所詰人足など、諸般にわたって藤内の役を転嫁され、下働き人足として駆使されていることがわかる。

しかし非人は、これに納得して従っていたのではなかった。寛政三年（一七九一）、非人頭の口書の中で、自分たちは藤内頭の支配下ではなく、このことは二七年以前にも訴えたと述べている[(52)]。だから、非人が藤内頭の支配を脱しようとする動きは宝暦末年からみられたのである。

藩当局は、この長期にわたる争論を打ち捨てておく方針をとっていたのであったが、同年、年寄役の奥村河内守が、この件について加州郡奉行に諮問した。当時の郡奉行二人の答申は、非人頭は平人と交わることをたくらんで争論を起こしたのであり、このさい、はっきりと従来通り藤内頭の支配下であると定めるのがよい。ただ一代者の非人は平人に戻れるようにすればよい、というものであった。しかし、交代して加州郡奉行になった高沢忠順が寛政五年に意見を上げて、非人は平人なのに藤内頭の支配下に入ったために平人に戻れなくなったのであるから、藤内頭の支配から除いて百姓・町人に戻れるようにすべきで、今後は非人・非人頭の名称を乞食・乞食頭と改めて藤内頭と分立させた方がよいと主張した。(53) この意見は、藤内を無条件に人非の者としており、非人(乞食)が増えるのは御政道にかかわるからという為政者側の論理に立っている点で限界をもつが、加賀藩当局内部にはじめて生まれた非人解放論であり(ただし、非人解放は実現されなかった)、その契機が非人の長期にわたる抵抗であったことに留意すべきである。

2　差別の強化

しかし、藤内、皮多については、同じ十八世紀中期以降、差別政策が強化されている。明和八年(一七七一)藤内の請作(小作)と平人への施薬を禁止し、安永五年(一七七六)皮多は「人外之者」であるから人の群集する所へ出ないよう申し渡し、天明期に藤内が平人と同じ宿に泊まることを禁じ(ただし、不便に付き文政二年緩和)、寛政八年(一七九六)には皮多の百姓家止宿禁止の意向を示し(ただし、不便に付き火を同じくしないよう取り締まることに改めた)、そして寛政十二年には藤内・皮多等人非の者の持高を百姓に買い上げさせ、以降の持高を禁止した、など。(54)

こうした人交わりの禁は前述のごとく幕藩制下の全国的施策に追随し、持高禁止は農制の乱れを正すために百姓以外の持高禁止原則の貫徹を期したものと説明することができる。非人の抵抗は、藤内が差別を強められる過程で、その支配下にあって、共に差別を強められることからの脱出の試みであったと推測することも可能であろう。

しかし、もっと総合的な関連の中で捉えることも必要ではなかろうか。その説明を充分に果たすことはできないが、藩政史の側から指摘してみると、まず小農民経営の自立とそれに固有な農業生産力の達成、その前提となる農民的商品経済の一定度の発達という経済社会構造が近世中期には形成され、他方で藩財政の逼迫が同時期に深刻化する。それによって、一つには農民の銭遣い、人口移動が進み、農村へ商人・伎芸人・流浪人が入り込んで経済・社会状態が多様になり治安取締りも多岐にわたるようになる。また一つには領主は年貢を過度に増徴して農民の疲弊・農村荒廃を招き、諸種の治安問題を惹起するとともに、十村の抵抗などにより農政自体が行き詰まってくる。また加えて、農民的商品経済への吸着、領主的編成のために十八世紀後期から産物方政策が展開し、農制が改変される。しかし年貢増徴の強行と財政難で政策は貫徹せず、享和期に農制の規矩を正す目的の高方仕法が必要になり、それにもかかわらず、農民の疲弊、治安の乱れは強まるのである(55)。

ここに、盗賊改方・廻り藤内、さらには非人の職掌拡大の要因があり、皮多の権益争い、非人の抵抗が強まる要因があったと言わねばならない。そして、いきおい廻り藤内の権勢も強まり、それが平人の反発を招いて差別が強化され、しかし、また同時に、差別制度への見直しも生まれると考えられる。

以上は、加賀藩政史の中に賤民支配を置いて辻褄を合わせてみたごく図式的な素描にすぎず、意識・思想の次元については説明を果たせない。ただ、そうした見方、捉え方に何がしかの展望性が認められるならば、本報告の意図はそれなりに達せられたことになる。

註

（1）『加賀藩史料』二。
（2）『異部落一巻』二九号。
（3）同右。
（4）「公事場御条目等書上候帳」（『藩法集』六所収）。
（5）金沢市立玉川図書館加越能文庫。これは、寛永十六年に富山・大聖寺両藩を分藩したことに伴って同十七・十八年の役皮を両藩に配分したさいの藩庁記録である。
（6）『加賀藩史料』五。
（7）『輪島市史』資料編二。加賀藩では元和二年から六年にかけて加賀・能登の総検地が行われ、この史料もそのさいのものである。したがって初見は元和二年まで遡る可能性がある。
（8）『加賀藩初期の侍帳』。
（9）『異部落一巻』一号。
（10）なお、藤内のうち目明し役をつとめる者に「料分」として大黒舞、節季候、金輪切、簾切等の伎芸遣いを許されたと伝える（『異部落一巻』一号）が、勧進行為と藤内の出自との関係は不詳である。
（11）田中喜男「加賀藩「藤内」の研究」（『東北・北越被差別部落史研究』所収）、および石尾芳久氏の田中論文に対する書評（『法制史研究』三二所収）。
（12）『異部落一巻』一号。
（13）『改作所旧記』巻六。
（14）同右、巻四。
（15）服藤弘司「加賀藩「盗賊改方」考」（『石井良助先生還暦祝賀法制史論集』所収）。
（16）『異部落一巻』二七号。
（17）利長が直面した政治的課題と対処については、拙稿「前田利長の家中統制（素描）」（昭和五十八年度文部省科研費報告書）で試論を述べたことがある。
（18）『異部落一巻』二号。

(19)『加賀藩史料』藩末編下。
(20)同右一一。
(21)同右一〇。
(22)同右一三。九項目より成るが内容は省く。
(23)註(15)に同じ。
(24)『加賀藩史料』五。
(25)『改作所旧記』巻一六。
(26)『加賀藩史料』一〇。
(27)同右。
(28)『異部落一巻』三号。
(29)『加賀藩史料』一〇。
(30)同右一二。
(31)これに関する筆者の見解は「加賀藩中・後期の改作方農政」(『金沢大学法文学部論集』史学篇一三、本書第二部第三章に収録)。
(32)この他に、刑罰が時期を下るにつれて寛やかになる傾向も盗賊改方の裁判権拡大に作用したとも推察されるが、この寛刑化傾向も社会・政治状況の変化から説明されるべきことであろう。
(33)富山大学附属図書館菊池文書『御改作根元旧記』。
(34)前掲「公事場御条目等書上候帳」。なお、加賀郡は河北郡のことである。
(35)『異部落一巻』三一号。
(36)富山大学附属図書館菊池文書「皮多一件留書」。
(37)大畑武盛家文書。
(38)前掲「公事場御条目等書上候帳」。
(39)津田泰治氏保管文書四三号。
(40)以上は津田泰治氏保管文書二六～三六号。

(41)　以上は『加賀藩史料』一二。
(42)　「浅野村皮多由緒書」。
(43)　『異部落一巻』二九号。
(44)　大畑武盛家文書。
(45)　津田泰治氏保管文書三九・四〇号。
(46)　同右三八・三九号。
(47)　加賀藩領における小農民自立については私見を述べたことがある（「多肥集約化と小農民経営の自立」『史林』五〇―一・二、本書第二部第二章に収録）。
(48)　『富山県史』史料編三、一三四〇号、同附録一〇号。
(49)　『加州郡方旧記』。
(50)　以上は『金沢古蹟志』巻二一。
(51)　『異部落一巻』二五号。
(52)　『金沢古蹟志』巻二一。
(53)　以上は『加賀藩史料』一〇。
(54)　以上は『異部落一巻』二七号。『加賀藩史料』一〇。「越中に於ける藤内のことども」（『日本農民史料聚粋』九所収）。
(55)　なお詳しくは註(31)(47)の拙稿を参照されたい。

第四章　幕末期の金沢町における救恤

はじめに

封建領主の領民に対する救恤は、本来、その属性とされるものであった。従属者に対する恩恵・慈愛は、日本の儒学が説く封建的道徳において君主たるものの必須の条件であり、また実際上も、全剰余労働を搾取する原則に立ち、被支配民を人格的・身分的に隷属状態に置く制度の下では、時として生ずる凶作や疾病の流行、また米価騰貴等による従属民の生計の破綻は、領主による年貢減免、救い米銀の施与、貸米銀の貸与等によって救われるべきものであった。「百姓は死なぬよう、生きぬようにと合点致し、収納申し付候様」との東照宮（徳川家康）の上意（「昇平夜話」）は、生産者が「死なぬよう」に図ることも封建的支配の要諦であることを語っているとみるべきである。

他方で、被支配民は、その生活共同体ごとに相互扶助の慣行をもっており、領主はそれを前提に支配を及ぼして領主的に編成し直し、五人組等の制度を定めていた。すなわち、救恤は領主と被支配者との上下の重層的関係の下で行われていたのである。

しかし、幕末期になると封建領主の財政は恒常的な破綻状態にあり、その救恤の義務を充分に果たしえなくなって、被支配民の相互扶助に頼ったり、それさえも破壊して貢租の課徴など苛斂誅求に陥ることがあった。

加賀藩でも状況は大局において同じであった。加賀藩の財政が均衡を失するのは、すでに十七世紀末期に始まるが、その後は財政問題への対応が政策上の重要な関心事であり続けた。新田開発、年貢率引上げ、倹約策、御用銀・調達銀等の現金徴発、借銀、借知、藩札・米手形等の発行、また不充分ながらも国産奨励策も行うなど、他の藩にもみられる諸々の施策が一通りは行われている。しかしまた、やはり他の一般の藩と同様に財政の好転はみられないままに推移するのである(1)。

他方で、これも加賀藩も含めて一般的な動きとして、被支配者の側にいわゆる民富が形成され、民衆的文化・思想が育つことも指摘されている。ただ、それは、商品・貨幣経済の発展、農民層分解の進展に伴って生じたものであったから、一部の上層農民が地主化・富裕化し、他方で多数の農民が貧農・小作人化、さらには離村・脱農民化する現象がみられて従来の共同体関係がくずれ、内部の対立が表面化してきた。商人・高利貸資本が発達し、都市では領主経済の流通を担当していた特権的御用商人に対して、農民的流通を担う新しい商人が台頭するという変化がみられた。

こうして、城下町金沢について言えば、借知（減俸）等の下で武士の多くは困窮し、したがって御用商人も行きづまり、他方で離村民が町へ流入して細民層が増加する現象が起こっていた。

ところで、金沢町の人口は、明治四年廃藩置県のときの調査では総計二万四七四四戸、一二万三三六三人とあり、うち士族・卒男女合計は五万二九一六人であった(2)。残りは寺社や賤民も含むであろうが数は少なく、圧倒的に町人であったろう。したがって大まかにみて武士と町人は半々の人口があったと考えてよいが、一二万という数は江戸、大坂、京都に次ぎ、名古屋と匹敵する全国四、五位の屈指の大都市であった。

この金沢町は十七世紀中期には百万石の城下町として相応の規模に達し、その後の膨張は緩やかであったが、しかし内部の変化はあった。文政四年（一八二一）二月、藩当局は町続きの郡方の地に形成されていた相対請地の所を町奉行の支配下に編入して二二の町《ちょう》を立て、九ヵ所を旧町内に含めた。また文政六年五月に旧町のうちの一部の町名を変更した(3)。町名変更の事情は、従来の町の区画の周辺に家屋が建ち、正式の町名がないままに近くの在来の町名を付して通称するようになっていたため、制度上の一つの町に町肝煎が複数存在する場合や、一つの町内に同名の町人が複数居住する場合が生じていた。町民は、その名に居住する町名を付すことで判別されるので、たとえば公事場の吟味などで同町の同名の者が複数では紛らわしい事態が起こっていたのである。そのため町を細分化する必要が生じていたのであるが、折りしも前年（文政五年）に御城下分間絵図の作成が行われることになったので、これを機に町奉行から上申して新町名を立てることにしたのであった。新しい町名は一五四に及んでおり（ただし、すべてが新立の町ではない）、郊外だけでなく、旧町域の所々にもその例がみられる。金沢町の町域改正は寛文五年（一六六五）、貞享四年（一六八七）に行われて以来のことであったが、その間に市街地の外延的広がりとともに、市街内部の稠密化も進んでいたのであり、それらはいずれも主に下層町民の居住地であったと推定されている。

本章では、この百万石の大名前田氏の城下町金沢における幕末期（ここでは十九世紀代、文化・文政期以降）について、救恤政策、民間における自主的な救恤行為の双方を視野に入れて、その推移を辿りながら、前者における発想の転換・支配者の頭の切りかえ、後者における体制批判も内包する行為の発現をとらえ、近代的な社会福祉思想への胎動（ただし、即近代的ではない）を考えたいと思う。

そこで、以下、時期を追ってみていくこととし、便宜上、一、化政期、二、天保飢饉の時期、三、安政期前後、四、維新変革期に四区分して順次述べることにしよう。

一　化政期

ここでは文化、文政年中を中心にその前後も含めて述べるが、まず藩の救恤策としてはとくに目新しい施策がないようである。この時期は、文化八年（一八一一）の改作方復古の仕法、同十一年新開仕法、同十四年引免立帰り格別詮議の仕法と年貢増徴策が強行され、改作奉行や十村のうちに批判や抵抗が生じていた。文政二年（一八一九）、明白な理由を示されぬまま、突然二八名の十村が入牢を命じられ、同四年には十村制度自体を廃止するという郡方仕法を実施した。他方で、当時社会問題化していた農村における貧富の格差、地主・小作の対立等については対策を講じなかったため、いきおい苛斂誅求に陥り、なかには乞食となって村を離れる農民も多かった(4)。そうした政治姿勢のなかでは救恤策への余裕もなかったのであろう。文政十三年の秋に米価が高騰したとき、金沢町会所が相応の資産をもつ町人は自主的に救い米銭を拠出するよう指示しているが(5)、救恤を町民の相互扶助の次元で処理しようとする姿勢が窺われる。

しかし、それは当時の政治の行き詰まりを意味するものであって、したがって他面で、現状を見直そうとする動きも現われていた。この時期は、藩政に関する意見書がいくつも提出されることが注目されるが、そのなかで、救恤に関連しては寛政五年（一七九三）郡奉行高沢忠順の「非人」（札持乞食）解放意見がある(6)。高沢忠順は農政の故実に詳しく、現状に批判的な人であったが、札持乞食（乞食を生業とすることを公認された者）は元来「平人」であり、それを「非人」と称するのは歴史的経緯からも誤りであり、「人において大切至極之義」であるから平人として解放すべきであると主張した。もっとも、札持乞食を管轄支配している「藤内」について解放は全く考えていないし、乞食が増えては御政道にかかわるという為政者の発想で説明していて、限界のある「解放論」であるが、その限りで、身分についての制度改変を主張した例として初見のものである。

この意見は、郡奉行のなかに、従来通りの方がよいとする別の意見があって実現はしなかったが[7]、非人乞食が平人であるならば、非人小屋収容者（原籍が判明しているが、扶養者がなくて収容されている者）を「非人」と称することも疑わしいとの論議を呼び起こしたらしく、翌六年に藩当局で「貧人」小屋の誤りでないかという説も出されたが[8]、これもそのままになった。「非人小屋」の名称が廃止され、「撫育所」と改められるのは、ようやく明治維新の起こった明治元年（一八六八）のことである（後述）。

なお、高沢忠順の意見に反対した郡奉行は、札持乞食は平人が零落して「非人」になった者であることは認め、「不愍」ではあるが統治する上で従来通りとすることを主張していた。したがって「不愍」という同情の次元での認識は同じであった。

一方で、町人もまた、その同情を自発的な救恤行為として現している。彼らは政治的次元での言動は許されていなかったが、資産があった。目立つ例を挙げよう。

文化六年、犀川川下の河原に居住する札持乞食四二戸、二百四、五十人が前年の洪水で小屋を流出したため、菰、莚などで囲った三つ又小屋を作って住んだが、雨露も凌ぎかね、生業の草履作りの仕事もできない状態であった。これを見かねた金沢町の商人で横目肝煎もつとめ、儒学の素養もある楠部屋金五郎が中心となって、堂形御厩の古材木を買い取り、不足分は新しい材木も買い足して幅三間半、長さ二五間の惣小屋を建て、そのなかを四二囲に分け、また浮浪している乞食を当分宿泊させる囲いも二つ作った。資金は質屋たちや、他の陰徳の有志に勧誘して集めたが、なかには夜中訪れて名も告げずに銀子を届けた人もあったという[9]。

この話は、自発的・組織的な救恤行為であることとともに、救恤対象が、「非人」であったことが注意される。貧民への米銭の施与は、従来も、以後もみられることであるが、そのなかには打ちこわしや米銭強請の貧民の不穏な動きに対して災難逃れの意味で施与することも往々にあったと思われる。しかし、右の事例は純粋な善意、同情から出た行為であったとみなして差支えないであろうし、客観的には「人外の人」とされていた人々を「人間」として見る目をもち、その意味で時代への批判にもあたるといえよう。

つぎに、文化十年ごろ（一説に文政年中）のこととされる昌安町のことについて述べよう。(10) 堀昌安は眼科医で、かなり裕福であったが、犀川川下の中村の地内が洪水に遭って川筋の家々が流れて河原のようになっていた所を申し請け、資金を投入して一つの街区を作った。これを昌安町と私称し、囲いの両側に入口を作り、通路の両側に数十軒の貸屋を建てて細民を住まわせて生業に就かせ、また諸宗派の寺院を建立し、商店を多数つくり、「すべてのことに外へ出で申さずとも用事のたり候やうにし」たという。また、諸方より昌安のもとへ療治に来た人に対し、昌安が銀子を貸して、それを元手に商いをさせ、その稼ぎで治療代を払うことにして助けたという。こうして、町も昌安の町では夏は夜店を開き、剣術の稽古場もあり、また獣類の肉を食わせる煮売屋があった。こうして、町も昌安の医業も繁昌していたが、大風（一説に洪水）に遭ってことごとく倒壊して、ついに昌安町は廃絶したという。ちなみに堀昌安は明和三年（一七六六）生まれ、家は代々眼科医で、三十歳のときに前田知周（禄高六〇〇〇石）に仕えたが、意あって辞し、右の事業を興した。晩年に越前の三国に移住し、文政十二年に六十四歳で死去した。なお女婿も昌安と称し、嘉永五年（一八五二）藩に一〇人扶持で御医師に召し抱えられている。

したがって、時の為政者から異端視されたり、排斥された気配はないが、この街づくりは特異である。その街づくりの思想は直接には不詳であるが、貧民救済の考えは読みとれる。またその街区を経済的に自給性、自立性の強い一画として構想したと思われる。しかし決して閉鎖的でなく、城下町から少し離れて立地し、商店や寺、剣道場も設けて夜店も開いて、城下の人と貨幣を吸引することで細民の更生、自立を町ぐるみで実現しようとしたのではないかと理解されるのである。その意味で、いわば封建的支配の常道からは直接に発想しにくい新奇さを窺うことができよう。

二　天保飢饉時

城下貧民の救恤の施策は、一般に凶作・米価騰貴や疾病の流行に際して行われたが、加賀藩では寛文九年（一六六九）の凶作に際して翌十年六月に設置された藩営の「非人小屋」（御救小屋、御助小屋）があり、そこへ身寄り・扶助者のない農民・町民を収容していた。甚だしい凶作時などには、それだけで対応できず、餓死者が出ることもあったが、他藩にあまり例を見ない恒常的救恤施設として続いていた。

今は十九世紀以後について述べるが、文化十四年（一八一七）の不作に際しては収容者（総数不詳）のうち働ける者七四〇人を元の在所へ帰村させ、その村で世話をするよう命じた。それに対して十村役から小屋掛け・当分の飯米料として米一石宛の給付を願ったので、これを許可しており、(11)天保元年（一八三〇）十二月にも、郡方から金沢町方への転入願いの多い事態に対して、その許可を厳しくし、御小屋入り願いも渇命に及んでいる者以外は容易に願ってはならぬことを申し渡している。(12)

このように、幕末期には収容者の増加を抑制し、減らす方策がとられていたが、天保四年および七年の大凶作の場合は特別であった。(13)

天保四年は年暮れから餓死者が出る事態が生じて金沢へ乞食が多く集まり、御小屋入り願いが数千人もあって藩当局は小屋の増築計画を立てた。十二月の収容者はすでに一七八〇人あり、同五年三月末には四一三一人を数えた。その後、四月末には三三〇〇人、六月末には二二七四人と減少するが、その間、四月ごろから疫病が流行し、五月には御小屋にも罹病者が続出して火葬では間に合わず、大きな穴を掘り毎日三〇人ほども死体を埋めた。

臭気も甚だしく、大犬が連夜群れ集まってそれを食うという事態になり、足軽が空砲を撃って追い払ったという。

また、この年二月、藩では一ヵ村に米五斗宛として米一六九四石を支出するという大ざっぱな見積りで、郡方に粥施行を行うこととし、同時に身元相応の者に救恤行為を求めたが、これに応じて武士や富裕な町人も進んで米銭を拠出した。

天保七年も大凶作であったが、このときは四年の経験を生かして、同年十一月から年貢米の検査・徴集を緩くし、御用銀賦課も免除し、家中の武士にも半知借上と節食と窮民救済を諭し、八年には百姓に夫食貸米を行い、米の隠匿を禁ずるなど手立てを尽くしている。それでも飢えて行き倒れる者があり、非人小屋へ収容もしたが、乞食は村々で保護して城下へ出ることのないよう取り締まらせている。また、六月に貧民救済のための江堀の掘上げ工事、十月に家中半知借上のため職が減った大工に、犀川大橋と浅野川大橋・小橋の改架工事予定を前倒しで始めている。他に米価が下落を示した九月に野町神明宮での芝居興行を許可し、また、しばしば孝子・篤行の民を賞賜しているのは、民衆の「人気」（気持ち）を引き立てる意図からであろう。

翌天保九年も幾分か不作で米価が高騰したので、十月に金沢町民を救恤対象として「御救方仕法」を施行し、市中三ヵ所に救小屋を建設した(14)。

これは、金沢の町方で扶助者のない者を対象としたもので、従来の非人小屋（俗に御救小屋とも）とは別の新規の施設であった。犀川川上の末吉町（芝居小屋跡）、田中新道および浅野町中嶋の三ヵ所に公費で「棚小屋」を建てて、救方主付として下級の侍、御救小屋主付および世話役に町人を選任し、木戸番も置いた。天保十年二月二十日現在の収容者数は川上が三五二人・一二八軒、中嶋町一八九人・五九軒、田井口一七八人・五六軒、合計七一九人・二四三軒であった。収容者には生業を与えることとし、男は原則として外稼ぎ、すなわち小屋を出て雇われ仕事をするものとし、女には笠縫、機かな、かな綯、苧綯、足袋裏さしなどの作業をさせ、各人から除け銭をさせて蓄えを作らせ、早く小屋を出て自立できるよう促進するというものであった。この施策に対して米銭を拠出する町人や武士があり、記録の限りでは、十月は数人が申し出た程度であったが十二月の下旬には二十数人を数え、翌年の春にも何人かが拠金していることが知られる。

この施策は非人小屋制度の金沢版ともいうべきものであるが、ほとんど無策かにみえた従来に比べれば注目すべき藩当局の福祉政策であるといえ、生業を与えている点は注目される。また町人を世話役に任命するという方法で官民ともに取り組む態勢をとり、さらにその結果として多くの義捐の米銭が集まったものと理解できる。そして、この施策が進められている最中の天保九年一月九日、藩主前田斉泰は、五代綱紀が使っていたという「養民堂」と書いた古い額を土蔵から出させて御用の間の入口の内側に懸けた(15)。このことに、藩主自身が救恤についてより深く心を寄せていることが窺われる。おそらく天保四年、七年と続いた大飢饉の経験と反省から育まれたのであろう。

しかし、この経験と反省がその後も持続したかどうかはさだかでない。また前述の金沢の御救小屋もいつのころにか廃止になっている。

三　安政期

加賀藩では天保八年から藩政改革が行われて、農政では百姓の貧富の格差を「高方仕法」を通じていくらか緩和する方策が執られ、「借財方仕法」で徳政的に債権債務の無利息化や返済延期を行ったが、それを推進した奥村栄実が天保十四年（一八四三）に死去したあと、長連弘を中心とする黒羽織党という改革派グループが登用された（第一次黒羽織党政権）。彼らは旧規にとらわれず冗費節約など財政整理にあたったが、ただ党派性が強かったため、藩主からその点を叱責されて退陣した。この黒羽織党は救貧については何がしかの関心をもっていたと思われ、関沢房清が天保七年の凶作のときに私費を投じて賑恤したことがあり、またある者は画幅・器物を売って御救いのために銀子を拠出したといわれるが、逆に周囲からは吏僚としていたずらに権限を侵したものとしてかえって非難を受けたという(16)。このことは、黒羽織党が救貧問題を一つの政策として立てていなかったことを示すと思われ、実際、その形跡は知られていない。

安政元年(一八五四)に長連弘が罷免されたあとに立った横山隆章を中心とする政権は、流動を早める幕末の時勢にもかかわらず総じて無策にすぎた。救恤に関しても取りたてて目を惹く史料を得ていないが、安政六年夏に金沢でコレラが流行したときは、祈禱を命じ、芳香散という薬の配分を行い、また藩主が三日間の祭礼を許可した。このときも民間行事として藁人形を河原で焼き捨てたり、川へ流す「コロリ送り」が行われたが、その上に祈禱の御礼の意味で祭礼をにぎやかに行うよう町奉行から指示したものである。はじめは人気も湧かなかったが、三絃を許可したため所々から囃子が出てしだいに調子づき、獅子舞、曳山や紅白・紅黄の衣装や紅縮緬、更紗の着物を付けたにわか、猿のような仮装、また思い思いの行灯や御幣をもつ人々が躍り狂い、徹夜で歩行して、三日の予定が五日間も続いたという(17)。

前年の安政五年は凶作で、その夏金沢で二〇〇〇人もの貧民が夜中に卯辰山の上から御城へ向かって「ひもじい」「米をくれ」と絶叫した。また領内の町場など二十数ヵ所で打ちこわしなどの騒動が起こった。そして金沢の騒動の首謀者の処刑がこの四月に行われたが、米価の高値はまだ続いており、コレラも前年から流行していたものであった。だから社会不安は前年から引き続いていたのであり、右の藩当局による祭礼の勧奨は、救恤というより治安対策的に人心の吐け口をそらそうとしたと見なすべきであろう。意図は成功し「実未曽有之大騒」ぎが現出したのである。

しかし、安政五年の三州大一揆を正面から深刻に受けとめた人もあった。同年鶴来町でも打ちこわしが起こったが、町医者で尊王攘夷論者の小川幸三はそれを実際に見て衝撃を受けたといわれ、万延元年（一八六〇）の上書のなかでも蓄米・救恤の必要、百姓の持高の格差の縮小策等を説いている。(18)また彼の同志で親交のあった越中の高岡町の蔵宿で町役人であった逸見文久郎も文久元年（一八六一）に社倉設置案を提示するなど救貧策を考えていたし、周知のように藩校明倫堂助教で世子慶寧の侍読であった千秋順之助は「治穢多議」（成立年不詳）を草した。これは具体的な施策案ではなく一般論として説いたものであるが、近世では唯一の賤民解放論であり、かつ明治政府によっても保証されなかった生業に就職させることも考慮された内容である。(19)

尊攘派の政治思想が幕末の対外危機に敏感に反応したものであるとともに、国内の打ちこわし・世直し騒動など下層民衆の闘争による突上げにも危機感を抱いたことから生まれたものであり、したがって、はざまにある中間層の地主・豪農商から主として草莽の志士を生み出し、支配層のうちでも下級武士層から輩出したのであるが、加賀藩でもそれは同様であった。ただ、加賀藩の尊攘派は少数で、政局の表で動いたのはごくわずかの期間であり、しかも元治元年（一八六四）には、ほとんど一網打尽に処罪されて壊滅し（なお後述）、彼らの主張は政策上に実現されることなく終わった。

他方で、この時期の町人の側での救恤活動は多くみられた。もっとも、それらのどれが全くの善意によるものか、あるいは打ちこわしや米銭の強請を恐れ、避けるための偽善行為か判定は困難であるが、そのなかで個性的な二、三の例をあげてみよう。

安政五年正月、まだこの年の飢饉が襲う以前であるが、金沢の河南町（今の片町）の呉服商で町肝煎もつとめていた城戸屋六兵衛が老廃の牛馬を養うために犀川川上に地面を申し請けたいと願い出て許可されている。これは、使役に耐えなくなった牛馬を農民たちが越前など他国へ売り払う（そこで屠殺、処理される）ことが密かに行われていたのを憐れんでのことで、その経費は、六兵衛が以前から非常時の備蓄として味噌を作っており、藩へも献納していたが、その味噌を売った利益を充てるということであった。六兵衛は仏教で言う「放生」（捕えた生類を放ち逃がす）を実践しようとしたのである。また、従来貯金を藩へ献納していたが、この年の飢饉には同志を語らって五〇両、一〇〇両と御救いの献金をしている。[20]

つぎに、綿津屋政右衛門は、安政五年の卯辰山での騒動の出牢者に草鞋・鳥目を少々ずつ施与し、また翌年四月に処刑された七名の首謀者を弔って七体の稲束を抱いた地蔵尊（七稲地蔵）を建てた人である。彼は、茶屋経営（遊女屋）、芝居興行を経験し、曲馬興行で富利を得た人で、当時は京三度（飛脚業）を経営していた。[21]

このように、城戸屋六兵衛は仁慈の心をもって放生を実践し、綿津屋政右衛門は金沢の細民層集住地区に根付き、そこから発生した安政の騒動の「犯罪者」を庇護し弔ったのであり、それぞれに個性的な行為であったといえる。

なお、小野慈善院（現在の陽風園）の創始者小野太三郎が窮民救済の行為を始めた年代についてははっきりしていない。太三郎が私資を施与した年と窮民を中堀川町の自宅に収容した年が同じか否かもはっきりしないこともあって、元治元年説と明治六年説に分かれている。また、彼の救済活動の直接の契機についても詳らかでないが、行政とも宗教団体とも関係のない個人的な行為であったことはほぼ疑いない。[22] ここではこれ以上立ち入れないが、当時、個人の個性的な救済行為の可能性が広がっていたという状況から言えば、元治元年説も（もちろん明治六年説も）成り立ちえないとは言えないことを指摘しておこう。

四　明治維新期

慶応二年（一八六六）四月、十三代藩主前田斉泰が隠居して慶寧が十四代を継いで最後の藩主に就いた。この事情について少し触れると、慶寧は、さきに元治元年、京都の蛤門の変に際し、藩主の名代として京都で禁裏守衛の任にあたっていたが、幕府に対して横浜鎖港と長州征伐反対の建白を上げた。また随行の者のうち、尊王攘夷派の者が長州藩士などと密会して長州支援を約するなどの策謀を行っていた。そして長州藩兵が京都御所を攻撃しようという事態に至ったとき、尊攘派の随臣の意見に従って長州兵と戦うことを避け、蛤門攻撃の当日に退京したのである。長州軍が敗れた結果、慶寧の退京は朝廷に対しても、幕府に対しても違背したことになり、加賀藩は重大な責任を問われることになった。このため斉泰は、慶寧を謹慎させ、尊王攘夷派は在国していた者も含めて四十数名を処罰したのであった。前述の小川幸三（当時藩士に召し抱えられていた）や千秋順之助も死刑に処せられている。

斉泰の隠居、慶寧の家督相続のことは、実は元治元年三月に父子の間で決まっていたのであるが、この謹慎事件で、慶応二年まで遅れたのであった。襲封した慶寧は、早速に軍制改革に取り組み、大砲をすべて新流の筋入銃に改めたり、銃隊編成を改めて西洋太鼓を用いるなど意欲的に改革を進めたが、もう一つ力を入れたのが福祉政策であった。

慶応三年三月十九日、慶寧は鈴見村の鋳造所、牛坂村の弾薬所を視察するとともに、笠舞の「非人小屋」も巡視した。藩主として非人小屋へ直接赴くこと自体が前代未聞のことであるが、二十一日にその施設が「ひどきもの」「浅間なるもの」であり、食物も二合五勺で「彳鬼のもの」で「不便の事」に思うので、窮民どもの成り立つようにしたい。また領内の郡方の困窮の者も救いたいので所轄の奉行で審議するよう申し渡した。これは、この年の春、慶寧が福沢諭吉の「西洋事情」を読み、西欧の福祉政策が進んでいることに感銘を受け、触発されたためであると言われる(23)。

そして六月二日には卯辰山に病院を建設する計画を公表し、あわせて士庶からの冥加、小前の者でも一日、半日の地ならし等の労働奉仕の提供を求めた。また同日、「撫育生産方」役所を設けて、非人小屋収容者や札持乞食以外の難渋人や浮浪・無宿の乞食人を役人が出役して収容し、「生産を以撫育」する旨を触れた。卯辰山の病院「養生所」の工事は六月十八日から開始され、各町から目印の旗や纏を立てて老若男女が集まり、花笠をかぶり衣装を飾って、音頭をとり、賑やかに山崩しの御手伝いに出たといい、十月には建物も完成して入所または治療希望者を募った(24)。

養生所の入院患者の病室は上等、中等、下等に分かれており、上等は経費を自弁し、中等は衣食は自弁するが薬代は無料、下等はすべて無料となっており、中貧・極貧の者への救恤の性格をもっていた。養生所棟取は蘭方医黒川良安を任じ、種痘所も設け、舎密局もあり、もちろん外来患者も受け付けた(25)。

また、慶応三年十一月に「非人小屋」を「撫育処」と改称し、従来は算用場と町奉行所との共同管理であったものを、町奉行で専管する方が世話が行き届くので改めたいとする建議がなされた(26)。

そして明治元年（一八六八）の春、養成所の附属施設として、続きの地に「撫育所」が建設され、笠舞の非人小屋を移転した。この新しい収容所は、ネダ板を張り、風呂場を設けるなど、笠舞のときよりも施設を改善し、また「所作所」を建てて、撫育人に生業を与えた。それぞれその得手とする苧絈・かな引・草履・草鞋・足袋・笠縫などの作業をさせて、製品を買い上げ、その代銭のうちから除け銭（蓄銭）させた。所作所以外でも開拓方の茶つみ、桑取・薬草掘り・養蚕をさせて賃銭を支給し、これも除け銭させた。除け銭は預かって利子を付け、出所するときに渡すことにした(27)。

卯辰山開拓事業の全体は、藩政の棹尾を飾る大土木建設工事で、浅野川に仮橋の一文橋があった所に天神橋を架け、御影町、常盤町、粒谷町の辺りには織物、工芸、鉄工など諸種の製造工房がつくられて、その製造品を集荷し、売り捌く役所があった。そこから登って養生所下の谷間の梅谷に産物店や鴨鍋の店があり、頂上近くに休み茶屋があり、揚弓場や軍談師が語る小屋があった。頂上は昔は三つの小山があったが平坦に均された。その後の方も切り開かれて馬場になり、谷間には建坪二〇〇坪の薬湯が作られ、さらに奥の末広町の辺りには芝居小屋が建っていた(28)。

このように、卯辰山開拓は、福祉、産業、娯楽の各面にわたる、藩営の町づくり事業だったのであるが、その事業が福祉施設から始められたのである。養生所建設についで鳶ケ峰に天満宮を造営することとし、慶応三年八月に地鎮祭を行い、九月に竹沢御殿（今の兼六園内）から天満天神等三体を遷しているが、中央政府への卯辰神社の社号申請には窮民・病者を救う養生所の鎮守のためであると述べている(29)。

以上、福祉重視、産業開発、庶民娯楽のいずれについても従来の施設の枠を超えた構想であり、ここに藩主の考え方がそれなりに切り換えられていることが窺われる。もちろん、それは封建領主の立場からの発想であり、これを超えるものではない。

また、加賀藩は、従来、最大の大名としての自負から幕府・朝廷間を調停し、諸藩に対して周旋しようとしてきた立場（そして失敗して面目を失っていた）を放棄し、同時に基本的に佐幕であった場合も、今後はそのことにこだわらぬこととして「自立割拠」（「三州割拠」とも）を藩是としたなかで、この事業が行われたのである。したがって、その内容は右のように評価できるとしても、日本の政治情勢のなかでは、新しい中央集権国家が創られようとする重大な歴史の画期に、自藩のなかに閉じこもってしまったという決定的な政治方針上の誤りを犯したといえ、この大枠からみても幕藩制の限界を超えるものではなかったのである。

そして、今一つ、この発想転換の決定的な遅れも指摘しなければならない。事業開始のわずか二年後、明治二年の版籍奉還で加賀藩主前田慶寧は、中央政府任命の「金沢藩知事」に身分が変わり、同四年の廃藩置県によって東京へ去って、この事業は中断され、一時は多くの人出で賑わった卯辰山のニュー・タウンはたちまちのうちにさびれたのであった。

おわりに

近代的福祉政策、慈善事業の規定付けにはいろいろな要件があるであろうが、個人個人の社会的な平等、自由、民主の基準に照らせば、本章でみた事例はいずれも近代的とはいえないであろう。問題は封建制の下における近代的萌芽の胎動をみることであるが、十八世紀末期に職業としての乞食を人に非ざる人と見なしてきたことへの見直しの観点が生まれ、また、楠部屋金五郎など、民間においても十九世紀初期に、〝物乞いに物を施す〟以上に人間らしく扱おうとする動きが生まれていた。

藩主も含めて藩当局が救恤について大きく関心を抱くのは天保期の二度の飢饉に際してであったが、施米銭や「養民」の心がけは新しいものではなく、封建支配者として属性であるべきものが想起されたにすぎない。もし一歩進んだとすれば、金沢町の「御救小屋」において収容者に生業を与えて積極的に自助・自立を促そうとした点であろう。その方策は維新時に卯辰山の「所作所」へ受け継がれて行くのであり、千秋順之助が机上論とは言え、画期的な被差別民の解放とともに、その授産に触れていることも注目すべき点であった。

安政期の城戸屋六兵衛、綿津屋政右衛門、そして小野太三郎の救恤行為は、その人なりの個性を生かした活動として注意される。藩政が行き詰まり、社会状況がいよいよ混乱してくるなかで、そうした個性を生かせる余地、すき間が広がっていたと理解したいが、堀昌安は医者という一般民とは少しちがう立場にあったためか、すでに化政期に独自な事業を行っていたといえよう。

それにしても、加賀藩為政者のこの面での非開明性は、とくに天保期以降の幕藩制の最終的崩壊過程においても持続されたと見なさざるをえない。それは、藩の政治方針・施策が、全般にこの時期の日本の政治情勢への理解と対応に遅れ、誤ったことと照応するものと思われる。ようやく発想の転換といえる藩営卯辰山開拓事業が行われるのは明治維新の前年のことであり、もはや藩当局に時間は与えられていなかったのであった。

そのような加賀藩政の制約下にありながら、また、城下町という領主の規制の強い所において、化政期以後、人間を人間として見る目、社会的弱者の自助・自立を援けようとする心が育ち、救恤する者自身が個性を発揮する場を得はじめていたことに、近代への胎動、幕藩制崩壊期の特徴を看取できるように思われる。

註

(1) 加賀藩幕末期の社会経済史に関する研究は多いが、さしあたり、若林喜三郎著『加賀藩農政史の研究』下、吉川弘文館、一九七二年。蔵並省自『加賀藩政改革史の研究』世界書院、一九六九年。
(2) 『稿本 金沢市史』市街編三、八四二頁。
(3) 『加賀藩史料』一三、五、三三二、三三八頁。また宇佐美孝「文政六年金沢の町名改めと城下図の作成」(『北陸都市史学会誌』一号、一九九〇年)。
(4) 詳しくは、拙稿「加賀藩中・後期の改作方農政」(『金沢大学法文学部論集』史学篇二三、一九七六年)。
(5) 「菱屋彦次日記」(『石川県立郷土資料館紀要』三号)三九頁。
(6) 『加賀藩史料』一〇、四五九頁。
(7) 同右、二五八頁。
(8) 同右一五、一三八頁。
(9) 同右一一、八五三頁。
(10) 同右一二、二九五頁。『改訂増補 加能郷土辞彙』堀昌安、昌安町の項。
(11) 『加賀藩史料』一二、六一〇、六一一頁。
(12) 同右一四、八七頁。

(13) 以下、天保四、五年および七、八年の事例は『加賀藩史料』一四の関連記事による。ただし、いずれも本文ではごく概括的に叙述したので、そのすべてにわたって触れてはいない。
(14) 「町格」三・四（『藩法集4　金沢藩』創文社、一九六三年）および『加賀藩史料』一四、九六二頁。
(15) 『加賀藩史料』一四、九八四頁。
(16) 『石川県史』二、七二三、七二九、七三〇頁。
(17) 『加賀藩史料』藩末編上、九八六、九八七、一〇六八、一〇七一頁。
(18) 同右、一一四六頁。
(19) 拙稿「石川・富山」（『部落の歴史　東日本篇』一九八三年）。また「治穢多議」の解読・解説を試みた（『部落史史料選集近世篇Ⅱ　思想・文化』一九八九年）。
(20) 『加賀藩史料』藩末篇上、一〇〇五頁。
(21) 「綿津屋政右衛門自記」（『日本都市生活史資料』五）。田中喜男「綿津屋政右衛門」（『風のあしおと』静山社、一九八二年）。
(22) 『小野君慈善録』（一八九〇年）。『小野慈善院誌』（一九〇九年）。池田敬正「小野慈善院の成立」（『京都府立大学学術報告・人文』四一号、一九八九年）。なお池田氏は、慈善事業の開始について断定を避けながらも後妻せんの入嫁年（慶応元年）からみて維新以前に収容活動が始まった可能性を推測しておられる。
(23) 『加賀藩史料』藩末篇下、五七三、五七四頁。
(24) 同右、六一一、六一二、六一八頁。
(25) 同右、六八四頁。
(26) 同右、六九四頁。
(27) 同右、八一一頁。
(28) 「卯辰山開拓録」（金沢市立玉川図書館蔵）。
(29) 『加賀藩史料』藩末篇下、六六〇・八八五頁。

第四部　前田氏領国の形成

第一章　「一番大名」前田氏

1　金沢藩

「金沢藩」の呼称は、その城下町から採ったもので、むしろ地元では一般に「加賀藩」と呼ばれている。時には前田藩ともいうが、その場合、支藩があるので限定しなければならない。ここの対象は本家の前田藩である。また最初は能登の所口に居城したから、当初は所口藩、のち金沢に居城を移したことから金沢藩とも言えるが、ここではこれらを総称して加賀藩ということにする。なお、版籍奉還で設置された「金沢藩」があるが、領域も首長も全く同じであったので、ここでは明治四年廃藩までを加賀藩とする。

2　前田氏

加賀藩主は一貫して前田氏で、天正九年（一五八一）八月に能登国へ入封した前田利家から一四代、二九一年間を経て明治の廃藩に至った。藩祖前田利家は織田信長に仕えて能登国の一円支配を任され、のち羽柴（豊臣）秀吉に従って北陸の能登・加賀・越中三ヵ国に亘る領地をもつに至った織豊取立大名である。

豊臣政権の五大老の一人として徳川家康と並び立ち、二代利長も大老職を継ぎ、関ヶ原合戦後に一二〇万石の大大名になった。三代利常のとき寛永十六年（一六三九）に富山、大聖寺両藩を分立させ、自分は隠居領二二万石をもって小松城におり、四代光高の本藩は八〇万石を領知した。利常没後は五代綱紀が隠居領も合わせて一〇二万五〇〇〇石余を領知して幕末に至った。徳川政権下では外様大名の雄として最大の知行高をもつ「一番大名」の権威と矜持を有し、幕府からも尾張、紀伊、水戸の御三家に准ずる待遇を受け、元禄三年（一六九〇）以降は五節句には白書院で将軍に拝謁できる待遇になった。

前田家の家格は、詰間は大広間、官位は従三位で、実際の叙任は初代利家が従二位、十三代斉泰が正三位、二代利長・三代利常・五代綱紀・十四代慶寧が従三位で、他の藩主は正四位下であった。豊臣政権のとき、前田利家・利長は羽柴姓を賜り、利家は羽柴筑前守、利長は羽柴肥前守を名乗った。ついで豊臣姓も与えられている。徳川氏のもとでは、前田利常以後は各代が松平姓を号した。時の将軍の偏諱を賜るのは四代光高以後の代々である。

前田氏の系図について言えば、利家のときから菅原道真の子孫であると公言して、鎧の胸当てに天満宮の三字を記していたが、確実に信ずべきものはない。美濃国安八《あんぱち》郡前田村斎藤家の出であるとも伝え、その支族が干拓地へ移住したものと推量される。

史料上では、前田利春（利昌）のとき、尾張国愛知郡荒子の城主であったこと以降が確認できる。天正十四年の京都大徳寺前田利春画像の賛に平氏とあり、小瀬甫庵は藤原氏と説いているが、結局氏姓は未詳である。寛永十八年諸家系図を作るにあたって、徳川氏は同じ源氏を慫慂したが、三代利常は林羅山に頼んで菅原出自の系図を作らせて幕府へ提出した。前田家の家紋は剣梅輪内である。

なお付言すれば、家臣や百姓は利家の利の字を憚って使わなかった。利兵衛は使わず理兵衛とするがごときである。地名でも砺波郡利久村は理休村に改めた。時に延宝六年（一六七八）であったというから五代綱紀の治下である。

徳川氏との姻戚関係は、前期には両者の親近関係構築のために重要であった。三代の正室は将軍徳川秀忠の二女、四代の正室は水戸の徳川頼房の娘で将軍家光の養女、五代のそれは家康の孫保科正之の娘であった。これに

図6　加賀藩前田氏略系図

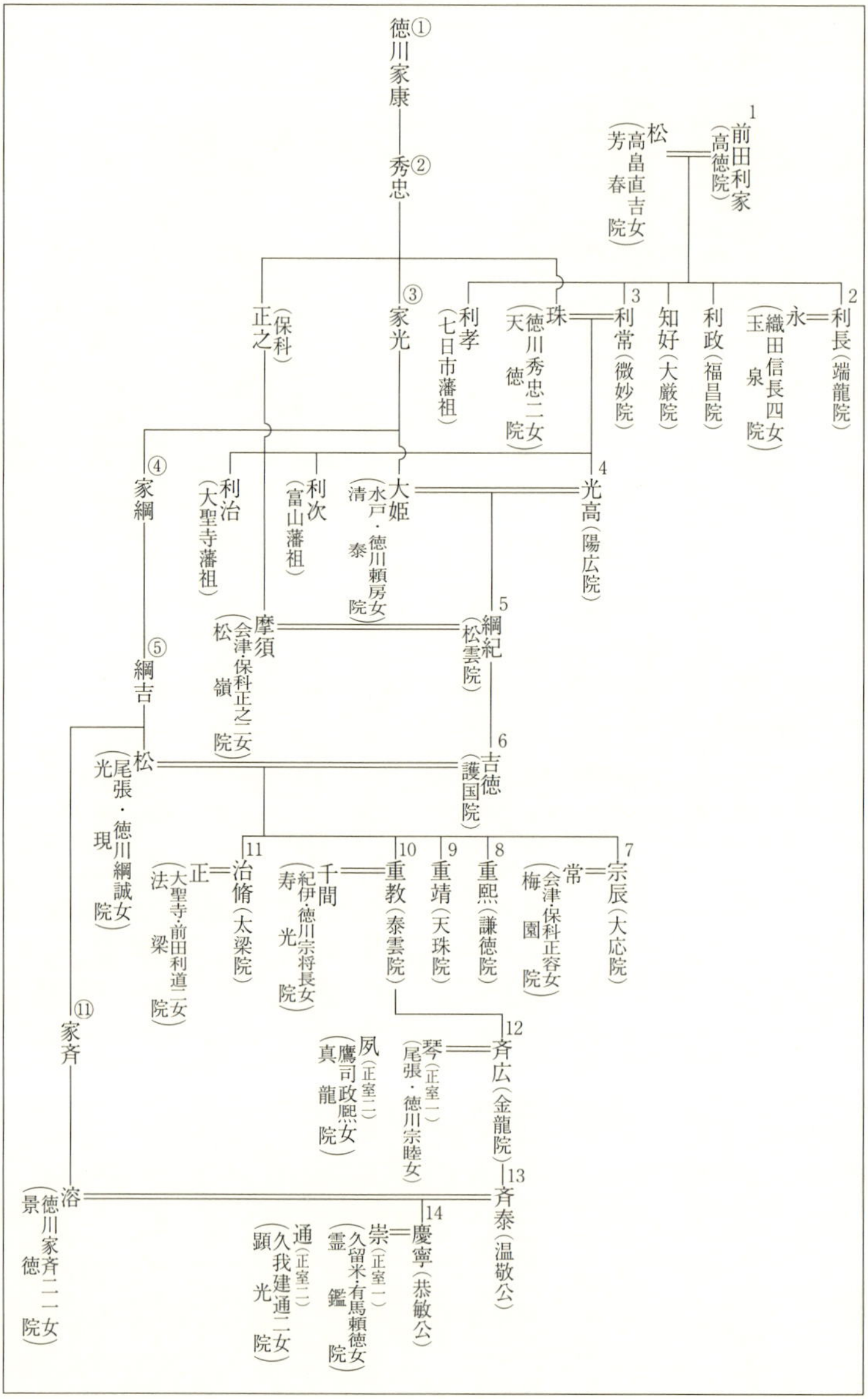

註（1）数字は藩主の代数をあらわす。（2）丸付数字は将軍家の代数をあらわす。（3）田中喜男『加賀百万石』所収を補正して作成。（4）3利常は利家と松の間の子ではないが、便宜上そのように表記した。

より外様の雄・前田氏は完全に〝徳川化〟したといえる。なお六代と十二代の正室も尾張徳川氏の出であったが、十三代の四番目の正室が将軍家斉の娘であったから、幕末維新期の加賀藩の佐幕的政治姿勢にそれなりの影響を与えた。

逆に、人質も二つの家を結び付けたといえる。事例は一時期遡るが、戦国乱世に利家の娘まあ（摩阿）は柴田勝家の人質から羽柴秀吉の人質になり、側室の加賀殿（その後万里小路充房夫人）へと境遇を変えた。三代利常は自身が小松城主丹羽長重の人質だったし、何よりも利家夫人まつ（松）が、慶長五年加賀征伐ののちに徳川氏の人質となり、重臣の証人と共に江戸へ行って足かけ一五年間を過ごすのである。次男利政の妻子も関ヶ原合戦のとき一時石田三成に捕われ、加賀藩の政局に影響を与えた。まつは伊勢参宮や有馬の湯治も許されたが、人質の間に歯根の出血で死に直面してもいる。まつが解放されたあと、代わって利常の生母ちよ（千代・寿福院）が江戸へ行くが、いずれも参勤交代制度以前のことで、これをもってその制度の始まりとするのは必ずしも正当でなく、いわば俗説化にあたろう。

3　江戸藩邸

江戸で幕府から与えられた藩邸の最初は慶長十年（一六〇五）、利常が元服して松平姓を名乗った年で、江戸城和田倉門外に土地を貰い上屋敷辰口邸を造った。伏見城の殿閣を移したと伝える。ただし、それ以前の、人質の芳春院とそれに随った重臣の子弟や、付き人の村井長頼の住所は、史料的には未詳である。さて、辰口邸は元和三年（一六一七）将軍秀忠の御成りがあったが寛永九年（一六三二）類焼して建て直し、光高夫人が入嫁し綱紀が生まれた。明暦三年（一六五七）正月類焼して、同年筋違橋外の筋違邸を上屋敷とした。約八八〇〇歩であったが天和二年（一六八二）十二月焼失して収公され、代わって本郷邸が上屋敷になった。

天和期以前に江戸にあった抱屋敷には元和以来の米倉のあった永代橋邸（約三万二〇〇〇歩）、切通邸（約四五〇〇歩）、深川の焙烙島邸や深川邸があったが、天和・貞享期に上地になった。牛込邸は正保二年（一六四五）光高夫人大姫入嫁のさいに市ヶ谷近くの六万歩を得て殿閣を建てて中屋敷とした。明暦三年、幕府がこれを上地にしようとしたので利常は幕閣に難詰して、駒込の六万歩を代地として与えられた。「一番大名」の矜持と面子にかけて抵抗したのであろう。

以上の天和期以前では、この他に本郷邸（神田邸）があった。上野不忍池を後背地にした大久保忠隣の跡地数町四方を元和初年に取得して利常の下屋敷とし、寛永二年に柵で囲い翌年に利常生母寿福院を金沢から呼び、また多くの小身の家来が住んでいたという。ここへ寛永六年（一六二九）四月、将軍家光が二十六日に、二十九日に前将軍秀忠の御成りがあり、利高が光高に、利光が利常に改名し、豪奢な贈答・接待があって両家の親近が図られた。寛永十七年にも家光の御成りがあるが、そのころは利常が居住しており、明暦三年の辰口上屋敷類焼で綱紀が避難してきて、万治元年（一六五八）その夫人が入嫁。元禄十四年（一七〇一）将軍綱吉御成り御殿造営、また同十六年類焼など幾度かの災難を経て、明治に至るが、その面積約一〇万四〇〇〇歩、そのうち支藩富山・大聖寺の藩邸が一万六〇〇〇歩ほどあった。他に延宝七年（一六七九）から平尾邸があり、天和・貞享期の前述抱屋敷の上地に代えて一四万歩ほど与えられて下屋敷になっていた。

参勤交代では少なくても二〇〇〇人台、多くは四〇〇〇人台が上府したから、これらの江戸屋敷には常時相当数が駐在し、簡略な組織体制で日常の藩務を処理していたのである。

4　前田氏の領知

利家の経歴、とくに戦歴、立身等は別に記すが、ここで前田氏の版図の拡大を概述すると、利家は十四歳で織田信長に仕えて五〇貫文、弘治二年（一五五六）一五〇貫文、一時浪人したが永禄四年森部の戦いの功で四五〇貫文と加増し、永禄十二年（一五六九）兄蔵人に代わって家を継ぎ二四五〇貫文で荒子城主になった。その後歴戦して天正三年（一五七五）九月、信長から佐々成政、不破彦三と利家の三人に柴田勝家の目付与力として越前国に一〇万石が給与され、三等分して利家は越前国府中城に拠って（武生）三万三三〇〇石を領知した。ついで天正九年九月に能登一国の一職支配権を与えられて国持大名になった。能登の内に信長の直臣であった長連龍の知行地三万一〇〇〇石があったが、利家の与力分となり、前田領に含まれた。同十年、柴田勝家が羽柴秀吉に賤ケ岳で敗れたとき、利家は降伏し、秀吉軍の先鋒になって加賀を攻め金沢城を落とした。この功により加賀北半の河北・石川郡を加増され、七尾から金沢城に移った。利長は府中城主であったが、このとき石川郡松任四万石へ移った。ついで天正十三年、越中の佐々成政と争い、秀吉軍の援を受けて勝って越中四郡のうち婦負・射水・砺波三郡を与えられ、嫡子利長が領することになって越中守山城へ移った。残りの新川郡は佐々成政領であったが、同十五年に肥後へ転封され、秀吉の直轄になって利家が管理した。その後、文禄四年（一五九五）七月、利家が豊臣秀頼の傅となったさいに加増されて前田領になった。他に上洛の賄い分として近江国高島郡今津西浜と弘川村に一八六四石余の地も受けている。

一方で、文禄二年某月に次男利政に能登国を譲った。能登の一部でなく一国を分与したのである。その上で、慶長三年（一五九八）四月に隠居し、二六万石を養老領として金沢城を居城としたが、翌年閏三月に死去した。養老領は、能登口郡の一万五〇〇〇石は利政へ、他の石川（松任四万石の丹羽長重領を除く）・河北郡・氷見庄は利長へ返戻された。他に、隠居のさいに正室まつへ化粧領として近江領（慶長検地で二二六〇石余）を与えていた。この領は、その後元和四年（一六一八）幕府が収公するが、同六年に前田氏に戻されている。

こうして利長は越中全部と加賀北半を領し、能登の利政と共に「前田領」を形成したが、慶長五年関ヶ原合戦に利政が参戦しなかったため、能登は没収され利長へ返された。同時に加賀南半も利長が大聖寺藩山口氏から伐り取った地として領分になったから、利長は一二〇万石の最大版図を擁することになった。

ただし、それは加・越・能三ヵ国の一円支配を意味しなかった。一つには同年に、うち一万石を従兄弟の土方雄久《かつひさ》へ分与したことである。この地ははじめ新川郡内にあり、のち能登国内に散在する六十余村へ替地された。この土方領は、のち貞享元年（一六八四）に幕府領となって旗本らの知行地にもなった。享保七年（一七二二）六月前田氏の預所となり、村の入替えも経て文化七年（一八一〇）、年額五三〇〇両で年貢分を請け負い、民政も藩政下に置いたが、慶応三年（一八六七）七月に至って年額一万石を払って預所の実質もなくし、前田領地になった。

今一つは白山麓一八ヵ村で、当時加賀国でなく前田領でもなかったことで、明治五年（一八七二）までは越前国であった。その事情は、柴田勝家勢が加賀一向一揆を攻めたとき、大日川沿い五ヵ村と牛首川沿い一一ヵ村が勝家方に付いたからで、越前方の柴田三左衛門勝政と金沢城の佐久間玄蕃頭盛政が、濁澄川の橋上でそこを国境と定めたという（「温故集録」）。天正七、八年のことと思われる。こうして能美郡であった一六ヵ村は越前の大野郡に入った。ついで、明暦元年からの白山山頂争論の裁判で寛文八年一六ヵ村と石川郡尾添・荒谷の二村も共に幕府領になり、その地域は「越前加賀国白山麓」、略して「白山麓」と総称することになった。なお尾添・荒谷村の高合わせ一七一石余は地に近江国高島郡海津の中村が与えられ、近江の領地は合計二四三二石余になって幕末に至った。

以上が初期の領域の概観であるが、留意したいのは、初期の利家・利長・利政それぞれが領知をもったが、たとえば家臣の喧嘩・訴訟の裁断、雑租の課税、物資の流通統制、領民の緊縛等々で父の判断・指示に従うなど、父子間の統治権の重層性がみられ、むしろ、全体として前田領と見なす意識が強かったと思われる（『富山県史』

『氷見市史』など）。

さて、二代利長は慶長十年に新川郡を隠居領として、富山城（火災で十四年より高岡）を隠居城としたが、慶長十九年に死去し、本藩に戻された。利常は利長没後の慶長十九年（一六一四）九月、前田氏として初めて徳川将軍から領知判物を受けた。このときは、領知高を明記されなかったが、寛永十一年、三代将軍家光から下された領知判物では、一一九万二七六〇石であった。この数値は四代将軍徳川家綱の「寛文印知」でも基本的に踏襲された。

5　三藩分立

利常は寛永十六年（一六三九）六月、隠居に際し三人の子息に分割して相続させた。次男利次へ富山藩一〇万石（主に婦負郡と新川郡の一部）、三男利治へ大聖寺藩七万石（主に江沼郡）で隠居領は二二万二七六〇石（新川郡と能美郡の一部）および近江領二二六〇石余で、残り八

表37　前田領の石高

	郡　名	慶長19年	比率	寛永11年	正保３年	寛文４年
加賀国	河　北	76,086.615	6.4%			75,070.200
	石　川	166,124.681	13.9%			166,945.980
	能　美	133,982.328	11.3%			110,908.690
	江　沼	67,213.632	5.6%			70,000.000
	合　計	443,407.256	37.2%	442,507.456	423,706.610	422,924.870
越中国	射　水	128,902.025	10.8%			130,256.440
	砺　波	193,837.066	16.3%			202,111.840
	婦　負	58,569.630	4.9%			100,000.000
	新　川	149,328.650	12.5%			147,511.410
	合　計	530,637.371	44.6%	533,361.190	592,415.680	579,879.690
能登国	羽　咋	78,405.904	6.6%			74,603.590
	鹿　島	60,562.035	5.1%			62,935.250
	鳳　至	50,598.314	4.2%			47,981.560
	珠　洲	27,325.100	2.3%			25,912.440
	合　計	216,891.353	18.2%	216,891.354	225,006.150	211,432.840
３ヵ国合計		1,190,935.980	100.0%	1,192,760.000	1,240,498.440	1,214,237.400

註　野積正吉「南葵文庫蔵越中加賀能登国絵図について」（『富山史壇』150号），「袂草」（『加賀藩史料』第二編），「金沢古文書」（『加賀藩史料』第三編），「寛文印知集」（『続々群書類従』第九）をもとに作成した。

〇万石を本藩の長男光高が領知した。この隠居領は利常の死去で五代綱紀に渡り、本藩の寛文四年朱印高は一〇二万五〇二〇石二八二合となった。

ただその前の万治三年（一六六〇）に三藩間の飛び地を交換して一円的に纏めてもいるが、一つ指摘したい点は、富山藩の新川郡飛び地のうち三七ヵ村は浦山辺りの黒部川と片貝川の間の山麓から海辺にかけてであり、大聖寺藩の七ヵ村は黒部川右岸（北）の浦方の旧街道沿いの村々で、その両側が加賀藩領であった点である。つまり三藩が共同して越後方面からの敵に備える態勢を組んでいたことが瞭然なのである。ここに戦国余風のあった利常の時期の、全体として前田領という観念が窺える。

また、寛文二年（一六六二）、文治政治を執った綱紀は交通の便のため道路整備に意を尽くしたが、右の防禦線の黒部川扇頭部に、刎橋の奇観をもつ愛本橋を架けて街道を変えた。さらに、越後国境の、山上から遥か海上まで見晴るかす位置にある境の関所に奉行を置き、与力と足軽二十余人で守る「関格の厳重なる事日本随一」と言われるほど堅固に整備した。

他方、加賀南端は、大聖寺藩自体が江沼郡を押さえているのであるが、越前境の橘村に番所があり、大聖寺町端の越前口（いまの関町）に大聖寺藩の関所があって、重大事には本藩から守備隊が派遣されることになっていた。ここにも三藩共同の防禦姿勢がみられる。また飛驒境に、金沢・富山双方の猪谷関所があった。

その他、能美郡の越前口に河原山、木滑、阿手、別宮の口留番所があり、飛驒境には西赤尾、大勘場の口留番所があったが、そこでは主に商品の領外移出入を取り締まった。

6　北陸街道

加賀・越中の加賀藩領を縦貫する北陸街道（北国街道とも）は、寛文二年（一六六二）の場合、宿駅は北から順に、越中の越後との関所の境を過ぎると、その先が泊で、ついで、橋がなくてかち渉りで黒部四十八か瀬を越えて入善、三日市、魚津、滑川、富山、小杉新、高岡、立野、今石動、埴生と続き、加賀国境の倶利伽羅峠を越えて加賀国に入る。

ただ同年から愛本橋ができて四十八か瀬を避けて通る上街道に変更された。また大きく湾曲していた神通川が直流すると、支藩の富山城下へは、船を並べて繋いだ船橋で渡って対岸の舟橋町を経て街道に通じることになった。

加賀の街道の宿駅は倶利伽羅峠の麓に竹橋があり、能登へも別れる津幡を経て城下町金沢に至る。道は街中を貫通して野々市、松任、柏野、源兵衛島、水島、ついで手取川を渡し船で越えて粟生、寺井、そして加賀国第二の城下町小松、ついで藩領を越えて、月津、動橋を経て支藩の大聖寺藩城下町に至る。町はずれに関所があり最後の橋の宿からは砂丘の尾根道を通って越前国へ入った。

なお金沢町を通る浅野・犀川の二河川には町人の資金によって橋が架けられていた。

また江戸への参勤交代（上府）はほとんどが金沢から北上する下街道を使い、ときたま、南下して（上街道）、中山道か東海道を通った。

第二章　前田利家の立身

1　前田利家の出自

前田利家は、尾張国愛知郡荒子村の土豪で二〇〇〇貫の地の領主で荒子城主の前田利春（利昌）の四男として生まれた。母は竹野氏。前田氏の氏姓は不明であるが、利家自身は菅原氏であると称しており、三代利常のときに儒者林羅山にその系図を作らせて公式に称した。利家自身は、先祖は六代前に尾張国へ来たと言ったという（「村井長頼覚書」）が、従来の研究・考証によれば、先祖は何代か前に美濃国安八郡前田村から海辺近い干拓地の荒子へ移ってきたとみられる。しかし確実な史実は父利春からで、その地元の研究者によれば、利春は織田信長の家老林秀貞の与力であったという（武田茂敬「荒子城物語」二〇〇二年）。利家の幼名は犬千代で、この幼名は代々の世継ぎが襲名した。のち孫四郎と名乗り、永禄元年（一五五八）通称を又左衛門と改めた。

2　利家の生まれ年

利家の生年について、近世期から前田家は天文七年（一五三八）説を採っている。他に五年説、六年説もあるものの、いずれも二次史料の記録類の記事によっていたが、近年六年説が主張されている。その史料的根拠は、能登一宮気多社文書にある「としいえさま五十四、としながさま廿九」と記した某女の戦勝祈願依頼状であり、利長の年齢から、天正十八年（一五九〇）北条征伐に際しての文書なので、利家は天文六年生まれになることがわかる。また、利家・利長に関して信憑性の高い村井家の記録「村井重頼覚書」では「とりの御年」で、「六十三にて御遠行」（数え年）と記録していて、これも天文六年生まれである。今一つ、秀吉が死去したときに、利家夫人まつが同年齢の人が死んだ時の呪い「耳ふさぎ餅」（丸餅を耳にあてる所作）を利家にしたと、夫人の侍女であった光寿院（不破彦三の母）が語ったという（「袂草」）。この三点から、実際の生年は秀吉と同年の天文六年生まれであったことになり、この説がもっともと思われ、『前田利家』（吉川弘文館人物叢書）の著者岩沢愿彦氏も改版のさいにこの説に訂正している。とすれば、利家は織田信長より三つ下、徳川家康より六つ上になる。なお、生まれ月、日については二月二十五日など諸説あり、結局未詳である。

夫人のまつ（松）は利家より一〇歳年下で、荒子から四里離れた海東郡沖ノ島という村に天文十六年七月九日に生まれた。父は織田信秀の弓大将篠原主計、その父が戦死して、母は信長の馬廻り高畠直吉に再嫁したため高畠姓になったが、その後、四歳のとき母と別れて前田利春へ預けられ荒子城へ移ったという。その訳は、利家の父利春の妻の姉がまつの母であったためという。だから利家とまつは母方のいとこ同士であった。やがて（年不詳）利家と結婚し、永禄二年（一五五九）、十三歳で最初の子こう（幸）を生んだ。なお「太閤記」「混見摘写」などに、木下藤吉郎秀吉夫婦が二人を媒酌したとするのは後世の創作であろうが、信長の安土城下で二人の家が隣同士であったといい、またのち秀頼の守り役を頼んだときに、秀吉が「おさなともだちより、りちぎを被成《なされ》候間」と述べているから、二人が小身時代からの知己であったのは確かである。

3　利家の兄弟

父利春の子供は六男三女であった。男子は、長男が蔵人利久で荒子城主を継ぎ、尾張嶺城主滝川益氏の妹が夫人であったが、子がなくて益氏の子を養子にしていた。利久は武将向きの性格でなかったので、のち信長の意向で家を利家に譲って家老の奥村永福とともに去ったが、のち利家に仕えて七〇〇〇石を受けた。養子慶次郎利太も利家に六〇〇〇石で仕えたが、かぶき者として知られ、牢人を経て会津の上杉氏に仕え、また牢人して余生を終えた。その男子は本阿弥光悦に学んで能書の人であったといい、娘三人の一人は利長に仕えてお花の方といったが利長夫人（玉泉院）の意向で家臣の有賀左京に嫁し、のち大聖寺藩士へ再嫁し、ほかの娘も家臣の北条氏と戸田氏へ嫁した。

次男三右衛門正虎は討死ともいうが詳細不明。三男五郎兵衛安勝は利家に属して一万三七〇〇石で七尾城代を務め、利家の片腕となった。その養子播磨利好と、その子修理知好（実は利家の三男）も同城代であったが、知好は元和二年（一六一六）に去って京都へ隠棲した。娘は青木善四郎と前述の前田利太に嫁した。

すぐ下の妹は家臣の寺西九兵衛に嫁し、五男の良之は養子にいって佐脇藤八郎と称したが、三方が原の戦いで討死した。その娘は利家が養い重臣篠原出羽守一孝の室になった。六男右近秀継は利家の下で津幡城七〇〇〇石、ついで木船城四万石の守将であったが、天正十三年（一五八五）十一月二十九日の大地震で夫婦共に圧死した。子の利秀は今石動四万石を守ったが二十六歳で夭折して家は断絶した。他に妹二人があり、つよ（津世）は高畠石見守定吉に、今一人は本願寺坊官下間氏に嫁した。定吉は幼より利家に仕え前田安勝とともに七尾城、また鶴来城、越中宮崎城などを守り、慶長五年には金沢城の留守居を務めた。

このように利家の兄弟は立身につれて結集し、当時の支城制の下で領内各地の城代を務めるなど枢要の役割を果たした。また、夫人まつの係累も同様であった。篠原、高畠両家はもともと縁者であって、利家夫婦はいとこ同士。その親戚たちも一族として遇せられた。まつの甥土方《ひじかた》勘兵衛（河内守）雄久とその弟の太田但馬守長知《ながとも》などがそれである。

4　利家の子供

利家の子供は、まつが生んだ子は九人とも一一人とも言い、戦国武将の妻では珍しく子沢山であった。側室出生も合わせて一七人を数える。

男子は六人。長女の次が長男利長で二代藩主。次男利政は能登国を領知したが失脚して側室の子の四男利常が三代藩主になる。五男利孝は幕府に仕えたのち上野国（群馬県）七日市藩（一万一四石）初代となり、三男は七尾城代をつとめたが家は続かず、六男は夭折した。

まつ出生の娘は、長女こう（幸）は本家筋の尾張蟹江城主の前田対馬守長種に嫁し、一色殿と呼ばれた。長種は利家に臣事して以後、七尾城、ついで越中守山城を守り、猿千代（三代利常）を保育し、合計二万石の重臣であった。次女のしょう（蕭）も重臣中川武蔵守光重の室となり、増山殿と呼ばれた。光重は信長の臣で、その死後利家へ来仕し、禄の合計二万三〇〇〇石。越中増山城守将となり、また秀吉のお伽衆にもなった。

この次女までは利家の妹たちと同様、親類や重臣へ嫁すが、三、四、六女は秀吉の手に渡された。三女まあ（摩阿）は柴田勝家の人質ののち、十一歳（数え年、以下同じ）で秀吉に連れ去られて側室加賀殿となり、四女ごう（豪）は生まれてすぐ秀吉の養女になり、のち岡山の大名宇喜多秀家に嫁し、秀家の八丈島流刑後、金沢へ引き取られた。六女きく（菊）も秀吉の養女にいったが夭折した。五女よめ（与免）は浅野幸長と婚約したが入嫁の前に没した。まつの末子七女ちよ（千世）は細川忠興の子忠隆に嫁したが、姑のガラシヤ夫人自決のときに火災の中から逃れ出て、のちに重臣村井長頼の子長次へ再嫁した。なお、この間にきい（喜意）、さい（斎）の二人の名があるが不詳である。

利家の側室の生んだ子も重臣の室になった。男子では三男が前述の知好、四男は、母は於千代保《おちよぼ》（千代・のち東丸殿）というまつの髪梳き女で、肥前名護屋の夫の世話に遣ったところ猿千代（三代利常）を生んだもので、公認の側室でなく、まつはかなり拒否反応を示したという。五男利孝は前述した初代上野国七日市藩主（一万一四石）。六男利貞は二十三歳で夭折した。女性では、ふく（福）は長好連の室、その没後中川光忠に再嫁し、その養子に今枝民部の七男直玄が入り前田姓として続いた。もち（模知）は徳川家康の第五子信吉と婚約したが信吉が入輿の前に没したので藩臣篠原貞秀へ嫁している。

実は、この他に利家の隠し子があった。「諸士系譜」に、篠原一孝の弟として織部が記され「初彦四郎、実高徳公（利家）御子也、襁褓ノ内ヨリ出羽に被下」とある。篠原はまつの生家だから彼女も知ってのことであろう。織部は禄五〇〇〇石、出羽死後六〇〇〇石の大小姓番頭、のち人持頭になり慶長二年に没したが、年齢が不明である。子孫は篠原分家として続いた。

5　利家の戦功

利家は、天文二十年（一五五一）正月十五歳で織田信長に知行五〇貫文で仕え、小姓役を務めた。この年八月に尾張国海津の戦いがあって初陣して敵の首級をとり、その月に具足着を行い、元服して孫四郎利家と名乗り、近習役になったという。通称を又左衛門と改めたのは七年後であった。近習は、いざ戦のとき御馬廻りで主君と共に戦うが、信長の近習達は勇猛であった。永禄十年に赤・黒二隊の母衣《ほろ》隊、つまり戦陣での使者（連絡役）に選抜されて赤母衣隊に属した。信長の天下布武の経略の下、幾多の戦塵をくぐり武功を重ねた。彼が挙げた首級は天正二年（一五七四）までに一二を数え（「本藩歴譜」『金沢市史　資料編近世一』所収）、以後は武将として戦いを指揮する立場になった。

日置謙氏は史料集『前田氏戦記集』の「解説」で利家の戦いの回数を三二回と数えているが、「本藩歴譜」は三七回、また前掲の武田茂敬氏は五五回としている。この違いは、主には一連の戦いを纏めて呼ぶか、合戦ごとに分けるかなどの違いによるためで、したがって戦いの名付け方も違ってくるし、回数の数え方も違うのである。

そのうちいくつかを紹介したいが、便法として、利家から直接聞いたと記録している戦いが九つ余りあるので、ここではそれを述べよう。出典は「村井重頼覚書」のうち、巳年六月九日付で肥前様・筑前様の御意を受けて、利家から直接聞いた「御手柄之御様子」を書いた部分である。巳年は寛永十八年（一六四一）、肥前は隠居の利常、筑前は四代光高と推定できる。その間の、彼の前半期の主な履歴も挿んで述べよう。

◦弘治二年（一五五六）八月、稲生の合戦。信長の弟信行を擁した林秀貞らとの戦いで、小姓頭宮井勘兵衛恒忠に右目の下を射られたが矢も抜かずに槍で突き倒して首を取り、その勢いで信長方が勝った。利家二十一歳のことで、この話は、その後所望に応じて何度も話したという。

◦永禄三年（一五六〇）五月、桶狭間での義元合戦。この前年六月に利家が刀の笄を盗んだ信長の同朋（坊主姿の近侍）拾阿弥を信長の面前で斬り殺し、主君に勘当されて二年間ほど牢人となった。新婚の妻とこの年生まれた娘こうと別れて知る辺を転々とし、親しかった友人も近付かず、助成する人はわずかで、「心もひがむ」思いをしたというが、その間、この戦いに密かに参加して一番首を取った。しかし信長から褒める言葉は貰えず、再び戦闘に加わろうとしたので、周りの者が引き留めた。

◦永禄四年五月、森部の戦い。これも密かに参戦し、先駆して首級二つを挙げたが、一つは頸取足立の異名をもつ豪の者であった。この功で信長の勘当が解け、三〇〇貫を加増され、合わせて四五〇貫となって復仕した。翌年、長男利長が生まれている。

◦永禄十一年九月、近江箕作城攻め。信長勢が佐々木氏の観音寺城攻めに先立って箕作山城を攻めたとき、使者として先手へ行き、山下で槍を合わせて敵首を取った。ただ自分も二ヵ所傷を負っている。使者とあるのは、前年に赤母衣隊二〇人の一人に選ばれていたからである。また翌十二年には八月に伊勢大河内攻めを戦い、十月には信長の命で長兄利久を廃して前田の実家を継いだ。利久は武者に合わない性格で、またその跡は、血筋からも滝川氏から養子に来た利太よりも利家の方がよく、利家の方が器量もあると信長が思ったためといい、利久側は反撥したが、信長の印物を見て納得したという。

。元亀元年（一五七〇）四月、越前金ケ崎城攻め。朝倉・浅井との戦いは元亀元年四月から何度かの戦闘が続くが、朝倉との最初の手筒山の戦いに次いで金ケ崎を攻めたとき、使者の利家と福富平左衛門行清両人が敵と出合い、槍を合わせて戦った。

。元亀元年六月、姉川の戦い。この近江浅井氏との大規模な激戦で、はじめは朝倉・浅井勢が優勢で、信長が先鋒の柴田勝家に速やかに退軍するよう命じたとき、使をした利家が追撃する浅井長政勢を防いでよく戦い、ために勝家は退くことを得、勝家はこれを後まで感謝したという。

。元亀元年九月、大坂守口の戦い。河内口の城々への使者を終えて駆けつけた利家が本願寺方の兵力に敗れた味方に、自分が居合せればさほどでなかったろうと広言し、翌日の槍合わせで無比の戦いをしたので皆感心したという。いわゆる守口春日堤上の戦いである。

。元亀四年（天正元・一五七三）八月、朝倉勢に対した越前刀根山の合戦では一日に槍合わせが二度あり、二度目に敵将の首を取った。このあと、朝倉義景は自殺して滅び、浅井氏もこの月に小谷城を攻められて滅んだ。

。天正三年五月、武田勝頼との長篠の戦では三〇〇〇挺の鉄砲を三手に分け、利家と、佐々内蔵助成政、福富平左衛門行清が下知した。さらに戦い、物頭らしき赤鎧の武者弓削七郎左衛門と太刀打ちして右足に傷を負った。その敵は村井長頼が唇に傷を受けながら首を取った。

以上が「村井重頼覚書」記載の分で、他に数々の戦歴があることはすでに指摘した。この後、利家は越前府中を拝領し大名になる。

以上のように利家は戦塵の中で立身した出自をもち、戦国武者の典型の一人であった。

6　利家夫妻の人柄

その人柄については多く前田側の記録に拠らざるをえないが、前田氏を悪く言わない欠点がある中で、利家について村井氏の記録などに「喧嘩好き」「立チ腹なる仁」「物破りのやうなる人」「ならびなき武辺者」などの表現がみえ、槍使いに巧みで「槍の又左」と誉められ、その長槍は三間半（曲尺なら約六・三メートル）で、それを「けん（妍カ）なるこしらえ」にして人目を惹く、いわゆる、いつも死を意識している戦国の侍の「かぶき者」であった。若い時期は大髭を生やしていたとも言い、立身してからもそうした気風の若者を好んだという。「第一御武辺者也」の性格は後までも変わらず、それが大名・小名の強い信頼と人望を得た点であった。しかし反面、これが秀次の遺知を貰い損ねるなどの損を招いてもいる。

今一つは律儀という特性である。これは乱世の中で主君や仲間の信頼にかかわる徳目であり、利家自ら、武者は第一に嘘をつくな、普段から律儀であるのがよい、嘘をつくと、大事のときに本当のことを言っても信じて貰えないからだ、一番嫌いなのは、知らぬことを知った振りで嘘をいうことであり、それにより面目を失い、大将なら合戦のときに下知に従わなくなる、と語ったという。利長もこの徳目を守り続けており、徳川家康も秀吉の生前は同じであった。死後に、徳川家康は慎重で長期の策略によって天下を取り、この間に後述のごとく前田氏の向背は大きく左右されたと考える。

さて村井氏の記録では、利家は漢文の格言を知っており、そのいくつかを載せているが、それは信長の祐筆であった「物よみ」の武井夕庵に習ったという。遺書でも文武二道とも必要と説いている。利家は家臣に賜姓はしなかったが、身内を大事にした。家の跡目を継いで追い出した形の兄の悪口を聞いて、そんな話は聞きたくないと抗弁し、次男孫四郎（利政）が重い疱瘡《ほうそう》で痘痕《あばた》が残ったときにその顔を見ながら、もし死んだら隠居して出家するつもりだったと心情を吐露した。次女の婿中川光重が茶事に耽り普請役を未進したときは処罰せずに能登の津向への蟄居ですませ、後述のごとく親戚の浅野、蒲生家の難儀には積極的に執り成しを図ったなど。

武将になると、交際上、茶の湯とその料理や、秀吉に合わせて金春流の能などの諸芸も身に付けた。なかでも能は三日に一度は稽古をし、月に一度、頼まれれば二度も演能したという。信心については、若い時期は愛宕社を信仰していた。周知のように愛宕神は火伏せの神、その本地仏は勝軍地蔵で、戦陣で勝利を得るとして戦国武将に広く信仰されていた。しかし、のちには、信心は肝心のことだが、あまり過ぎては阿呆と思われる。自分は弓矢の武運と現生安穏、後生善所は祈ったが他は祈らなかった、と語った。末森の陣のときは「博士」の占いを無視しているし、死の直前にまつが後生を願ってわたくし用の経帷子を着せましょうと言ったところ、「うるさの経かたびらや、おれはいらぬ、御身跡からかぶりおじゃれ」と言って笑ったという（「陳善録」）。戦国的リアリズムとでもいうべきか。

今一つ、金銭感覚の堅実さも指摘できる。利家はまだ若いときに「とかく金もてば人も世上もおそろしく思はぬ物也、すりきれば世上もおそろしく候物也」と語ったというが、その後も無駄を嫌って書状の反古も捨てぬように言い、秀次の伏見邸が雪隠まで金箔の間なのを見て関白は大望ある人でなかったと言って改築し、孫四郎が地震小屋を銀箔で飾ったのを諌めている。反面で伏見城の道普請人足や秀吉の小者に金子を与えて気負い立たせており、利家の伏見屋敷内の目立たぬ所に米が二〇俵、三〇俵と置いてあり、金子もかなり蓄えていて、堀、細川、伊達などの大名に三〇枚、五〇枚と貸していた。自分の死後に取り立てずにその貸付証文を返せば、いよいよ利長に味方するだろうと言ったという。利長の領地が痩せ地だからと金子を与えたり、また信長様は金子を与えて敵の情報を得ていたと語ったという（「村井重頼覚書」）。つまり、金銭は軍事用の備蓄ということであるが、それが「川角太閤記」ではまつが金ばかり貯めて軍勢を増やさなかったと責めたという話に文飾されている。

算勘にも長けていて、小型の算盤（幅九㌢・縦七㌢・横一三㌢・厚さ一㌢ほど）を鎧櫃に入れて戦陣で使った。その算盤は末娘の千世に形見分けされ、のち五代綱紀に献上され前田育徳会に現存する。日本最古といわれているが、当時は新規な品であった。

つぎに、まつは晩年に仏門に帰依した。京都紫野の大徳寺に六十一歳のときの寿像があり、春屋宗園の讃に「丈夫面目　意気凜然」と記し、また「女中之丈夫　胸中潔爾」「和気靄然」ともある。「明良洪範」は賢夫人の第一に挙げ、また末森城を守った奥村伊予守夫人も載せている。武将の妻らしい気丈さをもつが、また、おっとりとして人当たりの和やかな感じの人柄であったろう。画像はゆったり座した大柄でふくよかな女性に見える。慶長十二年（一六〇七）大徳寺の塔頭に自分の法号と同名の芳春院を建て、のち利長の廟も造った。同十五年には能登の総持寺に塔頭芳春院を建てて三〇石を寄進し、総持寺も改修した。それ以前の天正十八年北条征伐のとき、無事の祈禱には陰陽師を頼むべきとして吉田兼見を選び、次男利政の眼病平癒や高岡城地鎮祭にも吉田氏に頼んでいる。

まつは、当時の武将の妻では珍しく子沢山であったが、趣味は豊かであったらしい。利家の陣羽織の鍾馗《しょうき》の刺繡はまつの手製といい（重要文化財）、自筆の筆跡もかなり能く、素養のあることが窺われる。ただ、五十四歳で徳川氏の人質として一五年間江戸で過ごし、その間、後述のごとく病に悩み、二代利長や利政の向背を憂えることも多かったが、晩年は金沢城二の丸の芳春院丸に住んで、七十一歳の元和三年（一六一七）七月まで生きた。人質以後のまつについてはのちに述べる。

7　越前から能登へ

さて、利家が越前に封じられるのは天正三年（一五七五）九月で、九年九月に能登へ移封されるが、その間の利家と越前・加賀の状況と経緯を簡略に述べよう。

織田軍は天正元年（一五七三）に朝倉氏を滅ぼし、三年五月の長篠の戦いで武田氏を大敗させたあと、信長の主敵は同二年から戦時体勢に入っていた石山本願寺となり、その勢力である北陸の一向一揆に総攻撃をかけるため四万の軍勢で越前へ侵入する。一揆勢の特徴として、戦国大名の縦の指揮系統に比して大勢の横の宗教的結合で戦う性質が強いためもあって、信長の攻略はちりぢりに逃げた者は「男女もかまわず切り捨てよ」という殲滅戦術であった。このときの一揆の死者は三、四万人に及んだといい、利家も山中に身を潜めていた一揆一一〇〇人を斬ったという（木越祐馨「前田利家と一向一揆」）。また、翌年五月の一揆のときか、「前田又左衛門尉殿、いき千人はかりいけとりさせられ候也、御せいはいハはつつけ《磔》、かま《釜》にいられ《煎》、あふられ《焙》候哉」と、昭和七年（一九三二）に味真野の小丸城二の丸跡から出土した文字瓦に刻まれていた。

利家は越前に封じられ、三万三三〇〇石の「大名」になった。柴田修理亮勝家が越前一国の統治を信長から任せられ、八郡を与えられて越前国を統轄し、利家と佐々内蔵助成政と不破彦三光治の三人が勝家の与力兼目付役になった。つまり信長の直臣だが軍事的に主将勝家に属し、かつ勝家に善悪のことや信長の掟に背くことがあるかを監視する役目で、府中辺に合わせて一〇万石が与えられて、それを三等分して領知したのである（府中三人衆）。これによって利家は旗本の馬廻から郡持大名となったのであり、その妻子・一族や、荒子七人衆と言われた家来も越前の府中（武生）へ引っ越してきた。知行高に応じて奥村氏や横山氏などの家臣も増えた。これが越前衆で、天正三年「越前府中侍帳」では三一人の家臣を記載しており（実質一〇〇人程度かと言う）、彼らの家柄は、いずれも荒子衆と共に本座衆という譜代の家臣として藩主の近くに仕えた。ただ後世に自称の譜代もあって人数を特定するのは困難らしい。

翌天正四年八月には、信長に対して石山本願寺と越後の上杉謙信が連携し、上杉軍が北陸へ進軍した。五年九月には七尾城を陥して加賀へも攻め入り、織田方も同年八月に柴田勢が加賀へ入って手取川（湊川）を越えた。それを九月二十三日の夜、上杉軍が急襲し、織田方は退路を洪水の濁流に阻まれて大敗している。討死一〇〇〇人余と言い、利家も参戦していた。この敗戦は織田方や前田氏の記録には見えないが、謙信の書状でわかる。

ところが、翌六年三月十三日に謙信が四十九歳で急死し、景勝が跡目を確立するまでに家督争いの間があって、北陸の一向一揆勢はしだいに掃蕩され、滅亡した。八年三月、最後まで抵抗した加賀の鶴来より奥の山内衆は佐久間盛政によって「吉野村ゟ尾添村迄之者共三百人余御とらへ、はりつけニ御あげ被成、其後七ケ村御たやし被成、三ケ年之間荒地ニ罷《まかり》成《なり》申候」という（貞享二年「吉野村平三郎由緒書」『加越能里正由緒記一』）。

その翌月閏三月に信長と本願寺顕如とが講和を結び、条件として加賀南半二郡を本願寺領とする約束をした。しかし織田方柴田軍はそれを無視して加賀に侵攻し、先鋒の佐久間玄蕃盛政が同月のうちに一向一揆の拠点であった御山御坊を攻め取り、居城として御山のある町を尾山と改めた。これがのちに利長によって金沢と改められるのである。

8　能登一職の知行

それ以前の天正八年に佐々成政が越中一国を給わって進駐し、上杉方と対峙して攻略を進めていたが、同年九月に、長連龍が能登の知行を安堵された。九年三月には能登平定のため諸城破却の命をうけて菅屋九右衛門長頼、福富平左衛門秀勝と前田利家の近習出身三人が派遣され、菅屋は七尾、福富は富来、利家は飯山、のち菅原に駐屯した。そして、九月には能登一国が利家に「国並之知行」に申し付けられた。利家は能登一国の「国持大名」になったのである。利家は十月九日に能登の百姓へ、非分があれば訴え出よ、と最初の触を出している。多くの人夫・素材を徴発動員して所口（七尾）の小丸山に居城を築き、府中から妻子を呼び寄せ、越前の宝円寺の僧を招いて菩提寺（今の長齢寺）を建立し、検地を行い、土豪的農民の中で味方した者に扶持を与えて（扶持百姓制）彼らの在地支配力を利用し、鷹狩の名目で領内を巡見し国作りにとりかかった。なお府中の城は、信長の四女えい（永）と結婚した嫡男利長に与えられた。

ただ、この時点で利家が直面していたのは国内の支配よりも戦いの継起であった。天正九年は上杉景勝が越中攻めに取りかかっており、信長勢にとっての主敵は上杉で、対決は時間の問題であった。先述の菅屋・前田らの能登駐兵もこの情勢に対応したものであった。

この時点では加賀も治まり、越中も川西はほぼ成政が織田方にしていた。二月に信長が柴田、前田、佐々らの北国勢も動員して信長は京都で正親町天皇を迎えて大馬揃えの示威行進を行ったが、その隙に上杉方の国人や一揆が蜂起した。急ぎ帰国して加賀の別宮、二曲の一揆を佐久間盛政が鎮め、越中では小出、富山、松倉・魚津の城をめぐる攻防などが続いた。十年五月には上杉景勝の手勢とも対峙するが、信濃から森長可らが越後へ侵入したため景勝が急ぎ帰国したので、その機に乗じて松倉、魚津両城を陥落させた。また、その攻防の最中の五月二十三日に上杉方の長与市景連《かげつら》（黒滝長）が海路から珠洲郡棚木城へ入ったので、利家は長九郎左衛門連龍らを派遣して攻め落とし、首級と持刀を獲った。首級は安土の信長へ送られた。

魚津城が落ちたその日六月二日、京都本能寺で信長が横死した。その情報は四日（『加賀藩史料』）ではなく、四、五日後に入ったとみえ（『富山県史』通史編上）、織田方は急遽自領へ撤退する。利家は、扶持百姓に頼んで、越中海老江から船で大風の中を大境へ渡り、七尾へ戻った。帰ると今度は越後にいる温井《ぬくい》備前守景隆、三宅備後守長盛ら畠山氏の牢人が戻るという風聞があって、柴田らから明智討伐に誘われても、六月十七日付の返事で断らざるをえない状況にあった。温井・三宅勢は二十三日越中女良《めら》浦に上陸し、石動山天平寺《てんぴょうじ》と内通して国境の荒山に砦を築きはじめた。利家は柴田勝家や佐久間盛政に救援を頼むとともに、荒山を急襲した。記録では伊賀者に忍び入らせて天平寺に放火し、僧兵も子供もことごとくなで切りにして首千余を山門の左右に並べたという（「荒山合戦記」ほか）が、信長の比叡山焼討ち同様の厳しさであり、先述の棚木城攻めでも同様であった。五月二十四日付の利家書状（宛名欠）で景連の首が届いたことを述べるとともに生捕人は釜煎りするから鉄砲より先に急いで釜を作るよう命じている。また二日前の二十二日付で、このときの副将富田治部左衛門景政宛の書状で、生捕人の助命嘆願が多いことについて、越後（他領）の者は助けるとしても、「地の者」（自領）は一人も助けてはいけない、つまり皆殺しにせよと述べている。また、逃亡者、降伏者のチェックについても指示して今は亡き信長の疑念を受けないよう命令を守れと申し付けており、すでに亡くなった主君に対する律儀さがわかる。

9　柳ケ瀬から金沢へ

天正十年（一五八二）八月、信長の後継者選びで清洲会議が開かれ、柴田勝家と羽柴秀吉との対立が表面化し、十一月に利家らが勝家方の和解の使者として姫路の秀吉を訪れたものの、双方とも他の大名を誘い同盟するなどの工作を進めて対峙した。勝家は十一年正月に北国四ヵ国に動員をかけ二月末から戦闘行動に移った。いわゆる賤ケ岳の戦いである。利長は佐久間盛政と共に先鋒を務めたが、四月二十、二十一日に盛政が先駆けて奇襲作戦に出たものの、撤退の機を逸して大敗した。それを知って前田勢が真っ先に柳ヶ瀬の陣地から撤退したことから、柴田軍は総崩れとなった。

この敗軍の原因について前田の裏切りとみる説が早くからあったと言い、村井氏の記録でもそれを気にして記述しているが、経験談「魚津馬廻役小川忠左衛門覚書」によれば、利家らは府中城へ逃げ込み、追撃してきた秀吉軍と二十一日夜、鉄砲の打合いがあり、城に敵が攻め入って戦死者も出たという。そのあと、堀左衛門督秀政が扱いに入り、利家は人質に出した娘まあ（摩阿）が城から脱出したことを確認した上で降参したという（「陳善録」）。これが事実に近いのであろう。「川角太閤記」などに、秀吉が一人で城を訪れ夫人まつが応対し、養女ごうのことを語り、湯漬けを所望したなどとあるのは話を面白くする作為であろう。

また、村井の記録は「謀反の御心はなく候」と裏切り説を否定し、柴田方になった理由を「侍づく」だからと説明しているが、一方は北陸方面軍指揮官であり「おやじさま」と人物を評価もしていたであろうし、他方の秀吉は若年から懇意で娘二人（ごう、きく）の養父であり、安土では隣同士だったともいう。かつ、天下取りに影響したとはいえ、しょせんは事前に使者として取り極めた和睦も守らぬ二人の間の権力闘争であったから、利家にはじめから戦意はなかったとみてよいであろう。戦国の当時は公私とも成り立ち、かつ、中立できない以上、容認できる行為であったと思う。

秀吉に降った利家父子はこういう場合の常套として先鋒を願い、北庄（福井）を攻め囲み、勝家は二十四日自ら城を焼き夫人お市の方と共に自刃した。ついで秀吉は直ちに加賀攻めに向かい、二十五日は小松、二十六日には宮腰へ攻め込み、佐久間盛政の守備隊の居る金沢城を陥落させた。利家の二十七日付富田景政宛書状に「金沢の城、今日相果つへき様子にて候」と追而書にあるので同日か翌日に開城したであろう。二十八日には秀吉が入城している。今の暦では六月十七日か十八日にあたる。

利家の柳ヶ瀬以後の戦功に対して、秀吉は利家に加賀北部の二郡を加増し、利家は居城を所口から移して金沢城（尾山城）と定めた。これで利家は四五万石ほどの大名になった。このとき、秀吉は利家の娘まあ（摩阿）を連れ帰り、側室（加賀殿）にした。利長は、府中から石川郡松任へ移封されて四万石を領知した。なお、この時点での北陸の主な大名配置は、北庄に丹羽長秀が入り越前国と加賀南部の江沼・能美二郡を領有し、大聖寺に溝口秀勝、小松に村上頼勝を配して長秀の与力とした。

なお越中の佐々成政は信濃で家康勢の上杉攻めで支援を受けた恩義からか、柴田方に入らず出陣しなかったので、秀吉へ人質を出して講和し、越中を安堵された。もう一人の目付役不破彦三直光は除封され、一時浪々ののち前田氏の家臣（二万三〇〇〇石）になった。

10　末森の戦い

以後、秀吉の力が強まると、それを警戒して反秀吉方も結束した。信長の次男信雄が秀吉方を離れ、賤ケ岳合戦には局外にいた徳川家康らと連合し、双方とも遠交近攻策を取って対峙した。両者の衝突は十二年三月からの小牧・長久手の戦いとなったが、北陸では佐々成政が反秀吉方に付いた。十二年六月に、利家の次男又若（利政）を成政の次女の婿にして跡目を継がせることで納采（結納）も行ったが、それは欺謀であったことが八月に成政の同朋（小坊主）の密告で判り、果たして月末には河北郡松根城（金沢市）、朝日城（金沢市）が襲撃された。成政は上方へ赴く目的の下に、まず前田領の能登と加賀の間の地の分断を策して、九月十一日に八〇〇〇とも一万とも言われる大軍をもって坪井山（宝達志水町）を本陣とし、北に一里半を隔てた末森城の攻撃に懸った。その情報をいち早く十日に知った利家は決死の覚悟の下、自ら先駆けして出立、津幡で利長軍を待って作戦会議をし、十一日の黎明に高松、川尻の浜を敵の警戒を潜り抜け、二五〇〇人ほどで今浜と城の後方から敵を攻め、白刃戦を交じえて城を援護した。末森城は三の丸、二の丸が陥ち、本丸の守将奥村家福（永福）らが少数で死守し、夫人も長刀を持ち、兵士に粥・酒を給仕して励まし救援を待ったという。金沢城のまつも死を覚悟して家臣の村井、篠原の妻を呼び入れ、子供を刺し自害する覚悟を求めたという（「陳善録」）。

この戦いは、当時から少数の兵が大軍を相手に後巻《うしろまき》で救援して成功した例としてよく知られている。戦法は主人信長から実戦で学んだものであろう。自らの先駆け、性急で、スピーディな攻撃、野戦の得意などは天正四年の桶狭間戦に類似している。また情報の速さも指摘できよう。佐々軍の道案内をした越中沢川《そうご》村の田畑兵衛が、杣道を回り道して佐々軍を疲れさせ遅らせたというのは定かでないが、金沢と末森へ来襲を注進したことは確かで、その功で利長から山林を安堵された。また、「川角太平記」に、まつが平素から金より兵数をもっているべきだったと皮肉を言ったという話になっているのには作為を感じるが、手勢の少なさからみて記事に実際の影が映っているようにも思われる。

なお、成政が、富山から立山連峰のザラ峠を越えて遠江浜松の家康に会い、織田信雄にも会ったことは「家忠日記」にあり、確からしい。十二年十二月二十五日、厳冬のこととされるが、その道筋や期日は昔から調べられたものの諸説があり、今もって未定である。

この戦いの前後十二年から十三年にかけて、加越国境付近で幾度かの小競合いがあったが、一進一退の状況であった。ただその間、越中の阿尾城主菊池氏を誘降させている。

十三年、羽柴秀吉は紀伊・伊勢を平定し、四国も征服して、七月に関白になり、大軍を率いて越中攻めに北上してきた。利家は、背中に鍾馗の絵を刺繡した羽織を着て出迎えたという。利家が先鋒になって越中へ進攻し、秀吉は呉服山に陣取った。富山に籠城していた成政は二十九日に剃髪して城を出て降伏した。もっとも、成政は十二年七、八月から織田信雄を頼んで講和を求めていたし、上杉景勝も秀吉方で越中を攻めたので、降伏は予想のうちであったらしいが、このとき、成政は越中の新川郡一郡と一万石に減封され、大坂在住を命じられた。残りの砺波・射水・婦負三郡は前田氏に与えられ、利家の希望によって利長が領知し、加賀の松任から越中の守山へ移った。

天正十四年（一五八六）四月、越前北庄の丹羽長秀が病苦を恥じて割腹し臓物を抉り出して自死した（「名将言行禄」）。秀吉は、その子長重を若狭八万石へ移し、堀秀政に北庄一八万石を与えた。

11　北陸の重鎮

その結果、北陸では前田氏が突出した領知をもつことになり、柴田、丹羽氏に代わって重鎮の役割を担うようになった。また、北陸路を経由して関東、東北方面の大名たちと秀吉を仲介する役割を果たしており、陸奥の南部氏や伊達氏、また上杉氏を取り持っている南部氏は、利家の取持ちで秀吉から従来の領知を安堵されたことに恩義を感じ、歴代の藩主に「利」字を付けた。

天正十五年五、六月に上杉景勝が上洛したとき、利家は盛大に宴を張り、又若（利政）が能を舞って歓待しており、また秀吉が金沢から京までの糧米を給付しているように、前田氏の金沢は北陸路の拠点であった。余言ながら、慶長七年十月に雷火で焼けたと記録にある天守が金沢城にあったか否かは長い間論議が分かれていたが、平成十二年に南部氏の家臣が残した日記から存在したことが証明された（瀬戸薫「北信愛覚書について」『加能史料研究』12）。

12　豊臣政権下での立身

北陸の重鎮となった利家は、秀吉の信頼を受けて政権の中枢で重きをなすようになる。秀吉政権下の秀吉と利家の関係については岩沢愿彦『前田利家』（前掲）に詳細であり、それに任せて簡略に述べたいが、この間の利家は豊臣秀吉から身内同然の親近を受けて十三年九月秀吉の名乗であった羽柴筑前守の名前を譲り受け、同年十二月秀吉が豊臣姓を賜ったとき、利家も同姓を許された。ここで官位昇進等をまとめて述べておこう。天正十四年（一五八六）三月、上洛した利家は、十三年十一月二十九日付で従四位下左近衛権少将に任じられた。以後、官位は十七年左近衛権中将、十八年正月二十一日従四位下参議（大中納言に次ぐ位）、文禄三年（一五九四）正月五日従三位、同四月七日権中納言に叙任し、慶長二年（一五九七）正月十一日従二位権大納言に昇り、三月十一日礼遇上清華《せいが》（摂家に次ぐ位）に準じた。しかし官位も領知も徳川家康のそれ（三河時代の五ヵ国から関東八ヵ国二四〇万二〇〇〇石）には常に及ばなかった。後述の文禄二年の伏見普請役時の知行は、利家二三万五〇〇〇石、利長三二万石、利政二一万石、三ヵ国合計七六万五〇〇〇石であった。

以下、年次を追うかたちで主要事項を述べると、十四年は長久手の戦い後の家康との和解で秀吉は老母を人質に出して家康を上洛させて臣従の礼をとらせ、正三位権中納言に任じさせた。また方広寺大仏殿を建てて利家も役目を与えられていた。ついで聚楽第の工事を起こした（十五年完成）が、いずれも領国などの夫役を徴発して務めた。人夫等についていちいちは述べないが、その後も建築や普請の度に徴発しており、給人や農民、職人の役負担は多大であったし、前田氏から豊臣氏や朝廷への進物も多大な数であった。なお、同年十一月に後陽成天皇が即位した。

十五年は九州征伐の年であった。利家は豊臣秀次と共に京・大坂の留守居にあたり、利長が三〇〇〇の兵を率いて出陣し、蒲生氏郷と共に肥前の岩石城《がんじやく》を攻め陥して武功を挙げた。征討は島津氏が降伏して終わり、佐々成政は肥後一国を与えられたが検地反対の国人一揆が起こって領知を放たれた（翌年閏五月に摂津の尼崎で自刃）。なお、秀吉は、九州在陣中にキリシタンの政治目的の侵略性を知り、宣教師追放を命じ、十七年には長崎を直轄地にした。

またこの年、関白の公邸として五層の天守をもつ城郭様式の聚楽第に移り、五層の天守には娘の加賀殿（まあ）が住んだという。第の西側の近くには前田邸（今の中立売通小川東入ル）があった。京都は町割りや土居構築で首都らしくされた（日本史研究会『豊臣秀吉と京都』）。

十六年には四月、天皇の聚楽行幸に陪席し、七月、京都方広寺の大仏殿普請に一万人の人夫を負担した。また、この年に刀狩り令・海賊停止令を出し、米の計量を京枡に統一すると定め、前田氏も従っている。十七年、利家は東北大名との仲介役として、上杉景勝に翌年上洛して秀吉に従うよう勧めた。五月、秀吉に棄丸（鶴松）が生まれたが十九年に夭折する。九月には諸大名の妻子に三年間の在京を命じた。このころには前田氏は、外様の徳川氏と異なり、まあ・ごうの関係もあって一族並の扱いを受け、朋輩衆の上位にあった。また天正後期に太閤検地（天正の石直し）が行われるが、利家独自の検地の特徴は後述する。

13　北関東攻めから東北征伐へ

十八年は北条征伐の年であった。十三年から上洛を迫っていたが開戦に決し、利家は別働隊として北国七ヵ国の軍勢の総大将として四月、上野国松井田城の守将大道寺政繁と激戦して滅ぼしたのをはじめとして、北関東の北条方勢力を次々に陥落させた。城主が小田原に詰めて留守の城も多く、誘降したものも多かった。しかし、秀吉は殲滅策を望んでいて、利家は勘気を蒙りしばらく謹慎したという。そこで敵の拠点の一つの八王子城を、面目をかけて猛攻し、前田軍だけで首三〇〇〇以上を挙げた。だがこの力攻めで前田軍の犠牲も多く、利長勢の半数ほどが死傷したという。

七月に北条氏政らが自刃して滅亡し、また東北の伊達氏、南部氏も屈従した。そして家康に関東八州を与えた上で、奥羽平定に転じる。上杉・前田らが先軍となり、利家が衣川を真っ先に渡って進軍し、出羽庄内など各地の反抗を「なで斬り」に鎮め、津軽の地まで検地を打った。前田軍が金沢へ凱旋したのは十一月であった。こうして秀吉による天下一統が成ったのである。

天下様となった秀吉は、十九年身分法令を出して武士、町人、百姓の身分を決めた。また利家・利長父子が十九年秋に秀吉の御伽衆（御咄衆）になった。これは側近衆として格段の地位向上にあたり、しかも利家はその上首であった。ただ、この二月、千利休が自殺し、秀吉の専制振りがあらわになった。

14　文禄・慶長の役と前田氏

戦国の侍は戦功で家名を挙げて恩賞として給地などの増加を期待し、主君はそれを保証するために、領国拡張を目指して限りなく争う。しかし統一された天下の下では争いは止めるべく、秀吉は諸武将たちの領地争いをなくすため国内「惣無事」を図るが、他方で「唐入り」（征明）という海外侵略の野望をもっていた。すでに天正十三年（一五八五）、秀吉は対馬の宗氏に、明国への通り道の朝鮮を服属させるよう命じていた。秀吉は朝鮮を対馬の属国かのように見なし、十八年に戦勝祝いに来た朝鮮通信使を服属使節と思い込んで、朝鮮王宛に、自分は奇瑞により日輪の子として生まれたから天下統一は天命であると誇った。また「弓箭きびしき日本国」は「大明長袖国」に勝つ。すなわち文と武を対比して明国は武威の国である日本に敵うはずがないと考えていたのである。この考えで呂宋《ルソン》（フィリピン）、高山国（台湾）にも入貢を求めていた。

この戦役は秀吉の死去まで続いて終わるが、以下、従来の研究によりながら戦役の進行と中央政権内の動きとの双方を順に、その中の前田父子の役割について主なことを簡略に記そう。天正十九年九月に秀吉は正式に出兵準備を命じ、十二月、甥（姉の子）の秀次を内大臣にして自分は関白を辞し、戦争に専念することにした。肥前国名護屋に築城を命じ、これを大本営とし諸将を参集させた。利家は八〇〇〇の兵を率いて参陣し、征明大都督の職名を受け、蒲生氏郷らと渡海の陣立てで準備もしたが、のち中止になり、結局一度も渡海することはなく、名護屋城三の丸西門、西北の櫓普請を務めた。なおこの年から敦賀の豪商高島屋伝右衛門に物資の輸送や調達などを命じた。

天正二十年（文禄元・一五九二）三月、日本軍が釜山に上陸し、以後、破竹の勢いで、五月に加藤清正、小西行長らの軍勢が漢城（首都ソウル）を落とし、六月半ばに小西行長軍が平壌を陥落させた。この勢いは火縄銃の威力によるところ大であったといい、このときの制海権も日本側にあった。当時、李氏朝鮮政府は腐敗し、庶民は苛政の下にあったが、日本軍の侵略性がわかると両班《リャンバン》層が指導して民衆の義軍が決起し、しだいに全域に広がった。このころ、秀吉が自ら渡海すると言い出して家康と利家が名護屋の統治を命じられたが、二人は起請文を出して渡海を諫止した。なお嫡子利長は当初「北国御備」の留守居として金沢に残り、前田安勝らと共に軍需品の調達などにあたった。秀吉乗船予定の大あたけ丸の用材も、能登に求めたりしている。

朝鮮半島では、朝鮮の要請に応じた明国が大軍で救援に南下して日本軍が平壌で敗北し、漢城も糧道を絶たれるという事態に至り、厭戦気分も生じて二年四月、現地で和解と相互撤退が議された。一方、秀吉は後陽成天皇を北京に移し、秀次をその関白に、自分は寧波《ニンポー》に移って南蛮・天竺まで手に入れる大構想を示し、全国の家数人数改め（人掃い令）による総動員も命じた。

このため、在朝鮮の小西行長軍らは、ついに偽の使いを明皇帝・秀吉の双方に送った。日本への正使は家康、副使は利家邸に分宿し歓待を受けた。なおこのとき、対外的な格式上利家は四人の諸大夫《だいぶ》をもつことが許された。名護屋で秀吉は使節に対して、明帝の姫を天皇の后にする、勘合貿易の復活、朝鮮のうち四道の割譲を求めるなどを条件に出した。また明帝へは、行長から内藤如庵《じょあん》を派遣して属国になると偽った。五年（慶長元・一五九六）に明の使節が来日して利家邸にも分宿し、大坂城で秀吉と会って冊封を許し秀吉を明の国王に任じると伝え、朝鮮からの完全撤退を求めた。これに秀吉は激怒して再出兵を決意した。なお北京でも日本を冊封したと偽りを報告した。皇帝が真実を知ったのは慶長二年のことであった。

慶長二年二月から再派兵にかかり、朝鮮半島南四郡を奪う目的で一四万人余を派遣、倭城を築城して地域を治めようとしたが、凶作続きと明・朝軍の反撃、とくに李舜臣率いる水軍が強く、年暮れから形勢が逆転し、小西行長らが水や糧食を断たれて蔚山《ウルサン》に籠城し、島津義弘、加藤清正、浅野幸長らが多大の損害を受けながら救援したりもした。

戦いが思わしくなく、家康も利家も消極的で、国内での反対論もあって秀吉は中国大陸進出の夢を諦め、五月に派遣軍の半ば以上の撤退・帰国を命じた。そして八月に秀吉が死去したが喪を秘しながら家康・利家らが撤退命令を出し、十二月まで戦いながら退き、朝鮮出兵は終わった。なお、この役で功を争って首級の代わりに鼻を削いで秀吉の許へ送ったことは有名であるが、また文人や陶芸などの技術をもつ者を多く捕えて日本へ連れ帰った。金沢でも、加藤清正から贈られた塔が現在も兼六園にあり、また、脇田直賢などの渡来人の召抱えの事例もその一つである。

15　晩年の秀吉政権と前田氏

文禄元年（一五九二）七月、秀吉は生母（大政所）が死去して帰洛し、名護屋の守務は家康と利家が執った。十月、秀吉は伏見城築造を開始し、領国では、利長が金沢城の修築に掛り（後述）、このとき「尾山」を「金沢」と改めたという。二年八月に次男「拾い」（四年に元服して秀頼）が生まれ秀吉が帰坂、ついで利家らも帰り、秀頼と秀次の娘との結婚の仲介を利家に頼んでいる。次男利政（十五歳）は九月に能登を領有し従四位下侍従に任じ「能登侍従」と称された。閏九月に利長が左近衛権少将に昇り、十一月名護屋で利家の世話係だった於千代保（千世）が懐妊して金沢で四男猿千代（三代利常）を生み、まつを憚って越中守山城守将の前田長種に預けられた。

秀吉は茶会、演能、囃子、踊り、舟遊びなどをはじめ、何かと遊宴を好み、名護屋陣中でも、帰洛してもそうで、豪奢な消費生活を送ったから諸大名の出費も多く、したがって領民の負担も多かったのである。三年には、山里の茶会、吉野の花見、宇治見物、高野山詣で、有馬入湯などに利家も同行するなど親密さを深めている。その後も朝廷参内以下、秀吉への随行は数多くあり、そのいちいちはここで述べきれない。三月、京の前田邸に泊まって以後、諸大名の邸を泊まり歩いており、五月には約五〇〇人のお供で「式正の前田邸御成」があり、増改築や莫大な進物を用意してもてなし、利家は中納言に昇任し、家臣二人も叙爵した。しかし秀吉にしだいに衰えがみられ、夏には無意識のうちに小便を漏らしたりしたという。十一月、前田の伏見邸が井波大工などを徴役して伏見城月見櫓下に建ち、四年六月移徙した。またこの年、伏見城のための宇治川堤防普請役があり、たまたま溢水して難儀し、利家自らもっこを担ぎ、徴用した五、六千人に大釜で粥を炊いて食べさせて気負い立たせたという。また土俵が不足し、利長方の分も使って父子方双方間で「からかい」（言い争い）が生じ、秀吉が執り成して、和解させたという（「陳善録」）。

この正月に領国では利家が金沢で家臣から知行に応じて五〇〇、三〇〇、二〇〇文などと礼銭を上げさせ、以後も慣例としたし、すでに元年九月に国元へ年貢の未進をせぬよう申し付け、二年には代官広瀬作内を成敗していたから、前田氏自身も財務に苦労があったはずである。

文禄四年は、利家贔屓の蒲生氏郷（会津一二〇万石）が四十歳で死去し、若い後嗣鶴千代（秀行）の処遇問題で家康や前田玄以、浅野長政と利家が尽力し、まつも正室北政所を通じて働きかけた。家康と利家の仲も名護屋陣以来親密で、相互に訪問・見舞いもしていたし、関白秀次と利長・利政兄弟ら、子息たち間の交友もみられるようになる。利長は父との同行も増える。

七月に石田、増田が謀反を詰問して、いわゆる秀次事件が起こり、関白職を剝奪して高野山に追放の上で切腹させられて五十七歳の命を終え、多数の妻妾や近臣は京の三条河原で殺された。俗には秀吉の秀頼盲愛や秀次の好学だが残忍な「殺生関白」と称される行為を理由として説くが、研究の進展により、それだけでなく、織田信《のぶ》雄《かつ》の跡の尾張と北伊勢の大名に過ぎないものの、律令制以来の行政機能をもって全国の人や土地を支配する関白の権能と、秀吉の握る天下の軍事支配の行使とが対立していたと指摘されている。この説明の方が合理的であろう。この事件で秀次と親交があった浅野長政・幸長《よしなが》父子が処罰されようとしたのを利家が執り成して、流罪の幸長を能登の津向へ匿い（慶長元年赦免）、秀次の遺臣の弓の者四〇人など、何人も召し抱えた。京の聚楽第は破却された。

16　秀頼の傅役

秀次自刃で後継は秀頼に決まり、利家らは同月中に秀吉の置目を守り秀頼に忠誠を尽くす旨血判起請文を提出した。その中で、利家と宇喜多秀家は秀頼の傅《もり》役として常時在京・下国禁止、また家康と毛利輝元のうち一人は必ず在京と定められて、伏見へ移った秀頼擁護の体制が固められた。秀家も夫人豪も秀吉の養子であるから、三家は姻戚であった。傅となった前田氏は近江高島郡内二村のうちで加増され（のち、まつの化粧料）、また秀吉は秀次遺領の美濃と尾張、伊勢を与えようとしたが、石田三成と増田長盛が、近国に「立チ腹なる」「無双武辺者」を置くと、いったん無曲と思えば謀反も起こしかねないと反対したので、その代わりに「外聞好き成」利家に伏見で一番の秀次の伏見邸と、越中新川郡を与えたという（「村井重頼覚書」）。そうなら、利家は本貫の地荒子を含む大領知を取り損ねたことになる。

文禄五年（慶長元・一五九六）五月、家康、利家や諸大名、諸公家も随従して三歳の秀頼が大行列で初入洛し、利家が抱いて車に乗り、参内した。このとき、利家は従二位権大納言に昇り、家臣二人が叙爵した。家康は正二位内大臣になった。

そのあと利家は来朝した明使を日々饗応したが、外交上の体面から家臣四人が叙爵している。その閏七月十三日丑刻（午前二時ごろ）、京都地方の大地震によって伏見城が崩壊し、諸将邸も被害甚大であった。利家と城中の秀吉が無事を確かめ合い、半島出兵中に勘気を受けていた加藤清正が秀吉の安否を気遣って駆け付けたので、利家が尽力して赦免された。これに清正は強く恩義を感じていたという（「国祖遺言」）。

慶長二年は朝鮮渡海決行を図って、家康、利家、景勝が国で秀頼を守る体勢とし、幼少の秀頼が参内して従四位下左近衛権少将から同権中将、さらに三年に従二位に昇任した。このとき利長は秀頼参内の警固役を務め、自身は二年に参議に任じられ、家臣二人も叙爵した。この二人も含めると、前田氏に一時は従五位下で受領名をもつ家臣が一〇人以上いたのである。なお利長は十月に守山から富山城へ移った。利家は十一月秀吉から富士茄子の茶壺を賜り、天目茶湯を許された。

慶長三年二月、伏見の堀秀治邸が火事のとき、利家は、その向かいにある、前年に娘ちよ（千代）が嫁入った細川忠興邸の屋根で防火に当たった。三月には、京都の醍醐寺で豪華な花見が行われ、秀吉・秀頼父子は北政所や多くの側室、家来を伴って、設けられた掛け茶屋を巡った。前田家は利家と加賀殿（まあ）に、とくに夫人まつも加えて三人が招かれ、秀吉との親しさを示した。このときに淀殿と京極殿とが賜盃の先後を争ったのを、北政所やまつが仲裁したという（「陳善録」）。ただ、今回は、かつて北野で数寄人は誰でも訪れよと触れた茶会と違って、二三ヵ所にも武具を持つ侍が警護を固めた厳戒裡での茶会であった。無謀な出兵や過大な夫役、支出などで苦しんでいる中で、豊臣政権は庶民から高く離れた存在になっていたといえる。

この年の前田家の重要事は、利家の隠居と草津入湯である。四月二十日世子利長（三十七歳）に領知を譲り、二六万石を隠居領とし（前述）、秀頼扶育に当たった。利長は参議から権中納言に昇った。三月下旬より五月下旬まで利家は尿に異常の出る病を癒すため上野国の草津へ行き湯治をした。同月越前北庄から越後へ国替えになったときに利家邸で送宴された堀秀治をはじめ、秀吉以下多数の諸将や領民から見舞いや差し入れがあって、当時の声望の高さが窺われる。また「陳善録」には、その往路に金沢から石動を通り、そこで守山へ預けた六歳の猿千代と初対面し、体を擦ったりして喜び、自分の脇差を与えたと記している。

17　秀吉の死と五大老・五奉行

秀吉は文禄二年（一五九三）から弱っていたが、四年に風邪で寝込んでからめっきり老衰し、慶長三年（一五九八）梅雨に入ると咳がひどく、寝込むようになった。病の重さを悟った秀吉は諸将に遺物を分配し、利家は金子三〇〇枚と正宗脇差、利長は郷の太刀、利政は定宗の刀を拝領した。なお前田氏には以前から一〇万石分無役の特典もあった。七月十五日、前田邸で諸大名が家康と利家宛に血判起請文を提出した。内容は、①秀吉の法度・置目の順守と大名間の徒党禁止、②知行給付は秀頼成人まで凍結の原則とし、公儀のためになるなら五大老合議で決定、公事（訴訟）も合議、なかんずく家康と利家の指揮のもと五奉行が実施、③秀頼の家臣に片桐且元以下家老四人と番衆の確定であった。

秀吉にとって、織田氏や秀次への冷酷な自分の仕打ちを顧みても、豊臣家と、その幼い秀頼の将来に強い不安をもったに違いない。八月五日秀吉は五大老宛に「返す返す秀より事たのみ申候、五人（五大老）のしゆたのみ申へく候」「なこり惜しく候、以上」の文言を認めた遺書を作り、同日に五大老、五奉行たちは、秀吉亡き後も秀頼への忠誠を誓う起請文を交わした。彼はその後も軋轢のないよう種々計らって十日には意識朦朧となり、十八日に六十二歳の生涯を終え、豊国大明神として祀られた。秀頼への誓紙は九月にも作られ、交換している。

秀吉は専制政治をしたが、秀次事件直後から事実上原型のあった五大老・五奉行を秀頼推戴の政治機構として制度化した。前者は徳川家康・前田利家・毛利輝元・小早川隆景（慶長二年死）・宇喜多秀家・上杉景勝による合議制であったが、家康と輝元は各坂東と坂西の政治を、利家と秀家には秀頼養育の任務を分担させた。後者の五奉行は腹心の部下による中枢機関で、浅野長政・増田《ました》長盛・石田三成・前田玄以・長束《なつか》正家である。なかでも石田三成はもともと学芸に秀で才智があり、朝鮮半島からの撤収実務に功績があって、実力者であった。
前田利長も父を助けて秀頼を守り立てるよう遺言されていた。以後出仕衆となり、父と交代で、秀頼に謁見する大名、公家、門跡などの取次（奏者）を務め、その権限は大きいものであった。また利政も警護の詰番衆になって父子共に旗本に選ばれたのであった。これに宇喜多秀家を加えた親族関係が豊臣秀頼を守り育てる体制であった。

18　家康譴責事件と利家の死

五大老のうち、家康が筆頭人で実力者であったが、利家の評判も高かったようである。前田側の記録だが「陳善録」に、大坂城では内府（家康）より大納言（利家）が五層倍も強かったと記して、理由は「第一御武辺者なり」、また「太閤様御前よき故」と、人望の高さを述べている。慶長四年正月七日には家康や淀殿の反対を押し切って遺言通り大坂城移徙を実行した。だが秀頼入城以前に、利家は朝鮮で島津勢が敵に勝って帰ったから加増すべきであると稟議し、家康が渋るのを秀頼の代になって初めての功名だからと、急いで、かつ強引に押し切っている。家康の政務権を凌駕するかのような行為で、大坂の秀頼ひいては利家の威光を高める意図かとも思われる。

そして続いて、いわゆる家康譴責事件が起こった。それは、家康が秀吉の死後間もなく独断で伊達政宗の娘五郎八姫と六男忠輝、福島正之と自分の養女、また蜂須賀至鎮《よししげ》と自分の養女を婚約させたことが、大名間の徒党を禁じた文禄四年八月二日の大名縁辺は許可制の掟や慶長三年七月の誓詞（前述）に違反するとし慶長四年正月に四大老五奉行から詰問した事件である。これが契機で、いわば旧族大名派と官僚派が二派に分かれて、関ヶ原陣の原型に似た様相になった。諸大名は万一の場合に備えはじめたが、家康は誤りがあったと認めたので和解を図る動きが前田側を中心に起こり、とくに前田の姻戚で家康とも昵懇な細川忠興が息子の義兄である利長に説いて和解に賛同させ、利長が和議の調停役になって父と家康を説き、誓詞を交換した。二月晦日、その実を示すため大坂の利家が病を押して伏見の家康を訪問して饗応を受け、家康を政務する伏見城から向島へ移住させた。それは意見の仕方についての秀吉の遺命に従った行為でもあった。伏見行には加藤、浅野、細川ら和解派と家中の者も供をし、伏見では多くの大・小名が出迎えた。帰途に、村井長頼宅で皆にうどんを振る舞ったという（「陳善録」）。

三月八日、家康がお礼返しに前田邸を訪問した。このとき、石田三成らが藤堂邸に泊まった家康を襲撃しようとしたが果たさなかった。前田邸では密議の末、警護を緩めて迎えた。このときの和解条件として家康に秀頼輔弼を誓約させている。そして、同日付で宇喜多秀家が家康宛に利長との誓約に自分も同然に加わると誓詞を作っている（『島津家文書三』大日本古文書・家わけ十六）。それは二人が盟約したことを確実に文書で残す意図であったと私は思う。また、利家はもはや重態で、懇談中に「はや是が御いとま乞にて候、我等は死にまする。肥前事たのみ申ぞと御意候」と申したと伝える（「陳善録」）。

利家は以前から虫気（守白《すばく》、つまり寄生虫病）の持病があって、死の五〇日ほど前にも喉から虫が出たという。しだいに弱って三月十五日遺物の分配目録を作り、二十一日に夫人まつの筆記で遺言状を作った。重篤の噂で大坂の諸将が動揺して騒いだが、利家の意識は確かで閏三月朔日にまつが経帷子の用意を問うと要らぬと笑ったといい、二日夜に御道具帳を点検し、閏三月三日朝卯の刻（午前六時ごろ）一説に五つ時（八時ごろ）に遠行したとある。数え年六十三歳。従一位が追贈され、法号は高徳桃雲浄見大居士。遺言で金沢の野田山に葬った。まつは芳春院、利常の母は寿福院の法号になった。

19　利家の遺言

遺言は三月二十一日付で羽柴筑前守（利長）宛である。内容は一一ヵ条に亘り、兄弟のこと、知行のこと、合戦の仕方、家来（利家の家臣）のことの順である。まず、利長（三十八歳）は大坂にいるから、孫四郎（利政二十二歳）は金沢で留守居を命じ、二人で一万六〇〇〇の軍勢を八〇〇〇人ずつ交代で大坂に詰めさせ、金沢にいる人数は孫四郎が下知せよ、秀頼に謀反する者があるときは、孫四郎も上洛し一手になること、金沢の留守は篠原出羽守にせよ、出羽は幼少より召使い、末森や関東陣でも戦功があり、姪の婿にした者である、兄弟二人だけだから、弟に、兄に非議をしないと誓詞を書かせたので渡す。そして「弥々子共弟ともおもわれ、形義（行儀）もよく成候やうニ被致、異見尤ニ存候事」、とある。この意味は、意見が違ったら弟は兄に従えという意味であり、一六歳年下の利政を利長の後継者と予定していたのであろう。なお孫四郎に能登口郡一万五〇〇〇石を遣わすとあって、以前はこの石高が利政の知行高とされたが、それは能登の利家隠居分のことで、合わせて能登一国を知行したのである。利政は他に刀や金銀子も譲られている。他の金沢にある金銀子や諸道具は利長へ遣わすから、「三年加州へ下《くだり》申義無用ニ候、其内ニ何と歟らち明可申候事」。ついで合戦のときについて、「敵のあぜぎり（畦切）成共ふみ（踏）出尤ニ存候、自国へおしこまれ候者《ば》、草のかけニても尤とは存間敷《まじく》候」、その訳は信長公がそうだったからと、領内防戦を禁じている。

そのあと第八条以下は主な家来の召し使い方について、長く仕えた者は本座者同様に扱い、また依怙贔屓なき者を選んで使うことや武道だけでなく文武二道の必要も述べている。長九郎左衛門、高山南坊、村井豊後、奥村伊予、山崎長門、青山佐渡らの人柄や功名を説明して、それぞれの処遇を望んでいるが、片山伊賀と徳山五兵衛は要注意人物とし、岡田長右衛門は利長の分別次第としている。事実、片山伊賀は、利家没後閏三月十日に利長が御代初めの仕置きとして成敗し、徳山は徳川方へ走った。ただしその子孫は前田家に出入りして幕府との間を取り持ってもいたようである。岡田は府中衆で算勘に長け、利家の信任厚かったが、ただ「陳善録」では依怙贔屓があって不仲の者も多かったとあり、彼は隠居した。家臣のことに触れるのは、主君とは個人的な封建的主従関係だったからである。

利家死去はその日の夕刻には知れ渡り「浮き世さわぎ出、大坂中子をさかさまに負申候」（「陳善録」）と、町民も戦から逃れようとあわて騒いだ様子が語られている。そして、利家没後、利長が大老職の末席に就いたが、衆目は徳川家康に天下が移ったとみるようになった。卒去を機に大名間の不和が表面化し、官僚派の実力者石田三成が加藤清正ら家康派の武将たちに討たれようとした。三成は難を逃れようとしたが結局、閏三月十日、居城の江州佐和山（一二三万五三〇〇石）へ退けられた。そして、家康は伏見城へ再び戻った。

第三章「前田利長の進退」補説

はじめに

昭和五十九年三月、私は「前田利長の家中統制（素描）」と題する報告文を提出した。当時、交付されていた文部省科学研究費補助金（総合研究A）「北陸における近世的支配体制の基礎的研究」（髙澤班）の研究成果報告のためであった。これが、私が正面から加賀藩政治史に手を染めた最初の論文で、今から一七年も前のことである。しかし、その直後から勤務先大学の管理的業務に多忙となり、また研究上でも依頼仕事が多様になって、このテーマを追究する時間が少なくなった。それでも業務に使いつぶされてはならぬと考えて細々ながら続けた結果、平成四年十一月に「前田利長の進退」を発表できた。前記報告書を基にしながら書き加え、論旨を整理したもので、『北陸社会の歴史的展開』（能登印刷出版部）に載せた（以下、「拙稿」）。この書物は編者が私になっているが、教室の同僚教官と卒業生が企画して作って下さったものである。

この論文で前田利長とその家臣団に関する私なりの新しい見方が定まったのであるが、その後、山川出版社の『石川県の歴史』（平成十二年三月刊）に近世全般を執筆する機会があり、利長については新しい知見も加えて、四六判で九頁足らずを割いて書いた。ただ、一般読者向けの小冊子なので注記も論証もない、結果だけの大まかな叙述なので、この機会に「前田利長の進退」以後に加えた知見を示し、また不充分な所、誤った所も気付いた限りで直しておきたいと考えて、小論を試みることにした。

「前田利長の進退」の構成は、「はじめに」、「一、慶長四、五年の状況」、「二、家中の分裂」、「三、隠居から死への対応」、「おわりに」となっている。その内容は直接読んでいただくのが最も適当であるが、当方から強いる立場にないから、以下、梗概を述べながら要所要所で必要なコメントを加える方法を採りたい。

一　慶長四、五年の状況

慶長四、五年は、前田氏にとって命運にかかわる大きな事件が起こっている。

慶長三年四月に前田利家が隠居して長子利長が三十七歳で家督を継ぐが、翌四年に入ると徳川家康讒責事件が起こり、利家が讒責する側の代表格になった。利長は細川忠興らとともに家康と和解する策を父に説き、二月二十九日に病気中の利家が伏見の家康の許へ訪問し、ついで家康が答礼として大坂の利家を訪れた。利家がこの事件で重要な役割を果たしたことは岩沢愿彦氏（吉川弘文館人物叢書『前田利家』）の指摘の通りであろうが、もう一つ私が指摘したかったのは、前田側の和解の条件として家康に秀頼輔弼を約束させたとみる点である。慶長四年三月に、宇喜多秀家が、家康・利長とともに豊臣秀頼を輔弼する旨の家康宛の誓詞を作っており（『大日本古文書・家わけ十六・島津家文書三』）、その第一条は次のごとくである。

一、貴殿・利長被仰談、秀頼様江無御疎略上者、我等儀何様共御両人同前ニ胸を合、御奉公可申覚悟ニ候事

岩沢氏はこれによって家康・利長・秀家三人による秀頼輔弼の体制ができたとしており、異議はないが、日付を示していない（二七八頁）。日付は三月八日であって、家康が前田邸へ答礼に訪れた日であり、そのさいに作成されたものであろうと考えられる。拙稿では、利長・家康が盟約し、秀家も協力を誓ったとだけ記述した（八二九頁）が、もっと読み込めば、秀家が、二人に約束が存在したことを確実に残すために、自分も加わる形で自

ら文書に作成し、家康に宛てた、と理解することもできよう。

利家は、その閏三月三日に死去する。これにより徳川と前田が並び立ち、かつ牽制しあって取れていた政治勢力の均衡が崩れて中央政局が転回し、翌年の関ヶ原合戦に至るのである。

利家亡き後、利長は五大老の一人に入るが、八月には家康の慫慂、五奉行や母芳春院の了承もあって領国へ帰った。ところが、九月になると讒言を受け入れた家康が加賀征伐を企図した。これに対して利長は人持の家臣と相談した上で、生母芳春院を江戸へ人質に出すことで和解するのであるが、一方で金沢城の内惣構え堀を、十二月から翌五年正月にかけて、短時日で掘ったことを書いておくべきであったと思う。つまり、和戦両様の構えをとったのである。もっとも、和解して伏見で人質になっている母芳春院を助けることは第一義であったはずである。正月九日付で徳川秀忠が利長宛書状で和解条件が整うであろうと伝えている（『加賀藩史料』第一編七三〇頁）ので、あるいは、最終的には三月までかかった和解交渉に対して、それを促す戦術的な姿勢であったかもしれない。

なお、利常と秀忠の娘珠姫との婚約について、この和解のときに結んだとする説と関ヶ原合戦ののちとする説があるが、次の史料によって後者ではないかと考えている。

一、権現様・利長様御不和ノ刻、権現様ヨリ御条数書之趣相尋候処ニ、其時之御使高山南坊・寺西宗与・太田但馬・斎藤刑部・横山々城ニテ御座候、権現様へ対し疎略ニ不被思召候、如何之儀不応御意ニ候哉、被仰聞候へ、其上ヲ以テ可被仰分旨、三度迄御使ニ被遣候、権現様へ取次ハ堀尾帯刀殿・生駒雅楽殿・中村式部少殿ニ而候、右之趣被仰上候へ共御違目之儀も不被仰出、ヒタムシニ御むし被成候、其時大谷刑部少被罷出候而被申候ハ、権現様御子様達多御座候間御一人御養子ニ被成候而可然候ハん哉と被申候ニ付、何様ニモ御意次第タルヘキ旨御返事被成候、其旨権現様被聞召上、イヤ左様之儀ニ而ハ無之候、ソレハ非道ニ候間、其段ハ有之間敷事候、南坊ハ新座者、宗与・刑部・但馬儀ハ利家様ヨリ伝タル外様ノ者ニ候、山城ハ利長様御取上ノ者ニ候ヘハ御心ヲ能ク可存候条、山城壱人罷出候ヘト被仰出、右ノ堀尾殿・生駒殿・中村殿ヘ大谷刑部少相加リ、芳春院様江戸御下向之御拵ニ相極リ相済候由被申候

この記事は「求旧紀談」一名「長知軍談」(「松雲公採集遺編類纂」一六四)にあるもので、加賀征伐の和睦の事情について、四代藩主光高の命で藩士の澤田忠右衛門が質問し、当の交渉役であった横山山城が話した内容である。事実に最も近い記述かと思われるが、和睦の条件に、大谷吉継の発案を容れて家康の子供を養子に迎える条件(他の記録では万千代または仙千代に金沢城二〇万石または加賀二郡を渡す)を出したが辞退された経緯があって、芳春院江戸人質の扱いに決まったとしており、利常と珠姫のことは見えない。大体、この交渉は前田の受身で行われたのであるから、秀忠の娘を嫁に取る話は出にくいのではないだろうか。むしろ、利長がおくればせにも東軍に参陣したことにより、両家の婚姻関係の話が成り立ったと見るほうが無理のないように考える。したがって、私が『石川県の歴史』で、省略に任せて二人の婚約をこのときのことのように記したのはよくなかった。

ついで、家康は上杉征伐を企て、前田利長は会津を津川口から攻めることになっていた。このときに、西軍からも誘いがあったが江戸人質の母を捨てられないとして断っている。私はこの「内儀の理」と呼ばれた血縁・肉親の論理は、まず、秀頼への忠誠(公のこと)という第一の論理があって、その限りで成り立つ第二の論理(私のこと)であったと理解し、西軍方もやむをえないと見ていたものと考えた。

さて、利長は自軍を北上させる前、七月二十六日に南下して加賀南端の大聖寺城を攻略して西軍方の山口宗永・修弘父子を滅ぼし、さらに越前へ入って本陣を金津に置いたものの、八月七日に軍勢を引き返して金沢城へ戻った。この、南下と班軍の理解について少し補足、訂正しておきたい。

南下軍についての私の見解は、それが前田氏の独自の判断による作戦行動であったと見る点である。通説では

上杉征伐から関ヶ原合戦までの軍事行動を終始徳川（東軍）の軍事統制下にあったという前提で見ているが、そうとは限らない。軍の南下は北上にあたって後顧の憂いを断つためもあったろうが、利長の書状（九月五日付、村井豊後宛）では、七月二十六日に小松まで行ったところ伏見の城攻めの情報を知り、「ふしみのしろのたよりにもなり可申かと存」じたので大聖寺を攻め滅ぼし、「越前へはたらき可申と存候所に、ふしみのしろ一日にち申候由候」と記している（『加賀藩史料』第一編八一二頁）。後顧の憂いを断つ企図が伏見城への支援行動の意味に変わっているが、この目的変更は利長の判断であって、家康の指揮によるとは時間的にもとうてい考えられない。前田は徳川軍に呼応しても属将になったのではない。したがって家康が自筆の書状で「此上ハほっこく之儀、きり取ニ進し候」（八月二十六日付、村井豊後宛。同書八一〇頁）と述べるのは、利長が自分の武力で勝ち取ったことを認めたのであって、家康が領知を与えたのではない。認められようと否と伐り取りにした土地であった。

次に、班軍の理由について、従来諸説があり私にも判断できないが、ただ『石川県史』の所説には納得できない点があり、批判を加えておいた。今一つ加えておきたい。まず、拙稿で村井豊後守長頼宛の利長書状が事実を包まず伝えている可能性が高いとしたが、江戸人質に随行している豊後宛であるから、やはり限界があったろう。利長は同書状で班軍について、越後で一揆が起こったので一旦帰城したように述べているが、他の説に、敦賀の大谷刑部から密かに西軍が海上から金沢を攻めるという偽情報があり、それにだまされたのであるとする記録類がある。『石川県史』はその証拠とされる密書の宛名が当時なら横山大膳であるべきなのに、後年の名称である横山城州（山城）になっているから偽書であるとして、この説自体を退けている。しかしこの説は、のちに三代藩主利常が側近の品川左門・中村久悦に自ら話していたらしい。

大聖寺之城を攻落し、其上に而上方江被攻登筈之処、臆病者有之候而大谷刑部にだまされ、彼者自筆之書状に而上方江人数を指登せ候は、其跡に海手より金沢へ人数を廻し、金沢之城を攻取申筈に候間、早速人数を引取、国許の用心肝要之由申来候故、故肥前殿も是を誠与被存、左候へは人数を引取不申候而は難成首尾に而、金沢江人数被引返候由御咄に而御座候（利常の奥小将であった藤田安勝著「微妙公御直言」。『御夜話集』一〇八頁）。

偽書なら偽書でよいが、それがなくても偽りの情報で動くことはありうる。情報がなかったとまでは言い切れないから、この説を切り捨てることはできない。拙稿ではこれを紹介しなかったが、未だ考慮に入れておくべきであろう。もっとも、班軍の理由は複数であってもよい。

なお、右の引用史料の最初で、大聖寺城を攻めたあと、「上方」へ攻め上る予定であったと言っているが、これが本当だとすれば、この出陣は大作戦であったことになる。しかも徳川の上杉攻めの期待とは違った動きをすることになり、かなり重い意味をもつであろう。徳川の伏見城救援のためとしても、前田氏の独自行動であったことになる。しかしこれを裏付ける史料は、今のところ見られない。

ついで、利長は九月十一日に、関ヶ原へ向けて出陣する。ここでの問題は、七月の出陣には参加した弟の利政が、妻子が大坂で石田三成の人質になっていることを理由に、今度は参加しなかったことである。利政にとっての「内儀の理」であるから、一応は成り立つ言い分であるが、利長は、妻子が三成の人質になっている東軍方武将は何人もいるし、とくに利政は母が江戸にいる。また「われ〳〵しゆにもおやにももち申候間、おんなめこらをすて候てくるしからぬ事候」（前掲、九月五日付、村井豊後宛書状）と言うのであるが、結局、利政一人が参加せず、付属する将兵は利長に属して従軍した。利政は能登国を失って京都に隠棲して一生を終えた。なお文中、「主にも親にも」という二人の関係は、利家の遺言に同趣旨のことがあり、利政から誓詞もとっていた。

この利政の向背について、私も説明しきれない。『石川県史』は二度の出陣の間に妻子が人質になったことを知ったためと推測しているが、それだけではないように思う。そこで、利政（孫四郎）のことに触れている芳春院の書状三通を紹介しておこう。

A　よくそ〳〵たひ〳〵人を給候、御うれしく候、まこ四郎事、はしめはするる〳〵としたる御返事申され候て、いま何かとの事候、せひもなく候、そはにて人かいかほと〳〵せいをいれ候てもならぬ事候、かうきはすみ申候、こんとも人の御物語候か、大御所さまの御くちは大かたよく候よし申候へ共、しにてのちの事まで申され候、大かうさま日本のしゆニせいしをさせ、いかほとの事仰おき候へ共、ミな〳〵なむニなり申候に、おかしき事ともにて候、これと申も我か身かいんくわのほとをなを〳〵かんし申候、くわいふんかめいわくに思いまいらせ候、ふつしんにもやう〳〵はなされたるわか身と思いまいらせ候、

（下略）

十月六日　　　　　（切り封）　　　　　　〆

おちよ御返事　　　参　　　ちま　　　　　はう

申給へ

B　わさと人をまいらせ候、何事なく候や、さいこく御ちんのひ申候よし、まつ〳〵御うれしく思いまいらせ候、さやうに候ハヽ、われ〳〵ものほり申候ハんとむかひまち申候まてニて候、いまたそこもと候や、それのしんたいきかまほしく思いまいらせ候、さそ〳〵ミな〳〵ふもしのてい候、これのミあんしまいらせ候、金一つやり申候まゝ、何ニてもつかひ候へく候、つむき十たんまいらせ候、ミな〳〵に一たんつゝ、何らにもきせ候へく候、御ひかし殿なとよくいもしかり候へく候、ひせん殿へわもしたち、こなたへ御出候よしうけ給候、かす〳〵御うれしく思ひまいらせ候、まつ〳〵てにとり申候か心やすく思いまいらせ候、せつかくそはニてときを申され候へく候、かしく

返々、この文ともミわけてとゝけられ候へく候、まこ四郎しんたいの事なふりの事申候はんやうなく候、われ〳〵ハ何としたる身にて候んとかんしまいらせ候

返々、いよ〳〵それのしんたいの事かくこをせられ候へく候、このたひかよく候、そらわつらひなりともわつらひ候へく候、ミな〳〵たれ〳〵かい申候や、よろつ〳〵やうたいくわしくかきつけ給ハす候、われ〳〵かさうしはやけ申候や、又ふしミにてうせ申候や、おしき事申つくしかたく候、らんほうに二とられ申候ハ丶いつくの物ニて候や、かい返したく候、やけ申候ハ丶うれしく候、返々、わが身ものほり候さたもいまたなく候、よろつ心もとなく候て人をまいらせ候、ひセん殿之事のミきかまほしく思いまいらせ候、かしく

十月廿八日　　　　（切り封）　　　　えと㐫

おちよ　参
　申給へ　　　　　　　　　　　　　　　　は　う

C　一ふてもうしまいらせ候、このさけおたわらよりまいらせ申候ま丶まいらせ候、御しやうくわん候へく候、又申候、まこ四郎事、大御所さまよりくにはしにもおきまいらせ候へとおほセいたされ候て、さと殿よりひセんへ文まいり申候、きのふ御返事御入候、何やうにもぎよひしたいとの御事にて候、かしく

御心やすく候へく候、よそへはさた申さす候、まつきかせ申候、まんそく申まいらせ候、かしく

　　　　　　　　　　　　　　　　　　　　　㐫

いつも殿　参
　申給へ　　　　　　　　　　　　　　　　は　う

A、Bの宛名ちよ（千代・千世）は実の娘で細川忠隆の室であったが、義母ガラシャ夫人の件で義父忠興から離縁され、慶長十年に家臣の村井出雲長次に再嫁した。Cの宛名は再婚前の長次である。その父豊後守長頼と共に芳春院に随行して江戸にいたのであろう。

なお引用した史料は、AとBは以前に前田土佐守家の当主、前田正昭氏からいただいたコピーに拠っている。

氏のご厚意に感謝申し上げる。ただAは『図説前田利家』(北国出版社)一四五頁に掲載してあるのでここでは必要な部分に限った。Cは、金沢市立玉川図書館近世史料館の加越能文庫にある「村井文書」に載せる写本である。

さて、私の論点に限って指摘すれば、Aの書状で、利政の件について、家康の言い方は大方は良いと聞かされていること、また芳春院の意見として、秀吉が誓詞を取り、あるいは命じたことも今は無になったのだからこだわらなくてもよいのに、利政が利長に従わなかったのは変なことである、と言っている。その後のBの書状では、利政の進退について「なぶり」を受けていることを憂えて、詳細な情報報告を求めており、利政はもう覚悟するようにといい、仮病でも使うようにとも言っている。Cは日付のない書状で、Bとの前後関係はわからないが、家康が利政を国の端にでも置くようにと言った、つまり大きく減封する処分で済ますことにした旨を、本多佐渡守から利長へ伝え、利長は何事も家康の御意次第と返書したと、内々に報せている。

以上から、まず、利政は家康から領地を剥奪されたのでなく、小さな大名として残れたのに、彼の方からそれを断ったと推測することができる。この点を加えても、彼が徳川方に付くのを良しとしなかったとする拙稿の主旨は同じである。利政が秀吉の遺命にこだわったらしいことはAの資料でわかるが、では徳川と協力せずに秀頼輔弼の任を果たす方策は何であったろうか。芳春院が現実的な目で見て利政の処世をいぶかっていることをもって、直ちに利政が西軍方に近い立場にあったと断ずるのは論理に飛躍があるし、事実西軍に付いていない。大聖寺攻めに参軍した理由もあいまいになる。利政の方策は、七月の出陣ではなく九月の東軍としての再出陣に際して放棄せざるをえなかったのであり、いまだ不詳である。利政自身はかたくなに徳川との協同を拒んで二十三歳にして大名の地位を抛ったのであった。

なお、最近の研究では、下野の小山の会議は、淀殿と大坂の豊臣奉行の要請もあって石田・大谷の挙兵への反撃が議されたのであり、豊臣三奉行も加担したことがわかるのは七月二十九日ごろであるという説が出ている

（笠谷和比古『関ヶ原合戦と近世の国制』）。前田はいつ知ったのか、それが利政に影響を与えたかなど調べるべきことが残っている。

今一つ、右の史料について指摘したいのは、Bで芳春院が、迎えがくるのを待っているが、その沙汰もなくて心許ないと述べている点である。これは、前述の慶長五年大聖寺攻めの後、八月二十六日付で家康が北国を伐取りに進じるとした書状の中で、やがて戦に勝てば芳春院を上方へ迎え参らせると書いていることによるもので、利長も十一月十日付で村井長頼宛に、まだ迎えるとの沙汰がなく迷惑していると述べている（拙稿八三二、八三三頁）。子だけでなく母もまた解放を心待ちにしたことがわかる。しかし家康は解放せず、この母子は終に生きて逢うことはなかったのである。

二　家中の分裂

従来は、前田家中が大きく二つに分かれていたことを指摘した論考はなかった。『石川県史』は太田但馬誅殺のことや奥村栄頼と横山山城の確執、栄頼の出奔など、個々の事例を挙げるが、全体としての家中が分裂状況にあったことは指摘せず、したがって、それを論理に組み込んでいない。また近年の研究でも、事実は指摘してもその確認へ進まず、利長の統率力のなさに帰している。そこで、「利長公御代之おほへ書」（「象賢紀略」）の記事に見える但馬方と大膳（山城）方の人々（拙稿掲示の表を再録しておく）について、他の記録と比べてみたところ、偶然的あるいは突発的な事例は別にして大方は矛盾しないように見えた。また文禄元年の越中守山岩ヶ淵の喧嘩にもその影が見え、さらに天正十八年の八王子城攻めの一番塀についての功名争いに端を発していると推測した。こうして家中の対立は利長の資質の問題でなく、利家のときから続く、戦国武士に一般的な封建主従制から説明すべきであると考えた。

そして、慶長十六年五月の利長の遺戒は、まさに家中分裂の克服を主題とした内容である（遺戒が出されたきっかけは後述）。内容は利常に公儀への忠誠を求め、家中の侍同士で私的な意趣遺恨を持たず、依怙贔屓せず、入魂にすること、それが公儀（幕府）、ひいては利長・利常への忠義に当たると諭している。つまり私を捨てて公に付くことを求めるのが遺戒の主旨である。これは、個別大名の側から公儀を求める動きである。したがって私は、当時、近世史研究で強く論じられていた権力による規定性という一方的な視点の見直しを迫る事実であると指摘した。

表38　但馬方・大膳方の人々

但馬方	大膳方
太田但馬守長知（15,000石）	横山大膳長知（15,000石）
中川宗半光重（23,000石）	長九郎左衛門連竜（33,000石）
篠原出羽守一孝（15,650石）	高山南坊長房（17,000石）
村井出雲守長次（17,245石）	富田越後守重政（13,670石）
奥村河内守栄明（13,650石）	山崎長門長徳（15,000石）
神尾図書之直（9,000石）	浅井左馬助（9,000石）
三輪志摩守長好（7,260石）	奥野与兵衛（5,530石）
神谷信濃守守孝（12,000石）	高畠平右衛門定良（5,000石）
富田下総守直吉（8,130石）	不破若彦三光昌（23,000石）
岡嶋備中一吉（11,750石）	青山佐渡守吉次（17,000石）
上坂又兵衛（7,000石）	小幡駿河（7,000石）
松平久兵衛康定（10,000石）	
小塚権太夫（9,000石）	

註　太田但馬・横山大膳・上坂又兵衛は慶長初年の禄高，他は最高禄。

また、慶長七年五月の太田但馬誅殺について、『石川県史』が「婦人に関する事たりしは疑ふべからざるが如く」（第二編一七四頁）としたのに対し、それだけでなく、慶長四年九月に家康が大坂城西の丸に入って加賀征伐を企てたとき、但馬が利長に上方へ出て一戦すべきであると答え、大膳は反対したこと、但馬誅殺に伴って関ヶ原のときに召し抱えた小松在住の新座衆を召し放ったこと、またこれを聞いた家康が、もはや利長には天下の望みなしと言ったということなどから、両者には政治路線にも違いがあったものと推測した。

そこで、これに加えておきたいのは以下のことである。慶長七年正月、利長は江戸へ行って徳川秀忠に珠姫入嫁の礼を述べ、ついで伏見で家康にも会い、さらに大坂で秀頼に面謁して金沢へ帰ったという。帰沢した日付けは不詳であるが、三月十七日付、秀忠の、利長が遠路江戸・上方へ行き、金沢へ下ったことをねぎらった横山大膳宛書状があり、同月二十六日には利長在判の領内百姓への定書追加が出ている（『加賀藩史料』第一編八五一頁）ので、おそらくこの間に帰沢したと思われる。

江戸では、秀忠が板橋まで迎えに出、また利長が江戸の宿舎を下谷の広徳寺にしたところ、秀忠内室の計らいで榊原式部康政邸に変え、手厚くもてなした。しかし、いざ利長が登城すると、秀忠は利長の座をはるか下に設けて臣礼をもって対面したので、利長は悔しい思いをしたと、加賀藩側の記録にも伝えている。

また、明治になって前田家十五代利嗣が提出した「加賀金沢前田家譜」（写本、東大史料編纂所）に次の記事がみえる。

（慶長）七年正月、利長江戸ニ如キ母氏ヲ省セント欲ス、是ニ於テ内府ニ謁ヲ執リ諸侯ノ卒トナラント請フ、内府之ヲ京師ニ避ク

これは、三上参次著『江戸時代史』の「第一章第二節　参勤交代」にも紹介しているが、ここで引用した原文書の所在は京都大学の藤井譲治教授にご教示いただいた。御礼申し上げたい。

この記事が事実ならば、利長は婚礼の件だけでなく、芳春院に会うことと、家康に面会して（三年前の利家がそうであったごとく）徳川と共に諸大名を統率する立場に立とうとしたのであり、この時点において、前田が徳川に対してかかる要求を試みうる立場を保っていたとすれば見逃しえないことである。これに先立つ関ヶ原の陣のときにすでに徳川へ従属的であったと見てきた通説は改められることになる。だが、家康の肩透かしに遭って果たし得なかったし、その後は徳川に臣従する立場になってしまったため、このことは明治を迎えるまで前田の側で秘されたのではなかろうか。

また芳春院との面会について、近藤磐雄著『芳春夫人小伝』（大正六年刊）に、「慶長七年正月、利長公始めて江戸に赴き、秀忠公を訪い且君を省せらる。君公と相見ざること殆んど二年、その喜び想ふべし」と記している

が、証拠は示していない（一〇〇頁）。そのときのことについて、「村井重頼覚書」は長頼が芳春院に面会したことは記しているが、利長と母との面会については何も触れていないのである。その他、母子が面会したと記す記録は管見の限りでは見ていない。「家譜」の引用記事からは利長が会うつもりであったことまでしかいえない。一般に、人質である以上、会えないのが通常であろう。なお、この『小伝』は芳春院が江戸の前田邸に居たごとく記したり（一〇三頁）、有馬湯治のときに京都の利政に会ったとも記すが（一〇一頁）、いずれも証拠を示していない。芳春院の江戸の住所は未詳なのである。

さて、話を戻そう。太田但馬の成敗は五月四日のことで、その一〇日ほど前に利長が命じたという。成敗の理由は不明であるが、手がかりを探るとすれば、利長が江戸・上方から帰ってほぼ一ヵ月後であることにも注意すべきであろう。「利長様御代之おほえ書」にも「然所に太但馬、右江戸・伏見御仕廻、御帰城候て五月十四日《（ママ）》ニ但馬を横山大膳ニ被仰付、御城にて御せいはい、新座よりき衆皆々御ふちはなされ候」と双方を一連のこととして記している。加えて、前述したような政治路線、家康の発言の問題を絡めて考えると、江戸行きと但馬成敗の意味合いが、おぼろげにも見えはしないか。すなわち、利長がこの江戸・上方行きで、諸大名を統率する望みの叶わぬことを自覚したとすれば、家中統制において太田但馬の路線を断ち、増強した軍事力を解除してみせる必要があったのではないか。もちろん前田利長にとって屈辱と苦渋を伴う判断である筈で、それゆえ彼は二度と江戸へ行くことはなかった（慶長十二年に駿府へ行ったとき、江戸へも行ったとする説は、つとに森田平次が「加越能古文叢」で否定している）。推測に推測を重ねているが、一つの見通しとして敢えて提示して、大方の批判を受けたい。そして、もしそうなら、これが利長の方針転換の一画期であると規定しなければならなくなる。

拙稿では、二派の対立が、但馬亡きあとも続き、山城と神尾図書之直の対立に代わるなど、大身間の対立が続くことを指摘したが、加えれば、『可観小説』に慶長の末には「於高岡、浅井左馬方、神尾図書方とて御家中二つに分る」（前編三四六頁）とあり、山城が利常に配属されたあとはこの二人が党派を組んで対立していたと見られることである。その他、細部は省略に任せたい。

三　隠居から死への対応

利長は慶長十年六月、襲封七年目、四十四歳で家督を庶弟で十三歳の利常に譲った。通説では同年四月の徳川家康から秀忠への将軍職継承を契機として、秀忠の婿である利常に代替わりして前田の社稷を安んじようとしたとする。異議はないが、これについて、原昭午氏は徳川氏に臣従した画期と規定し、大野充彦氏も徳川への従属の最後の画期とされたことに疑問をもった。たしかに金沢の本藩は徳川方になったが、ただ利常が幼年であるため利長が監国せざるをえなかった。そして利長は何があっても秀頼方と自認する一二万石（一六万石、一九万石説等もある）のれっきとした大名であった。原・大野氏ともに、本藩と隠居利長を区別することを失念している。両氏の研究目的は幕藩体制成立の画期を知ろうとしており、私は利長の立場を知ろうとしているので視点が違うが、区別すれば、利長が律儀に守り通した親徳川・秀頼擁護・前田家守成の三本柱のうち、「家」は利常に任せて解放された筈であること、だが実際には早すぎた隠居であったことまで把握できたであろう。近年慶長期について二重公儀体制論が論じられ、徳川幕府の将軍型公儀と豊臣の関白型公儀が並立していたとする（笠谷、前掲書）。この時点では徳川と豊臣が覇権を分け合いながら融和をはかっていた。親徳川と秀頼擁護の両立はまだ成り立ちえたのである。だがしかし、一方で利長は豊臣氏の大老として家康の同僚であり、前田の任務である秀頼輔弼を家康にも誓わせた当の本人であり、しかも徳川と共に大名統率を望んだとすればなおさら、いずれは徳川の支配強化、豊臣との対峙への道に立ち塞がる要警戒人物である。それが監国するなら、本藩もまた真に徳川方とは見なせないであろう。前田の家を立てるべき利長から言えば、それゆえにこそ、本藩と徳川との親近を求めたのではないか。たとえば、慶長十二年の駿府城普請は、利長が利常家中の普請を仕切って法度を出しており、拒否した者を成敗（死刑）や追放に処している（『加賀藩史料』第二編二七頁以下）。

しかし、芳春院の場合は、駿府城普請について、日付のない、「はんしゅう」（番衆か）や「かけし」（掛軸）のことにも触れた村井出雲宛書状で、「するかの御ふしん、さて〳〵にか〳〵しさ、これのミ申まいらせ候」（「村井文書」）と記しているのであり、徳川の軍事支配の下に付くことへの強い反発が読み取れる。秘められた前田の矜持から発せられた言葉なのであろう。利長の理性と本心とのありようは如何であったろうか。

関連して言えば、幕府の御手伝普請では前田氏の課役は定まっていないように見える。慶長十一年の江戸城普請は利常（当時は松平筑前守利光）が一一九万五〇〇〇石とされ（『大日本史料』慶長十一年三月一日条）、利長隠居分も含まれているようである（ただし、加賀藩側の関係史料はまだ確認できない）。十二年の駿府城はおそらく利常分だけであろう。十五年の名古屋城普請も利常の一〇三万二七〇〇石分（『加賀藩史料』第二編五九頁）だけ、十六年は禁裏造営であるためか利常一〇三万三〇〇〇石のほかに利長の一六万石が加わっている（同八六頁）。すなわち、幕府の、利長への課役が定まっていないように見えるのである。なぜかは今後の課題であるが、次に述べる慶長十六年四月の上洛も、正月に家康から上洛に及ばずと伝えられている。

利長と本藩の関係はいずれ改めねばならぬことであった。その機会は慶長十六年に来た。後陽成天皇即位で上洛した徳川氏が、家康と秀頼の二条城での会見を果たすとともに、利常も含む西国大名に三ヵ条の置目に誓約させた。また利長の病気が再発していた。これらが契機であった。上洛しなかった利長は誓詞に署名していない。ちなみに豊臣秀頼も署名はしていないが、利長の場合も、病気への気遣いというより、別格に扱われたためと思いたいところであるが如何であろうか。

ともかく、これを契機として一連の措置をとったのである。利長の遺戒・本多政重の再仕・隠居領から一〇万石返戻・監国の停止の四つがそれで、拙稿ではその順序で叙述したが、一連であるからこだわる必要はないであろう。それぞれの内容については、今は言及しないので省く。

ところで、利長の病名について、最近「疱瘡」とする説を見たが、それは天然痘のことである。この死に至る病は腫物ができる「唐瘡」で、「とうがさ」と読み、すなわち梅毒である。現に、幕府が遣わした医者・盛方院慶祐宛に利長が出した血判起請文の第一条に、「一、御薬被下已来、女方なとの義無之候、自今以後猶以御薬被下候内、少茂致不養生間敷事」（『加越能古文叢』五〇、また『加賀藩史料』第二編一〇八頁）とあり、女性との交渉を断っていると誓っていることでもわかる。一体、利長には実子がなかった。夫人は言うまでもなく織田信長の四女永（玉泉院）であるが、『三壺聞書』巻之十三に「根本利長公に御実子ましまさず、御夫婦共に御心に懸けさせられ、妾の女中方数多被召置、いか成る方にも其の覚も目出度く、末つむ花の種も哉、若紫の色々に、神や仏に祈願有り、寅まち日待様々の、御祈を密々に被成けるが、いつの程よりか御夫婦の御中疎々敷ましませば、提の水は湯となりけれ共、御歴々の習にて色にも出し給はず、かならず気鬱のかたまりとなる、いつも御心持例ならせ給はざりけれ共」（一八三頁）と、美文調で綴っている。永も承知で妾を多数もち、神仏に祈願もしたが子が生まれず、そのうちに夫婦の仲も冷え、永は精神的に不安定な状態に陥ったという。この夫婦にとって子をもつことが、家の存続のためにも強い念願であったろうが、それがかえって災いになったのであろうか。

芳春院は、書状でたびたび利長の病を気遣っている。村井出雲宛、年月不記二十二日付で「ひせんもしゆもつしか〳〵となく候てセうし御めいわく申候、われ〳〵も少のとうりうニミまいたく色々さいかく申候か、なり候ハす候」（「村井文書」）と述べている。これは、御台様（秀忠夫人於江与）から御暇を得ているので実現できるはずであった。しかし、その前か後か、利長は十六年六月四日付で母が見舞いに来ることを一切許可しないよう本多佐渡守・大久保相模守に断っている。また前述の盛方院の下向については、「セいほう御入候へかしと思いまいらせ候」と認めた芳春院の出雲宛書状がある（年月不記十五日付。「村井文書」）。いずれも慶長十六年と推定できる。

その後、利長の病はしだいに悪化した。十八年十月三十日付、家老の神尾図書之直宛書状で、死を自覚した利長は、死ぬよりほんの少し前に母に会いたいと書くまでに気力も衰えていた。

そして、慶長十九年春にもなると、利長は本多政重に、若い利常が徳川に付くよう、自分が一刻も早く死ぬことは大慶なことだと心中を語り、また高岡城を割り、隠居領を捨てて京都に隠棲する決心をして幕府へ願い出た。大名である自分を抹消するというのである。

なお、これについて、拙稿では五月某日付で幕府の許可があったと記した（八五四頁）。それは『加賀藩史料』（第二編二〇五頁）に拠ったのであるが、その出典「本多氏古文書等二」を見ると、本文の前にある部分が省略されたことが知られ、そこに「巻目ノ上　直江大□キレテミヘス殿参　は　ひスレテ見悪シ」とあり、また日付は「五月スレテ見ニクシ」としてあることに気づいた。本文の内容は利長が両御所様から住所について好きな所に住むことを許されたことに対する礼であるものの、宛名の直江大□が直江大和守ならば、本多政重が直江兼続の養子で米沢に居たころの名乗である。慶長十六年の利長遺戒やその後しばらくは直江安房守と記されているが、大和守とするのは見かけていない。大方のご教示を得たいが、それまでこの史料の使用は保留したい。つまり幕府の許可の有無は不明としたい。

さて、利長は、京都に移ることなく、高岡で五月二十日に死去した。五十三歳。大坂冬の陣の半年前であった。この死について、拙稿では自殺ではないかと推測した。「懐恵夜話」にそのように記されていること、および『石川県史』の「溘焉として薨ず」という形容の仕方からであった。にわかに、たちまちの意の「溘焉」は、すでに『越登賀三州志』の「鞬櫜餘考」で使っており、そこでは「湯薬を口に上し給はず」「溘焉として正寝に薨じ玉ふ」（二六四頁）とある。自ら湯薬を断つとすれば、明らかに自殺志向である。『石川県史』はそこまで書くのを控えたのであろうか。また同じ日置謙氏が編した『加賀藩史料』では「懐恵夜話」を掲出している（第二編二一三頁）が、その頭注にわざわざ「前田利長服毒のことは誤謬なり」と記している。しかし理由は示していない。

「懐恵夜話」では、「瑞龍公御手自毒を上りし事、御家を大事に思召」、また「御自身毒を被召上候て御他界也」と二ヵ所に記している。そこで、「懐恵夜話」の著者由比勝生《かつなり》について少し触れておこう。勝生は遺知四〇〇石を継ぎ、大小将組に属して役職を歴任し、加増一〇〇石を得ており、一応順調な履歴である。彼の祖父民部重勝は珠姫（天徳院）の入嫁に随行してきた徳川の臣で、子孫は加賀藩士になった。父の五郎左衛門正勝は、大仏という異名で呼ばれた大身強力の人で、珠姫付きになって鍾愛されたが七、八歳から利長に仕えて近侍し、寛文元年六十歳で死去した。そのとき、勝生は二十六歳であった。また、正勝の室は脇田直賢（如鉄）の娘である。直賢は朝鮮の人で、幼少で宇喜多秀家に岡山へ連れて来られ、秀家の室豪から母（芳春院）へ送られて利長の小姓をつとめ、禄一〇〇〇石に達した。万治三年七十五歳まで生き、文を好み連歌をよくした人であった。したがって勝生は父からも外祖父からも利長について聞くことができる立場にあったのである。勝生は歴史を好み、大部な「たもと草」などの著があるが、「懐恵夜話」を八十四歳の享保四年に著し、その年に死去した。なお、没年齢について九十歳説があって『石川県の歴史』はそれに拠ったが、「たもと草」に自分の履歴を記していて八十四歳没と知られる。また、この記録は、たとえば史家の森田平次が安政二年に城下堤町の書肆で見付けて珍本として買っており、また『前田土佐守家文書目録』の「懐恵夜話」は安政六年の写本であるなど、広く世に知れるのは遅かったようである。以上が、私が、成立年は遅いが信憑性は低くないと考えた理由である。

さて、もう一つの史料は、加越能文庫の「梅莚継」の記事である。これは、明和四年に九代藩主重教が徳川家から養子を貰って財政政治を立て直そうとし、老臣以下の反対を受けて諦めた一件の書類を、おそらく前田土佐守家でまとめた写本であるが、その後尾の「追加」とした部分に重教から土佐守直躬へ宛てた文章が収録されている。内容は政治の状況や自分の思いを晦渋な言い回しで長々と記し、結局は施政を続けると述べたもので、私的な内密の書状である。宝暦九年のことにも触れているので、その後のものである。その中にある文言に「瑞龍公ニハ天下之ため死を御急被遊候事古今稀にして、天下を保たれ候よりも高儀御心之厚事中々深長ニ而」とあって、直接的ではないが、藩主自身が尋常でない利長の死を語っている。

以上の二点が、今のところ私が提示できる傍証である。推測の度合いは強まったと思うが如何であろうか。なお、この少し後に次の文がある。「福昌院様抔も右に准し、御子数多ニ候得共、更養育の御了簡無之、さて死も急かれ候」。福昌院は利政の院号である。これは、次のような話を指しているであろう。たとえば「集古雑話」（加越能文庫）では、利政の隠棲後、「京にて男子御生候得ハ御膝の下にて押殺し給ふ也、其内ニ御壱人漸に助けまいらせ候を、御覧可被成と有之を、物越ニ懸御目候得ハ、既に御捕可被成を、漸隠シまいらせ候よし、是芳春院様金沢江御呼越被成、則御成仁候而前田三左衛門与申候、是近江殿の元祖也、御女子ハ京にて公家の竹屋町、又ハ角倉与市方江御嫁娶在之なり」。先の重教の文は、利政の子孫である土佐守との親戚同士の内輪話で、内容は互いによく知っていたのであろう。

こうして利長は、いったん秀頼方（この時点では徳川に対抗する豊臣方）の立場を京都隠棲で捨てるかに見えたが、死によって立場を一貫したことになる。まして、自殺したのなら、単に結果としてではなく、自らの意志をもって、隠棲の件も破棄して秀頼擁護の立場を貫いたのであり、同時に、利常が迷うことなく徳川方として豊臣秀頼と対戦できるように計らったのである。利長の自殺は、単にそれのみを見て奇異とするのでなく、彼の置かれた具体的状況や前後の脈絡の中で捉えるなら、その進退を画期づける最後の決断であったと理解できる。利長の「守成の功」は、消極性ではなく、その果断な積極性において評価されるべきである。余言ながら、大名が自殺した例には、たとえば利長にも身近な越前北庄城主丹羽長秀がある。「夙に癥疾あり、晩節殆んど支へず、毎に曰く、癥塊我を殺さんと欲す、此も亦吾仇なりとて、卒に刀を抜き肚を割き、塊物を剔出して死す」（岩波文庫『名将言行録二』）。

顧みて、利長は一度も徳川に敵対も抵抗もしなかったことに留意すべきであろう。きっかけのない限り、家康は年若な同僚として扱いつづけざるをえなかったのではないか。前田に対して初めて領知朱印状が出るのは、利長死後の九月、利常へ対してである。

まとめ

拙稿の「あとがき」では利長の進退を慶長五年、十六年、十九年の三期に分け、十年は十六年への方向性をもった小画期であるとしてまとめを行った。小論では、加えて七年の江戸・上方行きと太田但馬成敗も一つの画期たりうるのではないかと推測した。家臣団統制については、個別大名にとっての公儀の必要性、また権力構造論が個別藩の研究の停滞をもたらしたことを指摘したが、太田但馬誅殺によって前田氏の政治路線を定め、かつ御家騒動の危険性を回避したと利長を評価することも可能であろう。全体としては「はじめに」で述べたように、結果に即して、あるいは結果につられて説明することによる一面的理解（主観的理解）の非、および郷土賞賛的または前田家顕彰的風潮やそれに気遣いして事実に目を背ける叙述（いわゆる曲学阿世）を批判している。そして、できれば、冷徹な実証に基づいて、政治的経緯の曲折と、その中で生きた人の苦悩や喜びなど、心の襞までも描き出せるような、歴史研究のあり方を探ろうとしたのである。

本章は、拙稿「前田利長の進退」の不充分さを訂正・補足しようと試みたものであるが、本誌（金沢学院大学美術文化学部文化財学科『文化財論考』）の創刊に賛助すべくまとめたので、まだ中間報告に過ぎない。いくらかは広げ、深め得たかと思うものの、未知のことの多いのは承知している。また読者のご批判を受けたいと思い、あえて突っ込んだ書き方をした所もある。忌憚のない批正をいただきたい。

解説

木越隆三
見瀬和雄

高澤裕一氏が一九六三年に金沢大学に赴任して以後執筆された論文は約三〇編にのぼるが、その中からとくに重要と思われる論文を一二編選び、これに最晩年に執筆された新稿二編を加え、「近世的支配と村落社会」「農業生産と農政」「寺院統制と賤民支配・救恤」「前田氏の領国形成」という四つの部に分け収載した。選ばれた既発表一二編は、いずれも加賀藩領の村・町や社会集団の実態究明あるいは藩政史研究に大きな足跡を残した論考であり、今後の加賀藩研究にとって避けて通れない重要論文を選んだつもりである。これらを、それぞれの部ごと研究対象時期の古い論文から順に配列したが、以下にその初出を掲げておく。

第一部　近世的支配と村落社会

第一章　天正期年貢算用状の考察—能登国前田領における—

（『珠洲市史』第六巻 通史・個別研究編、一九八〇年）

第二章　近世前期奥能登の村落類型

第三章　割地制度と近世的村落—割地制度研究に関する覚書—
（『金沢大学経済論集』六号、一九六七年）

第二部　農業生産と農政
第一章　改作仕法と農業生産
（『小葉田淳教授退官記念・国史論集』一九七〇年）
第二章　多肥集約化と小農民経営の自立
（『史林』五〇巻一・二号、一九六七年）
第三章　加賀藩中・後期の改作方農政
（『金沢大学法文学部論集』史学篇二三号、一九七六年）
第四章　幕藩制構造論の軌跡—佐々木説を中心に—
（『歴史評論』三二四号、一九七七年）

第三部　寺院統制と賤民支配・救恤
第一章　加賀藩国法触頭制の成立—善徳寺文書を中心に—
（『北陸歴科研会報』二一号、一九八六年）
第二章　加賀藩初期の寺院統制—道場役と屋敷改め—
（楠瀬勝編『日本の前近代と北陸社会』思文閣出版、一九八九年）
第三章　加賀藩における賤民支配
（『部落問題研究』八三号、一九八五年）

第四章　幕末期の金沢町における救恤
（二宮哲雄編『金沢――伝統・再生・アメニティ』御茶の水書房、一九九一年）
第四部　前田氏の領国形成
第一章「一番大名」前田氏（新稿）
第二章　前田利家の立身（新稿）
第三章「前田利長の進退」補説
（金沢学院大学『文化財論考』創刊号、二〇〇一年）

高澤氏の著作は、ここに掲げた加賀藩関係論考にとどまらず、堀江英一氏（京都大学経済学部教授）のもとで研鑽した時期の幕末維新期の農業構造や寄生地主制に関する業績があるが、今回それらは割愛せざるを得なかった。

第一部「近世的支配と村落社会」の三つの論考は、加賀藩前田領の農村において近世的支配がどのように貫徹していくのか、実証的かつ理論的に考察された作品である。第二部「農業生産と農政」には、幕末・維新期の農民層分解などの基礎研究を踏まえ、加賀藩領における農業生産と農政の実相に迫る論考三編を載せたが、もう一編、一九六〇年代の近世史学界を席捲した幕藩制構造論の研究史上の功罪を論じた小論も載せた。

第三部「寺院統制と賤民支配・救恤」は、加賀藩の寺院統制や領内での賤民支配、幕末期の救恤政策の展開を考察した論考で構成した。農業や農政以外にも髙澤氏の関心は広がり、藩政全体に視野を広めていたことがわかる。山川出版社から刊行された『石川県の歴史』の近世部分を二〇〇〇年に脱稿されたが、そこにその片鱗をうかがうことができる。第四部「前田氏の領国形成」は、最近執筆した新稿二編のほか、晩年精力的に取り組んでいた「前田利長の進退」に関する補説を加えて構成した。以下では各部ごと、掲載論文の特徴や重要な論点を紹介するが、その論文の反響や成立事情、その後の研究動向についても言及できるところはふれていきたい。

一　近世的支配と村落社会

第一部に載せた三つの論文はどれも、藩領における「近世的支配」に注目し、加賀藩領の形成期に具体的にどのように実現されたか検討するものであった。天正期能登の算用状と年貢徴収機構、奥能登の村落構造、割地制度などを検討するが、上からの近世的支配を解明することが最終目標でなく、領主支配の対極に位置する、近世初期・前期の村落社会の実像を把握しようとする強い意気込みが、共通して読み取れる。

第一章「天正期年貢算用状の考察―能登国前田領における―」は、前田利家発給の年貢算用状七九例について基礎的考察を行い、利家による能登支配の起点となった検地政策等に関する先行研究に批判を加えたものである。高澤氏は金沢大学教育学部の若林喜三郎教授の依頼をうけ、しばしば能登地方の自治体史編纂事業に参画し、学生を引率し史料調査に出張されていたが、本論は「珠洲市史」編纂事業に参画され、精力的に史料調査に邁進された成果である。それまで能登各地で採取した利家発給の年貢算用状を体系的に考察し、算用状の精緻な分析から利家による初期の能登領国支配や能登民衆が強権的な年貢収奪に晒されていた実態を解明し、『珠洲市史』通史編の個別研究編に掲載したものである。

前田利家による能登支配の実態については、一九七〇年代に公刊された『輪島市史』『七尾市史』『羽咋市史』などの史料編刊行により解明がすすみ、前田初期検地や扶持百姓設定による在地（村落）支配などに関し議論が盛り上がっていた。そのような研究動向のうち、前田初期検地は大雑把な土地把握による指出検地であったとする指摘や年貢算用状を使った徴税制度に関する研究動向に疑問をもち、改めて前田氏初期の年貢制度に関し基礎的考察を綿密に行い、指出検地説を批判するとともに、利家による年貢収奪の過酷さを指摘した。さらに、年貢算用状の様式変化や新開・荒地率の変遷、代官の役割などを総合的に勘案し、前田氏直轄地における年貢徴収制度の画期も示された。

また本論で、先行研究がここで検討した七九例の年貢算用状を、「年貢皆済状」と呼称したことに異議を唱え、書面の内容を総合的に観察すれば、たんに皆済を確認した文書でなく、年貢割付・未進状況までも記載する古文書であることから「算用状」と呼ぶべきであると主張された。利家発給文書の史料論として重要な問題提起であったが、批判された側からの応答が明確になされず、きちんとした議論がないままである。また指出検地論への批判も厳しいものがあったが、批判の対象となった木越隆三は、村と領主が「協同」する契機も視野に入れた村請検地論の立場から、能登検地の手法を詳細に検討し、北陸地域の織豊取立大名の検地手法との関連を探った(1)。

第二章「近世前期奥能登の村落類型」は、髙澤氏が金沢大学に赴任し最初に公表された加賀藩領農村に関する本格論文であった。その冒頭から奥能登の後進性を指摘するのは、当時の奥能登に対する一般的なイメージであり、「さいはて」「秘境」というフレーズは観光にも活用されていた。そうした停滞的特徴を刻印された奥能登における「村落構成の近世化の動き」を、奥能登なりの仕方で達成した一般農民の運動を把握しようとしたのが第二章であった。

考察は、寛文期の輪島周辺の十村組に属する一九カ村の持高構成の分析から始まり、下百姓（事実上の高持百姓）を内附する上百姓（下百姓を放出する本百姓）の比率、下百姓の割合などを論拠とし、①高持百姓の上下格差が寛文期に大きく拡大した村、②格差があまり生じなかった村、③有力百姓がおらず上位にあった中下層百姓が多くの下百姓を放出し村全体が小高持化した村、以上の三類型を析出する。この三類型のうち①②の村では最上層に、下百姓放出や経営縮小が認められないことに注目し、能登の村落構造の特色は土豪的有力百姓の優位性が根強く複合的大経営を堅持する点にあるとした。そこに奥能登の停滞性と特質を認め、こうした土豪的大経営の支配に抗し一般村民（地の者、「家来」百姓、脇の者、小高持層）が小農民としての自立を求め、持高を拡大させてゆく近世化の動きがあったことを、珠洲郡南山村南山家、仁江村友貞家、また鳳至郡佐野村下畠家・曽良村番頭家・浦上村泉家に関する先行研究を紹介また再検証しながら論ずる。また時国村時国家については、とくに常民文化研究所編『奥能登時国家文書』（全五巻）を詳細に検討し、中世的土豪の典型ともいうべき時国家の支配から曽々木村の従属民「脇の者」が自立してゆく過程を克明に論証している。

その結果、元和・寛永期は小農民自立と分村が、領主による土豪層抑圧策にも助けられ、ある程度進んだと評価し、近世村落の一般的成立の画期とした。しかし、時国家の事例のごとく寛永以後も従属民は傜役負担を一掃できず、小農民（脇の者）の自立を求める闘いは続き、土豪的大経営が解体するのは延宝～元禄期であるとした。土豪経営が存続する要因として、領主による土豪層抑圧策の不徹底と過度の年貢収奪が一般農民層を窮迫・没落せしめたことをあげ、それが土豪的農民が主導する村落において「古い従属関係をも温存する政策を必然化した」と述べ、従属民による土豪的支配体制拒否の運動の困難さを指摘した。結論として、十七世紀を通した従属民の自立の闘いにもかかわらず、「小農自立・近世村落の現実の過程は元和・寛永期に一つの画期をもったが、それが一定度まで実質的内容をもつに至るのは一般に延宝～元禄期」と述べ、所論の中で指摘した、村落の近世化パターンの類型は、近世化の徹底（類型変更）プロセスの多様性を示すものと位置付けた。ただし、鹿島郡池崎村を例に示された平等高の村落について、近世的な持高構成の類型の一つとされながら、その近世化の意義については十分触れることがなかった。このように村民の持高が同一もしくは比例関係にあるような平等高の村落については、割地制度の影響が想定されているが、割地制度について、第三章で基礎的かつ理論的検討を行い、加賀藩の割地制度を研究するさいの基本的視点を提起する。

本論では時国家に代表される土豪経営が根強く残る点に奥能登の停滞性と特質をみており、そのような環境下での従属民の自立運動のなかに後進的な奥能登における近世化プロセスを発見し、村落類型を措定したが、一九八〇～九〇年代に展開された網野善彦氏らによる能登時国家文書の総合研究では、奥能登停滞論に対する批判が展開された。そこでは高澤論文を名指しにした批判はなかったが、高澤論文も含めた一九七〇年代までの近世村落史研究が批判の俎上にあがったものといえる。こうした近世村落史研究や小農自立・農民層分解を基軸におく農村経済史研究は、陸からみた奥能登停滞論として批判されたということになろうが、網野氏が主導された論文集等の個々の論文では、具体的な批判がなされておらず、総論的、印象的な批判で済まされ、高澤氏らが主張した近世村落論や近世的支配の実質に対する批判的検討がほとんどなかったのは残念である。[2]

停滞した奥能登で看取した高澤氏の近世化論は、この時期の近世史研究の最も優れた村落分析の一例であり、その議論と網野氏らの奥能登村落論との何が対立し、どこに切り結ぶ点があるのか、明確な検証がなされていない。今後の大きな課題であろう。なお、北國新聞社等がバックアップした能登半島の総合学術調査に参加したことが、本論執筆に影響を与えたことも付言しておきたい。[3]また能登奥二郡の研究は、一九八〇年代以後に進展があり、寛永四年からの全郡蔵入地化、塩専売制開始という事実が明らかとなり新たな展開をみせている。[4]

第三章「割地制度と近世的村落―割地制度研究に関する覚書―」は、明治末期から大正中期にかけて活発な議論がみられた割地慣行について、研究史上の論点を整理し、研究上の隘路を開くべく、新たに日本近世の村落共同体概念を導入し、割地制度の近世的性質を問題提起的に指摘するものであった。割地慣行の事例研究では、越後・越前・加賀藩領で研究成果の蓄積があり、割地の起源問題については中田薫の共同開墾説や牧野信之介の徴税便宜説があり、中田・牧野論争が展開されたが、肝心の割地慣行の基本的性格は不問に付されたままで、戦後の古島敏雄の研究でも近世的性格の内容解明は不十分であったとし、幕藩体制下の村落構造と関連させ、あらためて割地制度の性格規定を試みる。

従来の研究成果の検証から、髙澤氏は割地制度の基本原則として、①村単位の原則、②面積＝収益均分の原則、③持高比例の原則、この三つを抽出できるとし、いずれも近世的村落共同体に適合的であり、領主的土地所有とも矛盾しないと述べ、割地制度は、生産共同体および行政村の二重の意味をもつ近世的村落を介して成り立つものと主張する。さらに中田の共同開墾説・水損均分負担説、牧野の徴税便宜説の吟味を行い、牧野による中田説批判の有効性を認めつつ、徴税便宜説では領主的便宜や封建貢租の均分負担を求める村の事情（対応）を立論の基本に置くため、割地制度の私的慣行としての本来的もしくは根元的な発生の意義が解けないという限界を指摘し、中田説にみられる自然的生産共同体の性質に依拠した議論にも耳を傾ける。

こうした論点整理を踏まえ、割地制度は近世段階に固有の制度であり、領主的土地所有を前提に実現されるものとし、個別農民経営が近世村落（惣百姓の村）を媒介に、「自然的・社会的な損害・利益を共同して均分に負担するという実際上の目的を実現する」制度であると定義する。髙澤氏のこの理解は今も広く承認されるもので、以後の割地制度研究でも一定の理解を得ている(5)。また、加賀藩領の割地制度については、従来寛永十九年からの制度化という指摘がなされていたが、慶長十一年から砺波郡で私的慣行としての割地が実施されていたことを本論で指摘し、村が主体的に行う私的慣行としての割地が、領主の土地支配と矛盾せず、その枠内で、村中の内輪の制度として成立し、藩の内諾を得ていることから、上記所説（定義）に合致すると論ずる。藩主導の割地制度以前に、私的慣行として割地が存在したことを論じたことも本論の大きな成果であった。

なお本論執筆の動機は、金沢大学法文学部教授、鎌田久明氏からの批判への応答であると冒頭で述べている。髙澤氏が「近代的農民層分解の日本的に特殊な、反動的な実現形態」として米作単作地帯の寄生地主制を論じたことに関連し、割地制度やそれを容認した幕藩権力の土地支配が、日本の寄生地主制成立にどのような影響を与えたのか指摘が欠如しているという批判が鎌田教授からなされており、その批判に十分答えていないことを反省し、鎌田氏の死去を悼む記念雑誌に本論を投稿したという背景があった。批判に応えるための準備はしていたが、直接の回答とはならないものの前提として検討していたことを本論で表明したのであった。つまり、日本近世における農民層分解の特殊性を解明する作業の一階梯として、割地制度の基本的性格の検討を行ったのであり、本論成立の背景として、この点も見逃すべきではないと思う。(6)

二　農業生産と農政

第二部に載せた四つの論文を公表順にみれば、二章が最初に書かれ、四章が最も新しい。最初に書かれた二章が一章・三章にも大きな影響を与えているので、解説は第二章から始めるのがわかりよいと考え、一九六七年に公表された第二章「多肥集約化と小農民経営の自立」から解説したい。

「多肥集約化と小農民経営の自立」は、近世中期の加賀藩領を対象に、小農民経営成立の問題を生産力的基礎に分け入り詳細な検討を加えた長編論文で、髙澤氏の代表論文である。ここで批判の対象となったのは、佐々木潤之介氏の所説である。幕藩制構造論を提起した佐々木氏は、加賀藩領において「一七世紀における農業生産力発展の様相」を論証され、元禄六年の切高仕法を「小農自立」の指標とし、小農経営の満面開花の状況をそこに認め、自らの所説の実証的根拠としていた。しかし、髙澤は、これに異議を申し立て、切高仕法は「小農自立」の指標とならないことを法令の厳密な考証によって指摘し、小農自立を促した生産力的要因は手作経営にも有利に作用し、絶対的窮迫下でようやく自立しえた小農民経営を小作として取り込む要因になったとし、小農民自立は同時に小農民経営分解（農民層分解、地主・小作関係の展開）であったことを展望した。

七〇頁にわたる論証の大部分は、佐々木氏が対象とした十七世紀ではなく十七世紀中頃から十八世紀末であり、この時期の農業生産力向上を労働力の投下に焦点を合わせ、肥料・農具・種籾・品種など農業技術の個々の局面での変化を確認しながら、農業経営費構成の変化や単位面積に投下される耕作人馬数の変化を検討した。そこから当該期の農業生産が全体として多肥集約の方向に進展していることを手堅く論証した。また、奉公人雇用の手作経営の行き詰まりと小農経営発展の可能性を確認しながらも、自立を妨げる領主による収奪強化や農民的商品貨幣経済発展の基盤の弱さを検出し、単純な小農満面開花論を否定した。

多肥集約化の考察は、労働力の社会的存在形態の視点からも検討され、農村労働力の都市流入の問題、商品作物栽培と農村手工業の展開による稲作経営における労働力不足・労賃高騰問題も視野にいれ、ようやく芽生えた農民的余剰（多肥集約化による生産力発展の果実）を背景に小農民経営は自立するが、歴史具体的には地主・小作関係の一類型として実現せざるを得ないことを展望する。所説の構想は、きわめて大きな枠組を提起しており、多くの論点を盛り込んだため、理解する側にとって論点を絞りにくい憾みはあった。

本論は高澤氏の代表論文として高い評価をうけ、その後の加賀藩史研究において小農自立を論ずるとき、参照論文として必ず取り上げられることになったが、本論のどの所説に共感した引用なのか、わかりにくいものも少なくない。

高澤氏としては、越後の米単作地帯で考察した、全般的窮迫下（過重な税負担）での小農民経営の成立＝貧窮分解というシェーマ(7)を意識しつつ、加賀藩領では、一定の生産力発展（多肥集約化）をふまえた上での小農民経営自立＝農民層分解（地主小作関係の展開）という類型が成り立つことを、この論文で示したかったのではないかと思う。しかし、一般的にいえば第二章は、多肥集約化という農業生産の発展方向が十七世紀後半から十八世紀の加賀藩農村を覆い、それを背景に加賀藩領の小農自立はそのころ達成されたというように理解されており、その限りで支持されているが、さらに深い読み方もできるので、本書を契機に広く読まれることを期待したい。

切高仕法に関する高澤説にたいして、若林喜三郎氏は真っ向から反論し、坂井誠一氏は一定の理解を示しながらも異なる見解を主張、(8) 原昭午氏も批判的な見解を掲げる。(9) しかし、高澤氏の切高仕法論は、今後の藩農政史の研究において、基本に据えて検討されるべき重要な提言であり、今後さらに議論が深まることを期待したい。

第二章で高澤氏がこれほど農業技術史の細部に分け入り、多肥集約化の生産力分析に邁進した背景として、先行研究に安田健「加賀藩の稲作」、清水隆久『近世北陸農業技術史』などがあり、「耕稼春秋」「私家農業談」など多くの近世加賀藩の農書があったことに注意をしておきたい。加賀藩領では十七世紀末以後、多数の農書が書かれ、その伝統が明治以後の農業史研究を支えてきた面がある。若林喜三郎氏が『加賀藩農政史の研究』を著し、高澤氏が多肥集約化について、これほどの論証を重ねられたのは、優れた農書と農業経営史料が多数残存していたからである。

第一章「改作仕法と農業生産」は二章で行った詳細な検証結果を踏まえ、十七世紀中葉に実施された改作仕法という農政改革が、当時の農業生産にどのような影響を与えたか検討したものである。改作仕法（以下、「改作法」とする）は周知の通り、藩政確立の基礎となった農政改革であり、多くの研究があるが、本論では、改作法の内容の検討を行うのでなく、あくまで十七世紀中葉の農業生産の状況を考察し、その限りで当時の農業経営や生産力発展の性質を見極め、改作仕法の果たした政策的影響を追究するものであった。

この検討にあたり、十七世紀後期～十八世紀後期にかけての加賀藩領の農業生産発展は「地域差をもちながらも、基本的には新田開発による耕地拡大方式から多肥・集約化による反収増大方式へ生産力基軸を転換」、「それに照応して主力経営形態は下人雇傭手作経営から単婚家族労働小規模経営へ転換した」と第二章の検討結果を総括したうえで、改作法当時の農業生産力発展の基軸は新田開発にあり、農業経営の主力は下人雇傭手作経営にあったとする自説をここで実証する。改作法当時の生産力発展の基軸が新田開発にあったことは、元和～正徳期の新田高の推移や寛永六～八年の砺波郡「戸出組物成帳」などの数値分析から前半で主張するが、寛永期における新開政策の手詰まり状態も見て取り、改作法の手上高方式の要因とみている。改作法を代表する手上高・手上免による増徴政策についても検討を行い、手上免による増徴は、農業集約化による反収増大で克服せざるを得ないが、その現実的な解決は十八世紀中期以後に達成されるのであり、改作法期に解決できない問題だという。その上で、改作法の手上免政策は客観的に集約化の種を蒔いたと評価し、手上高政策は第一義的に意図した耕地拡大方式だと主張する。なお手上免による増徴によって集約化の途を開く作用を果たしながら、農業集約化の具体策を何も打ち出せなかった点に、改作法の限界をみた点も注目される。

後半では砺波郡太田村の慶安～承応年間の簿冊三冊を克明に分析し、十七世紀中葉の農業経営として、複合家族労働手作経営・下人雇傭手作経営・単婚家族労働手作経営の三類型を析出し、改作法期の複合家族経営は消滅しつつあり、下人雇傭経営・単婚小家族経営に移行中であったが、主力経営とみられる下人雇傭経営も行き詰まっており、藩から大量の改作入用銀を借りなければならない状態にあったと指摘する。なお単婚小家族経営は副次的形態ながら一定の発展可能性はあり、小規模高持層は増加する傾向にあったという。こうした動向を総括し、改作仕法は複合家族経営を分解させることで客観的に単婚小家族経営発展の途を開きながら、下人雇傭経営の限界を認識できずこれを保護した点に改作法の重大な矛盾があると論じた。これ以後、藩農政が改作法を基調とする限り、農業生産の発達に対して反動的に作用することになると締めくくる。

改作法以後の藩農政は、切高仕法に象徴される下人雇傭手作経営の擁護にあったというのが、高澤氏の基本認識であり、その立場から寛文以後の藩農政は単婚小家族経営を発展させる方向に進まないとみていた。その後、この所論を深化させた議論をみていない。

第三章の「加賀藩中・後期の改作方農政」は一九七六年に公表された長編論文で、十八世紀中葉から十九世紀前半の加賀藩が直面していた農政上の諸問題を藩法だけでなく、藩農政の矛盾の渦中にあった十村役の農政意見、個別の村で起きた変質や政策効果に関する分析も加え考察し、藩農政の矛盾と限界を鋭く突く。冒頭で農業実態に関する分析の不十分さや論文構成の変則性を説明し、試論的なものと断っているが、量・質ともに二章に匹敵する膨大な史料考証を展開しており、これも髙澤氏の代表論文というべき大きな業績といえる。第一章・第二章が公表されたあと、若林喜三郎氏の大著『加賀藩農政史の研究』上巻・下巻が一九七〇・七二年に刊行されたが、その書評を行った髙澤氏は、近世後期の藩農政の展開に関し、第二章での検討を踏まえ思うところがあって、本論を執筆されたようである。

高澤氏の視点は、藩が当時の農業問題をどこまで正確に捉えていたか、具体的に発令された藩法は現実的な課題解決にどれほど貢献したのか追究するというところに特徴があり、その立場から農政上の諸矛盾が激化していた化政期の、四人の十村たちの農政意見を丁寧に分析し、伝統的な扶持人十村の保守的意見、新たに台頭してきた扶持人十村の改良的意見、平十村による「出作田地平均」論の三つに整理し、このうち「出作田地平均」論について、天保期の上田作之丞の「高平均」論と基本的に一致するものと評価する。これは、若林氏がこの「出作田地平均」意見を「楽天的」と一蹴したことに対置した所説であるが、これを単なる批判に終わらせるのでなく、本藩の天保改革における高平均政策のもつ歴史的意義を、より広い視点から再検討する方向に展開したところに本論の大きな意義がある。

そこで、本論の後半では、天保改革における高平均政策と地盤方における引免立ち帰り等の収奪強化策を分析するが、その前提として宝暦以後の高方政策と地盤方政策（引免抑制・新開・増免等による貢租回復策）の展開過程を克明に考察し、天保改革で行われた諸仕法の萌芽や農政上の必然性を論ずる。その考察のなかで、寛政年間と天保改革期に実施された極貧村御仕立仕法に注目し、詳細な個別分析を行ったことも重要であり、近世後期農村史研究に大きな指針を与えたものといえる。

こうした分析を踏まえて、加賀藩天保改革で行われた高方仕法における「高平均」を、当時の「地主・小作関係の進展に基づく農業問題にそれなりのメスを加えた」改革と評価したが、それは巧妙な政策であり、貢租増徴をも目指し、財政支出を抑制した「御仁恵」であったとする。また、百姓にもっと徹底した「高平均」を要求する展望を与えた点も指摘し、様々な農業問題を新たに胚胎した施策であったことを予測した点でスケールの大きさを感ずる。近世後期の藩農政を論ずるとき、若林氏の大著とともに是非参照すべき文献であろう。

なお化政期の十村の農政意見に関し、改良的意見が主流であったする点や「出作田地平均」意見の評価について、のちに長山直治氏が十村断獄事件の詳細な検証を行い、そこを根拠にいくつか根本的な批判を行っており[(10)]、今後の検討課題となろう。今後こうした点の議論が深まっていくものと期待したい。

第四章「幕藩制構造論の軌跡―佐々木説を中心に―」は、同年に刊行された岩波講座『日本歴史』26での研究史整理が執筆動機となったもので、ここでは主に幕藩制構造論の成果と課題に焦点を絞り、一九六〇～七五年の近世史研究に大きな影響を与えた佐々木潤之介氏の所説の変化を丁寧にトレースし、問題点を洗い出した。幕藩制構造論を主導した佐々木氏の所説の変遷を確認し功罪ともに明確にした点は、今でも傾聴すべき論点整理である。六〇年代の構造論の成果として、①個別藩研究にとどまっていた藩政史研究を幕藩制秩序の中に藩体制を把握する研究レベルに引き上げた、②遅れていた流通過程研究に、幕藩体制再生産の観点などを導入し都市論・分業論を活性化させた、という二点をあげ、個別分散化傾向にあった近世史研究にたいし、総合的な論理を構築し理解を深める方向性を与えたと評価した。二十一世紀に入って益々個別分散化がすすむ近世史研究の現状をみるとき、総合的な視点はその後どうなったのかと考えさせられる。

幕藩制構造論に対する個々の問題点の指摘の中から、幕藩制国家論やその特質把握をめぐる議論が展開してきた点も簡潔に説明されており、わかりよい。注目したいのは、佐々木氏の『幕末社会論』で提起された豪農―半プロ論への批判が鋭く、農民層分解を市場関係の特質から説明したことに大きな疑問を投げかけた点である。堀江英一氏のもとで幕末・維新期の農民層分解と寄生地主制について基礎研究を重ねてきた髙澤氏にとって、佐々木氏の豪農の性格規定とその農民層分解論に看過できない問題点が潜むことに気付いたからなのであろう。論争の経緯をよく咀嚼し、幕藩制構造論の功罪を広い視野から客観的に振り返っているので、今も参照すべき研究史整理といえよう。

三　寺院統制と賤民支配・救恤

第三部では、加賀藩による真宗寺院統制の問題を触頭制度、公儀役、屋敷改めなどから論じた二つの論文、および加賀藩の賤民支配・救恤を体系的に概観した二つの論文を掲げた。いずれも、従来の藩政史研究ではあまり取り上げられてこなかったテーマであったが、加賀藩政治の特質を探る上で、また藩領民衆が依存していた真宗信仰や藩による救恤の意味を解明することは重要な課題だと考え取り組まれたものである。限られた研究者しか扱わない問題群について、基礎事実の検証から批判的に進め、研究の進展に貢献したものといえる。

第一章「加賀藩国法触頭制の成立―善徳寺文書を中心に―」は、第二章とともに、富山大学の楠瀬勝教授の依頼をうけ、永らく調査に参画されていた越中城端の善徳寺文書調査を踏まえた成果である。

第一章の主要論点は、加賀藩では寺法触頭をもって国法触頭に任ずる原則があったことを指摘したうえで、国法触頭制の成立時点を、寺社奉行が設置された翌年、慶安二年とされたことである。とくに越中で、西派であった瑞泉寺が東派に転派したのを契機に、善徳寺とともに触頭になった背景と絡めて検討した点が成果である。さらに瑞泉寺・善徳寺の両触頭が当初、富山藩領の真宗東派寺庵も裁許したが慶安三年に除外した。その理由を同二年の触頭制成立に伴う制度整備による処置と意味付ける。また明暦二年の改作仕法成就時、前田利常は新寺建立停止令を発し、寺院統制の強化・仕上げをはかり、富山藩領寺庵を再び本藩触頭の支配下に入れたが、利常死後、富山藩領寺院は支配下から再び除外された。紆余曲折するこうした経緯を読み解いたほか、触下の寺院が実務上の必要から自主的に寺院組合を作ったこと、触頭が国法御用を遂行するにあたり生じた入用銀を触下寺院から徴収した郡中打銀についても考察し、富山藩領では寺院組合が組織されず、新川郡では郡中打銀徴収を拒む動きがあった点に注目した。

第二章「加賀藩初期の寺院統制―道場役と屋敷改め―」は、加賀藩による初期の寺院統制のうち、とくに真宗寺院に対する公儀役・屋敷地改めと新寺建立禁止策を検討し、一向一揆の歴史を負った国で前田氏はどのような寺院統制を仕掛けたのか、改作法の遂行と同時に真宗寺院統制策が完遂されたことの意義と合わせて論ずる。

加賀藩では真宗寺院に対する公儀役のことを「道場役」と呼び、慶長～寛永期に「掃除番」「上り箸」「道場綿」などを負担させたが、前田氏権力が宗教身分（第三身分）である真宗寺院に外護者として負担させた課役であった。しかし、寛永期に道場役は代銀納化され小物成（貢租）に変化するが、それは、領主前田氏が寺院に対する外護者から支配者の立場に変じ、寺院は第三身分から百姓・町人と同じ被支配者の地位に変えられたことを意味すると論じた。

寺院の屋敷地改めについては、従来の研究が見過ごしていた元和二年・六年の加賀・能登総検地や越中の慶長十年総検地での寺社屋敷地への竿入れの意義に言及し、明暦二年十月に出された寺社拝領屋敷地改めの重要性を指摘した。とくに明暦二年の拝領屋敷地改めでは、藩（利常）の強い意志のもと寺社屋敷の査察が厳重に行われ、拝領地召上げと村御印高への繰り込みが強引に実施された。さらに明暦二年十二月の新寺停止令の意義の解明に向かい、新たに承応三年の「新地之寺庵」停止令を発見し、新寺禁止を担当する郡奉行・普請奉行・寺社奉行相互の関係性のなかで、新寺建立の統制がどのように展開したのか、法令解釈において従来にない視点から新たな所見を示す。

道場役の貢租化や明暦の拝領屋敷地改め・新寺停止令によって、寺院は領主の支配・統制下に組み込まれたが、いずれも個別領主の土地領有権に依拠し寺院を従属せしめ、藩権力の権威高揚を図るものであった。改作法と同時期にこうした寺院統制策を徹底したのは、ともに藩政確立を目指す点で共通するからだとし、加賀藩の寺院統制はこの時期に確立されるべきことだったという。このほか、加賀藩の寺院統制の特徴を、幕府や岡山藩・水戸藩のそれと比較し、打撃的・破壊的でなかったと指摘した点も注目される。

上記二論文はともに、一向一揆の国で近世的寺院統制の体制がどのように作られたかという課題に迫るもので、国法触頭制、道場役、拝領屋敷改め、新寺停止などを切り口にして大胆な考察を行ったが、寺院の側の事情を捨象し、信仰者である百姓・町人の思想・行動からの検討がなされていないことを断り、今後の検証を期待している。しかし、上記論文の公表以後、大きな研究の進展はないままである。

第三章「加賀藩における賤民支配」は、藩政史との関連を意図し加賀藩の賤民制と賤民支配の変化を考察したものである。まず加賀藩賤民制の独自性と幕府への追随性を明確にし、それは加賀藩が幕藩体制に組み込まれていく過程で生じたものと指摘する。そのあと加賀藩の賤民のうち藤内・皮多・非人、それぞれに対する支配の変化の特徴を述べる。藤内については近世中期以降、その役割が農村の荒廃、治安悪化による藩政の行き詰まりと連動し拡大していくことを指摘し、また皮多の権益争いや自立運動が、小農民経営自立の動きや藩による国産奨励策と関連していることにも注目する。一方、こうした藤内・皮多の動きが、十八世紀中期以降の藩の差別強化政策に関連していた点も指摘する。さらに、藤内による非人支配に対しては非人（乞食）集団の抵抗が強まり、それが加賀藩士による非人解放論の契機になったとする。

以上のように本論は、加賀藩の賤民制を藩の政治・経済および社会的な構造の中で総合的に捉えた点で重要な成果といえる。なお、『部落の歴史・東日本編』（部落問題研究所、一九八三年）でも「石川・富山」の賤民支配について分かりやすい概説を行っているので参照されたい。

第四章「幕末期の金沢町における救恤」では、領民への救恤策は、近世封建領主にとって領主支配を遂行するうえで必須の条件であったが、そもそも限界があることを前提にし、化政期以降、維新変革期までの金沢で実施された藩による救恤政策、および民間における自主的な救恤行為について検討し、近代的な福祉政策への胎動を汲み取った。検討にあたっては、とくに藩の救恤策における発想の転換、封建支配者の頭の切り替え、また民間人の救恤については体制批判も内包する行為の発現に注目する。

このほか藩の救恤政策では、とくに天保飢饉を画期として捉え、貧民など社会的弱者の自助・自立を目指した点に注目する。さらに慶応期の卯辰山開拓事業には、福祉を重視する発想の転換があったことを指摘し、民間による自発的な救恤行為については、当該期に非人を「人間」と見る目が養われ、善意に基づく個性的な行為が広く容認されるようになったことを重視した。

以上から封建制の制約という条件を留保した上で、近代的な福祉政策や慈善事業への胎動があったと評価したのである。なお、加賀藩の救恤政策について、新たな視点から評価する研究[11]が最近なされるようになったが、その先駆をなす成果といえよう。

四　前田氏の領国形成

第四部には、日本歴史叢書『金沢藩』刊行のため準備していた新稿を二編掲載したが、未定稿であり、公表することについては、おそらく高澤氏にとって了解しがたいことであるにちがいない。しかし、氏が晩年精力を傾けて準備されたものであり、そのまま埋もれさせてしまうのは惜しまれることから、基礎事実に関する誤記など必要な範囲で最小限の補訂を行い、掲載することにした。また、もともと加賀藩（金沢藩）通史の一部として書いたものなので、叙述の根拠となる史料に対する言及は略したところが多い。

第一章「「一番大名」前田氏」では「加賀藩」を論ずるさい、基本となる概念について整理する。まず「加賀藩」という呼称を用いることの妥当性、大名前田氏の出自や性格について自説を紹介し、徳川政権下で「一番大名」として、徳川御三家に準ずる待遇を受けたことに注目する。さらに徳川氏との濃厚な姻戚関係によって、完全に〝徳川化〟したことも重視する。

江戸藩邸の変遷や機能変化、領知高変遷、近江高島郡飛地の変遷のほか、前田領以外の能登土方領の設定と幕領への変化、白山麓幕府領についても略述される。天正～慶長期の前田領の重層的統治構造について、父利家と長男利長・次男利政で領地を分けもったが、統治権の重層性がみられ、全体として前田領とみなす意識が強かったと指摘する。

第二章「前田利家の立身」では、加賀藩の基礎を築いた前田氏初代利家の生涯を概括し、高澤氏独自の視点から新たな側面を描いている。いくつか例をあげれば、天正三年までの利家の戦功を整理し、戦国武将の典型の一人であるとし、「かぶき者」であるが武辺者であり、それが大名・小名の信望を集めたとする。一方、性格は律儀であることを特性とし、これが二代利長にも継承されたとする。

賤ヶ岳の戦いについては、いわゆる裏切り説を否定し、利家ははじめから戦意はなかったと指摘し、末森の戦いに関しては、少数の兵による救援、自らの先駆け、スピーディーさなどから信長の桶狭間の戦いに類似すると述べる。天正十三年の丹羽長重の移封、堀秀政の越前入国以降、利家は北陸の重鎮となったとし、越後・東北諸大名の取次の役割を果たしたとする。豊臣政権内での地位や官位などを整理し、豊臣一族並みの扱いを受けたとし、他の外様大名よりは栄進が遅かったが、秀頼の誕生とともに秀頼傅役となり利家の政権内での独自の位置が固まったという。秀吉政権末期の五大老・五奉行制のもとで家康に次ぐ地位を確保し、家康の置目違反に対する軍事緊張を緩和する役割を果たしたことも評価する。

利家については、すでに岩沢愿彦『前田利家』があり、著名であるが、近年明らかになった事実なども取り込み、その生涯をあらためて論じたものといえる。

第三章には、すでに公表された「前田利長の進退」補説」を掲げた。これは一九九二年の「前田利長の進退」(12)公表以後、その後確認できた点などを踏まえ所説を補説したものである。なお、晩年の未定稿「利長の進退」が手元にあったが、この補説のほうが掲載するに適していると判断し、ここで取り上げることは見送った。

この補説では、利家の死の直前、徳川家康の動きを抑える上での利長の主体性を強調する。また、関ヶ原合戦の直前における利長の出陣をめぐる『石川県史』の見解をただし、越前からの班軍については、断定は避けながらも偽情報説に理解を示す。利政の再出陣拒否については、妻女の安否に対する気遣いとともに家康への反発を挙げる。このほか一九九二年の論文で強調された家中内部の党派対立について補強するとともに、慶長七年正月の江戸下向について、家康から受けた「屈辱と苦渋」を、利長の政治態度変化における一つの画期と捉えている。

利長の病気については「疱瘡」説を否定し、「唐瘡」(梅毒)説を主張し、これを戦国末期の社会情勢の中で理解すべきことだと主張する。氏の「郷土賞賛的または前田家顕彰的風潮やそれに気遣いして事実に目を背ける叙述」に対する批判の重要点である。

また利長の政治課題を、親徳川・秀頼擁護・前田家守成の三本柱と整理し、利長の死を「服毒自殺」と捉える見解を改めて強調するが、それはまさにこの三本柱を貫くための利長の積極性の表れと解すべきだからであり、「その進退を画期づける最後の決断」として高く評価するからであるとされた。

この第四部は、氏が進めてこられた研究の最終的な結論とすべきものであったが、その作業の途上で倒れられ、思いを十分に果たされなかった。準備された僅かの原稿の中にも、氏の歴史学研究に対する情熱と気概が感得できる。

髙澤氏の加賀藩研究の足跡を代表する既発表論文一二編を中心に本書の内容を解説してきたが、冗長に過ぎ、誤解があるかもしれない。また恩師髙澤先生から、どのような謦咳が下されるかと恐れも感じている。しかし、改めて通して拝読する機会を得て、論述の一貫性や体系性、そして事実究明に向かうときの謙虚さと厳しさを知ることができた。その思いは、本書に接した方ならば、きっと共有していただけるのではないかと信じている。

註

（1）木越隆三『織豊期検地と石高の研究』（桂書房、二〇〇〇年）。

（2）神奈川大学日本常民文化研究所奥能登調査研究会編『奥能登と時国家』（研究編1・2、平凡社、一九九四年・二〇〇一年）ほか。

（3）戦後間もないころ、相次いで能登半島の学術調査が行われ、九学会連合能登調査委員会『能登』（平凡社、一九五五年）、『能登半島学術調査書』（石川県、一九六五年）などの成果がまとめられているが、髙澤氏は昭和三十八年夏、北國新聞社による能登総合学術調査の調査団の一員に加わり、金沢大学の服藤弘司教授・下出積与助教授らとともに能登奥郡で古文書調査を行った。その調査の様子は当時の新聞報道によって知ることができる。

（4）見瀬和雄『幕藩制市場と藩財政』（巌南堂書店、一九九八年）、田川捷一『加賀藩と能登天領の研究』（北國新聞社、二〇一二年）など。

（5）原昭午「加賀藩の「田地割」制度について」（徳川林政史研究所『研究紀要・昭和四六年』一九七二年）、青野春水『日本近世割地制度の研究』（雄山閣、一九八二年）、深沢源一「加賀藩成立期の検地と村の内検地」（『北陸社会の歴史的展開』能登印刷出版部、一九九二年）、同「村の「田地ならし」と改作仕法」（『北陸史学』四七号、一九九八年）などがある。

（6）髙澤裕一「米作単作地帯の農業構造」（堀江英一編『幕末・維新の農業構造』岩波書店、一九六三年）。

（7）同右。

（8）若林喜三郎著『加賀藩農政史の研究』上巻（吉川弘文館、一九七〇年）、坂井誠一『加賀藩改作法の研究』（清文堂出版、一九七八年）。

（9）原昭午『加賀藩にみる幕藩制国家成立史論』（東京大学出版会、一九八一年）。

（10）長山直治『寺島蔵人と加賀藩政』（桂書房、二〇〇三年）。

（11）丸本由美子『加賀藩救恤考』（桂書房、二〇一六年）など。

（12）髙澤裕一編「北陸社会の歴史的展開」（能登印刷出版部、一九九二年、のち大西泰正編著『前田利家・利長』戎光祥出版、二〇一六年に再録）。

高澤裕一先生　略年譜

一九三二年一一月一九日　富山県東砺波郡山見村金屋に出生
一九三九年　四月　富山市立安野屋尋常高等小学校入学
一九四五年　四月　富山県立神通中学校入学
　　　　　　九月　富山市大空襲（八月一日）により富山県立砺波中学校へ編入学
一九四六年　四月　富山県立神通中学校へ復学
一九四八年　三月　富山県立富山中部高等学校併設中学校卒業
　　　　　　四月　富山県立富山中部高等学校入学
一九五一年　三月　同右卒業
　　　　　　四月　京都大学文学部入学
一九五五年　三月　京都大学文学部史学科国史学専攻卒業
　　　　　　四月　京都大学大学院文学研究科修士課程国史学専攻入学
一九五七年　三月　同右修了、文学修士
　　　　　　四月　京都大学大学院文学研究科博士課程国史学専攻入学
一九六〇年　三月　同右単位取得、満期退学
　　　　　　四月　京都大学研修員

一九六〇年　九月二五日　北村義夫・徳枝の長女明子と結婚
一九六三年　三月一六日　金沢大学法文学部講師に採用（史学科国史学講座）
　　　　　　九月　文部省内地研究員（京都大学経済学部、一九六四年二月まで）
一九六七年一〇月　金沢大学法文学部助教授に昇任（史学科国史学講座）
一九六九年一〇月　富山大学非常勤講師（文理学部経済史担当、一九七〇年三月まで）
一九七二年　一月　金沢大学文学研究科史学専攻修士課程専任助教授
　　　　　　四月　金沢大学大学院文学研究科修士課程担当
一九七九年　七月　金沢大学法文学部教授に昇任（史学科国史学講座）
一九八〇年　四月　金沢大学文学部教授となる（史学科日本史学講座）
　　　　　一〇月　富山大学非常勤講師（人文学部日本史概説、一九八一年三月まで）
一九八三年　四月　京都大学非常勤講師（文学部史学・大学院国史学研究担当、一九八四年三月まで）
一九八四年　四月　金沢大学評議員（一九九〇年三月まで）
一九八六年　四月　金沢大学文学部長（一九九〇年三月まで）
一九八九年一一月　北陸史学会委員長（一九九四年まで）
一九九二年　四月　金沢大学評議員（一九九六年三月まで）
　　　　　　四月　金沢市史編さん委員会委員長兼近世第一部会長に就任（二〇〇六年三月まで）
一九九三年　四月　金沢大学大学院社会環境科学研究科博士課程担当
一九九五年一一月　金沢市文化賞受賞
一九九七年　　　　北陸都市史学会会長（二〇〇二年まで）

一九九八年　三月　金沢大学文学部を定年退官
一九九八年　金沢市立玉川図書館近世史料館専門員（非常勤、二〇〇九年まで）
一九九九年　四月　金沢学院大学文学部教授に採用
二〇〇〇年　四月　金沢学院大学美術文化学部文化財学科教授となる
二〇〇四年　三月　同右退職
二〇一五年一二月　八日　死去

髙澤裕一先生　著作目録

一九五五年一〇月　（書評）「堀江英一編『藩政改革の研究』」（京都大学『学園新聞』一〇月三一日付）
一九五七年　五月　『西陣機業の生産構造―西陣機業調査報告―』（西陣機業調査委員会）「帯地部門」を分担執筆
　　　　　　五月　（書評）「歴史学研究会・日本史研究会共編『日本歴史講座』第四巻」（『日本史研究』三二号）
　　　　　　九月　（書評）「農村史料調査会『新田地主の研究』」（『史林』四〇巻五号）
一九五九年　三月　『小浜・敦賀・三国湊史料』（福井県立図書館・福井県郷土誌懇談会共編）「小浜関係史料」一～五を分担執筆
　　　　　一一月　「地主制形成期の小作地経営について」（京都大学読史会編『国史論集』二）
一九六〇年　三月　「農民層分解と地主制」（『日本史研究』四七号）
一九六二年　三月　「出稼ぎ労働と小作経営―越後頸城地方を例として―」（『史林』四五巻二号）
　　　　　　五月　『図説　日本庶民生活史』第六巻（河出書房）「労働と生産」の「概説」、「農民分解」を分担執筆
　　　　　　五月　「一九六一年の歴史学会―回顧と展望―」（『史学雑誌』七一編五号）「日本史・近世」の四を分担執筆
一九六三年　二月　「米作単作地帯の農業構造」（堀江英一編『幕末・維新の農業構造』岩波書店）
　　　　　　三月　『新大津市史』（大津市役所）「歴史編・近世」を分担執筆

一九六五年　五月（紹介）「『石川県押野村史』」（『史林』四八巻三号）
一九六六年　三月「近世前期奥能登の村落類型」（『金沢大学法文学部論集』史学篇一三号）
　　　　　一一月『石川県鹿島町史』資料編（石川県鹿島町役場）第七章「近世地方文書」を共同執筆
一九六七年　一月「地方史研究の現状―中部（一）石川県―」（『日本歴史』二二四号）「近世」を分担執筆
　　　　　一月「多肥集約化と小農民経営の自立（上）」（『史林』五〇巻一号）
　　　　　三月「多肥集約化と小農民経営の自立（下）」（『史林』五〇巻二号）
　　　　　三月「割地制度と近世的村落―割地制度研究に関する覚書―」（『金沢大学経済論集』六号）
一九六八年　一月（対談書評）「勝尾金弥著『天保の人びと』」（『北國新聞・夕刊』一月一五日付）
　　　　　三月「幕末期の農業経営構成と地主制―越中新川郡田畑村『開作人馬帳』の分析―」（『金沢大学法文学部論集』史学篇一五号）
　　　　　八月「日本の近代化と戦争―ある研究会の討論から―」（『北國新聞』八月一一日付）
　　　　　一〇月「明治の心」（『北國新聞』一〇月二〇日付）
　　　　　一二月（書評）「河上徹太郎著『吉田松陰』」（『北國新聞』一二月二三日付）
　　　　　一二月（書評）「『七尾市史』資料編第一巻」（『北國新聞・夕刊』一二月二五日付）
一九六九年　八月「石川近世史の問題点」（『地方史研究』一〇〇号）
一九七〇年一一月「改作仕法と農業生産」（『小葉田淳教授退官記念・国史論集』）
　　　　　一一月「加賀騒動」（『日本と世界の歴史』第一五巻、学習研究社）
一九七一年　六月「文化財ものがたり・時忠の悲哀と時国家」（『北陸中日新聞』六月一三日付、のち後掲の『美の旅・日本史』に収録）

一九七一年　六月　（書評）「『七尾市史』資料編第二巻」（『北國新聞』六月三〇日付）
　　　　　一〇月（座談会）「近世のまとめ」（『加賀女人系』北國新聞社編集局）
一九七二年　二月　「風俗館・農民生活を描いた『臼すりの図』」（『公明新聞』二月二九日付）
　　　　　七月　（書評）「若林喜三郎著『加賀藩農政史の研究』上・下」（『日本史研究』一二七号）
一九七三年　一月　「平時忠の悲哀と時国家」（中日新聞社編『美の旅・日本史』三一書房）
　　　　　三月　「幕末維新期の大前と小前―越前国坂井郡の村方紛争―」（『金沢大学法文学部論集』史学篇二〇号）
　　　　　六月　「地方史研究者問題」（『歴史評論』二七七号）
　　　　　一〇月『芦原町史』（福井県芦原町教育委員会）第七章「近世の領知と支配」、第八章「検地と村立て」、第九章「貢租」、第一〇章「近世農業の発達」、第一二章「近世の諸産業と職業」、第一三章「近世の社会と生活」を分担執筆
一九七四年　三月　『金子文書・折橋文書調査報告書』（共同執筆）（富山県教育委員会）
　　　　　七月　『羽咋市史』近世編（羽咋市役所）第三章「農林業の発達」のうち、第一節「村高の変遷」、第二節「持高と切高」、第三節「出作高の構成」、第四節「高請卸し方仕法」、第五節「農業経営の内容」、第六節「新田開発」、第八節「山と砂丘」を分担執筆
　　　　　一二月『押水町史』（石川県押水町役場）近世編第一章「農政と土地・租税」、第二章「押水の農業」（第五節「用水」を除く）、第三章「諸産業と社会生活」を分担執筆
一九七五年　三月　「『農業大綱』について」（『金沢大学法文学部論集』史学篇二二号）
　　　　　三月　『吉田屋文書調査報告書』（主任研究員・共同執筆）（加賀市教育委員会）

一九七六年　三月　『柳田村史』（石川県柳田村役場）第六部「近世史料編」を分担執筆
五月　『加越能文庫解説目録』上巻（資料調査主任・共同執筆）（金沢市立図書館）
三月　「加賀藩中・後期の改作方農政」（『金沢大学法文学部論集』史学篇二三号）
三月　『加賀藩初期十村役金子文書』（共同執筆）（砺波市教育委員会）
四月　『加賀市史』資料編第二巻（加賀市役所）「吉田屋文書」「伊東家文書」を共同執筆
八月　（書評）「三省堂『日本民衆の歴史』三・四・五」（共同執筆）（『日本史研究』一六八号）
八月　「江戸時代の村と農民闘争」（『自治体住民資料』二　同発行委員会）
一九七七年　三月　「幕藩制構造論の軌跡―佐々木説を中心に―」（『歴史評論』三二三号）
六月　「近世の政治経済Ⅰ」（『岩波講座日本歴史』一二六、岩波書店
一九七八年　二月　『加賀市史』通史上巻（加賀市役所）第四編第四章「村と農政」を分担執筆
二月　『尾口村史』第一巻・資料編一（石川県尾口村役場）五「近世古文書」を共編
四月　「金沢市内公立図書館の古文書」（『歴史評論』三三六号）
六月　（書評）「『長家史料目録』」（『北國新聞』『富山新聞』六月二九日付）
七月　（書評）「『富山県史』史料編Ⅳ近世・中」（『北國新聞』七月一八日付）
八月　『珠洲市史』第三巻資料編　近世古文書（共同執筆）（珠洲市役所）
一一月　（書評）「若林喜三郎編『加賀能登の歴史』」（『北國新聞』一一月二七日付）
一二月　（紹介）「田中喜男著『加賀藩における都市の研究』」（『日本史研究』一九六号）
一九七九年　三月　（書評）「若林喜三郎著『加賀騒動』（中公新書）」（『赤旗』三月五日付）
四月　（書評）「高瀬保著『加賀藩海運史の研究』」（『北國新聞』『富山新聞』四月二三日付）

一九七九年　八月　（書評）「高瀬保著『加賀藩海運史の研究』・柚木学著『近世海運史の研究』」（『週刊読書人』八月）
一九八〇年　三月　「天正期年貢算用状の考察—能登国前田領における—」（『珠洲市史』第六巻　通史・個別研究編、珠洲市役所）
一〇月　「大聖寺藩のあゆみ」（『新加能風土記』創土社）
四月　「改作仕法と農業生産」（若林喜三郎編『加賀藩社会経済史の研究』名著出版）一九七〇年の同名論文再録
五月　「ものの見方・とらえ方—安政大一揆の場合—」（『文芸集団』第八巻七二号）
六月　『郷土史事典・石川県』（編著）（昌平社）「近世」のうち一三項目を分担執筆
八月　「初心と伝統」（金沢大学歴史科学研究会一〇周年記念誌『若き歴史学徒のあゆみ』）
一九八一年　五月　『加越能文庫解説目録』下巻（資料調査主任・共同執筆）（金沢市立図書館）
一二月　『尾口村史』第三巻・通史編（石川県尾口村）第五章近世（二）第一節「白山麓の近世農業」を分担執筆、資料編「近世の貸借・売買証文一覧」を共同執筆
一九八二年　二月　「史実突きとめる素材—加越能文庫目録づくり—」（『北國新聞』二月一六日付）
二月　『城端別院善徳寺史料目録』（共同執筆）（富山県教育委員会）
三月　『高樹文庫史料目録（古文書）』（共同執筆）（新湊市教育委員会）
七月　「緑に想う」（金沢労働学校第三〇期終了記念文集『あゆみ』）
一〇月　『内浦町史』第二巻「近世古文書」（共同執筆）（石川県内浦町役場）
一一月　（書評）「水島茂著『加賀藩・富山藩の社会経済史研究』」（『北國新聞』一一月一日付、『富山新

聞』一一月一五日付）

一一月　『山河有情・北陸百景』（講談社）「百景燦々」のうち「福浦港」「金沢城」「那谷寺」「時国家」「輪島港」「妙成寺」「手取峡谷」「総持寺祖院」を分担執筆

一一月　「『草高百石改作入用図』について―坂井説への疑問―」（『北陸歴科研会報』一七号）

一九八三年　一一月　「石黒家の家計と経営」（『石黒信由遺品等高樹文庫資料の総合的研究』高樹文庫研究会）

三月　（書評）「水島茂著『加賀藩・富山藩の社会経済史研究』」（『富山史壇』八〇・八一合併号）

九月　「善徳寺文書目録を作成して」（『史料館報』三九号）

一二月　「石川・富山」（『部落の歴史・東日本編』部落問題研究所）

一九八四年　三月　「前田利長の家中統制（素描）」（昭和五八年度科学研究費補助金研究成果報告書〈総合研究A・高澤班〉『北陸における近世的支配体制の基礎研究』）

三月　『井波町肝煎文書目録・冊子類』（共同執筆）（富山県井波町）

三月　『石川県史』現代編（5）（石川県）第三篇第四章「県史研究の動向」を分担執筆

三月　（講演要旨）「歴史にみる金沢」（『第二一回全国大学保健管理研究集会報告書』）

一一月　「石黒家の家系と役職」（『石黒信由遺品等高樹文庫資料の総合的研究』第二輯、高樹文庫研究会）

一一月　『内浦町史』第三巻 通史・集落編（石川県内浦町役場）第五章第一節三「改作法体制の推移」、第二節二「年貢と村入用」、第四節二「農作物」、三「林制と林業」を分担執筆

一九八五年　三月　「城下町割の形成」（喜内敏編『日本城郭史研究叢書五　金沢城と前田氏領内の諸城』名著出版）

三月　『井波町肝煎文書・古文書二』（共同執筆）（富山県井波町）

四月　「加賀藩における賤民支配」（『部落問題研究』八三号）

一九八五年　六月　（書評と紹介）「若林喜三郎編『年々留　銭屋五兵衛日記』」（『日本歴史』四四五号）
　　　　　　八月　「加賀藩初期の御用町人」（『歴史公論』一一七号）
一九八六年　三月　『加賀藩年寄役　前田土佐守家文書目録』（調査員）（石川県立郷土資料館）
　　　　　一二月　「加賀藩国法触頭制の成立—善徳寺文書を中心に—」（『北陸歴科研会報』二一号）
一九八八年一二月　『図説　石川県の歴史』（編著）（河出書房新社）「序説」「『耕稼春秋』と農民の暮らし」「正徳の一揆とみの虫騒動」「御一新の混迷」を分担執筆
一九八九年　一月　『石川県社会運動史』（共同編集）（石川県社会運動史刊行会、能登印刷出版部）「はじめに」「第一編序章一向一揆と百姓一揆」を分担執筆
　　　　　　三月　「近世初期、能登の村落構造（概要）」（昭和六三年度科学研究費補助金研究成果報告書〈総合研究A・隼田班〉『北陸における社会構造の史的研究—中世から近世への移行期を中心に—』）
　　　　　　三月　『井波町肝煎文書目録　古文書（二）』（共同執筆）（富山県井波町）
　　　　　　五月　「加賀藩初期の寺院統制—道場役と屋敷改め—」（楠瀬勝編『日本の前近代と北陸社会』思文閣出版）
　　　　　　八月　「治穢多議」（『部落史史料選集』第三巻、部落問題研究所）
　　　　　一一月　『加賀藩御細工所の研究』（一）（監修）（金沢美術工芸大学美術工芸研究所）「御細工所関係史料」の「解題と解説」を分担執筆
　　　　　一二月　『金沢市史（現代編）』続編（監修）（金沢市）
一九九〇年　二月　「加賀藩幕末期の城下町支配—都市整備と救恤—」（昭和六三年度・平成元年度科学研究費補助金研究成果報告書〈総合研究A・二宮班〉『わが国における伝統的都市の再生とアメニティの探究

に関する実証的研究―金沢市の総合調査―』）

一九九一年　二月　「幕末期の金沢町における救恤」（二宮哲雄編『金沢――伝統・再生・アメニティ』御茶の水書房）

三月　『高樹文庫資料目録（古文書）』（共同執筆）（新湊市教育委員会）

六月　「御細工所―工芸王国加賀のかなめ―」（『江戸時代人づくり風土記　一七　石川』農山漁村文化協会）

九月　『日本歴史地名大系　一七　石川県の地名』（監修）（平凡社）総説の「近代」、加賀国の「近世」、金沢市の「近世・近現代」「犀川」「浅野川」を分担執筆

一〇月　「近世用語の解説」（『歴史地名通信』三〇、平凡社）

一九九二年　五月　『激動の地方史　ドキュメント石川　維新・デモクラシー・大戦』（共同編集）（北陸放送株式会社）「序」「明治維新」「近代化への模索」を共同執筆

七月　「デモと勉強のあの頃」（戸田芳實追悼文集刊行会編『戸田芳實の道・追悼思藻』）

一一月　「前田利長の進退」（高澤裕一編『北陸社会の歴史的展開』能登印刷出版部）

一九九三年　三月　『加賀藩御細工所の研究』（二）（監修）（金沢美術工芸大学美術工芸研究所）「『御用内留帳』をめぐって」を分担執筆

三月　「藤内の役務と生活」（科学研究費補助金研究成果報告書〈総合研究A・脇田班〉）

六月　『金沢大学　現状と課題　一九九三』（共同編集）（金沢大学庶務部庶務課）Ⅲの1「法文学部分離と文・法・経学部の創設」の一部およびⅦ「研究」、Ⅷ「教官組織」を共同執筆

一九九四年　三月　『歴史の道調査報告書』第一集　北陸道（北国街道）（調査委員長）（石川県教育委員会）

一一月　『福井県史』通史編三・近世一（福井県）「近世農村の成立」を分担執筆

一九九五年　三月　『金沢大学文学部・現状と課題・一九九四』（編集担当）（金沢大学文学部）Ⅱ「組織と管理運営」、Ⅶ「問題の所在と課題」を分担執筆
　三月　『歴史の道調査報告書』第二集　能登街道Ⅰ（調査委員長）（石川県教育委員会）
　五月　「『井口村史』完結に寄せて」（『北日本新聞』五月二日付）
　五月　「「歴史国道」に思う」（『北國新聞』五月二九日付）
一九九六年　三月　『福井県史』通史編四・近世二（福井県）「近世後期の農業と農民」を分担執筆
　三月　『歴史の道調査報告書』第三集　加賀の道Ⅰ（調査委員長）（石川県教育委員会）
一九九七年　三月　『金沢市議会史』資料編Ⅰ（監修）（金沢市議会）
　三月　『金沢市議会史』資料編Ⅱ（監修）（金沢市議会）
　三月　『金沢市議会史』年表編（監修）（金沢市議会）
　三月　『石川県林業史』（編纂委員）（石川県山林協会）第二編「古代・中世の林野利用」、第三編「藩政期の林政と林業」のうち第一章「近世初頭の林政」、第二章「近世前期の林政」、第三章「近世中・後期の林政」を分担執筆
　三月　『歴史の道調査報告書』第四集　能登街道Ⅱ（調査委員長）（石川県教育委員会）
　九月　（書評）「新『小杉町史』を読んで」（『北日本新聞』九月五日付）
一九九八年　三月　（書評）「清水隆久著『加賀藩十村役　田辺次郎吉』」（『市史かなざわ』四号）
　三月　『金沢市議会史』上（監修）（金沢市議会）「市制以前」を分担執筆
　三月　『歴史の道調査報告書』第五集　信仰の道（調査委員長）（石川県教育委員会）
　五月　（書評）「渡辺尚志編『近世米作単作地帯の村落社会―越後国岩手村佐藤家文書の研究―』」

（『日本史研究』四二九号）

二〇〇〇年　三月　『石川県の歴史』（共同執筆）（山川出版社）「風土と人間」、第五章「前田三代」、第六章「最盛から沈滞へ」、第七章「藩政の転換と終焉」を分担執筆

二〇〇一年　三月　「「前田利長の進退」補説」（『文化財論考』金沢学院大学美術文化学部文化財学科年報、創刊号）

二〇一二年　三月　「加賀国浅野村領皮多文書（上）」（『部落問題研究』一九九号）

二〇一二年　四月　「加賀国浅野村領皮多文書（下）」（『部落問題研究』二〇〇号）

著者略歴

一九三二年　富山県に生まれる
一九六〇年　京都大学大学院文学研究科博士課程国史学専攻単位取得満期退学
金沢大学法文学部助教授、同大学文学部教授、金沢学院大学教授などを歴任
二〇一五年十二月八日　死去

〔主要編著書〕
『郷土史事典 石川県』（編著、昌平社、一九八〇年、一九八二年改訂）
『図説 石川県の歴史』（編著、河出書房新社、一九八八年）
『北陸社会の歴史的展開』（編著、能登印刷出版部、一九九二年）
『石川県の歴史』（編著、山川出版社、二〇〇〇年、二〇一三年第二版）

加賀藩の社会と政治

二〇一七年（平成二十九）一月十日　第一刷発行

著者　髙《たか》澤《ざわ》裕《ゆう》一《いち》

発行者　吉川道郎

発行所　株式会社　吉川弘文館
郵便番号一一三―〇〇三三
東京都文京区本郷七丁目二番八号
電話〇三―三八一三―九一五一〈代〉
振替口座〇〇一〇〇―五―二四四番
http://www.yoshikawa-k.co.jp/

印刷＝亜細亜印刷株式会社
製本＝株式会社 ブックアート
装幀＝山崎 登

ISBN978-4-642-03476-0